U0755983

警官高等职业教育"十三五"规划教材
编审委员会

主　　任：胡来龙　　尹树东

副主任：周善来　　彭　晔

委　　员：刘传兰　　印　荣　　阚明旗　　姚亚辉

警官高等职业教育"十三五"规划教材

律师与公证实务

LÜSHI YU GONGZHENG SHIWU

主　编◎宣善德

撰稿人◎（以撰写章节先后为序）

宣善德　曹玉东

中国政法大学出版社

2020·北京

声　明　1. 版权所有，侵权必究。
　　　　2. 如有缺页、倒装问题，由出版社负责退换。

图书在版编目（ＣＩＰ）数据

律师与公证实务/宣善德主编. —北京：中国政法大学出版社，2020.12（2025.1重印）
ISBN 978-7-5620-9448-7

Ⅰ.①律…　Ⅱ.①宣…　Ⅲ.①律师业务－中国②公证制度－中国　Ⅳ.①D926

中国版本图书馆CIP数据核字（2020）第017265号

出　版　者	中国政法大学出版社
地　　　址	北京市海淀区西土城路 25 号
邮寄地址	北京 100088 信箱 8034 分箱　邮编 100088
网　　　址	http://www.cuplpress.com（网络实名：中国政法大学出版社）
电　　　话	010-58908435(第一编辑部) 58908334(邮购部)
承　　　印	保定市中画美凯印刷有限公司
开　　　本	720mm×960mm　1/16
印　　　张	25
字　　　数	462 千字
版　　　次	2020 年 12 月第 1 版
印　　　次	2025 年 1 月第 2 次印刷
印　　　数	5001～8000 册
定　　　价	69.00 元

∴ 作者简介

宣善德　男，安徽肥西人，1983 年毕业于安徽大学法律系，现任安徽警官职业学院副教授，兼职律师，安徽省人事争议仲裁委员会仲裁员，安徽省金融法制研究会常务理事，安徽省公证协会理事，合肥、滁州仲裁委员会仲裁员。历任安徽省司法学校教务主任、安徽省政达律师事务所首任主任、安徽警官职业学院政法管理系负责人、安徽省律师协会刑事辩护委员会首届委员。从事专职、兼职律师近 30 年，曾主编《合同法概论》、《律师公证与仲裁制度》（包括第一版、第二版），副主编《涉外经济法概论》，参编全国司法学校统编教材《合同法教程》，参编《律师辩护与代理方略》等六部教材，并发表论文十余篇。

曹玉东　男，安徽肥东县人，1997 年毕业于安徽大学法学院，法律硕士，现在安徽警官职业学院任教，兼职律师，二级心理咨询师，中级职业指导师。曾担任《大学生心理健康》副主编、参编《公正与律师制度》教材。

·:· 编写说明

　　作为高等职业教育的重要组成部分，警官高等职业教育正随着经济社会的快速发展和一线政法工作对专门人才的迫切需求而与时俱进。近年来，全国司法类高职院校都积极探索高职教育教学规律、完善专业人才培养模式，以适应经济社会发展对司法类专门人才的客观需求，创新内容涉及各个方面，包括专业建设、课程建设、师资队伍建设等，当然也少不了至关重要的教材建设。编写一套以促进就业为导向、以能力培养为核心、以服务学生职业生涯发展为目标、突出当前警官高等职业教育教学特点的系列规划教材就显得尤为重要。

　　为适应司法类专业人才培养的需要，安徽警官职业学院决定遴选理论功底扎实、教学能力突出、实践经验丰富的优秀教师组成编写组，对警官高等职业教育原有的系列教材进行重新编写。本次编写按照"就业导向、能力本位、任务驱动"等职业教育新理念的要求，紧紧围绕培养高素质技术技能型人才开展工作。基础课程教材体现以应用为目的，以必需、够用为度，以讲清概念、强化应用为教学重点；专业课程教材加强针对性和实用性。同时，遵循高职学生自身的认知规律，紧密联系司法工作实务、相关专业人才培养模式以及课程教学模式改革实践，对教材结构和内容进行了革故鼎新的整合，力求符合教育部提出的"注重基础、突出适用"的要求，在强调基本知识和专业技能的同时，强化社会能力（含职业道德）和应用能力的培养，把基础知识、基本技能和职业素养三者有机融合起来。

　　本系列教材的主要特点是：

　　1. 创新编写思路，培养职业能力。"以促进就业为导向，注重培养学生的职业能力"是高等职业教育课程改革的方向，也是职业教育的本质要求。本系列教材针对司法类高职院校学生的特点，在教材编写过程中突出实用性和职业性，以我国现行的法律、法规和司法解释为依据，使学生既掌握法学原理，又明晓现行法律制度，提高学生运用法律知识解决实际问题的能力。同时，在教材内容编排上，本系列教材遵循由浅入深和工作过程系统化的编写思路，为学生搭建合理的知识结构，以充分体现高职的办学要求。

2. 体例设计新颖，表现形式丰富。为了突出实践技能培养，践行以能力为本位的职业教育理念，本系列教材改变以往教材以理论讲述为主的教学模式，采用新颖的编写体例。除基本理论外，本系列教材在体例上设置了学习目标、工作任务、导入案例、案例评析、实务训练、延伸阅读等相关教学项目，并在每章结束时通过思考题的形式，启发学生巩固本章教学内容。该编写体例为学生课后复习和检验学习效果提供便利，对提高学生的学习兴趣、促进学以致用、丰富教学形式、拓宽学生视野、提升职业素养具有积极的推动作用。

3. 课程针对性强，职业特色明显。高等职业教育教材突出相关职业或岗位群所需实务能力的教育和培养，并针对专业职业能力构成来组织教材内容。法律实务类专业在社会活动中具有与各方面接触频繁、涉及面广的特点，要求学生具有较高的综合素质和良好的应变能力。因此，本系列教材采用案例教学法，通过案例导入，并辅以简洁的案例分析，提供规范的实务操作范例，使学生能够更为直观地体会法律的适用，体验工作的情境和流程，增强学生的综合能力。

4. 文字表述简洁，方便学生使用。本系列教材在概念等内容编写中，尽量采用简洁明了的语言表述，使学生明确概念的要点即可，从而避免教材"一个概念多个观点""理论争论较多"的现象。

本系列教材共 16 本，在其编写过程中借鉴吸收了相关教材、论著的成果和资料；中国政法大学出版社也给予作者们大力支持和指导，责任编辑在审读校阅过程中更是付出了辛勤的劳动，在此我们深表谢忱。同时，由于时间紧、任务重，教材中难免出现不足和疏漏，恳请广大师生和读者给予批评指教，以便我们再版时进一步改进和提高教材质量，更好地服务于警官高等职业教育事业的发展。

警官高等职业教育"十三五"规划教材编审委员会

2019 年 3 月

⋰⋱ 前　言

　　本教材自 2014 年 1 月出版以来，由于其体系的完整性、内容的新颖性及较强的应用性和针对性，深受读者的欢迎和好评。鉴于本教材出版五年多来，我国律师、公证制度的理论研究和实践有了较大的变化，《中华人民共和国律师法》和《中华人民共和国公证法》都作了修改，我国律师制度和公证制度中的有关规定也有了较大的变化。与律师实务密切相关联的《中华人民共和国民事诉讼法》《中华人民共和国刑事诉讼法》及《中华人民共和国行政诉讼法》都有了重大的修改。另外，《国家统一法律职业资格考试实施办法》于 2018 年 4 月 25 日施行；《律师执业管理办法》《律师事务所管理办法》等一批规章及行业规范和规则等也予以修订颁布。考虑到原教材有些内容与现行规定不一致，有必要对原教材进行修订，在教材主持单位和出版社的同意和支持下，我们对本教材进行了修改。修订时，在保持原教材总体框架稳定的基础上，在内容方面作了适当的修改和充实，并根据现行的法律规章等作了最新补充，使教材的整体水平有了进一步的提高。

　　全稿完成后，由主编修改定稿。

编者

2019 年 5 月

▪▪▪ 目 录

第一编 律师实务

第一编　律师实务

第一章

我国律师制度概述

学习目标与工作任务

　　掌握我国律师的概念、种类、任务及调整对象，了解我国律师制度沿革。能够在法律服务中正确识别执业律师种类，精准判断律师的任务。

导入案例

　　张某锋于 2017 年 4 月 3 日，向李某四出借 200 万元人民币，李某四逾期未还，张某锋想找名律师作为其代理人参加诉讼，但因诉讼标的较大，张某锋到律师事务所咨询，得知委托律师代理费用要近 10 万元，张某锋不想花这笔钱，就找到其在某高校担任法学教师的表哥王××，想委托王××担任其民间借贷案件诉讼代理人。王××是法学硕士，且获得法律职业资格证书，还在一律师事务所实习。王××看在是亲戚的份上，就同意以公民的身份作为代理人参加诉讼，但某法院在接到张某锋委托王××作为代理人的授权委托书后，不同意王××以公民身份作为代理人参加诉讼。为此，张某锋和承办法官发生争执，张某锋认为，王××是自己的表哥，是亲戚，其精通法律，还获得法律职业资格证书，又是"实习律师"，为何不能当代理人呢？

　　问：从上述材料看，你如何看待这一争执，王××是否具有诉讼代理人的资格，为什么？

第一节　我国律师的概念、种类和任务

教学内容

一、我国律师的概念

根据我国《律师法》第 2 条的规定，律师是指依法取得律师执业证书，接

受委托或者指定，为当事人提供法律服务的执业人员。从这一概念可以看出，成为律师的前提条件是依法取得律师执业证书；律师工作的内容是为当事人提供法律服务；律师的职业属性是"执业人员"，也就是说，律师职业具有业务性，从事的是一种业务活动，而非职务活动，律师是凭借个人的法律知识和能力从事法律业务活动的。

律师具有以下特征：

（一）律师任职资格的特定性

世界上无论哪个国家的律师，都必须经有关机关的认可才能发给其执业证书，才能从事律师职业。也就是说，必须通过本国立法所确认的考试或考核，成绩合格后发给其律师执业证书，才能从事律师职业。

律师执业资格的特定性是律师的一个重要法律特征，它是确保律师的执业素质的关键所在。

（二）律师职业的社会服务性

律师是为当事人提供法律服务的执业人员。律师是通过其专业法律知识来服务于当事人，律师职业不同于官方法律职业，根据《律师法》的规定，律师是为当事人提供法律服务的执业人员。"执业人员"的界定，说明律师具有"业务性"，也就是说，律师从事的是一种业务活动，而非职务活动。职务活动表现为一定权力之行使，是代表国家对社会的管理活动，如法官行使审判权，检察官行使检察权，这些职务活动无不包含着权力的内容。律师的业务性，表现是为当事人提供法律服务，律师提供法律服务不具有行使权力的内容。

（三）律师提供法律服务的有偿性

律师向当事人提供法律服务是有偿的，当然实施法律援助的除外。律师与当事人之间是一种智力劳务合同关系，律师提供法律服务实行有偿收费制度，律师服务有偿收费，这是律师生存和发展的需要。律师不像其他官方法律职业，由国家财政拨款维持其正常运转，所以官方法律职业一般情况下不具有这种有偿性。

（四）律师法律服务范围的广泛性

根据《律师法》第28条的规定，律师可以从事的业务非常广泛，如可以担任自然人、法人或者其他组织的法律顾问；作为民事案件、行政案件的代理人参加诉讼；接受刑事案件犯罪嫌疑人、被告人的委托担任其辩护人，可以担任自诉案件自诉人、公诉案件被害人的代理人；等等。还可以提供非诉讼法律服务，解答有关法律的询问、代写诉讼文书和有关法律事务的其他文书等，可见我国律师的法律服务范围是非常广泛的。

随着市场经济以及法制建设的发展，律师业务范围还将不断拓宽。

二、我国律师的种类

根据不同的划分标准，律师有不同的类别：

（一）按工作时间的不同，律师分为专职律师和兼职律师

专职律师是指专门在律师事务所从事法律服务的律师；兼职律师是指不脱离本职工作而从事法律服务的律师，《律师法》第12条规定："高等院校、科研机构中从事法学教育、研究工作的人员，符合本法第5条规定条件的，经所在单位同意，依照本法第6条规定的程序，可以申请兼职律师执业。"根据有关规定，兼职律师和专职律师在律师执业中所享受的权利和履行的义务是一致的，没有任何区别。

（二）按服务对象的不同，律师分为社会律师、公职律师、公司律师和军队律师

社会律师，是指依法取得律师执业证书，接受委托或者指定，为社会提供法律服务的执业人员。我国的律师队伍，绝大多数属于社会律师。

公职律师，根据司法部《公职律师管理办法》第2条的规定，公职律师是指任职于党政机关或者人民团体，依法取得司法行政机关颁发的公职律师证书，在本单位从事法律事务工作的公职人员。根据规定，公职律师应当接受所在单位的管理、监督，根据委托或者指派办理法律事务，不得从事有偿法律服务，不得在律师事务所等法律服务机构兼职，不得以律师身份办理所在单位以外的诉讼或者非诉讼法律事务。

公司律师，根据司法部《公司律师管理办法》第2条的规定，公司律师是指与国有企业订立劳动合同，依法取得司法行政机关颁发的公司律师证书，在本企业从事法律事务工作的员工。根据规定，公司律师应当接受所在单位的管理、监督，根据委托或者指派办理法律事务，不得从事有偿法律服务，不得在律师事务所等法律服务机构兼职，不得以律师身份办理所在单位以外的诉讼或者非诉讼法律事务。

根据《公司律师管理办法》的规定，探索开展民营企业公司律师试点的，参照适用《公司律师管理办法》有关规定。

司法部《公职律师管理办法》和《公司律师管理办法》对公职律师和公司律师的任职条件、职责范围、权利和义务及管理等作了具体规定。

军队律师，是指为军队提供法律服务的律师。军队律师执业应该取得军队律师工作证，其律师资格的取得和权利、义务及行为准则，适用《律师法》规定。军队律师是一种特殊类型的律师，其具体管理办法，由国务院和中央军事委员会制定。

另外，在实践中还有其他一些划分方法，如根据律师的技术职称可以分一

级、二级、三级、四级律师，一、二级为高级律师，三级为中级律师，四级为初级律师；律师事务所根据律师的业务专长，分为诉讼律师和非诉讼律师；等等。

三、律师的任务

律师的任务是由国家法律明确规定的，通过律师的执业活动所要实现的根本目的。

根据我国《律师法》第2条第2款的规定，我国律师的任务具体体现在以下三方面：

（一）维护当事人的合法权益

维护当事人的合法权益是我国律师的直接任务，这是由律师的职业属性所决定的。在我国，自然人、法人和其他组织依法享有广泛的权利和利益，如人身权利、民主权利、财产权利和经济利益等。律师为社会提供法律服务，其目的就是维护自然人、法人和其他组织的各种合法权益。当然律师维护的只是当事人的合法权益，而不能维护非法的利益。

（二）维护法律的正确实施

维护法律的正确实施是律师的根本任务，也是律师执业活动的基本原则。法律的实施包括司法、执法、守法。律师是社会主义法制的宣传者和服务者，律师通过提供法律服务，使得当事人了解法律，从而能够自觉守法；律师接受当事人的委托，担任当事人的代理人或辩护人，律师参与诉讼活动，对公检法等机关的活动具有监督和约束作用，对执法机关的公正执法、司法机关的公正裁判也具有积极的意义。总之，律师通过自己的执业活动，维护法律的正确实施。

（三）维护社会公平和正义

律师是中国特色社会主义下的法律工作者，是落实依法治国基本方略、建设社会主义法治国家的重要力量。公平和正义是人类社会共同的追求，是社会主义法制的重要目标，是新时期广大人民群众的强烈愿望，实现公平正义是构建社会主义和谐社会的重要任务；维护和实现公平正义不仅是政法机关的神圣职责，也是广大律师的神圣使命和根本任务，"铁肩担道义"应是律师执业不辱使命的生动诠释。律师通过自己的执业活动，积极推动和维护社会公平和正义。《律师法》的这一规定，具有较强的针对性和深远的现实意义。

律师的上述三个任务是相辅相成、密切联系的辩证统一关系。维护了当事人的合法权益，就会促进法律的正确实施，同时对社会公平和正义必将起到积极的作用。

导入案例分析

某法院不同意王××以公民代理人的身份参加诉讼是正确的，且有法律依据。根据现行《民事诉讼法》第 58 条第 2 款的规定，下列人员可以被委托为诉讼代理人：①律师、基层法律服务工作者；②当事人的近亲属或者工作人员；③当事人所在社区、单位以及有关社会团体推荐的公民。首先，由于王××不是张某锋的近亲属（指当事人的配偶、父母、子女、兄弟姐妹、祖父母、外祖父母、孙子女、外孙子女），因此不符合近亲属公民代理的条件。其次，他也不是当事人所在社区、单位以及有关社会团体推荐的公民，因此不符合普通公民代理的条件。最后，需要解释的是，尽管王××获得法律职业资格证书，在律师事务所实习，但根据《律师法》第 2 条的规定，由于其没有依法取得律师执业证书，因此他不能以律师名义办案。根据中华全国律师协会颁发的《申请律师执业人员实习管理规则》的有关规定，实习期间不得以律师名义承办案件，不得单独执业，因此，王××也不得以律师事务所的实习律师名义担任代理人。

第二节　我国律师法及其调整对象

一、律师法的概念

律师法是国家制定的，规定律师、律师事务所和律师管理机构的法律地位及其相互关系以及律师进行业务活动所必须遵守的行为规范的总称。

我国律师法，是指由国家最高立法机关通过的律师法典。1996 年 5 月 15 日第八届全国人大常委会第十九次会议通过的《中华人民共和国律师法》是新中国第一部律师法典。该法经过三次修订，第一次是 2001 年 12 月 29 日第九届全国人大常委会第二十五次会议修订，这次修订仅对当时的《律师法》第 6 条进行修订，是为了"取得律师资格应当经过国家统一的司法考试"而作的个别条文的修改；第二次是 2007 年 10 月 28 日第十届全国人民代表大会常务委员会第三十次会议修订，这次作了重大修改，现在实施的《律师法》的基本内容就是这次修订的；第三次是 2012 年 10 月 26 日第十一届全国人大常委会第二十九次会议修订，并于 2013 年 1 月 1 日起施行，这次修订是个别条文的修订，修改了 5 条，主要是为了与现行的《刑事诉讼法》的有关规定相适应、匹配。

现行的《律师法》是根据 2017 年 9 月 1 日第十二届全国人民代表大会常务委员会第二十九次会议的决定修改的，该次修改主要是为了和国家实施统一法律职业资格考试取得法律职业资格的有关规定相衔接、匹配而作的个别条款的修改。

现行《律师法》共分 7 章 60 条，内容分别为：第一章总则；第二章律师执业许可；第三章律师事务所；第四章律师的业务和权利、义务；第五章律师协会；第六章法律责任；第七章附则。

二、律师法的调整对象

任何一部法律都有自己特定的调整对象，律师法也不例外。我国律师法的调整对象，包括以下几个方面：

1. 明确规定律师、律师执业机构、律师组织和律师管理机关的法律地位。律师法对律师的概念和性质、律师执业条件、律师的权利和义务、律师执业机构的组织形式及其设立程序、律师协会的性质和职责以及律师管理机关的职权等都作了明确规定。

2. 调整律师、律师执业机构、律师组织和律师管理机关之间的关系。如规定律师与律师事务所之间的关系，律师、律师事务所、律师协会与律师管理机关之间的关系等。

3. 调整律师与服务对象之间的关系。如规定律师在接受公民、法人和其他组织的委托从事各项业务活动时与当事人之间形成的不同权利义务关系等。

4. 调整律师在业务活动中与有关国家机关或社会组织的关系。《律师法》第 33 至 37 条规定了律师在执业中与有关国家机关或社会组织的关系，如律师在侦查阶段作为犯罪嫌疑人的辩护人时与公安机关、国家安全机关和人民检察院之间的关系；律师在审查起诉和审判阶段为犯罪嫌疑人或被告人进行辩护时与人民检察院、人民法院之间的关系；律师在代理各类诉讼案件时与人民法院之间的关系；律师在代理行政复议、办理企业登记等法律事务时与有关行政机关之间的关系；律师在代理参加仲裁、代办公证等法律事务时与仲裁、公证机关等社会组织之间的关系等。

第三节　我国律师制度沿革

新中国成立后，中央人民政府废除了国民党《六法全书》，在确定解放区司法原则的基础上，取消了国民党的律师制度，解散了旧律师组织，取缔了黑律师活动，建立了新中国的人民律师制度。1950 年 7 月颁布的《人民法庭组织通则》（现已失效）和 1954 年宪法以法律的形式确立了律师辩护制度。1956 年 1 月国务院批准了司法部关于建立律师工作的请示报告，该文件对律师的性质、任务、工作机构、任职条件等作了一系列规定。同时，我国颁布了《律师收费暂行办法》（现已失效），至此，新中国有了初步的律师制度。

虽然我国律师制度初步确立，但 1957 年下半年后，由于极左思想的影响和反右斗争扩大化，我国初步确立的律师制度受到了严重破坏。"文化大革命"结束后，1978 年的《宪法》、1979 年的《刑事诉讼法》和《法院组织法》都规定了律师辩护制度。1980 年 8 月 26 日《中华人民共和国律师暂行条例》（现已失效）颁布，这是新中国成立以来全国人大常委会颁布的关于律师制度的第一部法律。但是随着社会主义市场经济的确立，律师业得到了空前的发展，律师业务范围不断拓宽，服务领域不断扩大，《律师暂行条例》的许多规定不能适应新形势的发展，并影响律师业的进一步发展。1993 年律师体制改革进一步深化，司法部明确提出了不再使用生产资料所有制模式和行政管理模式界定律师机构的性质，大力发展不占编制和经费的自律性律师事务所，并建立起适应社会主义市场经济体制和国际交往需要的，具有中国特色，实行自愿结合、自收自支、自我发展、自我约束的律师体制。1996 年 5 月 15 日《中华人民共和国律师法》颁布，之后，该法进行了 3 次修订。现行的律师法对我国律师事业的健康发展起到了保障和推动作用。

据 2019 年 3 月 7 日司法部网站公布的数据，截至 2018 年底，全国共有执业律师 42.3 万多人，其中，专职律师 36.4 万多人，占律师总数的 85.89%；兼职律师 1.2 万多人，占 2.87%；公职律师 3.1 万多人，占 7.43%；公司律师 7200 多人，占 1.71%；法律援助律师 7400 多人，占 1.75%；军队律师 1500 人，占 0.35%。截至 2018 年底，全国共有律师事务所 3 万多家，其中，合伙所 2 万多家，占 66.17%；国资所 1100 多家，占 3.85%；个人所 91 400 多家，占 29.98%。另外，律师事务所在规模上明显呈集约化趋势，据统计，律师 10 人（含）至 30 人的律师事务所 9300 多家，占 30.73%；律师 30 人（含）至 50 人的律师事务所 1200 多家，占 4.16%；律师 50 人（含）至 100 人的律师事务所 570 多家，占 1.87%；律师 100 人（含）以上的律师事务所 260 多家，占 0.88%。一批大中型的、提供综合性服务的规模化律所，正在逐步形成。律师执业活动已涵盖国家政治、经济、文化、社会和生态文明建设的方方面面，中国律师业在促进经济社会发展，维护人民群众权利，保障社会公平正义上，已经成为一支不可或缺的重要力量。

思考题

1. 律师具有什么特征？
2. 律师的任务是什么？
3. 律师法的调整对象是什么？

实务训练

基本案情： 阿桂曾于 2013 年 2 月借给赵六 3 万元，当时赵六答应 1 个月内还钱，还出具了借条，并约定月利息 2 分。但约定还款期限届满，赵六并没有还钱，阿桂到律师事务所想请律师作为代理人，并询问如起诉到法院能否打赢官司，约定的 2 分利息是否能要到。接待的 A 律师在询问赵六借钱是何用途时，阿桂回答，他和赵六等人在棋牌室打牌时，赵六输了钱向自己借的，当时自己并不愿意借，其他二人打圆场才借的，借钱的事有另外二人证明。

问：如果你是律师，应如何解答？你能否接受委托担任阿桂的诉讼代理人？

分析意见：阿桂借给赵六 3 万元，如向法院起诉，达不到受法律保护的程度，法院查明事实后，会依法驳回阿桂的诉讼请求。理由是：欠条是债权的重要凭证，但不是绝对有效的证据，它以双方实施了合法的行为为前提。《民法通则》第 58 条第 5 款和第 7 款规定，违反法律或者社会公共利益的、以合法形式掩盖非法目的的民事行为无效。《合同法》第 52 条也规定，损害社会公共利益和违反法律、行政法规强制性规定的合同无效。1991 年 7 月 2 日最高人民法院颁发的《关于人民法院审理借贷案件的若干意见》［法（民）发〔1991〕21 号通知］（现已失效）第 11 条规定，出借人明知借款人是为了进行非法活动而借款的，其借贷关系不予保护。对双方的违法借贷行为，可按照民法通则第 134 条第 3 款及《关于贯彻执行〈中华人民共和国民法通则〉若干问题的意见（试行）》第 163 条、164 条的规定予以制裁。根据以上法律、司法解释的规定，赌博是违反《治安管理处罚法》的行为，因赌博产生的债务当然不受法律保护。

另外，根据《律师法》关于律师任务的规定，律师维护的是当事人的"合法权益"，本案例中，阿桂的 3 万元欠款是因非法活动（赌博）而出借的，是非法的，所以律师不应该为了经济利益而接受委托担任其诉讼代理人，应该予以拒绝。

延伸分析

如果上述案例中，阿桂出借 3 万元时并不知道赵六借钱是用于赌博，但赵六借钱后，却用这 3 万元赌博，赌输了无力偿还。在这种情形下，阿桂在"不明知"的情况下，借出的钱是合法债务，债权人没有审查借钱是用于何种用途的义务，因此其合法债权应该受到法律保护，在这种情形下，律师可以接受委托，担任其诉讼代理人。

第二章

律师执业许可和执业范围

学习目标与工作任务

掌握我国律师执业许可的含义，了解法律职业证书、律师执业证书的取得条件和程序。

导入案例

原告张三起诉被告李四离婚，因夫妻共同财产较多，还涉及子女抚养问题，被告李四便委托其在法学院当老师（是法学硕士、还获得法律职业资格证书）的弟弟李五作为其诉讼代理人，但某法院书记员在接到李四委托李五作为代理人的授权委托书后，不同意李五作为代理人参加诉讼，理由是李五没有律师执业证，不能从事诉讼代理活动。为此，李四和书记员发生争执，李四认为，李五是自己的亲弟弟，其精通法律，还获得法律职业资格证书，为何不能当代理人呢？

问：从上述材料看，你如何看待这一争执，李五是否具有诉讼代理人的资格，为什么？

第一节　律师执业许可概述

教学内容

一、律师执业许可的概念和特征

律师执业许可是指我国司法行政机关根据自然人的申请，经依法审查，准予其从事律师法律执业的行为。律师执业许可是我国行政许可中的一种，律师执业许可实质上是一种我国司法行政机关对是否具备律师的资格或条件的核准行为。律师执业许可具有如下特征：

1. 律师执业许可的行为主体是我国司法行政机关。律师执业许可的主体具有专属性，司法行政机关是对律师执业许可的主管机关，只有司法行政机关才能行使对行政相对人的申请予以审核与批准的职权。

2. 律师执业许可是依申请行政行为。律师执业许可的发生具有被动性。律师执业许可是依当事人的申请而发生的，当事人的申请是律师执业许可的前提条件。当然，当事人的申请不一定就能得到司法行政机关的许可，因为律师执业许可是司法行政机关基于行政权的单方行为。

3. 律师执业许可存在的前提是法律的一般限制。也就是说，不经过个别资格确认和执业许可则不能从事律师执业。律师执业许可是考虑到律师职业的特殊性而设立的，律师职业是利用法律知识为当事人提供服务的特殊职业，必须严格把关，因此律师执业要有"一般限制"。

4. 律师执业许可的内容具有授益性。也就是说，行政相对人经申请后，如获律师执业许可，则可以从事执业活动而获得相关利益，比如可获得律师服务报酬的提成。但没有获得律师执业许可的人，除法律另有规定外，则不能从事有偿的法律服务，更不能以律师名义从事法律服务，否则将承担相应的法律责任。

5. 律师执业许可要求有一定的外在形式，如申请人获准执业，则颁发律师执业证书。

6. 律师执业许可是司法行政机关对申请人能否从事律师职业的资格或条件的核准行为。

我国律师执业许可制度，一般包括法律职业资格的取得和律师执业证书的取得两个部分。

二、律师执业许可的沿革

律师执业许可制度是我国整个律师制度的重要组成部分，是律师制度的基石，也是公民成为执业律师从事律师执业活动的必要前提。建立完善的律师执业许可制度，是培养适合我国国情的高素质的律师专业人才，提供高质量的法律服务的要求。

我国律师执业许可制度的发展经历了四个阶段：

（一）对律师行业许可的无学历与考试要求阶段

"文革"结束后，律师制度逐步得到恢复，1980 年 8 月 26 日第五届全国人民代表大会常务委员颁布的《中华人民共和国律师暂行条例》（现已失效）第 8 条第 1 款规定："热爱中华人民共和国，拥护社会主义制度，有选举权和被选举权的下列公民，经考核合格，可以取得律师资格，担任律师……"此阶段对于律师从业的要求是最低的，并没有学历要求，当时采取考核方式授予律师资格，只要通过考核就可以担任律师，而考核的方式也不一定是考试，如此宽松又不严谨的律师执业许可方式是受当时历史条件的限制的结果。

（二）律师执业许可的统一律师资格考试阶段

1986年4月12日，司法部发布了《司法部关于全国律师资格统一考试的通知》，并在借鉴国外相关做法和总结各地经验的基础上，举行了第一次全国律师资格统一考试。这次考试是一次内部考试，参考人员仅限于正在申请律师资格的专职或兼职律师工作人员，以及法学研究教学人员当中符合做律师工作条件的人员。最早规定是两年一次，后来改成一年一次。第二次全国律师资格考试报考人员范围扩大了，具有大专以上学历的中国公民均可参加。1986、1988和1990年的3次律师资格考试，还处于摸索阶段，考试形式和内容上都没有一个统一的标准，考试内容多集中于宪法、民法、刑法和诉讼法。

1996年5月15日《中华人民共和国律师法》正式通过，其中规定，国家实行律师资格全国统一考试制度。至此，全国统一律师资格考试以国家法律的形式确定下来，律师资格考试迈出历史性一步。

（三）律师执业许可统一的司法考试制度阶段

我国从2002年开始，取消了传统的律师资格考试制度，改为统一的司法考试的形式，依此作为从事法律职业的门槛，司法考试的报名要求是：具有中华人民共和国国籍；拥护《中华人民共和国宪法》，享有选举权和被选举权；具有完全民事行为能力；具有高等院校法律专业本科及以上学历，或者高等院校其他专业本科及以上学历具有法律专业知识；品行良好。通过司法考试，在律师事务所实习满一年通过考核后即可以取得律师资格。从律师准入的发展历程来看，对于律师的准入门槛越来越高，由刚开始的无学历、无考试的要求到现在的学历、考试、道德品质等各方面的要求，这些要求的提升也是我国律师行业的蓬勃发展的一个侧面反映。

（四）律师执业许可实施国家统一法律职业资格考试阶段

2015年12月，中共中央办公厅、国务院办公厅印发了《中共中央办公厅、国务院办公厅关于完善国家统一法律职业资格制度的意见》，提出了完善国家统一法律职业资格制度的目标任务和重要举措，对于推进法治工作队伍正规化、专业化、职业化，为建设社会主义法治国家提供人才保障具有重要意义。

法律职业资格考试方式吸收了原司法考试的有益做法，并根据新制度的定位做了一系列改革：一是实行2+1考试模式，即客观题2张试卷，主观题1张试卷。二是提高科技化、信息化水平。客观题考试在包括港澳考区在内的全国各考区全面推行计算机化考试。主观题考试以纸笔考试为主，在若干考区实行计算机化考试试点。三是实行一次考试分阶段进行。从2018年开始，参加法律职业资格考试的考生，通过客观题考试后再参加主观题考试。四是增加客观题考试成绩有效时长，考生当年客观题考试合格成绩在下一个考试年度内有效。

2018 年是组织实施国家统一法律职业资格考试的开局之年，因而被业界誉为"法考元年"。

2018 年 4 月 25 日司法部颁布的《国家统一法律职业资格考试实施办法》（以下称《实施办法》）第 2 条明确规定，国家统一法律职业资格考试是国家统一组织的选拔合格法律职业人才的国家考试，初任法官、初任检察官，申请律师执业、公证员执业和初次担任法律类仲裁员，以及行政机关中初次从事行政处罚决定审核、行政复议、行政裁决、法律顾问的公务员，应当通过国家统一法律职业资格考试，取得法律职业资格，法律、行政法规另有规定的除外。

第二节　法律职业资格

一、法律职业资格的概念

法律职业资格是指国家确认的、准予从事法律职业的资格。法律职业资格是自然人从事律师职业必须具备的条件和身份，是律师执业的前提和基础。

律师行业实行执业资格准入是由律师职业的特点决定的。律师是一种智力性服务行业，律师必须熟知法律，精通业务，且需要有高尚的职业道德水平。对准备从事该职业的人，要严把此关，建立法律职业资格认证制度，对法律职业资格的取得、丧失、保留等加以规范，这对于提高我国律师队伍的整体素质，更好地保护当事人的合法权益，提高律师的服务质量，都有积极意义。法律职业资格制度是我国律师制度的一个重要组成部分。

二、法律职业资格的取得

根据我国《律师法》的规定，律师执业必须先通过国家统一法律职业资格考试，申领《法律职业资格证书》。

根据《实施办法》的规定，国家统一法律职业资格考试的报名条件是：

1. 国籍条件。国籍条件是指国家对申请取得法律职业资格人员的国籍要求。凡报名参加国家统一法律职业资格考试的人员，必须具有中华人民共和国国籍，外国人和无国籍人不能报名参加司法资格考试。另外，司法部对中国香港特别行政区和澳门特别行政区及台湾地区的居民参加国家统一法律职业资格考试的办法作了具体的规定。

2. 政治条件。根据《实施办法》的规定，报名参加国家统一法律职业资格考试的人员，必须拥护《中华人民共和国宪法》，享有选举权和被选举权。

3. 道德条件。根据《实施办法》的规定，报考人员应当具有良好的政治、业务素质和道德品行。报考人员必须品行良好，其基本要求是：一是遵纪守法；二是诚实公正；三是行为无瑕疵，也就是无不良表现。

4. 民事行为能力。公民报考国家统一法律职业资格考试应该具有完全民事行为能力。完全民事行为能力是指民事主体具有完全独立地进行民事活动，通过自己的行为取得民事权利和承担民事义务的资格。根据《民法总则》的规定，18 周岁以上的公民是成年人，具有完全民事行为能力，可以独立进行民事活动；16 周岁以上的公民，以自己的劳动收入为主要生活来源的，视为完全民事行为能力人。法律职业人需要以法律专业知识从事各种的法律事务，当然要具有完全民事行为能力，这是从事法律职业最基本的条件。

5. 学历条件。由于法律职业的任务、作用和工作的特殊性，报考法律职业资格考试应具备相应的法学学历、学位或者法律工作的经历。根据《实施办法》的规定，具备全日制普通高等学校法学类本科学历并获得学士及以上学位；全日制普通高等学校非法学类本科及以上学历，并获得法律硕士、法学硕士及以上学位；全日制普通高等学校非法学类本科及以上学历并获得相应学位且从事法律工作满 3 年。

《实施办法》实施前已取得学籍（考籍）或者已取得相应学历的高等学校法学类专业本科及以上学历毕业生，或者高等学校非法学类专业本科及以上学历毕业生并具有法律专业知识的，可以报名参加国家统一法律职业资格考试。

各省、自治区、直辖市所辖自治县（旗），各自治区所辖县（旗），各自治州所辖县；国务院审批确定的集中连片特殊困难地区所辖县（县级市、区）和国家扶贫开发工作重点县（县级市、区）（重庆市的 10 个重点县、区除外）；新疆维吾尔自治区所辖的县级市、区（乌鲁木齐市所辖的区除外）；黑龙江省大小兴安岭地区等艰苦边远地区，可以将报名学历条件放宽为高等学校本科学历。

（二）取得法律职业资格的程序

1. 报名参加国家统一法律职业资格考试。国家统一法律职业资格考试是国家统一组织的选拔合格法律职业人才的国家考试，初任法官、初任检察官，申请律师执业、公证员执业和初次担任法律类仲裁员，以及行政机关中初次从事行政处罚决定审核、行政复议、行政裁决、法律顾问的公务员，应当通过国家统一法律职业资格考试，取得法律职业资格。

除了《实施办法》规定的以上 5 个报名条件外，《实施办法》还规定有下列情形之一的人员，不得报名参加国家统一法律职业资格考试：①因故意犯罪受过刑事处罚的；②曾被开除公职或者曾被吊销律师执业证书、公证员执业证书的；③被吊销法律职业资格证书的；④被给予 2 年内不得报名参加国家统一法律职业资格考试（国家司法考试）处理期限未满或者被给予终身不得报名参加国家统一法律职业资格考试（国家司法考试）处理的；⑤因严重失信行为被国家有关单位确定为失信联合惩戒对象并纳入国家信用信息共享平台的；⑥因其他情形被给予终身禁止从事法律职业处理的。

有前款规定情形之一的人员，已经办理报名手续的，报名无效；已经参加考试的，考试成绩无效。

根据规定，申报国家统一法律职业资格考试，报名人员报名时应当具有以下材料：①有效居民身份证；②毕业证书。本人毕业证书应当能够在全国高等学校学生信息咨询与就业指导中心网站查询或认证；③申请享受放宽政策人员，须具有放宽报名学历条件地方户籍。网上报名时，应上传户口簿首页及本人页电子照片；④电子证件照片。报名人员应当提供符合规定格式（宽 413 像素×高 626 像素）要求的本人近 3 个月内彩色（红、蓝、白底色均可）正面免冠电子证件照片。此照片将作为本人准考证、考试成绩通知单、法律职业资格授予申请表、法律职业资格证书唯一使用照片；⑤司法行政机关要求的其他材料。

报名人员应当如实、准确填报个人信息，对报名信息作出真实有效承诺，并对其填报材料实质内容的真实性负责。

2. 领取国家统一法律职业资格考试成绩通知书。参加国家统一法律职业资格考试取得成绩合格的人员，应当自收到成绩通知书之日起 30 日内向地（市）司法局申请领取法律职业资格证书，无正当理由逾期提出申请的，地（市）司法局不予受理。

3. 申领法律职业资格证书。法律职业资格证书由司法部统一制作、颁发。省、自治区、直辖市司法厅（局）负责本省（区、市）法律职业资格证书申请材料的复审、报批和证书的发放。地（市）司法局负责本地区法律职业资格证书申请材料的受理、初审、报送及证书的发放。地处偏远、交通不便的地区，地（市）司法局可以委托县司法局接收申请材料，转交地（市）司法局进行初审。省（区、市）司法厅（局）应当对申请材料进行复审。对申请材料完整、符合申领法律职业资格证书条件的，报司法部审核颁发证书。

申领法律职业资格证书时应该提交下列材料：①申请人身份证、学历证原件及复印件；符合放宽报考学历条件、放宽合格分数线条件的申请人，还须提供本人户口簿及复印件；②申请人本年度国家统一法律职业资格考试成绩通知书；③司法行政机关要求的其他材料。

申请人应当如实填写《法律职业资格证书申领表》，经审核符合资格授予条件的人员，由司法部授予法律职业资格，颁发《法律职业资格证书》，在规定期限内未提出申请且无正当理由的，视为放弃申请资格，司法行政机关不再办理。

第三节　律师执业的条件和程序

经过国家统一法律职业资格考试而取得法律职业资格证书的人员或者具备特许执业条件的人员，还必须依法领取律师执业证书才能从事律师执业活动。律师执业证是指司法行政机关依照律师法规定颁发的确认律师身份的证件，它是持证人获准执行律师职务的唯一的有效证件，未持有效律师执业证的人员，不得以律师名义从事律师业务。

一、一般执业的条件和程序

（一）申请律师执业的条件

根据《律师法》第5条的规定，应具备下列条件：①拥护中华人民共和国宪法；②通过国家统一法律职业资格考试取得法律职业资格；③在律师事务所实习满1年；④品行良好。该法第7条规定了不予颁发律师执业证书的3种情形：①无民事行为能力或者限制民事行为能力的；②受过刑事处罚的，但过失犯罪的除外；③被开除公职或者被吊销律师、公证员执业证书的。

根据规定，实行国家统一法律职业资格考试前取得的国家统一司法考试合格证书、律师资格凭证，与国家统一法律职业资格证书具有同等效力。

（二）领取律师执业证书的程序

根据司法部颁发的《律师和律师事务所执业证书管理办法》的规定，律师执业证书是律师依法获准执业的有效证件。律师执业证书包括适用于专职、兼职律师的"律师执业证"和适用于香港、澳门、台湾居民在内地（大陆）从事律师职业的"律师执业证"两种。

《律师和律师事务所执业证书管理办法》还规定，公职律师、公司律师、法律援助律师的律师工作证的管理，参照该办法执行，军队律师工作证的管理办法另行制定。

根据《律师法》第5条和《律师执业管理办法》的有关规定，申请律师执业的具体程序如下：

1. 实习。申领律师执业证书的人员，必须在律师事务所实习1年。根据中华全国律师协会颁布的《申请律师执业人员实习管理规则》等有关规定，申请实习人员应当符合下列条件：①拥护《中华人民共和国宪法》；②取得法律职业资格证书或者律师资格证书；③品行良好；④具有完全民事行为能力；⑤未因故意犯罪受过刑事处罚；⑥未曾被开除公职或者被吊销律师执业证书。符合实习条件的实习人员在实习期间应当参加律师协会组织的集中培训和律师事务所安排的实务训练，遵守实习管理规定，实习期满接受律师协会的考核。拟申请实习的人员，应当通过拟接收其实习的律师事务所向住所地设区的市级律师协会申请实习登记。实习人员在具有 5 年以上的执业经历的律师指导下实习，接受律师职业道德和执业纪律的培训，接受刑事辩护、民事行政案件代理，非诉讼代理，法律咨询等业务的训练，并要完成司法行政机关规定的业务量。实习必须在同一个律师事务所中连续实习 1 年。实习期间，实习人员只能辅助律师办理业务，不能单独执业。实习人员实习期满后，应当通过律师事务所向准予其实习登记的律师协会提出实习考核申请，律师事务所的考评意见和《实习鉴定书》应当对实习人员的政治素质、道德品行、业务素质、遵守律师职业道德和实习纪律等方面的情况如实作出评价。律师协会应当自收到律师事务所提交的实习考核申请材料之日起 60 日内，组织对实习人员进行考核。对经审查、测评合格的实习人员，应当以适当方式将其名单、基本情况及审查、测评的结果予以公示，公示期不得少于 5 日，接到有问题的举报应当立即调查核实。对通过考核程序的实习人员，由实习考核委员会进行集体评议，形成最终考核意见，并由律师协会负责人签字确认。实习人员符合下列条件的，律师协会应当为其出具考核合格意见：①完成集中培训项目并取得《实习人员集中培训结业证书》；②完成实务训练项目并被实习指导律师和律师事务所考评、鉴定合格；③通过综合素质测评被评定为具备律师执业基本素质；④遵守律师职业道德和实习纪律，没有发生违反本规则规定的违法违规行为的。

对考核合格的，律师协会应当将考核合格意见填入《实习人员登记表》，并在 15 日内书面通知被考核的实习人员及接收其实习的律师事务所，同时将考核结果报省、自治区、直辖市律师协会备案，抄送当地设区的市级或者直辖市区（县）司法行政机关。律师协会出具的考核合格意见，是实习人员符合申请律师执业条件的有效证明文件。

另外，《申请律师执业人员实习管理规则》规定了对律师事务所不得接收实习人员的 4 种情形及申请实习人员不准予其实习登记的 6 种情形；还规定了律师协会对实习人员出具考核不合格的意见的条件及实习人员不服的救济途径等。

《申请律师执业人员实习管理规则》还规定，香港、澳门、台湾地区居民在内地（大陆）申请律师执业的实习组织管理工作，依据该规则执行，司法部另有规定的，从其规定。拟担任法律援助律师、公职律师和公司律师人员的实习管理，也参照该规则执行。

2. 申请。《律师法》第 6 条规定，申请律师执业应提交下列材料：①国家统一法律职业资格证书；②律师协会出具的申请人实习考核合格的材料；③申请人的身份证明；④律师事务所出具的同意接收申请人的证明。如果申请兼职律师执业的，还应当提交其所在高等院校、科研机构从事法学教育、研究工作的经历及证明材料；所在单位同意申请人兼职律师执业的证明。但根据《律师法》第 11 条的规定，公务员不得兼任执业律师。另外，律师担任各级人民代表大会常务委员会组成人员的，任职期间不得从事诉讼代理或者辩护业务。

申请律师执业，应当向设区的市级或者直辖市的区人民政府司法行政部门提出申请。

3. 审核和颁证。根据《律师法》第 6 条及《律师执业管理办法》等的规定，受理申请的司法行政机关应当自受理之日起 20 日内予以审查，并将审查意见和全部材料报送省、自治区、直辖市人民政府司法行政部门。省、自治区、直辖市人民政府司法行政部门应当自收到报送材料之日起 10 日内予以审核，作出是否准许执业的决定。准予执业的，向申请人颁发律师执业证书；不准予执业的，不予颁发律师执业证书，向申请人书面说明理由。

二、特许执业的条件和程序

特许律师，是指符合《律师法》第 8 条规定的条件的专业人员，经本人申请，国务院司法行政部门考核合格，准予执业的律师。

根据《律师法》第 8 条的规定，特许执业，应该具备如下条件：①具有高等院校本科以上学历；②在法律服务人员紧缺领域从事专业工作满 15 年；③具有高级职称或者同等专业水平并具有相应的专业法律知识的人员；④申请专职律师执业的，经国务院司法行政部门考核合格，准予执业。《律师法》授权国务院制定具体的考核准予特许执业的办法。

2007 年修订的《律师法》设立了律师特许制度，废除了原《律师法》规定的通过考核授予律师资格制度，这主要是针对目前我国律师队伍在金融服务、高新技术、知识产权、环境保护、信息技术、医疗卫生、传媒领域、反倾销、反补贴、反垄断以及农业、交通、文化教育等法律服务人员紧缺的领域缺乏足够的专业人才而作出的特别规定，这不仅体现了严把律师队伍门槛的原则，也体现了一定的必要性和灵活性，同时也和一些经济较为发达的国家的律师制度相类似，如日本、新加坡、韩国、加拿大等国家都有特许律师执业的规定。

三、律师执业年度考核

2009 年 12 月 31 日之前，律师执业证实行年度注册制度，律师执业证每年注册 1 次，注册时间为每年的 3 月 1 日至 5 月 31 日，律师执业证书经注册后当年度有效，未经注册一律无效。

司法部规定，自 2011 年 1 月 1 日起，原执业证书停止使用，而使用新版律师执业证书，新版律师执业证书取消了律师执业证年度注册的规定，而启用了律师执业年度考核的制度，这是律师的管理由行政管理向行业管理转变的具体举措。

律师执业年度考核，是指律师协会在律师事务所对本所律师上一年度执业活动进行考核的基础上，对律师的执业表现做出评价，并将考核结果报司法行政机关备案，记入律师执业档案。律师执业年度考核的目的是教育、引导和监督律师遵守宪法和法律，遵守律师职业道德和执业纪律，依法、诚信、尽责执业，忠实履行中国特色社会主义法律工作者的职业使命，维护当事人合法权益，维护法律正确实施，维护社会公平和正义。根据第七届中华全国律师协会第六次常务理事会审议通过并于 2011 年 1 月 1 日起施行的《律师执业年度考核规则》的有关规定，所有身为律师协会会员的执业律师，均应当按照该规则参加律师执业年度考核。律师执业年度考核，由设区的市级律师协会和直辖市律师协会负责组织实施；设区的市未建立律师协会的，可以由所在的省、自治区律师协会负责组织实施。

律师执业年度考核，主要考核下列内容：①律师在执业活动中遵守宪法、法律、法规和规章，遵守职业道德、执业纪律和行业规范，履行法定职责的情况；②律师遵守律师协会章程，履行会员义务的情况；③律师办理法律服务业务的数量、类别和服务质量，办理重大案件、群体性案件的情况；④律师履行法律援助义务，参加社会服务及其他社会公益活动的情况；⑤律师受行政奖惩、行业奖惩的情况；⑥省、自治区、直辖市律师协会根据需要要求考核的其他事项。

律师执业年度考核等次是律师协会对律师上一年度执业表现的总体评价。律师执业年度考核结果分为"称职""基本称职""不称职"三个等次。律师执业年度考核，应当在每年第一个季度集中办理，并与司法行政机关对律师事务所的年度检查考核工作相衔接。律师参加执业年度考核，应当按照规定的时间向律师事务所提交本人上一年度执业情况总结，并填报、提交下列材料：①律师执业年度考核登记表；②获得行政或者行业表彰奖励、受到行政处罚或者行业惩戒的证明材料；③履行律师协会会员义务的证明材料；④省、自治区、直辖市律师协会要求提供的其他材料。律师事务所应当召开律师执业年度考核工作会议，听取律师个人总结，组织进行民主评议。根据考核评议情况，由律师事务所依据该规则规定的考核内容、考评标准，对律师上一年度的执业表现出具考核意见，律师事务所的考核意见应当送交律师本人阅签意见。

律师事务所完成律师执业年度考核工作后，应当按照规定的时间将对律师执业的年度考核意见及律师执业情况总结等相关材料报送所在地设区的市级律师协会或者直辖市律师协会。设区的市级律师协会和直辖市律师协会应当依据本规则规定的考核内容、考评标准，对律师事务所提交的律师执业年度考核意见及律师执业情况总结等相关材料进行审查，确定律师执业的年度考核结果。

律师协会在审查中发现律师执业年度考核意见与实际情况不符，或者收到相关投诉、举报的，可以进行调查核实，或者责成律师事务所对该律师重新进行考核。律师执业年度考核结果确定后，设区的市级律师协会和直辖市律师协会应当将考核结果在本地律师协会网站上予以公示。公示期不少于 7 日。律师对考核结果有异议的，可以向出具考核结果的律师协会申请复核。出具考核结果的律师协会应当自收到申请之日起 10 日内进行复核，并将复核结果书面告知申请人及其所在的律师事务所。设区的市级律师协会和直辖市律师协会应当按照当地司法行政机关规定的时间将律师执业年度考核结果报所在地设区的市级或者直辖市区（县）司法行政机关备案。根据司法部《律师和律师事务所执业证书管理办法》第 12 条的规定，设区的市级或者直辖市的区（县）司法行政机关于每年完成对律师事务所年度检查考核后，应当在律师事务所和律师执业证书相应栏目内填写考核年度、考核结果、考核（备案）机关、考核（备案）日期；在律师执业证书上加盖"律师年度考核备案"专用章。

律师如果不按规定参加执业年度考核的，律师事务所应当如实报告，由设区的市级律师协会或者直辖市律师协会责令其限期参加执业年度考核；逾期仍不参加考核的，由律师协会直接出具"不称职"的考核结果。律师经年度考核被评定为"不称职"的，设区的市级律师协会或者直辖市律师协会应当根据其存在的问题，书面责令其改正，并安排其参加律师协会组织的培训教育。律师连续 2 年被评定为"不称职"的，由律师协会给予通报批评或者公开谴责的行业惩戒；情节严重的，建议司法行政机关依法给予相应的行政处罚，也可以建议律师事务所与其解除聘用关系或者经合伙人会议通过将其除名。

四、律师宣誓制度和律师专业技术职务

（一）律师宣誓制度

2012 年 2 月 3 日司法部在关于印发《关于建立律师宣誓制度的决定》的通知中明确指出，为了引导广大律师牢固树立做中国特色社会主义法律工作者的信念，自觉践行"忠诚、为民、公正、廉洁"的核心价值观，切实提高律师队伍思想政治素质、职业道德素质和业务素质，不断增强律师的职业使命感、荣誉感和社会责任感，培育和形成中国特色社会主义律师执业精神，根据《中华人民共和国律师法》决定在全国建立律师宣誓制度。凡经司法行政机关许可，首次取得或者重新申请取得律师执业证书的人员，应当参加律师宣誓。律师宣誓，应当在律师获得执业许可之日起 3 个月内，采取分批集中的方式进行。律师宣誓仪式，由设区的市级或者直辖市司法行政机关会同律师协会组织进行。

根据 2018 年 11 月 29 日中华全国律师协会颁发的《律师宣誓规则（试行）》的规定，宣誓仪式要求：①宣誓场所应当庄重、严肃，悬挂中华人民共和国国

旗；②宣誓仪式由律师协会负责人或受邀的司法行政机关负责人主持，领誓人由律师协会会长或者副会长担任；③宣誓仪式设监誓人，由司法行政机关和律师协会各派1名相关负责人担任；④宣誓人宣誓时，应呈立正姿势，面向国旗。

宣誓仪式按下列程序进行：①领誓人、宣誓人面向国旗列队站立，宣誓人在领誓人身后整齐站立，监誓人在宣誓人侧前方面向宣誓人站立；②主持人宣布宣誓仪式开始；③奏唱国歌；④宣诵誓词；⑤监誓人确认宣誓效力；⑥宣誓人在誓词上签署姓名、宣誓日期。

律师宣誓誓词为："我宣誓：我是中华人民共和国律师，忠于宪法，忠于祖国，忠于人民，维护当事人合法权益，维护法律正确实施，维护社会公平正义，恪尽职责，勤勉敬业，为建设社会主义法治国家努力奋斗！"

宣誓仪式可以采取单独宣誓或者集体宣誓的形式。单独宣誓可不设领誓人。单独宣誓时，宣誓人应当左手抚按《中华人民共和国宪法》，右手举拳，拳心朝前，置于耳旁，诵读誓词。集体宣誓时，领誓人左手抚按《中华人民共和国宪法》，右手举拳，拳心朝前，置于耳旁，逐句领诵誓词；其他宣誓人整齐排列，左手自然下垂，右手举拳，拳心朝前，置于耳旁，逐句跟诵誓词。领誓人领诵完誓词、诵毕"宣誓人"后，宣誓人依次自报姓名。

肢体残疾或者患病等原因不能按照规定的立正姿势宣誓的，可以其他适当、庄重的姿势进行宣誓。

宣誓人宣誓，应免冠，内着浅色衬衣，领口系戴深红色领巾，外着律师出庭服装，律师出庭服装胸前佩戴律师徽章，穿着深色正装裤和深色皮鞋；女律师可着深色正装裙。

宣诵誓词，倡导使用普通话。在少数民族聚居或者多民族共同居住的地区，少数民族律师可以使用本民族语言进行宣誓。

宣誓人、领誓人应当以正常语速完整宣诵誓词，吐字清晰，语音洪亮，并不得对该规则第4条规定的誓词内容进行添加、删减或者歪曲发音。

监誓人对符合该规则要求的宣誓，宣布确认有效。监誓人发现宣誓活动中存在不符合该规则的情形的，应当宣布宣誓无效，要求重新宣誓。

宣誓人拒不宣誓或者重新宣誓仍不符合要求的，由律师协会在律师执业年度考核时审查确定其不称职的考核等次，或者责成所属律师事务所重新进行考核确定其不称职的考核等次。

经确认有效并由宣誓人签署姓名的誓词存入该宣誓人的执业档案。

律师宣誓仪式应当公开进行，可以邀请人大代表、政协委员、法官、检察官等代表参加。

律师应当自觉践行宣誓誓词，将誓词作为指引律师执业活动的行为准则，依法、诚信、尽责执业，恪守职业道德和执业纪律，接受司法行政机关、律师协会、当事人和社会的监督。

（二）律师的专业技术职务

在恢复律师制度之初，把律师定为行政干部，完全用管理行政干部的方法管理律师，律师行政级别低，待遇也低，不利于调动律师的积极性。为了解决这一问题，1987 年 10 月，司法部制定了《律师职务试行条例》，从此开始了律师专业技术职务评定和聘任工作。《律师职务试行条例》和《律师职务试行条例实施细则》把律师专业职务分为三档五级，即一级、二级、三级、四级和律师助理，一、二级律师为高级职称，三级律师为中级职称，四级律师和律师助理为初级职称。《律师职务试行条例》还规定不同职称的任职条件、岗位职责以及律师职务评审委员会的设置和聘请条件及程序等。

第四节　律师执业范围

根据《律师法》第 28 条的规定，律师可以从事下列业务：

1. 接受自然人、法人或者其他组织的委托，担任法律顾问；

2. 接受民事案件、行政案件当事人的委托，担任代理人，参加诉讼；

3. 接受刑事案件犯罪嫌疑人、被告人的委托或者依法接受法律援助机构的指派，担任辩护人，接受自诉案件自诉人、公诉案件被害人或者其近亲属的委托，担任代理人，参加诉讼；

4. 接受委托，代理各类诉讼案件的申诉；

5. 接受委托，参加调解、仲裁活动；

6. 接受委托，提供非诉讼法律服务；

7. 解答有关法律的询问、代写诉讼文书和有关法律事务的其他文书。

其实律师的执业范围是非常广泛的，上述所列只是比较大的业务类别，比如提供非诉讼法律服务这一类，其涵盖的业务细化就比较多，如代办专利、商标注册、产品生产和商品进出口许可证等申请、申报、申领手续；代办企业、联营组织的筹建、开业、歇业、变更经营范围和注册资金等工商登记事务；代办财产投保、请求保险赔偿金等事务；代办财产租赁、抵押、借用、赠与、信托、寄售等事务；出具各种法律意见书；接受委托，代理贸易、投资、知识产权、证券金融、税务、保险、房地产、海事商事等民事、经济活动中的法律事务；代理在报刊、广播、电视等公开场合对某项法律事件或法律行为发表声明，表明立场、态度和观点；接受当事人或法人的申请，对某项法律事件或行为进行见证；代办市场、商品信息及企业资信的调查事务；代办经济民事项目的可行性研究；代理企业的歇业、破产的清算等事务；等等。

导入案例分析

某法院书记员不同意李五作为诉讼代理人参加诉讼是错误的，没有法律依据。虽然李五没有律师执业证，但根据现行《民事诉讼法》第 58 条第 2 款的规定，当事人的近亲属可以被委托为诉讼代理人。因李五是李四的亲兄弟，属于近亲属（当然要提供证据证明），因此李五完全可以近亲属的名义，作为诉讼代理人参加诉讼。

思考题

1. 法律职业资格取得的条件和途径是什么？
2. 领取律师执业证书的条件和程序是什么？
3. 简述我国律师的执业范围。

第三章

律师执业的基本原则

学习目标与工作任务

了解律师执业的基本原则，掌握这些原则的基本要求和实际运用。

导入案例

2017 年 9 月 29 日 17 时左右，刘×驾驶 XR19526 号小型客车沿××市怀宁路由南向北行驶至嘉和路交叉口向右转弯时将行驶到此处的苏××驾驶的电动自行车撞倒，造成苏××遭受重伤的交通事故，该事故经××市公路巡逻民警支队一大队认定，刘×承担此事故的主要责任，苏××负此事故的次要责任。

苏××受伤后，一直在医院抢救治疗，但未有苏醒，后经交警部门委托鉴定，××莱山克司法鉴定中心（2017）临鉴字第 486 号《司法鉴定意见书》的"鉴定意见"为：①被鉴定人苏××构成道交标准 1 级伤残；②被鉴定人苏××需完全护理依赖。

鉴定结果出来后不到 10 天苏××便在家中死亡，苏××的妻子等法定继承人需要委托律师作为其诉讼代理人，但苏××的妻子也知道，如果按照死亡起诉的话，苏××的后期护理费就没有了，因此希望律师能够按照 1 级伤残及"完全护理依赖"起诉，接待律师考虑到伤残及护理依赖等司法鉴定已经作出，且肇事驾驶员刘×也没有提出异议，加之苏××出院后就回到农村的老家休养，估计死亡的事也不会被刘×知道，再加之如果不按照苏××妻子的意见办理，估计就不能承接这起案件，因此就同意按照苏××1 级伤残及"完全护理依赖"的方案起诉。在法院审理期间被告方也没有提出异议，因此法院判决保险公司在交强险 12.2 万元和第三者商业险 30 万元限额内予以赔偿，被告刘×承担伤残赔偿金及后期护理费等 1 484 023 元。本案判决中，虽然 1 级的伤残赔偿金和死亡赔偿金数额是一致的，都是受诉法院上一年度城镇居民人均可支配收入 20 年的标准赔偿，但如果按照死亡索赔，就没有后期（按照规定为 20 年）的护理费 712 040 元，法院判决出来后，苏××妻子等法定继承人非常高兴。

问：该案承办律师在代理这起案件中的做法是否违反律师的基本原则？为什么？

第一节　律师执业的基本原则概述

教学内容

一、律师执业基本原则的概念

律师执业的基本原则，是指法律所规定的贯穿于整个律师的执业活动过程，在律师执业活动的整个阶段始终起指导作用，能够指导律师全面实现律师任务的基本准则。

律师执业的基本原则包含以下含义：

1. 律师执业的基本原则，是由国家法律所规定的，主要体现在以律师法为主的现行国家法律之中，律师执业基本原则和其他任何法律的基本原则一样，具有基础性、导向性和抽象性的特点。

2. 律师执业的基本原则，贯穿于律师的整个执业过程，体现在律师执业活动的方方面面，它反映了律师执业的内在的规律和基本的价值，具有普遍的指导意义。

3. 律师执业的基本原则，目的在于指导律师的业务活动，以起到宏观的指导作用，实现国家法律所规定的律师的历史任务。

二、律师执业基本原则的内容

律师执业基本原则是由律师工作特点和律师制度的本质决定的。律师执业基本原则的内容具有高度的概括性和覆盖性，必须体现于执业的各个方面。如果某项原则只能适用于律师执业的某一方面或某个阶段，那它就不是基本原则而是具体原则。根据《律师法》第 3 条的规定，我国律师执业的基本原则应包括：遵守宪法和法律原则；恪守律师职业道德和执业纪律原则；以事实为根据，以法律为准绳原则；接受监督原则；依法执业受法律保护原则。

第二节　遵守宪法和法律原则

遵守宪法和法律原则，是指律师在执业活动中，必须严格遵守我国宪法和法律，用宪法和法律的规范来约束自己的行为，指导自己的全部执业活动以及为达到这一要求而必须遵守的行为准则。

我国《律师法》第 3 条第 1 款规定，律师执业必须遵守宪法和法律。"维护宪法和法律尊严"也是我国律师执业宣誓誓词的重要内容之一。律师必须遵守宪法和法律，是因为我国宪法和法律是全国各族人民意志和利益的集中体现，是保护人民、打击敌人，惩罚犯罪，保障改革开放和进行社会主义现代化建设的工具。严格遵守宪法和法律是每个公民的义务，更是律师的义务。律师作为为社会提供法律服务的执业人员，要以身作则维护宪法和法律的尊严，执业活动要遵守宪法和法律的基本准则，维护国家法律的正确实施，只有这样，才能在执业活动中更好地维护当事人的合法权益。

遵守宪法和法律作为律师执业的基本原则体现在律师执业的始终。首先，法律职业资格（包括律师资格）、律师执业证书的取得的条件、程序等都是法律规定的，必须遵守这些法律规定，只有依法取得法律职业资格和律师执业证书，律师执业才具有合法性。其次，对于律师的执业范围，《律师法》也作了规定，律师不得从事非法业务。最后，律师在执业过程中，无论提供何种法律服务，必须严格遵守宪法和法律，律师的专业特长就是熟悉、精通法律，律师是运用法律知识为当事人提供法律服务的，而不应曲解法律精神，为当事人牟取不正当、不合法的利益。另外，根据司法部现行《律师执业管理办法》第 2 条的规定，律师应当把拥护中国共产党领导、拥护社会主义法治作为从业的基本要求。

第三节　恪守律师职业道德和执业纪律原则

所谓恪守律师职业道德和执业纪律原则，是指律师在履行职务中应该具有的思想品德和应该遵循的行为规范。律师在执业活动中，只有恪守职业道德和执业纪律才能严格遵守宪法和法律，从而为当事人提供优质的法律服务，最大限度地维护当事人的合法权益。为了保证执业律师都能够恪守律师职业道德和执业纪律，在律师队伍中开展职业道德和执业纪律的学习教育很有必要。现在少数律师存在职业道德缺失现象，服务为民、维护正义等正确的理想信念和诚信服务的意识逐渐淡薄，片面追求经济利益、商业化的倾向日趋严重；有的律师责任感不强，不能恪尽职守，工作敷衍了事，拿钱不办事；甚至有个别律师知法犯法，严重损害了律师队伍的社会公信力，影响着律师业的健康发展。因此，进一步加强律师队伍建设，在律师中进行律师职业道德和执业纪律的学习教育是适时和必要的，为此，中华全国律师协会颁发的《律师职业道德和执业纪律规范》等规范性文件都把在律师队伍中深入开展职业道德和执业纪律教育作为开展集中教育整顿活动的重要任务。《律师执业年度考核规则》也把遵守律师职业道德和执业纪律当作当年度考核的重要内容。

第四节　以事实为根据、以法律为准绳原则

以事实为根据，是指律师办理任何法律事务时，都要尊重客观事实，忠于事实真相，把全部业务活动都建立在充分可靠的客观事实之上。这就要求律师在执业活动中，必须深入调查研究，认真查阅卷宗材料，掌握确实充分的证据材料，搞清案情的真实面目，弄清事实和情节，并以此作为根据来处理各种法律问题、诉讼问题或提出解决有关问题的意见。律师只能在尊重案件事实的基础上，为当事人提供法律帮助，以维护当事人的合法权益。律师绝不能违背事实，甚至歪曲事实真相去谋取当事人的非法利益。

以法律为准绳，是指律师在各项业务活动中，都要严格依法办事，以国家的有关法律、法规为标准去判断是非，准确地把握有关法律精神，并用以指导业务活动，不允许有违背法律、曲解法律以及其他不利于法律正确实施的行为。

律师在执业中既要以事实为根据，又要以法律为准绳，只有把事实和法律紧密地结合起来，才能维护当事人的合法权益，维护法律的正确实施。律师在执业活动中，始终坚持以事实为根据、以法律为准绳具有重大意义：首先，有利于提高律师执业的质量。坚持该原则，律师不仅要学会收集证据、认定事实的基本方法，还要掌握国家法律规定的基本精神，这就要求律师要不断地提高自己的业务素质。其次，坚持该原则有利于维护法律的正确实施，有利于维护当事人的合法权益。维护法律的正确实施是律师工作的根本目的，而维护当事人的合法权益则是律师工作的直接目的，要想最好地实现这两个目的，就得坚持以事实为根据，以法律为准绳。最后，坚持这一原则，有利于保障律师依法执业，促进律师业的健康发展。因为坚持以事实为根据，以法律为准绳，既可以防止委托人对律师提出一些不合法的要求，也可以防止律师执业过程中受到有关机关和人员的非法压制、干预和刁难，从而有利于律师依法从事业务，有利于律师业的健康发展。

第五节　接受监督原则

我国《律师法》第3条第3款规定："律师执业应当接受国家、社会和当事人的监督。"依据此规定，国家、社会和当事人都是监督的主体，都有权监督律师的执业活动。根据《律师法》的规定，律师是依法取得律师执业证书、为当事人提供法律服务的执业人员。既然为当事人提供法律服务，当事人、社会当然有权对律师执业活动进行监督。律师执业是接受当事人委托、为当事人提供

法律服务，维护当事人的合法权益，当事人对于律师的执业活动也有必要进行监督。律师业务活动的最终目的是维护国家法律的正确实施，各种职能的国家机关代表国家对律师执业进行监督，通过这种监督，有助于律师业在社会树立良好的形象，促进律师业的健康发展。

国家、社会和当事人对律师进行监督的意义在于促进律师严格依法执业，及时揭露违纪、违法执业行为，加强律师执业的责任心，避免承办律师因工作懈怠而给当事人造成不必要的损失等。

现将国家、社会和当事人的监督分述如下：

一、国家监督

国家监督是指国家机关对律师、律师事务所及其执业活动的监督。按照监督机关性质的不同可分为主管部门的监督和有关机关的监督。

根据《律师法》的规定，司法行政机关是代表国家对律师进行管理的主管部门。接受国家监督，首先是接受司法行政机关的监督。在我国，律师管理体制的特点是司法行政机关的行政管理与律师协会的行业管理相结合。司法行政机关对律师、律师事务所的管理、监督体现在很多方面，如接受司法行政机关关于其资格证书、执业证书的监督、管理；接受对其执业活动的监督、检查、指导；接受对其违规行为的处分等。另外，律师还必须接受其他国家机关涉及其业务的监督，如税务机关对律师、律师事务所纳税情况依法进行监督；物价部门对律师事务所的收费标准、收费情况进行监督；律师在执业活动中，还应重视公安机关、人民检察院、人民法院等国家机关的监督，如果律师在执业活动中泄露国家秘密，行贿或者指使、诱导当事人行贿，作伪证或者威胁、利诱他人作伪证，构成犯罪的，则依法定程序追究其刑事责任。

二、行业监督和社会监督

行业监督是指律师协会的监督，根据《律师法》的规定，律师协会是社会团体法人，律师协会的重要职责之一就是进行律师职业道德和执业纪律的教育、检查和监督，还要对律师执业进行年度考核，并可按照律师协会章程对律师给予处分等。

社会监督是最广泛的监督，主要是指社会舆论监督及公民监督。

社会舆论的监督，主要是通过新闻媒介对违纪、违法律师予以揭露和批评，形成弘扬正气的社会舆论，促使律师严格恪守律师职业道德和执业纪律，忠于职守，最大限度地维护当事人的合法权益。公民监督，是指当事人以外的广大人民群众对律师的监督。律师是为社会提供法律服务的执业人员，其执业行为构成了社会活动重要的组成部分，律师的执业活动必须与广大的社会规范相一致，因此，律师除了严格遵守职业规范外，也不得违反社会规范，否则任何公民对律师违反职业道德和执业纪律的行为都可以提出批评，予以监督。

三、当事人的监督

当事人对律师的监督是一种最直接、最有效的监督。律师执业总是离不开当事人的委托或聘请，律师业务活动是围绕着当事人的合法权益而展开的，律师的工作态度、工作进程、工作业绩当事人最清楚，因此当事人对于律师工作是否令人满意最有发言权。事实上，社会的监督和律师的行政主管机关、律师协会的监督线索也是当事人提供的，因此在对律师监督中，当事人的监督是最重要的、最有效的一种监督形式。例如，当事人对律师服务不满意，可以解除委托，拒绝该律师的辩护和代理；律师如有严重违纪行为，当事人可以要求对其进行惩戒；律师违法执业或者因过错给当事人造成损失的，当事人可以要求其所在的律师事务所予赔偿；等等。

第六节　律师依法执业受法律保护原则

《律师法》第 3 条第 4 款规定："律师依法执业受法律保护，任何组织和个人不得侵害律师的合法权益。"这一原则包括下列三层意思：

1. 对律师依法执业的行为，国家法律予以保护。这就要求律师执业必须严格按照国家法律规定办事，如果律师违反法律的规定从事业务活动，则不仅不受法律的保护，情节严重的，还应受到法律和律师纪律的制裁。

2. 司法机关和有关执法部门要为律师依法执业提供方便，对于律师合理合法的意见和建议要予以采纳。如律师执业时需查阅卷宗材料、会见在押犯罪嫌疑人或被告人，同被限制人身自由的人员会见和通信等，有关部门应予以配合。对律师依法执业活动，在任何情况下，都不能故意刁难或横加指责。

3. 律师在执业中的人身权利不受侵犯，任何组织和个人都不得侵犯律师的合法权益。保障律师在执业中的人身权利，就是要保障律师的人身自由、人格尊严、健康权和生命权等权利，这既是律师依法执业的安全保障，也是律师依法执业的基本条件。要严禁各种非法干涉律师依法执业的行为，如以暴力、胁迫等方法阻碍律师依法执业，构成犯罪的，依法应追究其刑事责任。

导入案例分析

该案承办律师在代理工作中的做法违反了以事实为根据，以法律为准绳的基本原则。律师办理法律事务时，要尊重客观事实，忠于事实真相，把全部业务活动都建立在充分可靠的客观事实之上。本案中承办律师明知苏××已经死亡，然而还按照苏××近亲属的要求，掩盖事实真相，按照 1 级伤残后完全依赖程度起诉，获得了本来不应该获得的苏××的后期护理费 712 040 元（如果按照死亡赔偿的话，苏××的法定继承人可以获得苏××死亡赔偿金 22 300 元）。代理律师不仅违反了律师的执业基本原则，同时也违背了律师的职业道德，律师应该维护当事人的合法权益，但不能违背事实，更不能歪曲事实真相去谋取当事人的非法利益。

思考题

1. 我国律师执业的基本原则有哪些？
2. 简述坚持律师执业基本原则的意义。

第四章

律师事务所

学习目标与工作任务

了解律师事务所的特征、任务及种类；掌握律师事务所设立的条件和程序。

导入案例

××律师事务所因设立时间不长、案源不足，律师收入不高，为了改变现状，三个合伙人商量决定以律师事务所名义向××有限责任公司持有 20% 的股份，其条件是律师事务所免费为此公司提供法律服务，律师事务所还和公司商量派出 1 名执业律师担任副总经理，分管营销，年薪 15 万元。后来××律师事务所和××有限责任公司因分成红利发生纠纷，该情况被××市司法局知悉，××市司法局经调查核实后，对××律师事务所作出停业整顿 3 个月并罚款 5 万元的处罚决定。

问：××市司法局作出的行政处罚是否合法？为什么？

第一节　律师事务所概述

教学内容

一、律师事务所的概念及特征

律师事务所是依据《律师法》和《律师事务所管理办法》设立的律师执业机构。律师事务所是我国律师制度的重要组成部分，在我国律师制度中占有十分重要的地位，律师事务所具有以下特征：

1. 律师事务所是律师的执业机构。律师事务所应当依法设立并取得执业许可证，它是我国法律服务业的执业主体之一，是律师的执业机构。与其他法律服务机构如公证处、法律服务所等相比，律师事务所是律师从事律师业务的工作机构，而其他机构却不能以律师的名义开展执业活动，当然也不享有法律赋予律师事务所的权利。律师事务所依法执业，任何组织和个人不得非法干预律师事务所的业务活动，不得侵害律师事务所的合法权益。

2. 律师事务所依法自主地开展业务活动，独自承担法律责任。律师事务所在法律法规规定的范围内，独立办理各项法律事务，不受任何单位或个人干涉。律师事务所实行独立核算，自我约束、自我发展，独立管理内部事务。律师事务所享有法定的民事权利，并承担相应的民事责任。

3. 律师事务所依法设立。设立律师事务所必须具备律师法规定的条件，并由司法行政机关按规定的程序审核登记。律师事务所是向社会提供法律服务的事业单位，不是经营性组织，因此无需进行工商登记。律师事务所一经省级司法行政机关审核、登记、领取律师事务所执业证书，即可开展律师执业活动，其执业活动受法律保护，享有法律规定的权利，并承担相应的法律责任。任何组织和个人不得非法干预律师事务所的业务活动，不得侵害律师事务所的合法权益。

二、律师事务所的任务

《律师法》第 23 条规定："律师事务所应当建立健全执业管理、利益冲突审查、收费与财务管理、投诉查处、年度考核、档案管理等制度，对律师在执业活动中遵守职业道德、执业纪律的情况进行监督。"以上是《律师法》对律师事务所的任务所作的概括性规定。现实中，律师事务所通常具有以下任务：

（一）组织律师开展业务活动

这是律师事务所的基本职责。律师事务所开展的业务活动有：对外统一接收委托并指派律师承办法律事务；组织集体讨论疑难、复杂案件；办理律师承办法律业务所需要的各项手续，按规定统一向委托人收费；管理本所经费开支，管理律师执业业务档案，检查、监督律师的承办业务情况，职业道德和执业纪律情况；等等。另外，审查委托人是否具有利益冲突的情形，也是律师事务所的一项任务，主要要求就是要避免本所的律师在同一案件中为双方当事人担任代理人，因为同一案件的双方当事人因利益冲突才诉至法院或仲裁机构，同一律师事务所的律师担任同一案件双方当事人的代理人，由于多种原因，可能存在不能切实有效地维护当事人合法权益的情况；另外，《律师法》第 39 条规定："律师不得在同一案件中为双方当事人担任代理人，不得代理与本人或者其近亲属有利益冲突的法律事务。"因此《律师法》要求律师事务所进行利益冲突审查（详细理由在第 5 章"律师的权利与义务"中阐述）。

（二）负责本所律师执业年度考核工作

根据第七届中华全国律师协会第六次常务理事会审议通过的于 2011 年 1 月 1 日起施行的《律师执业年度考核规则》的规定，律师事务所负责律师执业年度考核工作，年度考核期间应当召开律师执业年度考核工作会议，听取律师个人总结，组织进行民主评议。根据考核评议情况，由律师事务所依据有关律师协会规定的考核内容、考评标准，对律师上一年度的执业表现出具考核意见，规模较大的律师事务所可以成立律师执业年度考核工作委员会，负责组织开展律师执业年度考核工作。律师事务所完成律师执业年度考核工作后，应当按照规定的时间将对律师执业的年度考核意见及律师执业情况总结等相关材料报送所在地设区的市级律师协会或者直辖市律师协会。

（三）组织律师学习国家方针、政策，提高律师的政治素质

律师事务所应当定期组织本所律师学习国家方针政策。律师是社会法律工作者，律师必须具有较高的政治觉悟和坚定的政治立场，因此，组织律师进行政治学习，是律师事务所的一项重要任务。律师事务所只有通过组织政治学习，才能实现"四个服务"的律师工作宗旨，"四个服务"就是要为维护社会稳定服务，为完善社会主义市场经济体制服务，为实施依法治国方略服务，为实现好和维护好人民群众的根本利益服务。

根据2019年1月15日起施行的新《律师事务所管理办法》的规定，律师事务所应当坚持以习近平新时代中国特色社会主义思想为指导，坚持和加强党对律师工作的全面领导，坚定维护以习近平同志为核心的党中央权威和集中统一领导，把拥护中国共产党领导、拥护社会主义法治作为从业的基本要求，增强广大律师走中国特色社会主义法治道路的自觉性和坚定性。

根据《律师事务所管理办法》的规定，律师事务所应当建立完善党组织参与律师事务所决策、管理的工作机制，为党组织开展活动、做好工作提供场地、人员和经费等支持。

同时，律师事务所还要对本所律师进行职业道德和执业纪律教育，树立律师全心全意执业为民的服务思想，培养律师高尚的道德情操和忠于职守的责任心，只有这样才能维护律师在社会上的良好声誉和形象。

（四）总结、交流工作经验，提高律师的业务素质

律师是运用自己掌握的法律知识，向当事人提供法律服务的，因此，律师应不断学习业务知识，更新知识结构。从世界各国的情况看，律师的继续教育都是一项长期的、重要的任务，除律师自觉接受继续教育外，律师协会、律师事务所也肩负着律师的培训任务。为了提高律师的业务素质，律师事务所必须坚持定期组织律师学习法学理论和法律业务知识，特别要学习新颁布的法律、法规、司法解释和其他新的业务知识，提高律师的法律服务水平，使律师更能适应客观需要，更好地提供优质服务。因此，总结、交流律师工作经验，推广律师工作的实践经验是很有必要的，这对于提高律师事务所法律服务的综合能

力，提高律师的业务素质都具有积极作用。

三、律师事务所的类型

根据律师事务所组建方式的不同，《律师法》把律师事务所分成合伙律师事务所、国资律师事务所和个人律师事务所三种类型。

（一）合伙律师事务所

1. 合伙律师事务所的概念和特征。合伙律师事务所是依法设立的由合伙人按照合伙协议约定，共同出资、共同管理、共享收益、共担风险的律师执业机构。根据《律师法》第15条的规定，合伙律师事务所采用普通合伙和特殊的普通合伙两种形式。

普通合伙律师事务所和特殊的普通合伙律师事务所的合伙形式划分，是参照《中华人民共和国合伙企业法》的有关规定和律师事务所现行的做法而规定的。普通合伙律师事务所和普通的合伙企业在法律性质上并无不同，因此这里不再赘述。现在着重介绍一下特殊的普通合伙律师事务所这种形式，特殊普通合伙即有限责任合伙（对此也有不同看法），有限责任合伙律师事务所是20世纪90年代初期出现于国外的一种律师事务所组织形式，相对于普通合伙来说，有限责任合伙律师事务所的合伙人无须对其他合伙人的过错行为承担无限连带责任，因而有利于大型律师事务所的建立和发展。目前进入我国的外国律师事务所，大多采用有限责任合伙这种形式。《合伙企业法》第55条第1款规定："以专业知识和专门技能为客户提供有偿服务的专业服务机构，可以设立为特殊的普通合伙企业。"该法第57条第1款规定："一个合伙人或者数个合伙人在执业活动中因故意或者重大过失造成合伙企业债务的，应当承担无限责任或者无限连带责任，其他合伙人以其在合伙企业中的财产份额为限承担责任。"参考以上规定，所谓特殊的普通合伙律师事务所，是指在特定的情况下，不由全体合伙人对合伙债务承担无限连带责任的律师事务所。由于特殊的普通合伙律师事务所具有规避风险、控制成本等优点，同时，实践中此种类型的律师事务所也允许法人参与合伙，这就为把律师事务所做大做强提供了制度保障。截至2018年底，全国合伙律师事务所2万多家，占律师事务所的66.17%，是我国律师事务所中的主要类型。

合伙律师事务所具有以下特征：

（1）合伙律师事务所在性质上属于合伙组织，不具备法人资格。合伙律师事务所设立时，合伙人应确定合伙形式即采用普通合伙还是特殊的普通合伙，需要订立合伙协议，合伙协议应对律师事务所开办资金总额、合伙人出资方式及比例、合伙人的权利义务、合伙人收益分配及债务承担方式、合伙人入伙和退伙及除名的条件和程序、律师事务所的解散与清算等内容作出约定。合伙协议自合伙律师事务所经核准登记之日起生效，对全体合伙人具有约束力。

（2）合伙律师事务所是由合伙人组成的个体合伙，是一种人的松散组合。在管理上更加灵活多变，每个合伙律师都有权参与合伙事务的决策，对重大事务应协商一致，共同作出决定，不实行少数服从多数的原则。对共同作出的决定，每个合伙律师都有执行和监督的权利。合伙律师事务所的负责人应当从本所合伙人中经全体合伙人选举产生。

（3）财产归合伙人共有，合伙人对利润可以分红。合伙律师事务所的业务收入，除按规定缴纳管理费、会费和税金以及支付雇用人员工资外，剩下的部分属于合伙律师的共有财产，合伙律师可以按出资比例或按约定分红。律师退伙时，也可以分得其应得的财产。

（4）合伙人对律师事务所的债务，按照合伙形式对该律师事务所依法承担责任。

合伙律师事务所是国际上通行的律师执业组织形式，我国《律师法》对合伙律师事务所的确认以及对两种形式的合伙律师事务所作出的规定，标志着我国律师制度在与国际接轨方面有了重大发展。合伙律师事务所与曾经存在过的合作律师事务所相比，更适宜市场经济的公平竞争，而且其内部体制也容易变化，更容易被律师接受；同时，也体现了高风险、高收入的竞争法则。产权清晰、责权分明的合伙律师事务所，可以调动律师的积极性，使其更好地为社会提供高效优质的法律服务。合伙律师事务所尤其是特殊的普通合伙形式是我国今后律师事务所组建形式的发展方向，因此现行《律师法》不再把合伙律师事务所作为我国设立律师事务所的一种法定形式。2012 年 11 月 30 日司法部修改现行《律师事务所管理办法》（司法部第 125 号令），也只规定了合伙律师事务所、个人律师事务所和国家出资律师事务所三种形式，此前司法部制定的有关律师事务所管理的规章、规范性文件与该办法相抵触的，均以该办法为准。

2. 合伙律师的权利和义务。根据《律师法》和《律师事务所管理办法》的有关规定，合伙律师（又称合伙人）是指加入合伙律师事务所，参与合伙律师事务所内部管理，并对合伙律师事务所债务按合伙形式和约定承担责任的律师。合伙人应当具有 3 个条件：①依法取得专职律师执业证书；②具有 3 年以上执业经历；③担任合伙人之前 3 年内未受过停止执业以上的行政处罚。

合伙人享有下列权利：①参加合伙人会议，行使表决权；②推选或者被推选为律师事务所主任或者管理机构的负责人；③提请修改合伙协议、律师事务所章程和内部管理制度；④监督合伙人会议决议的执行，监督律师事务所的执业活动和内部管理活动；⑤按照合伙协议的约定退出合伙；⑥按照合伙协议对律师事务所的财产拥有所有权和收益分配权；⑦合伙协议约定的其他权利。

合伙人承担以下义务：①依照合伙协议履行相关监督和管理职责；②遵守合伙协议、律师事务所章程和内部管理制度；③执行合伙人会议的决议；④对本所聘用律师进行职业道德和执业纪律教育，对其执业活动实施检查和监督；⑤对律师事务所的债务按照合伙形式承担责任；⑥合伙协议约定的其他义务。

3. 入伙与退伙。入伙是指非合伙人身份的律师取得合伙人身份的情形。合伙律师事务所吸收新合伙人，应当按照协议约定的条件和程序办理，并签订书面协议；合伙人退出合伙，应当按照合伙协议约定的条件和程序办理。合伙协议没有约定提出退伙时间要求的，退伙人应当提前 3 个月通知其他合伙人。其他合伙人应当自收到通知之日起 3 个月内，与退伙人办理退伙事宜。

合伙人违反律师职业道德、执业纪律情节严重，或者因其过错给律师事务所造成重大损失的，合伙人会议可以依照合伙协议将其除名。合伙人被吊销律师执业证书的，合伙人会议应当将其除名。合伙人退出合伙或者被除名的，有权取得约定的财产份额及其他财产收益，并承担相应的义务。

合伙人死亡或者被宣告死亡的，其合法继承人有权依照合伙协议的约定取得被继承人死亡时在合伙律师事务所中应当分得的财产份额及其他收益。

合伙律师事务所变更合伙人后，应当在 15 日内到原登记机关办理变更登记。

合伙人在律师事务所成立 2 年内，退出合伙或者被除名的，1 年内不得作为合伙人申请设立新的律师事务所。因违反执业纪律、职业道德而被吊销执业证书的合伙律师事务所，其合伙人 3 年内不得作为合伙人申请设立新的律师事务所，但能够证明对导致律师事务所被吊销执业证书的事由不负管理责任的合伙人除外。

（二）个人律师事务所

根据《律师事务所管理办法》第 11 条的规定，设立个人律师事务所，除应当符合该办法第 8 条规定的条件外，还应当具备下列条件：①设立人应当是具有 5 年以上执业经历并能够专职执业的律师；②有人民币 10 万元以上的资产。

根据《律师法》的规定，个人律师事务所的设立人对律师事务所的债务承担无限责任，个人律师事务所设立人是该所的负责人。

所谓个人律师事务所就是指由一名律师开办的律师事务所，个人律师事务所由律师事务所主任个人承担无限连带责任。值得一提的是个人律师事务所并不意味着该所就只能有一名律师，个人律师事务所完全有权利聘用其他律师到该所工作，当然被聘用的律师和开办律师所的个人律师（创办人）之间的关系是雇佣关系。其实在现行《律师法》颁布之前，有些地方性法规或规章已对个人律师事务所的设立和管理作出了规定，以个人名字命名的个人律师事务所已经在我国陆续出现。如北京市司法局早在 2001 年 12 月 13 日就颁布了《北京市个人律师事务所试点工作实施方案》（现已失效）。律师主要是通过本人的知识和能力为社会提供法律服务，个人律师事务所是合伙律师事务所的进一步发展，像美国、德国、日本、英国、法国等国家都允许设立个人律师事务所。我国《律师法》通过法律形式确认个人律师事务所这种形式，对于进一步推进我国律师事业的发展将起到积极的作用。截至 2018 年底，全国个人律师事务所 91 400 多家，占律师事务所的 29.98%。

（三）国资律师事务所

国资律师事务所是国家出资设立的律师事务所的简称（有时也称"国办所"），是指司法行政机关根据国家需要设立的，以其全部资产承担法律责任的律师事务所。《律师法》第 20 条规定："国家出资设立的律师事务所，依法自主开展律师业务，以该律师事务所的全部资产对其债务承担责任。"国家出资设立的律师事务所的负责人，由本所律师推选，经所在地县级司法行政机关同意。

根据《律师事务所管理办法》第 12 条的规定，国家出资设立的律师事务所，除符合《律师法》规定的一般条件外，应当至少有 2 名符合《律师法》规定并能够专职执业的律师。

需要国家出资设立律师事务所的，由当地县级司法行政机关筹建，申请设立许可前须经所在地县级人民政府有关部门核拨编制、提供经费保障。

国资律师事务所的性质是国家事业法人，人员编制属于司法事业编制，经费列入国家预算，依靠国家财政拨款维持其正常运作。根据我国律师工作改革的方案，我国今后将大力发展不占国家编制和经费的自律性律师事务所。

国资律师事务所具有以下特征：

1. 国资律师事务所人员编制属于国家事业编制，国资律师事务所是国家事业法人单位。

2. 国资律师事务所经费列入国家事业预算，实行全额管理、差额补助的办法，依靠国家财政拨款。律师事务所应按规定缴纳管理费，律师事务所的预算、决算须报国家司法行政机关审批。

3. 律师承办业务，由律师事务所按国家规定的收费标准统一收费，统一入账，律师的业务收费全部上交国库。

4. 国资律师事务所以其全部资产对外承担责任，国资律师事务所一经成立，便成为独立的法人组织，独立开展业务活动，独立以自己的全部资产对外承担责任，它的出资机关不承担连带责任。

现行《律师法》之所以把国资律师事务所仍然当做一种法定的律师事务所形式，是考虑到当前我国各地经济和社会发展很不平衡，在"老、少、边、穷"

等欠发达地区，律师业缺乏自我发展的环境和条件。据统计，目前中西部地区还有相当一部分县没有一名律师，在已有律师事务所的地区也大多采用国资所形式，靠财政扶持才能维持生存。如果离开地方财政的扶持和保障，这类地区的律师事务所是很难维持生存的，当地社会和群众最低限度的法律服务需求也就难以得到保障。截至 2018 年底，全国国资所共有 1100 多家，占律师事务所的3.85%，主要分布在中西部贫困落后地区，国资所已从主流的组织形式演变为一种补充形式。现行《律师法》在保留国资所的同时，也将其相关规定在法条中的位置调后，以表明国资所不再是主流形式的律师事务所，而是作为国家对欠发达地区律师业发展的一种扶持性制度措施，作此规定，也并不妨碍继续贯彻国务院有关中介服务机构脱钩改制的政策，在条件具备的情况下进一步推进国资所向合伙所转制。

导入案例分析

　　××市司法局作出的行政处罚是合法的。根据《律师法》第 50 条第 3 项的规定，律师事务所不得从事法律服务以外的经营活动。《律师和律师事务所违法行为处罚办法》第 25 条也规定，有下列情形之一的，属于《律师法》第 50 条第 3项规定的律师事务所"从事法律服务以外的经营活动的"违法行为：①以独资、与他人合资或者委托持股方式兴办企业，并委派律师担任企业法定代表人或者总经理职务的；②从事与法律服务无关的中介服务或者其他经营性活动的。××律师事务所对××有限责任公司持有股份且派出律师担任公司负责人，从事了与法律服务无关的经营性活动，违反了《律师法》第 50 条第 3 项的规定，因此对其作出行政处罚是有法律依据的。另外，处罚幅度也在法律规定的幅度内，根据《律师法》第 50 条的规定，对于从事法律服务以外的经营活动的律师事务所，由设区的市级或者直辖市的区人民政府司法行政部门视其情节给予警告、停业整顿 1 个月以上 6 个月以下的处罚，可以处 10 万元以下的罚款；有违法所得的，没收违法所得；情节特别严重的，由省、自治区、直辖市人民政府司法行政部门吊销律师事务所执业证书，可见司法行政机关的处罚，并没有超出法定的处罚幅度。

第二节　律师事务所的设立、变更和终止

一、律师事务所的设立条件和程序

（一）设立条件

根据《律师事务所管理办法》第 8 条的规定，设立律师事务所应当具备下

列基本条件：①有自己的名称、住所和章程；②有符合《律师法》和该办法规定的律师；③设立人应当是具有一定的执业经历并能够专职执业的律师，且在申请设立前3年内未受过停止执业处罚；④有符合该办法规定数额的资产。现分述如下：

1. 有自己的名称、住所和章程。律师事务所名称是指经批准设立的律师事务所在执业活动中使用的供公众识别的机构名字和称号。律师事务所名称的确定应该遵照《律师事务所名称管理办法》的有关规定。

根据《律师事务所管理办法》第14条的规定，设立律师事务所，其申请的名称应当符合司法部有关律师事务所名称管理的规定，并应当在申请设立许可前按规定办理名称检索。预核准的律师事务所名称，由省、自治区、直辖市司法行政机关在实施律师事务所设立许可时予以核准。律师事务所只能选择、使用一个名称。律师事务所名称应当由"省（自治区、直辖市）行政区划地名、字号、律师事务所"3部分内容依次组成。合伙律师事务所的名称，可以使用设立人的姓名连缀或者姓氏连缀作字号。律师事务所名称中的字号应当由2个以上汉字组成，并不得含有下列内容和文字：①有损国家利益、社会公共利益或者有损社会主义道德风尚的，不尊重民族、宗教习俗的；②政党名称、党政军机关名称、群众组织名称、社会团体名称及其简称；③国家名称，重大节日名称，县（市辖区）以上行政区划名称或者地名；④外国国家（地区）名称、国际组织名称及其简称；⑤可能对公众造成欺骗或者误解的；⑥汉语拼音字母、外文字母、阿拉伯数字、全部由中文数字组成或者带有排序性质的文字；⑦"中国""中华""全国""国家""国际""中心""集团""联盟"等字样；⑧带有"涉外""金融""证券""专利""房地产"等表明特定业务范围的文字或者与其谐音的文字；⑨与已经核准或者预核准的其他律师事务所名称中的字号相同或者近似的；⑩字号中包括已经核准或者预核准的其他律师事务所名称中的字号的；⑪与已经核准在中国内地（大陆）设立代表机构的香港、澳门、台湾地区律师事务所名称中的中文字号相同或者近似的；⑫与已经核准在中国境内设立代表机构的外国律师事务所名称中的中文译文字号相同或者近似的；⑬其他不适当的内容和文字。

律师事务所分所名称应当由"总所所在地省（自治区、直辖市）行政区划地名、总所字号、分所所在地的市（含直辖市、设区的市）或者县行政区划地名（地名加括号）、律师事务所"4部分内容依次组成。

律师事务所使用名称，不得在核准使用的名称中或者名称后使用或者加注"律师集团""律师联盟"等文字。

律师事务所对经司法行政机关依法核准的律师事务所名称享有专用权，律师事务所依法使用名称，受法律保护。律师事务所应当在住所醒目位置标明律师事务所名称。

律师事务所住所，是指律师事务所有自己的执业场所即办公场所。律师事务所享有对办公场所的使用权，具备办公条件，可以正常开展律师业务，就可认定是"住所"，但律师事务所的登记住所只能有一个。

律师事务所章程，是律师事务所活动的根本准则，申请设立律师事务所必须要有章程，根据《律师事务所管理办法》第 16 条的规定，律师事务所章程应当包括以下内容：

①律师事务所的名称和住所；②律师事务所的宗旨；③律师事务所的组织形式；④设立资产的数额和来源；⑤律师事务所负责人的职责以及产生、变更程序；⑥律师事务所决策、管理机构的设置、职责；⑦本所律师的权利与义务；⑧律师事务所有关执业、收费、财务、分配等主要管理制度；⑨律师事务所解散的事由、程序以及清算办法；⑩律师事务所章程的解释、修改程序；⑪律师事务所党组织的设置形式、地位作用、职责权限、参与本所决策、管理的工作机制和党建工作保障措施等；⑫其他需要载明的事项。

设立合伙律师事务所的，其章程还应当载明合伙人的姓名、出资额及出资方式。

律师事务所章程的内容不得与有关法律、法规、规章相抵触。律师事务所章程自省、自治区、直辖市司法行政机关作出准予设立律师事务所决定之日起生效。

2. 有符合《律师法》规定的律师。根据《律师法》和《律师事务所管理办法》的有关规定，律师事务所的发起人必须是能够专职从事律师业务的律师；设立合伙律师事务所，如果是普通合伙律师事务所，应该有 3 名以上合伙人作为设立人，设立人应当具有 3 年以上执业经历并能够专职执业的律师，且在申请设立前 3 年内未受过停止执业处罚；如果是设立特殊的普通合伙律师事务所，应该有 20 名以上合伙人作为设立人，设立人应当具有 3 年以上执业经历并能够专职执业的律师。设立国家出资的律师事务所，应当至少有 2 名符合《律师法》规定并能够专职执业的律师。

3. 设立人应当具有一定的执业经历。根据《律师事务所管理办法》的有关规定，合伙律师事务所合伙人必须具有 3 年以上执业经历；个人律师事务所的设立人应当具有 5 年以上执业经历。

4. 有符合国务院司法行政部门规定数额的资产。根据《律师事务所管理办法》的规定，设立普通合伙律师事务所，应该具有人民币 30 万元以上的资产；设立特殊的普通合伙律师事务所，应当具有人民币 1000 万元以上的资产；设立个人律师事务所，应当具有人民币 10 万元以上的资产。

设立分所应当具有人民币 30 万元以上的资产；律师事务所到经济欠发达的市、县设立分所的，资产条件可以降至人民币 10 万元。

根据规定，省、自治区、直辖市司法行政机关可以根据本地经济社会发展状况和律师业发展需要，适当调整《律师事务所管理办法》规定的普通合伙律师事务所、特殊的普通合伙律师事务所和个人律师事务所的设立资产数额，报司法部批准后实施。

律师事务所作为律师的执业机构，在业务活动中是一方当事人，需独立开展业务活动，独立核算，自负盈亏，承担相应的法律责任，因而必须拥有一定的资产，否则无法开展业务活动和承担责任，所以在资产数额上有一定的要求。

（二）设立程序

根据《律师事务所管理办法》第 18 条的规定，律师事务所的设立许可，由设区的市级或者直辖市的区（县）司法行政机关受理设立申请并进行初审，报省、自治区、直辖市司法行政机关进行审核，作出是否准予设立的决定。

申请设立律师事务所，应当向所在地设区的市级或者直辖市的区（县）司法行政机关提交下列材料：①设立申请书；②律师事务所的名称、章程；③设立人的名单、简历、身份证明、律师执业证书，律师事务所负责人人选；④住所证明；⑤资产证明。

设立合伙律师事务所，还应当提交合伙协议，合伙协议应当载明如下内容：①合伙人，包括姓名、居住地、身份证号、律师执业经历等；②合伙人的出资额及出资方式；③合伙人的权利、义务；④合伙律师事务所负责人的职责以及产生、变更程序；⑤合伙人会议的职责、议事规则等；⑥合伙人收益分配及债务承担方式；⑦合伙人入伙、退伙及除名的条件和程序；⑧合伙人之间争议的解决方法和程序，违反合伙协议承担的责任；⑨合伙协议的解释、修改程序；⑩其他需要载明的事项。

合伙协议的内容不得与有关法律、法规、规章相抵触。

合伙协议由全体合伙人协商一致并签名，自省、自治区、直辖市司法行政机关作出准予设立律师事务所决定之日起生效。

设立国家出资设立的律师事务所，应当提交所在地县级人民政府有关部门出具的核拨编制、提供经费保障的批件。

申请设立许可时，申请人应当如实填报《律师事务所设立申请登记表》。设区的市级或者直辖市的区（县）司法行政机关对申请人提出的设立律师事务所申请，应当根据下列情况分别作出处理：①申请材料齐全、符合法定形式的，应当受理；②申请材料不齐全或者不符合法定形式的，应当当场或者自收到申请材料之日起 5 日内一次告知申请人需要补正的全部内容。申请人按要求补正的，予以受理；逾期不告知的，自收到申请材料之日起即为受理；③申请事项明显不符合法定条件或者申请人拒绝补正、无法补正有关材料的，不予受理，并向申请人书面说明理由。

受理申请的司法行政机关应当在决定受理之日起 20 日内完成对申请材料的审查。在审查过程中，可以征求拟设立律师事务所所在地县级司法行政机关的意见；对于需要调查核实有关情况的，可以要求申请人提供有关证明材料，也可以委托县级司法行政机关进行核实。

经审查，应当对设立律师事务所的申请是否符合法定条件、材料是否真实齐全出具审查意见，并将审查意见和全部申请材料报送省、自治区、直辖市司法行政机关。

省、自治区、直辖市司法行政机关应当自收到受理申请机关报送的审查意见和全部申请材料之日起 10 日内予以审核，作出是否准予设立律师事务所的决定。准予设立的，应当自决定之日起 10 日内向申请人颁发律师事务所执业许可证。不准予设立的，应当向申请人书面说明理由。

律师事务所执业许可证分为正本和副本，正本用于办公场所悬挂，副本用于接受查验，正本和副本具有同等的法律效力。

律师事务所设立申请人应当在领取执业许可证后的 60 日内，按照有关规定刻制印章、开立银行账户、办理税务登记，完成律师事务所开业的各项准备工作，并将刻制的律师事务所公章、财务章印模和开立的银行账户报所在地设区的市级或者直辖市的区（县）司法行政机关备案。

有下列情形之一的，由作出准予设立律师事务所决定的省、自治区、直辖市司法行政机关撤销原准予设立的决定，收回并注销律师事务所执业许可证：①申请人以欺骗、贿赂等不正当手段取得准予设立决定的；②对不符合法定条件的申请或者违反法定程序作出准予设立决定的。

1. 律师事务所的变更。根据规定，律师事务所变更名称、负责人、章程、合伙协议的，应当经所在地设区的市级或者直辖市的区（县）司法行政机关审查后报原审核机关批准，具体办法按律师事务所设立许可程序办理。

律师事务所变更住所、合伙人的，应当自变更之日起 15 日内经所在地设区的市级或者直辖市的区（县）司法行政机关报原审核机关备案。

律师事务所跨县、不设区的市、市辖区变更住所，需要相应变更负责对其实施日常监督管理的司法行政机关的，应当在办理备案手续后，由其所在地设区的市级司法行政机关或者直辖市司法行政机关将有关变更情况通知律师事务所迁入地的县级司法行政机关。

　　律师事务所拟将住所迁移其他省、自治区、直辖市的，应当按注销原律师事务所、设立新的律师事务所的程序办理。

　　律师事务所变更合伙人，包括吸收新合伙人、合伙人退伙、合伙人因法定事由或者经合伙人会议决议被除名。新合伙人应当从专职执业的律师中产生，并具有3年以上执业经历，但司法部另有规定的除外；受到6个月以上停止执业处罚的律师，处罚期满未逾3年的，不得担任合伙人。

　　合伙人退伙、被除名的，律师事务所应当依照法律、本所章程和合伙协议处理相关财产权益、债务承担等事务。

　　因合伙人变更需要修改合伙协议的，修改后的合伙协议应当按照《律师事务所管理办法》的有关规定报批。

　　律师事务所变更组织形式的，应当在自行依法处理好业务衔接、人员安排、资产处置、债务承担等事务并对章程、合伙协议作出相应修改后，方可按照《律师事务所管理办法》的规定申请变更。

　　律师事务所因分立、合并，需要对原律师事务所进行变更或者注销原律师事务所、设立新的律师事务所的，应当在自行依法处理好相关律师事务所的业务衔接、人员安排、资产处置、债务承担等事务后，提交分立协议或者合并协议等申请材料，按照《律师事务所管理办法》的相关规定办理。

　　2. 律师事务所的终止。根据规定，律师事务所有下列情形之一的，应当终止：①不能保持法定设立条件，经限期整改仍不符合条件的；②执业许可证被依法吊销的；③自行决定解散的；④法律、行政法规规定应当终止的其他情形。

　　律师事务所在取得设立许可后，6个月内未开业或者无正当理由停止业务活动满1年的，视为自行停办，应当终止。

　　律师事务所在受到停业整顿处罚期限未满前，不得自行决定解散。

　　律师事务所在终止事由发生后，应当向社会公告，依照有关规定进行清算，依法处置资产分割、债务清偿等事务。因被吊销执业许可证终止的，由作出该处罚决定的司法行政机关向社会公告；因其他情形终止、律师事务所拒不公告的，由设区的市级或者直辖市的区（县）司法行政机关向社会公告。

　　律师事务所自终止事由发生后，不得受理新的业务；律师事务所应当在清算结束后15日内向所在地设区的市级或者直辖市的区（县）司法行政机关提交注销申请书、清算报告、本所执业许可证以及其他有关材料，由其出具审查意见后连同全部注销申请材料报原审核机关审核，办理注销手续。律师事务所被注销的，其业务档案、财务账簿、本所印章的移管、处置，按照有关规定办理。

二、律师事务所分所的设立、变更和终止

（一）分所的设立

　　根据《律师事务所管理办法》第33条的规定，成立3年以上并具有20名以上执业律师的合伙律师事务所，根据业务发展需要，可以在本所所在地的市、县以外的地方设立分所。设在直辖市、设区的市的合伙律师事务所也可以在本所所在城区以外的区、县设立分所。

律师事务所及其分所受到停业整顿处罚期限未满的，该所不得申请设立分所；律师事务所的分所受到吊销执业许可证处罚的，该所自分所受到处罚之日起2年内不得申请设立分所。

设立分所应当具备下列条件：①有符合《律师事务所名称管理办法》规定的名称；②有自己的住所；③有3名以上律师事务所派驻的专职律师；④有人民币30万元以上的资产；⑤分所负责人应当是具有3年以上的执业经历并能够专职执业，且在担任负责人前3年内未受过停止执业处罚的律师。

律师事务所到经济欠发达的市、县设立分所的，前款规定的派驻律师条件可以降至1至2名；资产条件可以降至人民币10万元。具体适用地区由省、自治区、直辖市司法行政机关确定。

省、自治区、直辖市司法行政机关根据本地经济社会发展和律师业发展状况，需要提高分所资产数额规定的条件的，按照《律师事务所管理办法》第13条规定的程序办理。

律师事务所申请设立分所，应当提交下列材料：①设立分所申请书；②本所基本情况，本所设立许可机关为其出具的符合《律师法》第19条和《律师事务所管理办法》第33条规定条件的证明；③本所执业许可证复印件，本所章程和合伙协议；④拟在分所执业的律师的名单、简历、身份证明和律师执业证书复印件；⑤拟任分所负责人的人选及基本情况，该人选执业许可机关为其出具的符合《律师事务所管理办法》第34条第1款第5项规定条件的证明；⑥分所的名称，分所住所证明和资产证明；⑦本所制定的分所管理办法。

申请设立分所时，申请人应当如实填报《律师事务所分所设立申请登记表》。律师事务所申请设立分所，由拟设立分所所在地设区的市级或者直辖市区（县）司法行政机关受理并进行初审，报省、自治区、直辖市司法行政机关审核，决定是否准予设立分所。具体程序按照《律师事务所管理办法》第20条、第21条、第22条的规定办理。

准予设立分所的，由设立许可机关向申请人颁发律师事务所分所执业许可证。分所律师除由律师事务所派驻外，可以依照《律师执业管理办法》的规定面向社会聘用律师。派驻分所律师，参照《律师执业管理办法》有关律师变更执业机构的规定办理，由准予设立分所的省、自治区、直辖市司法行政机关予以换发执业证书，原执业证书交回原颁证机关；分所聘用律师，依照《律师执业管理办法》规定的申请律师执业许可或者变更执业机构的程序办理。

（二）分所的变更

律师事务所决定变更分所负责人的，应当经分所所在地设区的市级或者直辖市区（县）司法行政机关报分所设立许可机关批准；变更派驻分所律师的，参照《律师执业管理办法》有关律师变更执业机构的规定办理。分所变更住所的，应当自变更之日起15日内，经分所所在地设区的市级或者直辖市区（县）司法行政机关报分所设立许可机关备案。

律师事务所变更名称的，应当自名称获准变更之日起30日内，经分所所在地设区的市级或者直辖市区（县）司法行政机关向分所设立许可机关申请变更分所名称。

（三）分所的终止

律师事务所分所有下列情形之一的，分所应当终止：①律师事务所依法终止的；②律师事务所不能保持《律师法》和《律师事务所管理办法》规定设立分所的条件，经限期整改仍不符合条件的；③分所不能保持《律师事务所管理办法》规定的设立条件，经限期整改仍不符合条件的；④分所在取得设立许可后6个月内未开业或者无正当理由停止业务活动满1年的；⑤律师事务所决定停办分所的；⑥分所执业许可证被依法吊销的；⑦法律、行政法规规定应当终止的其他情形。

分所终止的，由分所设立许可机关注销分所执业许可证。分所终止的有关事宜按照《律师事务所管理办法》第32条的规定办理。

第三节　律师事务所的管理

根据现行《律师事务所管理办法》第40条的规定，律师事务所应当建立健全执业管理和其他各项内部管理制度，规范本所律师执业行为，履行监管职责，对本所律师遵守法律、法规、规章及行业规范，遵守职业道德和执业纪律的情况进行监督，发现问题及时予以纠正。律师事务所的管理是律师管理制度中最重要的环节之一，事关律师行业的兴衰成败，律师事务所的管理，简而言之可分为人、财、业务三大部分，而不同性质、不同规模的事务所对这三方面的管理尽管不尽一致，但无非是围绕人事、业务、财物等重大事项的管理。

根据有关规定，律师事务所的负责人负责对律师事务所的业务活动和内部事务进行管理，对外代表律师事务所，依法承担对律师事务所违法行为的管理责任。合伙人会议或者律师会议为合伙律师事务所或者国家出资设立的律师事务所的决策机构；个人律师事务所的重大决策应当充分听取聘用律师的意见。

律师事务所根据本所章程可以设立相关管理机构或者配备专职管理人员，

协助本所负责人开展日常管理工作。

根据《律师事务所管理办法》的规定，律师事务所在管理中要保障本所律师及辅助人员享有下列权利：①获得本所提供的必要工作条件和劳动保障；②获得劳动报酬及享受有关福利待遇；③向本所提出意见和建议；④法律、法规、规章及行业规范规定的其他权利。

同时，律师事务所应当监督本所律师和辅助人员履行下列义务：①遵守宪法和法律，遵守职业道德和执业纪律；②依法、诚信、规范执业；③接受本所监督管理，遵守本所章程和规章制度，维护本所的形象和声誉；④法律、法规、规章及行业规范规定的其他义务。

根据规定，律师事务所应当建立违规律师辞退和除名制度，对违法违规执业、违反本所章程及管理制度或者年度考核不称职的律师，可以将其辞退或者经合伙人会议通过将其除名，有关处理结果报所在地县级司法行政机关和律师协会备案。

根据规定，律师事务所的具体管理制度主要有以下几个方面：

一、律师事务所的业务管理

1. 律师承办业务，由律师事务所统一接受委托。律师事务所在与委托人签订书面委托合同时，应该向当事人或者委托人提供《诉讼风险及责任告知书》《律师服务质量反馈意见卡》等旨在提醒诉讼风险、维护当事人合法权益、监督律师服务质量等告知性文书。

2. 律师事务所受理业务时，应当进行利益冲突审查。律师事务所不得违反规定受理与本所承办业务及其委托人有利益冲突的业务。

3. 律师事务所应该做好业务拓展工作。要开展法律服务的营销，其营销方式多种多样，常见的如刊登广告；举办研习班、讲座；公众或公益性咨询；电视、广播、报刊等媒体的宣传推介；参加相关社会团体（合法的）；参加学术研讨；撰写理论性、案例介绍性文章并发表；公众性或专题性演讲或授课；参与立法等调研；网站宣传推介（如网上咨询、答疑、个人博客等）；等等。

律师事务所应当与其他律师事务所公平竞争，不得以诋毁其他律师事务所、律师或者支付介绍费等不正当手段承揽业务。

根据《律师事务所管理办法》第44条的规定，律师事务所应当在法定业务范围内开展业务活动，不得以独资、与他人合资或者委托持股方式兴办企业，并委派律师担任企业法定代表人、总经理职务，不得从事与法律服务无关的其他经营性活动。

4. 律师事务所在业务管理时，要加强印章、质量、绩效的管理。要指派专人管理律师事务所的印章，建立加盖印章、出具公函、律师意见书等法律文书的登记、备案制度。要建立业务的质量控制及绩效考评，最好能制定出量化考评指标和权重。还要建立结案及质量跟踪监督制度，法律服务虽是一种服务性合同关系，但也要注意"售后服务"，"回访"客户，争取"回头客"。

5. 律师事务所应当建立投诉查处制度。律师事务所应该及时查处、纠正本所律师在执业活动中的违法违规行为，调处在执业中与委托人之间的纠纷；认为需要对被投诉律师给予行政处罚或者行业惩戒的，应当及时向所在地县级司法行政机关或者律师协会报告。

另外，律师事务所在组织开展业务活动时，应当指导本所律师依法执业，履行法律援助义务，建立承办重大疑难案件的集体研究和请示报告制度，对律师在执业活动中遵守法律、法规、规章，遵守职业道德和执业纪律的情况进行监督，发现问题及时予以纠正。

律师事务所设立分所的，应当加强对分所执业和管理活动的监督。

二、律师事务所的财务管理

律师事务所应当按照规定建立健全财务管理制度，建立和实行合理的分配制度及激励机制。

律师事务所应当按照有关规定统一收取服务费用并如实入账，建立健全收费管理制度，及时查处有关违规收费的举报和投诉，不得在实行政府指导价的业务领域违反规定标准收取费用，或者违反风险代理管理规定收取费用。

律师事务所应该指导、监督本所及分所的财务活动，审核、批准律师事务所的分配方案和年度财务预算、决算。

建立健全律师事务所的收费制度是律师事务所管理尤其是财务管理中至关重要的一项制度。

律师事务所收费主要是依据《律师服务收费管理办法》和《律师事务所收费程序规则》及各省、自治区、直辖市价格主管部门、司法行政机关制定的现行的律师服务收费的有关规定。

律师事务所收取律师服务费，应当遵循公开公平、自愿有偿、诚实信用的原则，律师事务所应当便民利民，加强内部管理，降低服务成本，为委托人提供方便优质的法律服务。

律师服务收费实行政府指导价和市场调节价，律师事务所依法提供下列法律服务实行政府指导价：①代理民事诉讼案件；②代理行政诉讼案件；③代理国家赔偿案件；④为刑事案件犯罪嫌疑人提供法律咨询、代理申诉和控告、申请取保候审，担任被告人的辩护人或自诉人、被害人的诉讼代理人；⑤代理各类诉讼案件的申诉。律师事务所提供其他法律服务的收费实行市场调节价。

办理涉及财产关系的民事案件时，委托人被告知政府指导价后仍要求实行风险代理的，律师事务所可以实行风险代理收费，但下列情形除外：①婚姻、继承案件；②请求给予社会保险待遇或者最低生活保障待遇的；③请求给付赡养费、抚养费、扶养费、抚恤金、救济金、工伤赔偿的；④请求支付劳动报酬的等。

禁止刑事诉讼案件、行政诉讼案件、国家赔偿案件以及群体性诉讼案件实行风险代理收费。

实行风险代理收费，律师事务所应当与委托人签订风险代理收费合同，约定双方应承担的风险责任、收费方式、收费数额或比例。实行风险代理收费，最高收费金额不得高于收费合同约定标的额的30%。

律师事务所应当采取张贴、印制服务指南等方式，公示律师服务收费项目、收费标准和收费方式，接受委托人的监督。

律师事务所应当按照收费合同或者委托合同中的收费条款约定的收费方式和收费数额（比例）收取律师服务费。

律师事务所应当直接向委托人收取律师服务费，律师不得私自向委托人收取任何费用。应委托人请求或者其他原因，由承办律师代交费用的，承办律师应当向律师事务所提供经委托人签字并载明交费数额的委托书。

律师事务所向委托人收取律师服务费，应当及时向委托人开具合法票据。律师事务所应当统一管理收费合同、收费票据等

需要由委托人另行支付的办案费用，律师事务所应当事先告知委托人，具体项目和支付方式由双方协商确定。

律师事务所代委托人支付鉴定费、评估费、翻译费、人民法院依法收取的费用等办案费用的，应当凭有效凭证与委托人结算。律师事务所预收律师异地办案所需的差旅费用时，应当向委托人提供费用概算，经协商一致，由双方签字确认。办案过程中，因情况变化确需调整费用概算时，律师事务所应当与委托人再行协商，并由双方签字确认后执行。承办律师不得私自向委托人收取异地办案差旅费用。

律师事务所在办结委托事项后，应当及时与委托人结算预收的律师异地办案差旅费用。结算时，应当向委托人提交费用使用清单和开支的有效凭证，由委托人审核确认。

律师事务所经有关部门批准，可以设立用于存放代委托人保管的合同资金、执行回款、履约保证金等款项的专用账户。律师事务所应当严格管理专用账户，防范风险。对专用账户资金的支付，必须严格审核把关，专款专用。严禁将专用账户的资金挪作他用。

律师事务所对确有经济困难的委托人，可以减收或者缓收律师服务费。承

办律师不得自行决定对委托人减收或者缓收律师服务费。

律师事务所的收费行为，应当接受当地价格主管部门、司法行政机关的监督检查。

律师事务所应当依法纳税。

三、律师事务所的人事管理

律师事务所应当依法建立健全人员管理制度，加强对律师、律师助理及其他工作人员的管理，监督律师严格恪守律师职业道德和执业行为规范，不断提高律师执业能力，有效维护当事人的合法权益。

律师事务所聘用律师和其他工作人员应签订聘用合同，聘用合同的内容应该合法、公平、具体、明确。无论是合伙律师事务所、国家出资设立的律师事务所还是个人律师事务所都应该按照规定为聘用的律师和辅助人员办理失业、养老、医疗等社会保险。

律师事务所应当按照规定，建立执业风险、事业发展、社会保障等基金。律师违法执业或者因过错给当事人造成损失的，由其所在的律师事务所承担赔偿责任，律师事务所赔偿后，可以向有故意或者重大过失行为的律师追偿。

律师事务所应当建立律师执业年度考核制度，按照规定对本所律师的执业表现和遵守职业道德、执业纪律的情况进行考核，评定等次，实施奖惩，建立律师执业档案。律师事务所应当于每年的第一季度经所在地县级司法行政机关向设区的市级司法行政机关提交上一年度本所执业情况报告和律师执业考核结果。对于年度考核不合格或者严重违反本所章程及管理制度的律师，律师事务所可以与其解除聘用关系或者经合伙人会议通过将其除名，有关处理结果报所在地县级司法行政机关和律师协会备案。

已担任合伙人的律师受到 6 个月以上停止执业处罚的，自处罚决定生效之日起至处罚期满后 3 年内，不得担任合伙人。

律师事务所要加强对实习人员的监督和管理。要指派经验丰富、品行良好、符合《申请律师执业人员实习管理规则》规定的指导律师指导实习人员的实习，及时向律师协会出具考核意见。

另外，律师事务所应当按照规定建立健全档案管理制度，对所承办业务的案卷和有关资料及时立卷归档，妥善保管。

律师事务所应当妥善保管、依法使用本所执业许可证，不得变造、出借、出租。

思考题

1. 律师事务所有哪些特征？

2. 律师事务所的主要任务是什么？

3. 律师事务所的设立条件有哪些？

4. 合伙律师事务所中的合伙人有哪些权利和义务？

实务训练

2018 年 11 月 12 日上午，在××市××区人民法院第二法庭公开审理的××保温节能工程有限公司与××省中马建设工程有限公司、陈××建设工程分包合同纠纷案件中，××律师事务所陈××律师无故缺席庭审。在××律师事务所向法院出具的律师函中，将实习律师李××的身份写为律师。

后当事人将××律师事务所投诉到××市律师协会。问：律师协会对该律师事务所应作何处分？依据是什么？

【参考答案】

××律师事务所疏于内部管理，为未取得律师执业证的人员出具律师身份证明，其行为违反了《律师执业行为规范（试行）》的有关规定，根据××律师事务所的违规事实，依据现行《律师协会会员违规行为处分规则（试行）》第 15 条及第 40 条第 7 项之规定，市律协惩戒委员会可以对××律师事务所给予警告、通报批评、公开谴责的纪律处分。

《律师协会会员违规行为处分规则（试行）》第 40 条规定，律师事务所具有下列情形之一的，给予警告、通报批评或者公开谴责的纪律处分；情节严重的，给予中止会员权利 1 个月以上 6 个月以下的纪律处分，其中第 7 项的内容为："为未取得律师执业证的人员印制律师名片、标志或者出具其他有关律师身份证明，或者已知本所人员有上述行为而不制止的"。

第五章

律师的权利和义务

学习目标与工作任务

了解律师的权利和义务，在实践中如何保障律师权利的实现。

导入案例

当事人胡××是李××的姐夫，胡××是××市郊区祖居村民，因人口较多，能够取得 $100m^2$ 的地皮建房，并取得了建房许可证，但胡××无钱建房，而其内弟李××正好想在××市购买新房结婚，但一时又拿不出足额的购房款，并找其姐姐及姐夫商量解决，胡××便提出将自己名下的 $100m^2$ 的地皮给李××建房，李××也主动提出给姐姐家补偿 5 万元，但要求办房产证时胡××予以配合，将房产证办在李××名下。后来李××出资，建成上下三间平台楼房，在办理房产证时，因建房许可证是胡××的名字，无法将房产证办到李××的名下，经李××同意遂将房产证办在胡××名下，但房产证由李××保管，因是近亲属关系（胡××之妻是李××胞姐），也就没有书面合同约定。李××在新房结婚并一直在新房居住，后因两家发生纠纷，胡××将房产证挂失，重新取得了房产证，并起诉李××，要求法院判决李××腾让新房并交付给胡××的物权保护之诉。胡××在委托执业律师陆××时就和陆××约定，如该房判给胡××，胡××就以低价 30 万元卖给陆××，并订有书面协议。后来法院判决该房由胡××所有，并判决在 10 日内腾让该房并交付给胡××，李××不服提起上诉，但二审维持原判，陆××并要求胡××兑现协议，胡××遂向司法行政机关投诉。

　　问：陆××的行为是否违反律师义务？为什么？司法行政机关应如何处理？

第一节 律师的权利

教学内容

一、律师权利的概念和特征

律师的权利是指法律赋予或当事人委托或法院指定律师在执业时所具有的一定的权能，是律师依法享有独立执业的保障。它通常包括 3 项内容：①律师依法实施一定行为的可能性和限度；②律师依法可以请求他人为一定行为或不为一定行为的范围和限度；③律师权益受到侵犯时请求有关机关保护的可能性。

由于律师职业的特殊性，因此律师的权利同一般自然人的权利比较起来，有如下明显特征：

1. 律师权利的范围比较广泛。由于律师性质和职业的特殊性，为了保障其顺利执业，法律赋予了律师除享有与其他自然人平等的权利之外，还享有一定的特殊权利。如执业律师可以同被限制人身自由的人会见和通信等。

2. 律师享有的权利与律师执行业务紧密相连，不可分离。律师必须具有合法身份，即取得律师执业证书并且是通过年度考核的，才能享有律师执业的权利，如果只是取得法律职业资格证书（含律师资格证书）而没有取得律师执业证书，或虽取得律师执业证书但被吊销或年度考核被评定为"不称职"的，且被司法行政机关处以停止执业处罚的，均不能享有律师权利。另外，律师权利只能在执行某项特定法律事务中行使，如某律师是被告人张三的辩护人，那么他只能会见张三，而不能会见被告人李四。

3. 律师权利的来源较为多样。就一般公民而言，其权利的来源只有法律赋予这一个途径。而律师的权利来源却有 2 个途径：①法定权利，即法律规定的律师应当享有的权利，律师法定的权利是由法律特别规定赋予的，任何人均不得否定；②继受当事人的权利，包括诉讼权利和有关民事权利，由于这类权利来自于当事人的委托或法院的指定，因而是可以变更的。在上述两类律师的权利中，法定权利是律师权利的最主要内容。

二、律师权利的内容

（一）查阅卷宗权

查阅卷宗权是指律师参与诉讼事务时，有权到法院或者检察院查阅所承办案件的卷宗材料。根据《律师法》第 34 条和《民事诉讼法》第 61 条等有关规定：律师参加诉讼活动，按照诉讼法律的规定，可以收集、查阅本案有关的材料。我国行政诉讼法也有类似的规定。另外，律师的查阅卷宗权并不限于法院的诉讼阶段，根据《刑事诉讼法》第40条的规定，辩护律师自人民检察院对案件审查起诉之日起，可以查阅、摘抄、复制本案的案卷材料。

律师去法院、检察院查阅有关卷宗材料时，应向案件承办单位提交当事人的授权委托书或者人民法院的指定通知书以及律师事务所公函、律师执业证，向法院、检察院证明自己在承办案件中的律师身份。律师在法院查阅案件有关材料的范围，最高人民法院已对民事案件作了明确的规定。2002年11月15日公布的《最高人民法院关于诉讼代理人查阅民事案件材料的规定》，该《规定》对诉讼代理人查阅代理案件有关材料的范围和办法作了具体规定。诉讼代理人在诉讼中查阅卷宗材料限于案件审判卷和执行卷的正卷，包括起诉书、答辩书、庭审笔录及多种证据材料等。案件审理终结后，可以查阅案件审判卷的正卷。

该《规定》还规定，人民法院应当为诉讼代理人阅卷提供便利条件，安排阅卷场所。必要时，该案件的书记员或者法院其他工作人员应当在场。诉讼代理人查阅案卷有关材料后，应当及时将查阅的全部案件材料交回书记员或其他保管案卷的工作人员。诉讼代理人不得将查阅的案件材料携出法院指定的阅卷场所。律师需要复印案件材料应当经案卷保管人员的同意。复印已经审理终结的案件有关材料，诉讼代理人可以要求案卷管理部门在复印材料上盖章确认。诉讼代理人查阅案件材料时不得涂改、损毁、抽取案件材料。

律师在查阅卷宗材料时，应分清哪些是法院必须提供的，哪些是律师摘抄或复印的材料。如律师作为一审辩护人，那么法院必须提供《起诉书》副本；律师如作为二审辩护人（一审未参加辩护），那么二审法院应提供一审判决书；等等。

（二）调查取证权

调查取证权是指律师办理法律事务有权向有关单位、个人进行调查、收集证据。这是律师所享有的重要权利之一，也是律师顺利执业的保障。《律师法》第35条规定，律师承办法律事务，可以向有关单位或者个人调查与承办法律事务有关的情况。可见律师进行调查取证是法定的权利，也是律师真正做到以事实为根据的必要手段。

律师调查取证权的内容包括以下三个方面：

1. 律师承办各项法律事务，享有依法向有关单位或个人调查情况的权利。

2. 律师在承办刑事诉讼业务需要向有关单位和个人调查时，应按刑事诉讼法的有关规定进行。首先，要注意现行《刑事诉讼法》的有关新规定，根据原《刑事诉讼法》的规定，律师在侦查阶段是没有调查取证权的，但现行《刑事诉讼法》把参与侦查阶段的律师规定为"辩护人"，该法第42条明确规定"辩护人收集的有关犯罪嫌疑人不在犯罪现场、未达到刑事责任年龄、属于依法不负刑事责任的精神病人的证据，应当及时告知公安机关、人民检察院。"该法第43条第1款规定："辩护律师经证人或者其他有关单位和个人同意，可以向他们收集与本案有关的材料……"可见根据现行《刑事诉讼法》的规定，律师在侦查阶段是享有调查取证权的。其次，辩护律师在侦查阶段虽然可以收集证据，但不能收集公安机关侦查案件中被害人或者其近亲属、被害人提供的证人的证据，也不可以申请公安机关收集证据。最后，律师在向有利害关系的被害人或者其近亲属、被害人提供的证人调查时，需要经人民检察院或人民法院的许可。

律师调查取证权包括申请法院调查令的权利。法院调查令是指当事人及其代理人在民事诉讼中因客观原因无法取得自己需要的证据，经申请并获人民法院批准，由法院签发给当事人的诉讼代理律师向有关单位和个人收集所需证据的法律文件。

代理律师申请法院调查令的法律依据是《民事诉讼法》第64条的规定，该条规定："当事人对自己提出的主张，有责任提供证据。当事人及其诉讼代理人因客观原因不能自行收集的证据，或者人民法院认为审理案件需要的证据，人民法院应当调查收集。"《最高人民法院关于民事诉讼证据的若干规定》第18条也规定："当事人及其诉讼代理人申请人民法院调查收集证据，应当提交书面申请。申请书应当载明被调查人的姓名或者单位名称、住所地等基本情况、所要调查收集的证据的内容、需要由人民法院调查收集证据的原因及其要证明的事实。"根据以上法律及司法解释的规定，诉讼代理人因客观原因不能自行收集的证据，比如离婚案件需要调查一方当事人的银行存款情况、向房产部门调取房产登记情况等，就得向人民法院申请调取审理案件需要的证据，但因法院审判工作量大，很难及时安排人员去调查收集证据，所以大多数省、自治区、直辖市高级人民法院都出台《关于民事诉讼调查令的实施办法》的地方法院指导意见，这样应由法院调查取证的事项就可以授权执业律师去完成。如早在2013年7月31日，安徽省高级人民法院就下发了《安徽省高级人民法院关于民事诉讼调查令的实施办法（试行）》，该《实施办法》就规定，当事人可以在起诉、审理、执行阶段申请调查令，申请调查的证据应当与案件待证事实有关联性，持令调查的证据包括银行账户、登记资料、档案材料、财务凭证、权利凭证、出入境记录等书证、电子数据以及视听资料、鉴定意见和勘验笔录，不包括证人证言等其他证据。涉及上述各类证据，当事人可以提交证据线索，申请人民法院依法调查收集。该《实施办法》还规定，代理律师持令调查时，接受调查人核对调查令和相关证件无误后，应当提供调查令所指定的证据。不能当即提供的，应当在收到调查令之日起5日内提供。接受调查人应当在提供的证据材料上注明与原件核对无异，在回执上注明证据材料的名称、页数等，并签名、盖章。

　　律师持有法院调查令，实际上赋予执业律师在调查某项证据时和承办法官等同的权利，因此执业律师要充分行使该项权利，最大限度维护委托人的合法权益。

　　3. 律师的申请权。律师向证人调查时，如证人不同意，但是又出于全面了解案情的需要，甚至证人的证言影响案件的处理，那么律师可以申请人民检察院、人民法院收集、调取证据或者申请人民法院通知证人出庭作证。

　　（三）同限制人身自由的人会见和通信

　　《律师法》第 33 条规定："律师担任辩护人的，有权持律师执业证书、律师事务所证明和委托书或者法律援助公函，依照刑事诉讼法的规定会见在押或者被监视居住的犯罪嫌疑人、被告人。辩护律师会见犯罪嫌疑人、被告人时不被监听。"现行《刑事诉讼法》第 39 条第 1 款、第 2 款和第 4 款也规定，"辩护律师可以同在押的犯罪嫌疑人、被告人会见和通信。……辩护律师持律师执业证书、律师事务所证明和委托书或者法律援助公函要求会见在押的犯罪嫌疑人、被告人的，看守所应当及时安排会见，至迟不得超过 48 小时。……辩护律师会见在押的犯罪嫌疑人、被告人，可以了解案件有关情况，提供法律咨询等；自案件移送审查起诉之日起，可以向犯罪嫌疑人、被告人核实有关证据。辩护律师会见犯罪嫌疑人、被告人时不被监听。"

　　另外，根据有关规定，律师与被押人员的合法通信，看管人员应及时转给被押人，对被押人的复信也应及时转出，不得随意扣押。律师与被押人的通信，除签署律师本人姓名外，应加盖律师事务所印章。

　　律师在会见在押人时，应遵守看管场所的有关规定，严防在押人员逃跑、行凶、自杀等事件的发生。会见结束，要按看管场所规定的手续，将在押人交给看管人员收监。

　　（四）有得到人民法院适当的开庭通知的权利

　　为了保证律师能真正享有这项权利，诉讼法律对此作了具体的规定，律师承办的案件，人民法院必须书面通知代理律师或辩护律师出庭参加诉讼，而不得使用传票传唤律师。另外，通知律师参加诉讼，应给律师留有充分的时间为出庭作准备，并要求通知书至迟在开庭 3 日之前送达。律师如因案情复杂、开庭日期过急或者与其他案件开庭时间冲突等原因，有权申请法院延期审理，法院在不影响法定结案的时间内应予以考虑。

　　（五）律师在庭审中的诸项权利

　　律师接受委托或人民法院指定出庭参加诉讼，是律师一项重要的权利。根据《律师法》《刑事诉讼法》《民事诉讼法》《行政诉讼法》等有关法律规定，律师在庭审中享有下列权利：

1. 发问权。在法庭审理中，律师经法庭许可，有权直接向证人、鉴定人、民事诉讼中的勘验人、刑事诉讼中的被告人发问。发问权的内容包括：律师发问须经法庭许可，只要发问的内容正当、必要，法庭应当准许，不得擅自限制或制止；被发问人对律师依法提出的询问有义务据实回答；法庭对于律师发问的情况应当记录在卷。

2. 对于证据的异议权。在法庭审理过程中，律师对法庭出示的物证和法庭宣读的未到庭的证人证言笔录、鉴定书的鉴定结论，勘验笔录和其他证据材料，有权发表意见，对于到庭的证人有权进行质询。

3. 提出新证据的权利。在法庭上，律师有权提出新的证据，有权申请通知新的证人到庭，调取新的物证，申请重新鉴定或勘验。是否准许，由人民法院决定。

4. 参加法庭辩论的权利。律师无论在一审还是在二审中，都可以就案件的事实及法律适用，进行辩论。律师不但在民事诉讼中与对方当事人和律师有平等地进行辩论的权利，而且在刑事诉讼中辩护律师也有权同公诉人平等地进行辩论。

5. 对法庭的不正当询问有拒绝回答权。在人民法院审理的案件中，对于律师担任诉讼代理人的案件，庭审中不应询问律师的年龄、籍贯、住址和职业，对此律师有权拒绝回答。

6. 代行上诉权。律师参加诉讼活动，在当事人不服地方各级法院的一审判决时，经当事人的同意可以代行向上一级法院提起上诉。被告人的辩护人和近亲属，经被告人同意，可以提起上诉。在民事诉讼和行政诉讼中的诉讼代理人提起上诉，必须有被代理人的特别授权。

7. 获取本案各种诉讼的文书副本以及在相关裁决法律文书中列名的权利。律师承办诉讼案件，有权获得法院判决书、裁定书、调解书的副本和检察院公诉书、抗诉书的副本。根据有关规定，凡有律师参加的刑事、民事、商事、行政诉讼等案件，无论一审、二审或者再审等都得将其所作出的判决书、裁定书、调解书副本送交承办律师，并且在相关的判决书、裁定书、调解书中将承办律师列名。此外，凡有律师参加的仲裁案件，也应按上述规定办理。

8. 为犯罪嫌疑人、被告人申请纠正不当强制措施的权利。根据现行《刑事诉讼法》第97条、第99条的规定，律师可以为犯罪嫌疑人、被告人申请变更强制措施；承办律师对人民法院、人民检察院或者公安机关采取强制措施法定期限届满的，有权要求解除强制措施。另外，如果律师认为办案单位对犯罪嫌疑人采取的强制措施不当，如对孕妇、哺乳期间的妇女逮捕羁押，承办律师应依法提出变更强制措施的建议，以维护被羁押人的合法权益。

9. 法庭发表代理或者辩护意见免受法律追究的权利。根据《律师法》第 37 条第 2 款的规定，"律师在法庭上发表的代理、辩护意见不受法律追究。但是，发表危害国家安全、恶意诽谤他人、严重扰乱法庭秩序的言论除外"。

10. 拒绝辩护或代理权。《律师法》第 32 条第 2 款规定："律师接受委托后，无正当理由的，不得拒绝辩护或者代理。但是，委托事项违法、委托人利用律师提供的服务从事违法活动或者委托人故意隐瞒与案件有关的重要事实的，律师有权拒绝辩护或者代理。"由此可以看出，律师接受委托后，正常情况下是不能拒绝辩护或者代理的，只有出现以下 3 种情况，律师才有权拒绝辩护或代理。

（1）委托人的委托事项违法。即当事人委托律师为其所做的事情、提供的法律服务是违法的。如被告人要求辩护律师违背事实为其开脱罪责或者委托单位要求律师为其偷税提供法律服务等。

（2）委托人利用律师提供的法律服务从事违法活动。如委托人以有律师提供法律服务骗得对方的信任，进行合同诈骗。

（3）委托人对律师故意隐瞒与案件有关的重要事实。所谓委托人故意隐瞒与案件有关的重要事实，是指委托人出于某种目的，故意不向律师如实地、全部地陈述案情，故意隐瞒与案件有关的重要事实，这种情况不但使律师失去了依法辩护或者代理的基础，而且也破坏了律师与委托人之间相互信任的关系。

（六）律师依法执业人身权的保障

《律师法》第 37 条第 1 款规定："律师在执业活动中的人身权利不受侵犯。"律师在执业活动中的人身权利，是指律师在执业的过程中依法享有的、与律师的人格关系和身份关系不可分离的各项权利。它包括律师执业的人身自由不受非法限制和剥夺、人格尊严不受侵犯、名誉不受损害等权利。也包括律师的住宅和办公地点不受侵犯等。

另外，《律师法》第 37 条第 3 款规定："律师在参与诉讼活动中涉嫌犯罪的，侦查机关应当及时通知其所在的律师事务所或者所属的律师协会；被依法拘留、逮捕的，侦查机关应当依照刑事诉讼法的规定通知该律师的家属。"这是对执业律师人身权保护的一种特殊方式。律师执业人身权不能有效地得到保障，律师的代理权、辩护权，参加诉讼或非诉讼法律事务活动的一切权利都无法实现。实践中，干涉律师依法执业甚至严重侵害律师合法权益的恶性事件时有发生。应加强保护律师人身权方面的立法，采取切实可行的保护和救济措施。

第二节　律师的义务

一、律师义务的概念和特点

律师的义务是指依照法律规定，律师在执业过程中必须为一定行为或不为一定行为的范围和限度，也就是律师在执业过程中依法应当遵守的行为规范。任何一个法律关系主体都是一定权利和义务的承担者，律师在享有权利的同时，也必须负有一定义务。

从律师义务的内容看，律师义务和律师执业纪律在很多方面交叉重合，一些律师行为规则既是义务同时又是纪律。律师违反了这些规则，就会分别受到法律和纪律惩处。

律师义务有如下特点：

1. 律师的义务体现着律师职业的特殊要求。律师作为一项特殊的职业，需要履行自己职业所要求的特殊义务，如律师需要履行保守职务秘密的义务等。

2. 律师的义务和权利是不可分割的。律师因执业需要，法律赋予其执业时享有一系列权利，但权利和义务是对应的、统一的，既不能只享受权利而不承担义务，也不能只承担义务而不享受权利。律师只有依法履行相应的义务，才能享有执业中相应的权利。如律师享有会见被限制人身自由的人的权利，但律师也得保守执业中获得的国家秘密、商业秘密和个人隐私，还得遵守有关机关如看守所的管理规定等。

3. 律师的义务同其执业行为紧密联系。律师的义务，同其权利一样，只有在其执业时才发生履行义务的问题，如果律师没有执行业务，那么就不存在履行义务的问题。

二、律师义务的内容

根据《律师法》第38~42条的规定，律师的义务有如下几个方面：

（一）对于当事人的义务

1. 保守职业秘密的义务。根据《律师法》的规定，律师应当保守在执业活动中知悉的国家秘密、商业秘密，不得泄露当事人的隐私。保守职业秘密不仅是律师的法定义务，也是律师的基本职业道德。另外，根据《律师法》第38条第2款的规定，"律师对在执业活动中知悉的委托人和其他人不愿泄露的有关情况和信息，应当予以保密。但是，委托人或者其他人准备或者正在实施危害国家安全、公共安全以及严重危害他人人身安全的犯罪事实和信息除外"。

2. 利益冲突审查义务。根据2018年12月13日中华全国律师协会颁发的《律师执业行为规范》第四章第四节"利益冲突审查"的规定，办理委托事务的律师与委托人之间存在利害关系或利益冲突的，不得承办该业务并应当主动提出回避。根据该《规范》第51条的规定，有下列情形之一的，律师及律师事务所不得与当事人建立或维持委托关系：①律师在同一案件中为双方当事人担任代理人，或代理与本人或者其近亲属有利益冲突的法律事务的；②律师办理诉讼或者非诉讼业务，其近亲属是对方当事人的法定代表人或者代理人的；③曾经亲自处理或者审理过某一事项或者案件的行政机关工作人员、审判人员、检察人员、仲裁员，成为律师后又办理该事项或者案件的；④同一律师事务所的不同律师同时担任同一刑事案件的被害人的代理人和犯罪嫌疑人、被告人的辩护人，但在该县区域内只有一家律师事务所且事先征得当事人同意的除外；⑤在民事诉讼、行政诉讼、仲裁案件中，同一律师事务所的不同律师同时担任争议双方当事人的代理人，或者本所或其工作人员为一方当事人，本所其他律师担任对方当事人的代理人的；⑥在非诉讼业务中，除各方当事人共同委托外，同一律师事务所的律师同时担任彼此有利害关系的各方当事人的代理人的；⑦在委托关系终止后，同一律师事务所或同一律师在同一案件后续审理或者处理中又接受对方当事人委托的；⑧其他与本条第①至第⑦项情形相似，且依据律师执业经验和行业常识能够判断为应当主动回避且不得办理的利益冲突情形。根据该《规范》第52条的规定，有下列情形之一的，律师应当告知委托人并主动提出回避，但委托人同意其代理或者继续承办的除外：①接受民事诉讼、仲裁案件一方当事人的委托，而同所的其他律师是该案件中对方当事人的近亲属的；②担任刑事案件犯罪嫌疑人、被告人的辩护人，而同所的其他律师是该案件被害人的近亲属的；③同一律师事务所接受正在代理的诉讼案件或者非诉讼业务当事人的对方当事人所委托的其他法律业务的；④律师事务所与委托人存在法律服务关系，在某一诉讼或仲裁案件中该委托人未要求该律师事务所律师担任其代理人，而该律师事务所律师担任该委托人对方当事人的代理人的；⑤在委托关系终止后1年内，律师又就同一法律事务接受与原委托人有利害关系的对方当事人的委托的；⑥其他与第52条第①至第⑤项情况相似，且依据律师执业经验和行业常识能够判断的其他情形。

　　律师和律师事务所发现存在上述情形的，应当告知委托人利益冲突的事实和可能产生的后果，由委托人决定是否建立或维持委托关系。委托人决定建立或维持委托关系的，应当签署知情同意书，表明当事人已经知悉存在利益冲突的基本事实和可能产生的法律后果，以及当事人明确同意与律师事务所及律师建立或维持委托关系。委托人知情并签署知情同意书以示豁免的，承办律师在办理案件的过程中应对各自委托人的案件信息予以保密，不得将与案件有关的信息披露给相对人的承办律师。

对律师规定利益冲突审查义务，其主要目的是更好地维护委托人的合法权益。如当事人之间的利益的对立、冲突，有可能导致他们所委托律师之间立场的对立和冲突，如果律师接受互有利害关系的双方当事人的委托，使律师处于自相矛盾的地位，很难保证公道地从事代理事务，甚至可能损害一方当事人的利益。同时也破坏了当事人与律师之间相互信任的基础。为了避免律师利益冲突情形的发生，律师应该自觉履行利益冲突审查义务。

3. 不得私自接受委托和收取费用的义务。根据《律师法》的规定，律师承办业务，由律师事务所统一接受委托，与委托人签订书面委托合同，按照国家规定向当事人统一收取费用并如实入账，禁止律师私自接受委托和收取费用，禁止收受委托人的财物。禁止律师私自接受案件和收取费用的目的，一是防止乱收费现象的发生，二是有助于维护当事人的合法权益，因为通过律师事务所办理委托手续统一收费，如律师违法执业或过错给当事人造成损失的，当事人可以依法向律师事务所索赔，如果是律师私自收案、私自收取费用，律师违法执业或因过错给当事人造成损失的，则很难向律师个人主张索赔权利。

4. 不得利用执业便利牟取当事人利益。《律师法》第40条第2、3项规定，律师不得利用提供法律服务的便利牟取当事人争议的权益，不得接受对方当事人的财物或者其他利益。律师接受当事人的委托，应当忠实于当事人，为维护当事人的合法权益而不懈努力，因此律师不得进行有损于当事人合法权益的幕后不正当交易。这就要求律师不应介入当事人争议的权益之中，更不能将牟取当事人争议的权益作为从事代理活动的目的。另外，如果律师接受有利益冲突的对方当事人的财物，往往会导致背弃委托当事人利益的情况，同时也破坏了律师与当事人之间相互信任的基础。

（二）律师对于法院、仲裁机构的义务

1. 律师不得提供虚假证据，隐瞒事实或者威胁、利诱他人提供虚假证据，隐瞒事实以及妨碍对方当事人合法取得证据。依法维护当事人的合法权益是律师的职责，但律师应以事实为根据，不得对法院、仲裁机构有欺骗行为。律师在证据方面承担的义务有3个方面的要求：①不得向法庭、仲裁庭等有关部门提供虚假证据或隐瞒事实真相；②不得威胁、利诱他人提供虚假证据；③不得妨碍对方当事人合法取得证据。

2. 律师不得违反规定会见法官、检察官、仲裁员，不得向法官、检察官、仲裁员以及其他有关工作人员请客送礼或者行贿，或指使、诱导当事人行贿。我国律师法之所以作出如上规定，主要目的是预防律师以不正当方式和手段影响司法机关、仲裁机关或竞争业务。法官、检察官和仲裁员是对诉讼和仲裁案件的结果有重要影响的人员。如果律师与他们有不正常的接触，就有可能影响他们秉公办案。目前律师行业竞争日益激烈，有的律师求胜心切，向法官、检察官、仲裁员及其他工作人员请客送礼甚至行贿，或者指使、诱导当事人行贿，这种违纪违法行为严重腐蚀了我国执法队伍，动摇了人民群众对国家机关的信任，同时也极大地败坏了律师执业的整体形象。为了解决这一突出问题，最高人民法院、司法部颁发了《关于规范法官和律师相互关系维护司法公正的若干规定》，该《规定》规定，当事人委托的律师不得借法官或者其近亲属婚丧喜庆事宜馈赠礼品、金钱、有价证券等；不得向法官请客送礼、行贿或者指使、诱导当事人送礼、行贿；不得为法官装修住宅、购买商品或者出资邀请法官进行娱乐、旅游活动；不得为法官报销任何费用；不得向法官出借交通工具、通讯工具或者其他物品。当事人委托的律师也不得假借法官的名义或者以联络、酬谢法官为由，向当事人索取财物或者其他利益。

3. 律师不得扰乱法庭、仲裁庭秩序，不得干扰诉讼、仲裁活动的正常进行。律师参加诉讼或仲裁活动，应当自觉遵守法庭或仲裁庭的各项规章制度，服从法庭、仲裁庭的统一指挥。自觉维护法庭、仲裁庭的尊严，遵守法庭和仲裁庭的规则和纪律。

（三）履行法律援助义务

《律师法》第 42 条规定："律师、律师事务所应当按照国家规定履行法律援助义务，为受援人提供符合标准的法律服务，维护受援人的合法权益。"可见执业律师必须承担法律援助的义务。

法律援助，也称法律救济，通常是指国家为保障经济困难的自然人获得必要的法律服务，而为其减免费用提供法律帮助，以保障其合法权益得以实现的一项法律制度。律师法律援助是指执业律师为经济困难或特殊案件的当事人给予减、免收费，提供法律帮助的一项法律制度。2003 年 7 月 21 日国务院颁发了《法律援助条例》，对我国的法律援助工作作了具体的规定。

律师的法律援助义务主要有提供无偿法律服务和接受法律援助机构的指派两种表现形式。前者是指律师办理法律援助案件，除收取部分办案费用外不收取报酬的义务；后者是指律师无正当理由不得拒绝办理法律援助案件的义务。

根据《律师法》和《法律援助条例》等有关法律援助的法律、行政法规的规定，我国律师现阶段提供的法律援助范围大致包括以下几个方面：

在刑事案件中，公民可以向法律援助机构申请法律援助的情形有：①犯罪嫌疑人在被侦查机关第一次讯问后或者采取强制措施之日起，因经济困难没有聘请律师的；②公诉案件中的被害人及其法定代理人或者近亲属，自案件移送审查起诉之日起，因经济困难没有委托诉讼代理人的；③自诉案件的自诉人及其法定代理人，自案件被人民法院受理之日起，因经济困难没有委托诉讼代理人的。

在刑事诉讼中，有下列情形的案件，人民法院指定辩护人时，法律援助机构应当提供法律援助：①公诉人出庭的公诉案件，被告人因经济困难或者其他原因没有委托辩护人的；②被告人是盲、聋、哑人或者未成年人而没有委托辩护人的；③被告人可能被判处死刑而没有委托辩护人的。

在民事、行政法律事务中，公民对下列需要代理的事项，因经济困难没有委托代理人的，可以向法律援助机构申请法律援助：①依法请求国家赔偿的；②请求给予社会保险待遇或者最低生活保障待遇的；③请求发给抚恤金、救济金的；④请求给付赡养费、抚养费、扶养费的；⑤请求支付劳动报酬的；⑥主张因见义勇为行为产生的民事权益的；等等。

司法部颁发的《律师和律师事务所违法行为处罚办法》规定了违反法律援助义务的具体情形：①无正当理由拒绝接受律师事务所或者法律援助机构指派的法律援助案件的；②接受指派后，懈怠履行或者擅自停止履行法律援助职责的。我国《律师法》第六章"法律责任"规定了律师违反法律援助义务应当承担的法律责任，如司法行政机关可以给予警告、处 5000 元以下的罚款，情节严重的，给予停止执业 3 个月以下的处罚。

（四）律师的其他义务

律师除了负有以上义务外，根据《律师法》和其他有关法律的规定，律师因执业而负有的义务还有：

1. 曾经担任法官、检察官的律师，从人民法院、人民检察院离任后 2 年内，不得担任诉讼代理人或者辩护人。律师担任各级人民代表大会常务委员会组成人员期间，不得执业。国家机关的现职人员不得兼任执业律师。《律师法》的这些规定是对律师的执业限制，也是律师应当履行的义务。

2. 不得以不正当手段争揽业务。《律师法》第 26 条规定："律师事务所和律师不得以诋毁其他律师事务所、律师或者支付介绍费等不正当手段承揽业务。"这不仅是律师的执业纪律，也是律师的法定义务（关于这一问题将在"律师行为规范"章节中进一步阐述）。

3. 根据《律师法》第 27 条的规定，律师事务所和律师不得从事法律服务以外的经营活动。

另外，律师还应依法履行纳税以及加入律师协会并交纳会费等义务。

导入案例分析

陆××的行为不仅违反了律师"不得利用执业便利牟取当事人利益"的法定义务，而且也违反了律师法的有关规定，是违法行为。《律师法》第 40 条第 2

项规定律师不得"利用提供法律服务的便利牟取当事人争议的权益",陆××和委托人胡××约定将诉讼争议的财产上下三间平台楼房以明显低价卖给陆××,这损害了委托人的利益,律师接受当事人的委托,应当忠实于当事人,为维护当事人的合法权益而不懈努力,因此律师不得进行有损于当事人合法权益的幕后不正当交易。这就要求律师不应介入当事人争议的权益之中,更不能将牟取当事人争议的权益作为从事代理活动的目的。根据《律师法》第48条第3项的规定,律师陆××的违法行为,由设区的市级或者直辖市的区人民政府司法行政部门给予警告,可以处1万元以下的罚款;有违法所得的,没收违法所得;情节严重的,给予停止执业3个月以上6个月以下的处罚。

该案后由检察院提起抗诉,法院最终判决确认该房的所有权属于李××,胡××应协助李××办理房产证有关手续。

思考题

1. 如何理解律师权利的内涵及特征?
2. 律师在庭审中享有哪些权利?
3. 简述律师义务的具体内容。

实务训练

基本案情:刘××因车祸而死亡,其法定代理人委托律师王××作为其诉讼代理人,准备提起机动车交通事故责任纠纷诉讼。刘××的妻子郝×珍告诉王律师,刘××父母生有5个孩子,其中有2个是女孩,且都在农村,王律师看郝×有2个只有几岁的小孩,怪可怜的,便说,那你就从村委会出具刘××的父母只有3个儿子的证明,2个女儿就不要写在证明上面了,农村女儿出嫁后按习惯又不赡养父母,这样被抚养人生活费可以多得一点(1/5和1/3的区别)。后来开庭时,由于被告方对于抚养人数没有提出异议,法院按照原告的诉求判决支持了被抚养人生活费。

问:王律师为了当事人的利益,多得到一些被抚养人生活费,出主意要求当事人出具虚假证明,是否违反律师义务?应该如何处理这起没有投诉的执业行为?

分析意见:王律师虽然初衷是同情当事人,为了当事人获得最大的利益,但律师应维护的是当事人的合法权益,而不是非法利益或者不正当利益。由于王律师唆使当事人出具虚假证明,违反了律师不得故意提供虚假证明的义务,违反了律师法的有关规定,是违法行为,如查证属实应予以处罚。

根据《律师法》第49条第1款第4项的规定,对于故意提供虚假证据的行为，由设区的市级或者直辖市的区人民政府司法行政部门给予停止执业 6 个月以上 1 年以下的处罚，可以处 5 万元以下的罚款；有违法所得的，没收违法所得；情节严重的，由省、自治区、直辖市人民政府司法行政部门吊销其律师执业证书；构成犯罪的，依法追究刑事责任。考虑到本案的实际情况可以酌定从轻处罚，因为王律师本人并未获得任何私利，他是出于同情才实施了违法行为，主观恶性不大。

第六章

律师管理体制

学习目标与工作任务

　　了解我国现行"两结合"的律师管理体制的内容，认真思考我国律师管理体制的未来发展趋势。

导入案例

　　张三×、李大×和赵××三人创办了一家合伙律师事务所××法至律师事务所，成立1年后赵××到南方某市经商，离开律师事务所。为了律师事务所年度考核能够顺利通过，张三×、李大×和赵××约定，赵××的社保关系、律师业务档案等仍存放在××法至律师事务所，社保费用由律师事务所缴纳，赵××的年度考核所需的律师业务量等由张三×、李大×两律师挂名解决，后因该所和聘用会计田××为社保费用发生纠纷，田××遂举报到××市司法局，要求查处××法至律师事务所。

　　问：××法至律师事务所的行为是否违法？为什么？应该如何处理？

教学内容

第一节　律师管理体制概述

一、律师管理体制的概念

　　律师管理体制是指对律师和律师工作进行管理、监督和指导的体系和制度。简言之，律师管理体制就是指管理律师的模式和制度体系。

　　律师管理体制是律师制度的核心，因此律师管理体制的重要意义主要体现在：①律师管理体制直接关系到律师队伍的正常运作，是法律服务市场有序的保障。律师作为法律服务业的主力军和正规军，理应带头规范管理、规范服务。

管理是手段，服务是目的，管理是为了更好地服务。因此，有效的、科学的律师管理制度，对我国法律服务市场的进一步规范和提升，具有重要意义；②律师管理体制直接关系到法律的公正性与权威性能否在社会中确立。对律师队伍的管理不到位，就很容易出现违反法律及职业道德的事件，那么就会大大损害社会主义法制的权威性与司法的公正性，最终损害的将是整个社会主义法治。因此，律师管理水平的高低，事关社会主义法治的实现进程；③律师管理体制直接影响律师职业的社会公信力和社会地位。律师管理具有鲜明的行业特征，律师管理主要靠广大律师自我管理，其自律的程度直接体现该职业群体的整体水平与素质，也就必然影响到其社会公信力。

二、我国现行律师管理体制

我国现行的律师管理体制，被称为"两结合"的律师管理体制，"两结合"一般是指司法行政机关的行政管理与律师协会的行业管理相结合。在实践中也有称为"三层面"管理体制，它是指司法行政和政府有关部门的行政管理，律师协会的行业管理和律师事务所的自律性管理。就目前的状况而言，司法行政管理在管理体制中，有着重要的作用，根据《律师法》第4条的规定，司法行政机关依照律师法对律师、律师事务所和律师协会进行监督、指导。律师协会是由律师、律师事务所组成的社会团体法人，是律师自律组织，依法对律师行业实施管理；律师事务所是律师的执业机构，应当建立健全执业管理、利益冲突审查、收费与财务管理、投诉查处、年度考核、档案管理等制度，对律师执业中遵守职业道德、执业纪律的情况进行监督，处于基层地位，发挥基础性作用。

在我国，律师管理体制伴随着我国的律师制度经历了3个不同的阶段，形成了3种不同的形态。

1. 单一的司法行政管理体制。单一的司法行政管理体制，是指由司法行政机关对律师进行全面管理的体制。新中国成立之初至1986年第一届全国律师代表大会召开之前，我国实行的是单一的司法行政管理体制。在这种律师管理体制下，新中国成立之初，尤其是1954年后，虽然当时也存在"律师协会"，但它不是律师的自律性组织，而是司法行政机关内部具体负责管理律师的机构。这是一种典型的单一的司法行政管理。1980年9月，《中华人民共和国律师暂行条例》（现已失效）颁发，该《条例》把律师协会规定为社会团体组织，并将其职责规定为维护律师的合法权益、交流工作经验、促进律师工作的开展、增进国内外法律工作者的联系。虽然这些规定明确了律师协会作为律师行业组织的法律地位和作用，否定了新中国成立初期把律师协会隶属于司法行政机构的做法，但由于《条例》把律师规定为"国家的法律工作者"，把律师机构——法律顾问处规定为国有的事业单位，受国家司法行政机关的组织领导和业务监督；再加之，当时我国各地的律师协会大多设在司法行政部门的律师管理机构内，律师协会和律师行政管理机构是一套人马两块牌子，因此，在当时，实质上仍然是单一的司法行政管理模式。之后，是司法行政机关管理为主，律师行业协会管理为辅的管理体制。这种管理体制是由律师协会协助司法行政机关对律师进行管理的体制。在这种管理体制下，律师资格的授予、执业证书的颁发、注册以及律师事务所的审批等实质性的权利仍然由司法行政机关行使，律师协会主要是从思想上和职业道德教育上配合司法行政机关对律师进行管理。

2. 司法行政机关管理为主、律师协会管理为辅的律师管理体制。1986 年 7 月，第一届中华全国律师代表大会在北京召开，正式成立了中华全国律师协会，并通过了《中华全国律师协会章程》，该《章程》对于律师协会的职责作了 9 项具体规定，赋予了律师协会较为广泛的职责和权利。尽管在当时的律师管理体制下，律师协会起不到实质性的管理作用，但是中华全国律师协会的成立毕竟从律师管理体制上改变了过去单一的司法行政管理模式，在这一时期，律师管理体制明显带有司法行政机关管理为主、律师协会管理为辅的特征。

3. 现行律师管理体制。现行律师管理体制即司法行政机关监督、指导与律师协会行业管理相结合的管理体制，也就是"两结合"模式，是指由司法行政机关与律师协会相互配合对律师进行管理的体制。

1993 年，十四届三中全会提出建立社会主义市场经济体制的总体框架，对律师和律师组织作了科学的界定，规定律师是为社会提供法律服务的执业人员，律师事务所则是市场经济的中介组织。1993 年 12 月 26 日国务院批复了《司法部关于深化律师工作改革的方案》，该《方案》对我国的律师管理体制作了明确的规定，指出："从我国的国情和律师工作的实际出发，建立司法行政机关的行政管理与律师协会行业管理相结合的管理体制。经过一个时期的实践后，逐步向司法行政机关宏观管理下的律师协会行业管理体制过渡。"1996 年 5 月《中华人民共和国律师法》颁布，并于 2007 年 10 月 28 日予以修订。《律师法》以法律的形式进一步确认了司法行政机关与律师协会在律师管理中各自的职责。这就把司法行政机关监督指导和律师协会行业管理"两结合"的律师管理体制以法律形式正式确立起来。

"两结合"的律师管理体制具有如下特征：

1. 司法行政机关行政管理的宏观性加强。《律师法》第 4 条规定："司法行政部门依照本法对律师、律师事务所和律师协会进行监督、指导。"这就确立了司法行政机关宏观管理的法律地位。监督和指导，意味着实施宏观调控，而不是对具体事务性工作的微观管理，这种体制，使司法行政机关的宏观管理地位更加突出。按照现行律师管理体制，司法行政机关对律师队伍的管理，主要是管宏观、管政策、管协调，要在准确把握律师队伍现状和工作规律的基础上，明确发展目标，制定发展规划，加强市场监管，营造有利于律师队伍发展和作用发挥的社会环境。严格律师行业准入和执业管理，提高进入律师队伍的门槛，严格律师实习制度，保证实习质量，使实习律师经过严格的训练，全面掌握从事律师执业的基本技能和职业道德要求。要加强对律师执业活动的管理，特别是对律师异地执业的管理。这些都是推进律师管理体制创新的重要内容。

2. 律师协会行业管理的性质更加突出。《律师法》明确规定，律师协会是社会团体法人，是律师的自律性组织。《律师法》还设立专章对律师协会的性质、组织机构的设立、章程的制定、会员的权利义务、履行职责等作了明确规定，从《律师法》规定的内容看，律师协会管理的职责明显加强。

为了进一步提高"两结合"的管理效益，律师协会要认真研究新形势下如何发挥行业自律的作用，充分发挥行业管理的优势。司法行政机关要积极与支持推动律师行业组织建设，尽快建立完善的律师行业管理组织体系，同时要在司法行政机关律师管理部门与律师协会办事机构之间建立起工作决策的会商机制、工作情况的交流机制、工作信息的共享机制，增强两个方面的管理效益。

3. 律师事务所基础性自律管理的作用更加明显。《律师法》规定律师事务所是律师的执业机构。《律师法》第 23 条规定："律师事务所应当建立健全执业管理、利益冲突审查、收费与财务管理、投诉查处、年度考核、档案管理等制度，对律师在执业活动中遵守职业道德、执业纪律的情况进行监督。"律师事务所的自律性管理是律师管理的最基础环节，应当加强律师事务所的一线管理地位和责任，建立健全律师事务所管理的各项制度，引导律师事务所完善自我约束机制，建立律师事务所文化，加强质量内控，规范业务流程，提高服务质量。强化律师事务所对本所律师执业活动的管理和约束，加大律师事务所主任、合伙人对本所律师执业行为的监督责任，充分发挥律师事务所在律师管理中的基础作用。

第二节　律师管理的机关和组织

一、司法行政机关的管理

根据有关规定，我国律师司法行政管理的主体是司法部和省、自治区、直辖市的司法厅（局）以及下属的司法行政部门，这些司法行政部门中具体实施司法行政管理职责的是律师管理处（科）。按照《律师法》和有关规定，我国现行的司法行政管理的内容包括以下几个方面：

1. 起草、制定有关律师工作的法律、法规和规章制度。这是司法行政部门从制定法律、规章的角度对律师业进行的宏观管理。如《律师法》第 59 条规定："律师收费办法，由国务院价格主管部门会同国务院司法行政部门制定。"另外司法部颁布了《法律援助条例》《律师事务所管理办法》《律师和律师事务所违法行为处罚办法》《律师执业管理办法》等一系列规章。

2. 负责法律职业资格证书（含之前的律师资格）的授予、撤销等。这是司法行政部门对律师的人员管理，主要是资格管理与执业证书的管理。具体包括：

（1）对通过全国统一法律职业资格考试的人员进行考核，对符合法定条件者颁发法律资格证书。

（2）对具有法律资格证书并申请律师执业证书的人员进行审查，对符合法定条件者颁发律师执业证书。

（3）负责执业证许可实施、律师执业年度考核备案或者奖励、处罚。

3. 对律师执业机构进行管理。具体包括：审批律师事务所、律师事务所分所和外国律师事务所在华办事处的设立及中国律师事务所在国外设立的办事处；对违反法律、国家政策的律师事务所给予处罚；对律师事务所解散时的财产分配等事项进行监督、指导；通过年度考核等方式实施对律师事务所的监督，指导律师事务所根据《律师法》和律师事务所章程的规定制定各项制度，使律师事务所工作制度化、规范化。

4. 实施行政处罚。这是司法行政部门通过行政手段对律师业中违法、违规行为的强制管理。《律师法》在第六章"法律责任"中作了具体规定。

5. 组织、实施全国统一法律职业资格考试。从 2018 年开始，国家实施统一法律职业资格考试，初任法官、初任检察官，申请律师执业、公证员执业和初次担任法律类仲裁员，以及行政机关中初次从事行政处罚决定审核、行政复议、行政裁决、法律顾问的公务员，应当通过国家统一法律职业资格考试。国家统一法律职业资格考试制度的建立，对我国律师制度的改革和发展产生了重大影响，这为严把律师队伍进口关打下了坚实的基础。

6. 其他方面的管理。除了以上方面的司法行政管理外，司法行政机关还实施诸如法律援助机构的组建、特许执业律师的执业证的许可，律师职称的评定以及律师业政策指导等。

二、律师协会的行业管理

（一）律师行业管理主体

我国的律师行业管理主体是律师协会，律师协会是根据《律师法》的规定成立的，由律师组成的群众性社会团体。根据《律师法》第 43 条的规定及 2011年 12 月 26 日第八次全国律师代表大会修订的《中华全国律师协会章程》的有关规定，律师协会是社会团体法人，是律师的自律性组织，在我国的律师管理体制中，律师协会是律师管理中独立的行业管理主体，虽然律师协会要接受司法行政机关的监督指导，但是，无论是从管理的内容还是从管理的性质来看，司法行政机关和律师协会都是完全不同的两类管理主体。首先，律师协会领导机构的成员都是由专职律师选举产生的，向全体律师负责，而不是由主管部门任命，向主管机关负责。其次，律师协会是自律性组织，而不是行政机关，也不隶属于司法行政机关。最后，根据《律师法》的规定，律师协会依法对律师进行管理，在具体的管理职责权限上，与司法行政机关有明确的范围和分工，律师协会是律师管理中独立的行业管理主体。

根据《律师法》第43条第2款的规定，全国设立中华全国律师协会，省、自治区、直辖市设立地方律师协会，设立区的市根据需要可以设立地方律师协会。《律师法》第45条第1款还规定："律师、律师事务所应当加入所在地的地方律师协会。加入地方律师协会的律师、律师事务所，同时是全国律师协会的会员。"由此可以看出，我国《律师法》采用了强制入会的方式，而非自愿加入方式。凡是执业律师必须加入律师协会，而且律师既是当地律师协会会员，也是中华全国律师协会会员，这种强制性方式有利于保证律师协会行业管理的普遍性和有效性。

（二）律师协会行业管理的内容

根据《律师法》《中华全国律师协会章程》等有关规定，律师协会的行业管理包括如下8个方面的内容：

1. 保障律师依法执业，维护律师的合法权益。律师的主要职责是维护当事人的合法权益，坚持原则，维护国家法律与社会正义，因此律师难免在执业时权利受到侵害，作为律师自律性组织的律师协会的首要工作目标就是要保障律师依法执业，维护律师的合法权益。对那些侵犯律师合法权益、干扰律师依法执业的行为，律师协会要协助有关部门认真调查，要依法追究责任。要为律师依法执业创造良好的法制环境和社会环境。

2. 总结交流律师工作经验。律师服务的质量、律师事务所的生存与发展同律师的执业水平、工作经验密切相关。总结交流律师工作经验是提高律师的执业水平和综合素质的重要途径，同时也适应社会发展的需要。从组织和管理的角度上看，它也是律师协会行业管理中的重要工作。如全国律协理事会就曾组织了有关《刑法》《刑事诉讼法》和证券、金融、期货以及公司上市、并购、重组，建筑工程、房地产开发销售、BOT投融资模式，海事和海商法律事务等的交流、研讨会，通过总结交流律师工作经验，积极有效地提高了律师的执业水平与素质。

3. 制定行业规范和惩戒规则。如制定《律师协会会员违规行为处分规则（试行）》《律师执业行为规范》《律师办理刑事案件规范》《律师办理民事诉讼案件规范》《律师法律顾问工作规则》《律师参与仲裁工作规则》等。

4. 组织律师业务培训和职业道德、执业纪律教育，对律师执业活动进行考核。律师协会作为行业管理机构，有针对性地组织律师培训，提高律师专业知识水平和技能是十分迫切和必要的。这也是律师协会行业管理常规性工作。律师协会要开辟多种渠道、选派优秀律师到国外学习培训，实地考察学习国外律师的先进经验，培养一批能够熟练办理涉外法律事务的律师人才。同时，要大力开展短期集中的培训，充分利用互联网技术、各种专题研讨会等多种形式组织培训活动。

对执业律师加强职业道德和执业纪律的教育，并对其执业活动进行考核。由于律师职业道德和执业纪律与律师的社会形象有着直接的联系，因而，对律师进行职业道德和执业纪律教育，并且检查和监督执行情况，就成了律师行业管理必不可少的内容。近年来，由于各种因素的影响，一些律师违背律师职业道德和执业行为规范的现象时有发生，一些律师在诉讼过程中与司法人员形成了不正当关系，特别是出现了个别律师违反执业纪律、损害当事人利益，甚至违法犯罪等问题，严重损害了司法权威，影响了司法公正，损害了律师队伍的整体形象。据调查，在从事诉讼业务中，律师与司法人员"拉关系"绝非个别现象，请吃饭、送钱、送物，办"关系案""金钱案"现象呈上升趋势；律师与司法人员形成利益共同体，坑害国家和当事人利益的违法犯罪逐渐增多。因此，对律师加强职业道德和执业行为规范教育，并对执业律师的职业道德和执业纪律及执业活动进行考核，具有重大现实意义。

5. 组织管理申请律师执业人员的实习活动，对实习人员进行考核。

6. 对律师、律师事务所实施奖励和惩戒。

7. 受理对律师的投诉或者举报，调解律师执业活动中发生的纠纷，受理律师的申诉。律师在执业中有可能违规、违纪甚至侵害委托人的合法权益，因此当事人或者知情人有可能向律师协会投诉或举报，律师协会应及时受理这些投诉和举报，并予以查清和处理。律师在执业中也难免发生纠纷，这种纠纷多发生在律师之间，律师与律师事务所之间，更多的是发生在律师与当事人之间。律师协会作为律师自己的自律性组织，具有知行、懂行的特点，因此处理纠纷较为方便、易行，律师协会应妥善处理纠纷，防止矛盾激化，维护律师依法执业的正常秩序，调解律师执业中发生的纠纷，这也是国际通行的惯例。另外，律师协会是律师的"娘家"，律师在执业中受到侵权，得向律师协会申诉；律师协会应及时查明情况，予以援助和声援，以维护律师的合法权益。

8. 法律、行政法规、规章以及律师协会规章规定的其他职责。律师协会除了具有以上管理职责外，还可以根据律师业的发展和行业管理的需要，在法律允许的范围内扩延其管理职责，如律师协会还可以参与立法活动；向有关部门提出有关法制建设及律师制度建设的建议；宣传律师工作、出版律师刊物等。

导入案例分析

××法至律师事务所的行为违法。《律师法》第 15 条第 1 款规定："设立合伙律师事务所，除应当符合本法第 14 条规定的条件外，还应当有 3 名以上合伙人，设立人应当是具有 3 年以上执业经历的律师。"《律师和律师事务所违法行为处罚办法》第 24 条第 1 项，不按规定程序办理律师事务所名称、负责人、章程、合伙协议、住所、合伙人、组织形式等事项变更报批或者备案的，属于《律师法》第 50 条第 2 项规定的律师事务所"违反法定程序办理变更名称、负责人、章程、合伙协议、住所、合伙人等重大事项的"违法行为。根据《律师法》第 50 条的规定，由设区的市级或者直辖市的区人民政府司法行政部门视其情节给予警告、停业整顿 1 个月以上 6 个月以下的处罚，可以处 10 万元以下的罚款；有违法所得的，没收违法所得；情节特别严重的，由省、自治区、直辖市人民政府司法行政部门吊销律师事务所执业证书。

第三节　律师协会对会员的惩戒处分

律师协会的一个重要职责就是对违规的会员（包括个人会员和团体会员）实施惩戒处分。2017 年 1 月 8 日第九届全国律协常务理事会第二次会议修订的《律师协会会员违规行为处分规则（试行）》详细规定了律师协会对律师和律师事务所违规行为实施的纪律处分，律师行业协会对违规的律师实施的纪律处分，与律师承担的行政责任并不一致。律师惩戒制度是律师在违反法律或执业操守时，应承担相应的纪律处分的一种制度。律师纪律惩戒处分和行政处罚至少有以下区别：①行使权利主体不同，行使律师行业惩戒权的主体是律师协会，而行使行政处罚权的主体是各级司法行政机关。②界定违规、违法的范围不同，社会危害性也有所不同。虽然二者也有很多交合的地方，但受到行业惩戒的范围更广，违规行为的社会危害性相对要小些；而受到行政处罚的违法违规行为的范围要小些，但其社会危害性却比受到惩戒的行为要大些。③实施的制裁、惩罚的种类不同，律师行业惩戒的种类是：训诫、通报批评、公开谴责、取消会员资格；而行政处罚的种类有警告、罚款、没收违法所得、停止执业、吊销执业证书等（参见"律师的行政责任"部分的相关内容）。④救济程序不同，受到惩戒的律师没有司法救济权，只能申请复查，但复查的决定是终局的，不能提起行政诉讼；而律师受到行政处罚，则享有司法救济权。

根据《律师协会会员违规行为处分规则（试行）》的有关规定，现将律师协会对会员的惩戒处分的有关规定分述如下：

一、关于实施纪律处分的基本原则

律师协会实施纪律处分时，应当遵循客观、公正、公开的原则，以事实为依据，以法律为准绳，严格执行律师协会的有关规定，坚持教育与处分相结合、调查与惩戒相分离。

二、关于纪律处分的种类

根据《律师协会会员违规行为处分规则（试行）》的规定，纪律处分的种类有：①训诫；②警告；③通报批评；④公开谴责；⑤中止会员权利1个月以上1年以下；⑥取消会员资格。

训诫，是一种警示性的纪律处分措施，是最轻微的惩戒方式，适用于会员初次因过失违规或者违规情节显著轻微的情形。训诫采取口头或者书面方式实施。采取口头训诫的，应当制作笔录存档。

警告，是一种较轻的纪律处分措施，适用于会员的行为已经构成了违规，但情节较轻，应当予以及时纠正和警示的情形。

通报批评、公开谴责适用于会员故意违规、违规情节严重，或者经警告、训诫后再次违规的行为。

中止会员权利1个月以上1年以下，是指在会员权利中止期间，暂停会员享有律师协会章程规定的全部会员权利，但并不免除该会员的义务。

除口头训诫外，其他处分均需作出书面决定。

律师协会决定给予警告及以上处分的，可以同时责令违规会员接受专门培训或者限期整改。

专门培训可以采取集中培训、增加常规培训课时或者律师协会认可的其他方式进行。

限期整改是指要求违规会员依据律师协会的处分决定或者整改意见书履行特定义务，包括：①责令会员向委托人返还违规收取的律师服务费及其他费用；②责令会员因不尽职或者不称职服务而向委托人退还部分或者全部已收取的律师服务费；③责令会员返还违规占有的委托人提供的原始材料或者实物；④责令会员因利益冲突退出代理或者辞去委托；⑤责令会员向委托人开具合法票据、向委托人书面致歉或者当面赔礼道歉等；⑥责令就某类专项业务连续发生违规执业行为的律师事务所或者律师进行专项整改，未按要求完成整改的，另行给予单项处分；⑦律师协会认为必要的其他整改措施。

训诫、警告、通报批评、公开谴责、中止会员权利1个月以上1年以下的纪律处分由省、自治区、直辖市律师协会或者设区的市律师协会作出；取消会员资格的纪律处分由省、自治区、直辖市律师协会作出；设区的市律师协会可以建议省、自治区、直辖市律师协会依《律师协会会员违规行为处分规则（试行）》给予会员取消会员资格的纪律处分。

省、自治区、直辖市律师协会或者设区的市律师协会拟对违规会员作出中止会员权利1个月以上1年以下的纪律处分决定时，可以事先或者同时建议同级司法行政机关依法对该会员给予相应期限的停业整顿或者停止执业的行政处罚；会员被司法行政机关依法给予相应期限的停业整顿或者停止执业行政处罚的，该会员所在的律师协会应当直接对其作出中止会员权利相应期限的纪律处分决定；省、自治区、直辖市律师协会拟对违规会员作出取消会员资格的纪律处分决定时，应当事先建议同级司法行政机关依法吊销该会员的执业证书；会员被司法行政机关依法吊销执业证书的，该会员所在的省、自治区、直辖市律师协会应当直接对其作出取消会员资格的纪律处分决定。

会员有下列情形之一的，可以从轻、减轻或免予处分：①初次违规并且情节显著轻微或轻微的；②承认违规并作出诚恳书面反省的；③自觉改正不规范执业行为的；④及时采取有效措施，防止不良后果发生或减轻不良后果的。

会员有下列情形之一的，应当从重处分：①违规行为造成严重后果的；②逃避、抵制和阻挠调查的；③对投诉人、证人和有关人员打击报复的；④曾因违规行为受过行业处分或受司法行政机关行政处罚的。

三、关于违规行为与处分的适用

《律师协会会员违规行为处分规则（试行）》第4章还规定了对9类违规行为的纪律处分和适用。

（一）利益冲突行为

1. 具有以下利益冲突行为之一的，给予训诫、警告或者通报批评的纪律处分；情节严重的，给予公开谴责、中止会员权利3个月以下的纪律处分：①律师在同一案件中为双方当事人担任代理人，或代理与本人或者其近亲属有利益冲突的法律事务的；②律师办理诉讼或者非诉讼业务，其近亲属是对方当事人的法定代表人或者代理人的；③曾经亲自处理或者审理过某一事项或者案件的行政机关工作人员、审判人员、检察人员、仲裁员，成为律师后又办理该事项或者案件的；④同一律师事务所的不同律师同时担任同一刑事案件的被害人的代理人和犯罪嫌疑人、被告人的辩护人，但在该县区域内只有一家律师事务所且事先征得当事人同意的除外；⑤在民事诉讼、行政诉讼、仲裁案件中，同一律师事务所的不同律师同时担任争议双方当事人的代理人，或者本所或其工作人员为一方当事人，本所其他律师担任对方当事人的代理人的；⑥在非诉讼业务中，除各方当事人共同委托外，同一律师事务所的律师同时担任彼此有利害关系的各方当事人的代理人的；⑦在委托关系终止后，同一律师事务所或同一律师在同一案件后续审理或者处理中又接受对方当事人委托的；⑧担任法律顾问期间，为顾问单位的对方当事人或者有利益冲突的当事人代理、辩护的；⑨曾经担任法官、检察官的律师从人民法院、人民检察院离任后，2年内以律师身份担任诉讼代理人或者辩护人；⑩担任所在律师事务所其他律师任仲裁员的仲裁案件代理人的；⑪其他依据律师执业经验和行业常识能够判断为应当主动回避且不得办理的利益冲突情形。

2. 未征得各方委托人的同意而从事以下代理行为之一的，给予训诫、警告或者通报批评的纪律处分：①接受民事诉讼、仲裁案件一方当事人的委托，而同所的其他律师是该案件中对方当事人的近亲属的；②担任刑事案件犯罪嫌疑人、被告人的辩护人，而同所的其他律师是该案件被害人的近亲属的；③同一律师事务所接受正在代理的诉讼案件或者非诉讼业务当事人的对方当事人所委托的其他法律业务的；④律师事务所与委托人存在法律服务关系，在某一诉讼或仲裁案件中该委托人未要求该律师事务所律师担任其代理人，而该律师事务所律师担任该委托人对方当事人的代理人的；⑤在委托关系终止后1年内，律师又就同一法律事务接受与原委托人有利害关系的对方当事人的委托的；⑥其他与第①项至第⑤项情况相似，且依据律师执业经验和行业常识能够判断的其他情形。

（二）代理不尽责行为

1. 提供法律服务不尽责，具有以下情形之一的，给予训诫、警告或者通报批评的纪律处分；情节严重的，给予公开谴责、中止会员权利3个月以上1年以下或者取消会员资格的纪律处分：①超越委托权限，从事代理活动的；②接受委托后，无正当理由，不向委托人提供约定的法律服务的，拒绝辩护或者代理的，包括：不及时调查了解案情，不及时收集、申请保全证据材料，或者无故延误参与诉讼、申请执行，逾期行使撤销权、异议权等权利，或者逾期申请办理批准、登记、变更、披露、备案、公告等手续，给委托人造成损失的；③无正当理由拒绝接受律师事务所或者法律援助机构指派的法律援助案件的，或者接受指派后，拖延、懈怠履行或者擅自停止履行法律援助职责的，或者接受指派后，未经律师事务所或者法律援助机构同意，擅自将法律援助案件转交其他人员办理的；④因过错导致出具的法律意见书存在重大遗漏或者错误，给当事人或者第三人造成重大损失的，或者对社会公共利益造成危害的。

2. 利用提供法律服务的便利，具有以下情形之一的，给予训诫、警告或者通报批评的纪律处分；情节严重的，给予公开谴责、中止会员权利 3 个月以上 1 年以下或者取消会员资格的纪律处分：①利用提供法律服务的便利牟取当事人利益；接受委托后，故意损害委托人利益的；②接受对方当事人的财物及其他利益，与对方当事人、第三人恶意串通，向对方当事人、第三人提供不利于委托人的信息、证据材料，侵害委托人的权益；③为阻挠当事人解除委托关系，威胁、恐吓当事人或者扣留当事人提供的材料的。

（三）泄露秘密或者隐私的行为

1. 泄露当事人的商业秘密或者个人隐私的，给予警告、通报批评或者公开谴责的纪律处分；情节严重的，给予中止会员权利 3 个月以上 6 个月以下的纪律处分。

2. 违反规定披露、散布不公开审理案件的信息、材料，或者本人、其他律师在办案过程中获悉的有关案件重要信息、证据材料的，给予通报批评、公开谴责或者中止会员权利 6 个月以上 1 年以下的纪律处分；情节严重的，给予取消会员资格的纪律处分。

3. 泄露国家秘密的，给予公开谴责、中止会员权利 6 个月以上 1 年以下的纪律处分；情节严重的，给予取消会员资格的纪律处分。

（四）违规收案、收费的行为

1. 违规收案、收费具有以下情形之一的，给予训诫、警告或者通报批评的纪律处分；情节严重的，给予公开谴责、中止会员权利 1 个月以上 1 年以下或者取消会员资格的纪律处分：①不按规定与委托人签订书面委托合同的；②不按规定统一接受委托、签订书面委托合同和收费合同，统一收取委托人支付的各项费用的，或者不按规定统一保管、使用律师服务专用文书、财务票据、业务档案的；③私自接受委托，私自向委托人收取费用，或者收取规定、约定之外的费用或者财物的；违反律师服务收费管理规定或者收费协议约定，擅自提高收费的；④执业期间以非律师身份从事有偿法律服务的；⑤不向委托人开具律师服务收费合法票据，或者不向委托人提交办案费用开支有效凭证的；⑥在实行政府指导价的业务领域违反规定标准收取费用，或者违反风险代理管理规定收取费用。

2. 假借法官、检察官、仲裁员以及其他工作人员的名义或者以联络、酬谢法官、检察官、仲裁员以及其他工作人员为由，向当事人索取财物或者其他利益的，给予公开谴责或者中止会员权利 3 个月以上 6 个月以下的纪律处分。

（五）不正当竞争行为

1. 具有下列以不正当手段争揽业务的行为之一的，给予训诫、警告或者通报批评的纪律处分；情节严重的，给予公开谴责、中止会员权利 1 个月以上 1 年以下或者取消会员资格的纪律处分：①为争揽业务，向委托人作虚假承诺的；②向当事人明示或者暗示与办案机关、政府部门及其工作人员有特殊关系的；③利用媒体、广告或者其他方式进行不真实或者不适当宣传的；④以支付介绍费等不正当手段争揽业务的；⑤在事前和事后为承办案件的法官、检察官、仲裁员牟取物质的或非物质的利益，为了争揽案件事前和事后给予有关人员物质的或非物质利益的；⑥在司法机关、监管场所周边违规设立办公场所、散发广告、举牌等不正当手段争揽业务的。

2. 具有下列不正当竞争行为之一的，给予通报批评、公开谴责或者中止会员权利 1 个月以上 1 年以下的纪律处分；情节严重的，给予取消会员资格的纪律处分：①捏造、散布虚假事实，损害、诋毁其他律师、律师事务所声誉的；②哄骗、唆使当事人提起诉讼，制造、扩大矛盾，影响社会稳定的；③利用与司法机关、行政机关或其他具有社会管理职能组织的关系，进行不正当竞争的。

（六）妨碍司法公正的行为

1. 承办案件期间，为了不正当目的，在非工作期间、非工作场所，会见承办法官、检察官、仲裁员或者其他有关工作人员，或者违反规定单方面会见法官、检察官、仲裁员的，给予中止会员权利 6 个月以上 1 年以下的纪律处分；情节严重的给予取消会员资格的纪律处分。

2. 利用与法官、检察官、仲裁员以及其他有关工作人员的特殊关系，打探办案机关内部对案件的办理意见，承办其介绍的案件，影响依法办理案件的，给予中止会员权利 6 个月以上 1 年以下的纪律处分；情节严重的给予取消会员资格的纪律处分。

3. 向法官、检察官、仲裁员及其他有关工作人员行贿，许诺提供利益、介绍贿赂或者指使、诱导当事人行贿的，给予中止会员权利 6 个月以上 1 年以下的纪律处分；情节严重的给予取消会员资格的纪律处分。

（七）以不正当方式影响依法办理案件的行为

1. 影响司法机关依法办理案件，具有以下情形之一的，给予中止会员权利 6 个月以上 1 年以下的纪律处分；情节严重的给予取消会员资格的纪律处分：①未经当事人委托或者法律援助机构指派，以律师名义为当事人提供法律服务、介入案件，干扰依法办理案件的；②对本人或者其他律师正在办理的案件进行歪曲、有误导性的宣传和评论，恶意炒作案件的；③以串联组团、联署签名、发表公开信、组织网上聚集、声援等方式或者借个案研讨之名，制造舆论压力，攻击、诋毁司法机关和司法制度的；④煽动、教唆和组织当事人或者其他人员到司法机关或者其他国家机关静坐、举牌、打横幅、喊口号、声援、围观等扰乱公共秩序、危害公共安全的非法手段，聚众滋事，制造影响，向有关机关实施加压力的；⑤发表、散布否定宪法确立的根本政治制度、基本原则和危害国家安全的言论，利用网络、媒体挑动对党和政府的不满，发起、参与危害国家安全的组织或者支持、参与、实施危害国家安全的活动的；⑥以歪曲事实真相、明显违背社会公序良俗等方式，发表恶意诽谤他人的言论，或者发表严重扰乱法庭秩序的言论的。

2. 不遵守法庭、仲裁庭纪律和监管场所规定、行政处理规则，具有以下情形之一的，给予中止会员权利6个月以上1年以下的纪律处分；情节严重的给予取消会员资格的纪律处分：①会见在押犯罪嫌疑人、被告人时，违反有关规定，携带犯罪嫌疑人、被告人的近亲属或者其他利害关系人会见，将通讯工具提供给在押犯罪嫌疑人、被告人使用，或者传递物品、文件；②无正当理由，拒不按照人民法院通知出庭参与诉讼，或者违反法庭规则，擅自退庭；③聚众哄闹、冲击法庭、侮辱、诽谤、威胁、殴打司法工作人员或者诉讼参与人，否定国家认定的邪教组织的性质，或者有其他严重扰乱法庭秩序的行为。

3. 故意向司法机关、仲裁机构或者行政机关提供虚假证据或者威胁、利诱他人提供虚假证据，妨碍对方当事人合法取得证据的，给予中止会员权利6个月以上1年以下的纪律处分；情节严重的给予取消会员资格的纪律处分。

（八）违反司法行政管理或者行业管理的行为

1. 同时在2个律师事务所以上执业的或同时在律师事务所和其他法律服务机构执业的，给予警告、通报批评或者公开谴责的纪律处分；情节严重的，给予中止会员权利1个月以上3个月以下的纪律处分。

2. 不服从司法行政管理或者行业管理，具有以下情形之一的，给予中止会员权利6个月以上1年以下的纪律处分；情节严重的给予取消会员资格的纪律处分：①向司法行政机关或者律师协会提供虚假材料、隐瞒重要事实或者有其他弄虚作假行为的；②在受到停止执业处罚期间，或者在律师事务所被停业整顿、注销后继续执业的；③因违纪行为受到行业处分后在规定的期限内拒不改正的。

3. 律师事务所疏于管理，具有下列情形之一的，给予警告、通报批评或者公开谴责的纪律处分；情节严重的，给予中止会员权利1个月以上6个月以下的纪律处分；情节特别严重的，给予取消会员资格的纪律处分：①不按规定建立健全执业管理和其他各项内部管理制度，规范本所律师执业行为，履行监管职责，对本所律师遵守法律、法规、规章及行业规范，遵守职业道德和执业纪律的情况不予监督，发现问题未及时纠正的；②聘用律师或者其他工作人员，不按规定与应聘者签订聘用合同，不为其办理社会统筹保险的；③不依法纳税的；④受到停业整顿处罚后拒不改正，或者在停业整顿期间继续执业的；⑤允许或者默许受到停止执业处罚的本所律师继续执业的；⑥未经批准，擅自在住所以外的地方设立办公点、接待室，或者擅自设立分支机构的；⑦恶意逃避律师事务所及其分支机构债务的；⑧律师事务所无正当理由拒绝接受法律援助机构指派的法律援助案件；或者接受指派后，不按规定及时安排本所律师承办法律援助案件或者拒绝为法律援助案件的办理提供条件和便利的；⑨允许或者默许本所律师为承办案件的法官、检察官、仲裁员牟取物质的或非物质的利益的；允许或者默许给予有关人员物质的或非物质利益的。

4. 律师事务所具有下列情形之一的，给予警告、通报批评或者公开谴责的纪律处分；情节严重的，给予中止会员权利 1 个月以上 6 个月以下的纪律处分；情节特别严重的，给予取消会员资格的纪律处分：①使用未经核定的律师事务所名称从事活动，或者擅自改变、出借律师事务所名称的；②变更名称、章程、负责人、合伙人、住所、合伙人协议等事项，未在规定的时间内办理变更登记的；③采取不正当手段阻挠合伙人、合作人、律师退所的；④将不符合规定条件的人员发展为合伙人或者推选为律师事务所负责人的；⑤以独资、与他人合资或者委托持股方式兴办企业，并委派律师担任企业法定代表人、总经理职务，或者从事与法律服务无关的中介服务和其他经营性活动的；⑥采用出具或者提供律师事务所介绍信、律师服务专用文书、收费票据等方式，为尚未取得律师执业证书的人员或者其他律师事务所的律师违法执业提供便利的；⑦为未取得律师执业证的人员印制律师名片、标志或者出具其他有关律师身份证明，或者已知本所人员有上述行为而不制止的。

（九）其他应处分的违规行为

1. 有其他违反法律、法规、规章和行业规范的行为，依据本规则给予相应的纪律处分。

2. 律师事务所放任、怂恿或者指使律师从事违法违规行为的，与违法违规律师一并予以相应的处分。

《律师协会会员违规行为处分规则（试行）》还对处分的实施机构（中华全国律律师协会设立的纪律委员会；省、自治区、直辖市律师协会及设区的市律师协会设立的惩戒委员会）、回避、调查、纪律处分的决定程序、复查、调解等作了具体的规定。

现附一份律师协会行业处分决定书，以说明律师行业协会处分的格式和内容及违规表现形式。

GZ 市律师协会处分决定书

被处分会员：谢某某，男，1970 年 3 月 5 日出生，汉族，JX 省某县人，大学本科文化，JZ 某某律师事务所律师，律师执业证号：13607201610863××。

2018 年 4 月，JX 省司法厅向 GZ 市司法局提供了谢某某律师通过网络发表不当言论的线索，GZ 市司法局随即委托某县司法局展开了调查。4 月 27 日，GZ 市司法局及本会奖惩委员会分别派员共同前往某县，向某县司法局、某某律师事务所及谢某某本人核实了相关情况。

经调查查明：2018 年 2 月 25 日上午 11 时 14 分，谢某某在一个名为"××政救国 5"的微信群（该微信群有 211 人）中发表了一条反动言论。同日 11 时 16 分，谢某某又在另一个名为"××政救国 4"的微信群（该微信群有 359 人）中发表了与上述内容相同的言论。在 2018 年 3 月 2 日某县公安局对谢某某询问过程中，谢某某对上述事实予以确认，并承认除此之外其还在网络上发表过其他反动的言论。

2018 年 3 月 2 日，谢某某向某县公安局出具了一份《保证书》，称："从今以后，无论在工作还是生活，还有网上交流，均遵守国家的法律法规，不做任何对社会及国家无益的言行。"4 月 26 日，其向某县司法局出具了一份《悔过书》，4 月 27 日，向 GX 市司法局出具了一份《关于网上发表"修宪"言论的检讨》。

以上事实，有某县公安局《询问笔录》、某县司法局《谈话笔录》、谢某某本人出具的《关于网上言论等相关说明》《保证书》《悔过书》及谢某某发表言论的截屏资料等证据予以证实。

本会认为，律师作为法律职业人员，在执业期间应当模范遵法、守法，遵守律师职业道德和执业行为规范。同时律师作为中国特色社会主义法律工作者，更应当遵守宪法法律所确立的根本制度和基本原则，拥护中国共产党的领导，拥护社会主义法治，自觉维护国家安全利益。这既是律师执业的前提条件，也是律师的执业誓言，更是宪法法律的要求。谢某某律师在多达数百余人的微信群中，公开发表反动言论，无端丑化、攻击中国共产党，利用网络挑动对党和政府的不满，造成了恶劣的社会影响，严重损害了律师职业形象。中华全国律师协会《律师协会会员违规行为处分规则（试行）》第 34 条规定："影响司法机关依法办理案件，具有以下情形之一的，给予中止会员权利 6 个月以上 1 年以下的纪律处分；情节严重的给予取消会员资格的纪律处分……⑤发表、散布否定宪法确立的根本政治制度、基本原则和危害国家安全的言论，利用网络、媒体挑动对党和政府的不满，发起、参与危害国家安全的组织或者支持、参与、实施危害国家安全的活动的……"上述规定虽系针对律师在执业过程中的限制和惩戒，但作为律师，在执业活动之外更应当尽到高于非法律职业的一般公民的注意义务，模范遵守该行为规范，否则应当受到相应的处分。为此，本会认为，根据上述规定，应当对谢某某律师进行纪律处分。同时，考虑到谢某某在事发后，能够积极配合相关部门的调查，出具了多份保证书、悔过书及检讨，承认错误并诚恳反省，根据《律师协会会员违规行为处分规则（试行）》第 18 条会员关于"……有下列情形之一的，可以从轻、减轻或免予处分……②承认违规并作出诚恳书面反省的……"的规定，本会认为可对其给予适当的从轻处分。

据此，经本会惩戒委员会集体讨论，决定对谢某某进行以下纪律处分：

中止会员权利 6 个月。

如被处分会员对本决定书不服，可在本决定书送达之次日起的 15 个工作日内向 JX 省律师协会复查委员会申请复查。

GZ 市律师协会

2018 年 5 月 24 日

［注：该处分决定书内容见 GZ 市律师协会网站真名公开报道，本章引用时隐去真实姓名、名称。另外，公布的该《处分决定书》不知何故没有文号，应注意这一不足之处，实践中律师协会的处分决定书都是有文号的，如北京市律师协会的××处分决定书，文号表示为"京律纪处（2019）第××号"］

思考题

1. 我国现行的律师管理体制的内涵及特征是什么？
2. 司法行政机关在律师管理体制中的职责是什么？
3. 律师协会在律师管理体制中的管理职责有哪些？

第七章

律师职业道德和执业行为规范及法律责任

学习目标与工作任务

了解律师职业道德、行为规范的具体内容以及它们在律师执业中的功能和作用；掌握违反律师职业道德、执业行为规范和承担法律责任的关系等。

第一节　律师职业道德

导入案例

唐×，××律师事务所律师，2001 年 5 月，××市××区人民法院在审理李某某等 5 名原告与钟某某等 4 名被告的道路交通事故人身损害赔偿纠纷一案中，发现该案原告的委托代理人××律师事务所律师唐×，未经上述 5 名原告的授权，以原告名义向法院起诉，并在起诉书以及授权委托书上冒用原告的签名，事后原告无追认。××区法院裁定撤销该案，对唐×的妨害民事诉讼行为，依法对其处以罚款 1000 元。

问：司法行政机关对唐×的行为是否需要处罚？如果处罚是否违反"一事不二罚"原则？为什么？

教学内容

一、律师职业道德概述

（一）律师职业道德的概念

律师职业道德，是指律师在执行职务、履行职责时应当遵循的道德规范，律师职业道德是社会职业道德的重要组成部分。所谓职业道德，就是指一定社会的道德准则和规范在职业行为和职业关系中的特殊表现，是从业人员在某种职业活动中应当遵守的道德规范以及与之相适应的道德观念、道德情操和道德品质。律师职业道德是伴随着律师的出现而逐渐形成的，随着律师职业活动的开展，逐渐形成了反映律师职业特殊利益和要求的律师职业道德。律师职业道德是与律师对社会所担负的特殊责任联系在一起的。它既是律师政治素质、理想信念、思想品质、纪律作风、情操气质等的综合体现，也是维护律师职业声誉、纯洁律师队伍、推动律师为社会提供高质量法律服务的重要保证。

（二）律师职业道德的特征

律师职业道德和其他法律职业道德一样，具有示范性、规范性、约束性的特点，除此以外，它还有以下特征：

1. 律师职业道德的遵守具有较大的强制性。律师职业道德和其他社会道德不一样，违反了律师职业道德不仅要受到社会舆论的谴责，而且还会受到某些特殊方式的惩戒。因为律师违反职业道德，不仅会损害律师自身的声誉，而且可能会给国家、集体或公民个人带来损失。为此，中华全国律师协会制订了全国统一适用的律师职业道德标准，要求所有执业律师必须共同遵守，如有违反不仅受到舆论的谴责，还将受到惩戒和处罚，严重的甚至要追究刑事责任。

2. 律师职业道德产生于律师职业活动的实践，反映了绝大多数律师的意愿。律师职业道德是律师在职业实践过程中逐步建立和发展起来的，它反映了律师群体精神和共同意愿，表明了全体执业律师自我约束的要求和对个别律师危害律师职业声誉的否定态度。

3. 律师职业道德的遵守与当事人合法权益的实现密切相关。律师是依法为社会提供法律服务的执业人员，律师是通过向社会提供各种形式的法律服务来维护当事人的合法权益的。律师与当事人之间的委托关系是在信任的基础上建立起来的，如果律师不恪尽职守，违反职业道德，往往会给当事人造成损失，影响其合法权益的实现。因此，律师是否遵守职业道德与当事人的合法权益的实现有着密切联系。

4. 律师职业道德与国家的律师制度有着密切联系。一般来说，道德与国家的法律制度并没有很密切的联系，但是律师职业道德与我国律师法律制度有着密切联系，《律师职业道德和执业纪律规范》中有关于"以事实为根据，以法律为准绳"、保守职务秘密、实施法律援助等内容，《律师法》对此也作了相同的规定，可见律师职业道德和国家的法律制度的关系非常密切。

（三）律师职业道德的意义

遵守律师职业道德，有利于维护律师的职业声誉，全面提高律师队伍的道德水准，规范律师的执业行为，保障律师切实履行对社会和公众所承担的使命和责任，具体地说有以下几点：

1. 有利于维护律师的职业声誉。律师是一种为社会提供法律服务的职业，律师职业要凭借自身强大的生命力，来不断拓展生存、发展空间，这种生命力只能来源于律师职业群体的良好素质和声誉。但是良好的职业素质和声誉不是天然形成的，而是全体律师严格恪守律师职业道德的结果。只有律师整体素质和声誉提高了，律师业才能健康发展。在现实生活中，少数律师不遵守律师职业道德和执业行为规范，片面追求经济效益，不能诚实守信、勤勉尽责，甚至玩忽懈怠，严重损害了当事人的合法权益，也严重损害了律师队伍的形象和声誉。律师职业道德能否被严格遵守直接影响着律师业的生存和发展。

2. 有利于律师职业使命的实现。律师业的使命或宗旨就是维护当事人的合法权益，维护法律的正确实施，维护社会公平和正义。要实现律师的使命，就要求执业律师必须具有良好的职业道德，严格履行律师义务。律师的职业特点决定了不可能通过行使公共权力来履行律师职业责任。因此，律师切实履行对社会和公众所承担的使命和责任是很艰难的。但是律师须知难而进，否则就得不到社会和公众的承认和支持而无法存在。律师要切实维护当事人的合法权益，维护法律的正确实施，最关键的就是要具有良好的职业道德，忠于职守，勤勉尽责，努力钻研业务，不断提高执业水平。

二、律师职业道德的基本内容

为了提高律师的职业素质，维护律师的职业声誉，2002 年 2 月 26 日司法部转发了中华全国律师协会修订的《律师职业道德和执业纪律规范》，在《司法部关于转发中华全国律师协会〈律师职业道德和执业纪律规范〉的通知》中明确指出：加强律师的职业道德建设，是贯彻党中央"把依法治国与以德治国紧密结合起来"和《公民道德建设实施纲要》的要求，建设高素质律师队伍的重要措施，是深化律师工作改革，推进律师事业发展的重要环节。要把律师职业道德建设放在突出位置，指导、监督律师协会做好《律师职业道德和执业纪律规范》的贯彻工作，推进律师队伍建设，促使广大律师做遵守法律和社会公德的模范，保障律师切实履行对社会和公众承担的法律责任。

根据中华全国律师协会《律师职业道德基本准则》的规定，律师职业道德基本准则为：

1. 律师应当坚定中国特色社会主义理想信念，坚持中国特色社会主义律师制度的本质属性，拥护党的领导，拥护社会主义制度，自觉维护宪法和法律尊严。

2. 律师应当始终把执业为民作为根本宗旨，全心全意为人民群众服务，通过执业活动努力维护人民群众的根本利益，维护公民、法人和其他组织的合法权益。认真履行法律援助义务，积极参加社会公益活动，自觉承担社会责任。

3. 律师应当坚定法治信仰，牢固树立法治意识，模范遵守宪法和法律，切实维护宪法和法律尊严。在执业中坚持以事实为根据，以法律为准绳，严格依法履责，尊重司法权威，遵守诉讼规则和法庭纪律，与司法人员建立良性互动关系，维护法律正确实施，促进司法公正。

4. 律师应当把维护公平正义作为核心价值追求，为当事人提供勤勉尽责、优质高效的法律服务，努力维护当事人合法权益。引导当事人依法理性维权，维护社会大局稳定。依法充分履行辩护或代理职责，促进案件依法、公正解决。

5. 律师应当牢固树立诚信意识，自觉遵守执业行为规范，在执业中恪尽职守、诚实守信、勤勉尽责、严格自律。积极履行合同约定义务和法定义务，维护委托人合法权益，保守在执业活动中知悉的国家机密、商业秘密和个人隐私。

6. 律师应当热爱律师职业，珍惜律师荣誉，树立正确的执业理念，不断提高专业素质和执业水平，注重陶冶个人品行和道德情操，忠于职守，爱岗敬业，尊重同行，维护律师的个人声誉和律师行业形象。

根据《律师职业道德和执业纪律规范》第2章"律师职业道德基本准则"规定的内容，可将律师职业道德的基本内容归纳为以下几个具体方面。

（一）忠于法律和事实

律师应当忠于宪法和法律，坚持以事实为根据，以法律为准绳，严格依法执业。所谓忠于法律，是指律师的全部业务活动必须以现行有效的法律规定为标准。《律师法》第3条第1款规定："律师执业必须遵守宪法和法律……"律师执业必须信奉法律至上的观念，律师不仅要熟悉法律、准确理解有关法律的精神实质，还要在执业中坚持正确的法律意见，而不能屈从于外部压力，违背法律，同时也不能为了满足当事人的不正当要求而故意曲解法律。

所谓忠于事实，是指律师进行业务活动要立足于客观事实、忠于事实真相，使自己的全部业务活动都建立在有可靠证据证明的客观事实基础上，不能以主观想象、猜测为根据，更不能为了迎合当事人的需要而歪曲事实。律师要深入调查研究，收集证据、探究事实，全面客观地考察事实，提出确凿、充分的意见和材料。

忠于法律和忠于事实，实质上也就是要求律师坚持以事实为根据，以法律为准绳。以事实为根据，以法律为准绳是党的实事求是的思想路线和工作作风在法律工作中的具体体现，是法律职业必须普遍遵循的一项原则，也是律师职业道德的基本要求。

以事实为根据，以法律为准绳，是一个问题的两个方面，二者相辅相成，不可分割。查明事实真相，是正确适用法律的前提，正确适用法律又是以事实为根据的必然要求。律师在执业中，必须同时把握这两个方面，不可偏废任何一方面。

（二）忠于职守，坚持原则，维护国家法律与社会正义

忠于职守、坚持原则、维护国家法律和社会正义是确立律师社会形象的重要职业品质。"律师是社会的良心"，社会主义法治和律师职业的本质特点要求律师坚持真理、坚持原则，维护国家法律，实现社会正义。律师应当以法律为武器，秉公执言，不畏权势，不徇私情，刚正不阿，坚决维护当事人的合法权益，坚决维护社会主义法治的尊严与统一，只有这样才能使律师在执业困难面前不违背自己的社会责任，不违背法律的规定，不背弃当事人的委托，使国家法律和社会正义得到实现。

（三）诚实守信，勤勉尽责

律师的天职是为社会提供法律服务，维护当事人的合法权益。人们往往是遇到法律上的纠纷时，才会委托律师提供法律上的帮助，因此律师应真诚、守信地为他们服务。诚实守信，就是要求律师本着公平、真诚与恪守信用的精神为当事人提供法律服务。

律师的诚实守信品质贯穿于整个法律服务过程。接受委托前，应如实告知拟委托事项可能出现的法律风险，不得作虚假承诺，欺骗当事人承揽业务；接受委托后，执业律师应履行委托合同，信守诺言、积极主动完成法律事务，维护当事人的合法权益。另外，执业律师在办理委托法律事务过程中，不得擅自中止、解除合同，以免给当事人造成不应有的损失。

勤勉尽责，就是要求律师应具有高度的责任心、事业心，恪尽职守、积极主动、认真负责地处理法律事务。目前少数律师由于受拜金主义等思想的影响，不愿承办较小案件；不愿处理琐碎的法律咨询业务；办理收费少的案件，责任心不强、敷衍塞责；等等。这些行为不仅损害了当事人的合法权益，同时也败坏了律师行业的声誉，因此为律师职业道德所不允许。

（四）敬业勤业，提高执业水平

律师应当敬业勤业，努力钻研业务，掌握执业所具备的法律知识和服务技能，不断提高执业水平。

律师是为社会提供法律服务的执业人员，律师提供法律服务应具备相当的业务知识和技能，可以说，律师的业务知识和技能的水平高低，在一定程度上决定律师提供法律服务的质量。律师业务的多样化、复杂性，要求律师的知识结构必须是高水平、多层次的，是理论与实践的统一。同时，法律服务领域的竞争也是优胜劣汰的过程，这就要求广大律师必须具有高层次的专业知识，娴熟的业务技能和丰富的社会知识。此外律师还必须了解日益发展的科学知识，具备深厚的文字功底、善辩的口才和科学的思维方式，并不断提高自己的应变能力。律师只有在实践中不断勤奋学习，努力钻研业务，掌握执业所应具备的

法律知识和服务技能，才能不断提高执业水平，才能使律师业在更广和更深的层次上不断开拓和发展。

（五）珍视声誉，注重陶冶品行和修养

律师应当珍视和维护律师职业声誉，模范遵守社会公德，注重陶冶品行和职业道德修养。

任何一种职业，其职业声誉都关系到其生存和发展，律师业更是如此。我国律师业的真正形成和发展只不过二十几年的时间。律师业的发展、壮大有赖于律师职业群体的良好素质和声誉，因此全体执业律师应十分珍视律师职业声誉，维护律师的良好社会形象。

律师的神圣使命和律师职业的特点，决定了律师应具有自尊自爱的情操，律师除在执业活动中应具有高尚的品质外，在社会的其他方面和私生活上也应模范遵守社会公德，以自己的言行维护律师的声誉和形象。

加强律师的品行陶冶和职业道德修养教育具有十分重要的现实意义。近年来，受消极因素的影响，少数律师不能洁身自爱，拜金主义严重；请客送礼、行贿索贿，严重败坏了律师在公众中的良好形象。这种现象必须引起高度重视，为此，司法部下发了《司法部关于 2004 年在全国律师队伍中开展集中教育整顿活动的意见》，针对上述等一些违反律师职业道德和执业纪律现象，提出了具体的整改意见和步骤，这为树立律师良好职业形象，维护律师职业声誉，也为律师事业的健康发展打下了坚实的基础。

（六）保守职务秘密

律师应当严守国家机密，保守委托人的商业秘密及委托人的隐私。我国《律师法》第 38 条对此也作了相同的规定，可见保守职务秘密不仅是律师的基本职业道德，也是律师的法定义务。

律师保守职务秘密，是指律师对在执业过程中所获悉的秘密事项，应承担保密义务，未经委托人许可，不得以任何形式向任何人泄露。律师保守职务秘密的主要内容是：①要保守国家秘密。对办案涉及的党和国家的政治、经济、军事技术等方面的信息和情报，以及查阅的国家机密文件、材料等，要特别谨慎，严格保密；②要保守商业秘密。律师在执业中接触到当事人经营管理之道和商业、经济秘密以及当事人的技术秘密，往往涉及当事人的切身利益，甚至是生存和发展，因此要特别注意保密。③为当事人的隐私保密。律师与当事人之间的关系是一种委托关系，是建立在相互信赖的基础上。因此律师在执业中知悉当事人的隐私，理应予以保密，如果律师泄露了当事人的隐私，不仅破坏了双方相互信任的基础，往往也会造成当事人物质上、精神上的损害，这就违背了律师的职业宗旨。

另外，值得指出的是，律师保守职务秘密并不仅限于执业过程中，律师对委托事项有关的保密信息，委托代理关系结束后仍有保密义务。

（七）尊重同行，同业互助，公平竞争

律师应当尊重同行，同业互助，公平竞争，共同提高执业水平。这是律师在处理同业关系时必须遵守的职业道德。

尊重同行，就是要求律师相互尊重，避免同行相轻，不得怠慢、诽谤同行，同时要求律师间谦恭有礼，避免相互诋毁、拆台。人们往往对律师的期望值很高，希望律师自身在人格及其他方面都很崇高，如果律师同行之间不能相互尊重，而是相互攻击，这将降低律师在人们心目中的地位，整个律师界的声誉将受到影响，最终也影响律师业的发展。

同业互助，就是要求律师之间加强团体合作精神，共同增进律师整体的进步。律师在执业中难免要同同行发生联系，有时还需要异地律师的协助，如异地办案时，有的地方的看守所要求必须2名律师才能会见被告人，尽管这样规定不合理，但承办律师是一人时，为了能会见被告人也只得请求当地律师的配合协助，根据同业互助的职业道德，被请求协助的律师不应拒绝，同时也不应索取不合理的高额报酬。

公平竞争，是指律师在执业中遵守诚信原则而进行的公开的、平等的竞争，这是处理律师间竞争的标准模式。竞争是市场经济的必然产物，有市场必然有竞争，有竞争必然有公平不公平、正当不正当之分，律师之间的公平竞争，主要表现在服务效率、服务质量、服务态度和社会信誉等方面的竞争，而不正当竞争则往往是贬损别人、提高自己，弄虚作假、互相拆台等。律师的公平竞争，有利于律师努力钻研业务，提高自己素质，不断提高执业水平，从而促进律师业的发展。同时，律师的公平竞争，也有利于消除垄断，为当事人维护自己的合法权益提供更多、更好的选择机会。

尊重同行是同业互助的基础和前提，同业互助是律师业发展壮大的必然要求，公平竞争是律师业健康、持续发展永不衰竭的动力。

（八）积极参加社会公益活动

由于律师职业的特点，从某种意义上说，律师也是公众关注的人物，人们往往对律师的品行期待很高，这就要求律师比常人更严格要求自己，更具有奉献精神，律师不应片面追求经济利益；不能用简单的经济方法来计算收益。律师应积极参加社会公益活动，虽然参加公益活动是无偿的，但参加社会公益活动所带来的综合的社会效益不能被低估。一方面，律师通过参加公益活动，如参加义务的法制宣传、无偿为民工追讨工资等，为当事人排忧解难，赢得了良好的社会声誉，树立了律师的高大形象；另一方面，律师通过参加社会公益活动，也宣传了自己的业务领域和专业特长，扩大了影响，律师的名声和名望也有所提高，为以后拓宽业务、扩大案源无疑具有重大意义，因此积极参加社会公益活动，不仅是律师的职业道德所要求，同时也与律师自身利益密切相关。

另外，根据《律师职业道德和执业纪律规范》的规定，律师的基本职业道德还有：自觉履行法律援助义务，为受援人提供法律帮助；遵守律师协会章程，切实履行会员义务。

导入案例分析

司法行政机关应该对唐×的行为进行处罚。××市司法局认为，唐×身为执业律师，置律师的职业道德不顾，冒用当事人名义向法院恶意起诉，并且在起诉书和委托书上伪造原告签名，其行为已严重违反了律师职业道德和执业纪律，在社会上造成极恶劣的影响。根据《律师法》和《律师违法行为处罚办法》（现已失效）的有关规定，给予唐平停止执业 6 个月的行政处罚。

××市司法局的处罚决定并不违背"一事不二罚"原则，"一事不二罚"是指对违法行为人的同一个违法行为，不得以同一事实和同一依据，给予 2 次或者 2 次以上的处罚。"一事不二罚"中的"一事"是指符合一个行政违法构成要件的行为；"不再罚"是指除非法律有特别规定，行政主体只能给予一个和一次处罚。但本案不属于"一事二罚"现象，因为法院作出的罚款决定属于对妨害民事诉讼的司法强制措施，不属于行政处罚。而司法行政机关的行政处罚则是依据《律师法》《律师和律师事务所违法行为处罚办法》等法律规章作出的行政处罚。

第二节　律师执业行为规范

教学内容

一、律师执业行为规范的概念

律师执业行为规范是指导律师执业行为的准则，是评判律师执业行为是否符合律师职业要求的标准，是律师自我约束的行为准则，律师执业行为规范也是对违规律师及其所属律师事务所进行处理的依据。

根据 2017 年 1 月 8 日全国律师协会九届二次常务理事会修订并试行的《律师执业行为规范（试行）》第 4 条的规定，律师执业行为违反该规范中强制性规范的，将依据相关规范性文件给予处分或惩戒。该规范中的任意性规范，律师应当自律遵守。

　　律师执业行为规范，是律师在执业过程中必须遵守的行为准则，律师的执业行为规范是律师职业道德的具体化，即律师职业道德被系统总结成若干具体行为准则。律师在执业活动中违背了它，就会受到相应的制裁，律师的职业道德和律师执业行为规范是一个问题的两个方面，两者相辅相成，缺一不可。

　　律师职业道德和律师执业行为规范，虽然都是律师执业中应遵守的行为规范，但二者又有区别。一般来说，律师职业道德规定得较为原则，具有较强的概括性，它主要依靠律师协会和社会民众进行监督，其强制性和约束力要比律师执业行为规范弱些；而律师执业行为规范则是具体的若干条"戒律"，尤其是强制性的律师执业行为规范，它具有较强的强制性、规范性的特点，律师违反了这些规范，将会受到相应的惩处。

　　二、律师执业行为规范的基本内容

　　根据《律师执业行为规范（试行）》的规定，律师执业行为规范主要分为7个方面：①律师执业基本行为规范；②律师业务推广行为规范；③律师与委托人或当事人的关系规范；④律师参与诉讼或仲裁规范；⑤律师与其他律师的关系规范；⑥律师与所任职的律师事务所关系规范；⑦律师与律师协会关系规范。现分述如下：

　　（一）律师执业基本行为规范

　　1. 律师应当忠于宪法、法律，恪守律师职业道德和执业纪律。律师应当把拥护中国共产党领导、拥护社会主义法治作为从业的基本要求；律师不得利用律师身份和以律师事务所名义炒作个案，攻击社会主义制度，从事危害国家安全活动，不得利用律师身份煽动、教唆、组织有关利益群体，干扰、破坏正常社会秩序，不得利用律师身份教唆、指使当事人串供、伪造证据，干扰正常司法活动。

　　2. 律师应当诚实守信、勤勉尽责，依据事实和法律，维护当事人合法权益，维护法律正确实施，维护社会公平和正义。

　　3. 律师应当注重职业修养，自觉维护律师行业声誉。

　　4. 律师应当保守在执业活动中知悉的国家秘密、商业秘密，不得泄露当事人的隐私。律师对在执业活动中知悉的委托人和其他人不愿泄露的情况和信息，应当予以保密。但是，委托人或者其他人准备或者正在实施的危害国家安全、公共安全以及其他严重危害他人人身、财产安全的犯罪事实和信息除外。

　　5. 律师应当尊重同行，公平竞争，同业互助。

　　6. 律师协会倡导律师关注、支持、积极参加社会公益事业。

　　7. 律师在执业期间不得以非律师身份从事法律服务；律师只能在一个律师事务所执业；律师不得在受到停止执业处罚期间继续执业，或者在律师事务所被停业整顿期间、注销后继续以原所名义执业。

8. 律师不得在同一案件中为双方当事人担任代理人，不得代理与本人或者其近亲属有利益冲突的法律事务。

9. 律师担任各级人民代表大会常务委员会组成人员的，任职期间不得从事诉讼代理或者辩护业务。

10. 律师不得为以下行为：①产生不良社会影响，有损律师行业声誉的行为；②妨碍国家司法、行政机关依法行使职权的行为；③参加法律所禁止的机构、组织或者社会团体；④其他违反法律、法规、律师协会行业规范及职业道德的行为；⑤其他违反社会公德，严重损害律师职业形象的行为。

（二）律师业务推广行为规范

1. 业务推广原则。

（1）律师和律师事务所推广律师业务，应当遵守平等、诚信原则，遵守律师职业道德和执业纪律，遵守律师行业公认的行业准则，公平竞争。

（2）律师和律师事务所应当通过提高自身综合素质、提高法律服务质量、加强自身业务竞争能力的途径，开展、推广律师业务。

（3）律师和律师事务所可以依法以广告方式宣传律师和律师事务所以及自己的业务领域和专业特长。

（4）律师和律师事务所可以通过发表学术论文、案例分析、专题解答、授课、普及法律等活动，宣传自己的专业领域。

（5）律师和律师事务所可以通过举办或者参加各种形式的专题、专业研讨会，宣传自己的专业特长。

（6）律师可以以自己或者其任职的律师事务所名义参加各种社会公益活动。

（7）律师和律师事务所在业务推广中不得为不正当竞争行为。

2. 律师业务推广广告。

（1）律师和律师事务所为推广业务，可以发布使社会公众了解律师个人和律师事务所法律服务业务信息的广告。

（2）律师发布广告应当遵守国家法律、法规、规章和《律师执业行为规范》。

（3）律师发布广告应当具有可识别性，应当能够使社会公众辨明是律师广告。

（4）律师广告可以以律师个人名义发布，也可以以律师事务所名义发布。以律师个人名义发布的律师广告应当注明律师个人所任职的执业机构名称，应当载明律师执业证号。

（5）具有下列情况之一的，律师和律师事务所不得发布律师广告：①没有通过年度考核的；②处于停止执业或停业整顿处罚期间的；③受到通报批评、公开谴责未满 1 年的。

（6）律师个人广告的内容，应当限于律师的姓名、肖像、年龄、性别，学历、学位、专业、律师执业许可日期、所任职律师事务所名称、在所任职律师事务所的执业期限；收费标准、联系方法；依法能够向社会提供的法律服务业务范围；执业业绩。

（7）律师事务所广告的内容应当限于律师事务所名称、住所、电话号码、传真号码、邮政编码、电子信箱、网址；所属律师协会；所内执业律师及依法能够向社会提供的法律服务业务范围简介；执业业绩。

（8）律师和律师事务所不得以有悖律师使命、有损律师形象的方式制作广告，不得采用一般商业广告的艺术夸张手段制作广告。

（9）律师广告中不得出现违反所属律师协会有关律师广告管理规定的内容。

3. 律师宣传。

（1）律师和律师事务所不得进行歪曲事实和法律，或者可能使公众对律师产生不合理期望的宣传。

（2）律师和律师事务所可以宣传所从事的某一专业法律服务领域，但不得自我声明或者暗示其被公认或者证明为某一专业领域的权威或专家。

（3）律师和律师事务所不得进行律师之间或者律师事务所之间的比较宣传。

（三）律师与委托人或当事人的关系规范

1. 委托代理关系。

（1）律师应当与委托人就委托事项范围、内容、权限、费用、期限等进行协商，经协商达成一致后，由律师事务所与委托人签署委托协议。

（2）律师应当充分运用专业知识，依照法律和委托协议完成委托事项，维护委托人或者当事人的合法权益。

（3）律师与所任职律师事务所有权根据法律规定、公平正义及律师执业道德标准，选择实现委托人或者当事人目的的方案。

（4）律师应当严格按照法律规定的期间、时效以及与委托人约定的时间办理委托事项。对委托人了解委托事项办理情况的要求，应当及时给予答复。

（5）律师应当建立律师业务档案，保存完整的工作记录。

（6）律师应谨慎保管委托人或当事人提供的证据原件、原物、音像资料底版以及其他材料。

（7）律师接受委托后，应当在委托人委托的权限内开展执业活动，不得超越委托权限。

（8）律师接受委托后，无正当理由不得拒绝辩护或者代理或以其他方式终止委托。委托事项违法、委托人利用律师提供的服务从事违法活动或者委托人故意隐瞒与案件有关的重要事实的，律师有权告知委托人并要求其整改，有权拒绝辩护或者代理或以其他方式终止委托，并有权就已经履行事务取得律师费。

（9）律师在承办受托业务时，对已经出现的和可能出现的不可克服的困难、风险，应当及时通知委托人，并向律师事务所报告。

2. 禁止虚假承诺。

（1）律师根据委托人提供的事实和证据，依据法律规定进行分析，向委托人提出分析性意见。

（2）律师的辩护、代理意见未被采纳，不属于虚假承诺。

3. 禁止非法牟取委托人权益。

（1）律师和律师事务所不得利用提供法律服务的便利，牟取当事人争议的权益。

（2）律师和律师事务所不得违法与委托人就争议的权益产生经济上的联系，不得与委托人约定将争议标的物出售给自己；不得委托他人为自己或为自己的近亲属收购、租赁委托人与他人发生争议的标的物。

（3）律师事务所可以依法与当事人或委托人签订以回收款项或标的物为前提按照一定比例收取货币或实物作为律师费用的协议。

4. 利益冲突审查。

（1）律师事务所应当建立利益冲突审查制度。律师事务所在接受委托之前，应当进行利益冲突审查并作出是否接受委托决定。

（2）办理委托事务的律师与委托人之间存在利害关系或利益冲突的，不得承办该业务并应当主动提出回避。

（3）有下列情形之一的，律师及律师事务所不得与当事人建立或维持委托关系：①律师在同一案件中为双方当事人担任代理人，或代理与本人或者其近亲属有利益冲突的法律事务的；②律师办理诉讼或者非诉讼业务，其近亲属是对方当事人的法定代表人或者代理人的；③曾经亲自处理或者审理过某一事项或者案件的行政机关工作人员、审判人员、检察人员、仲裁员，成为律师后又办理该事项或者案件的；④同一律师事务所的不同律师同时担任同一刑事案件的被害人的代理人和犯罪嫌疑人、被告人的辩护人，但在该县区域内只有一家律师事务所且事先征得当事人同意的除外；⑤在民事诉讼、行政诉讼、仲裁案件中，同一律师事务所的不同律师同时担任争议双方当事人的代理人，或者本所或其工作人员为一方当事人，本所其他律师担任对方当事人的代理人的；⑥在非诉讼业务中，除各方当事人共同委托外，同一律师事务所的律师同时担任彼此有利害关系的各方当事人的代理人的；⑦在委托关系终止后，同一律师事务所或同一律师在同一案件后续审理或者处理中又接受对方当事人委托的；⑧其他与本条第①至第⑦项情形相似，且依据律师执业经验和行业常识能够判断为应当主动回避且不得办理的利益冲突情形。

（4）有下列情形之一的，律师应当告知委托人并主动提出回避，但委托人同意其代理或者继续承办的除外：①接受民事诉讼、仲裁案件一方当事人的委托，而同所的其他律师是该案件中对方当事人的近亲属的；②担任刑事案件犯罪嫌疑人、被告人的辩护人，而同所的其他律师是该案件被害人的近亲属的；③同一律师事务所接受正在代理的诉讼案件或者非诉讼业务当事人的对方当事人所委托的其他法律业务的；④律师事务所与委托人存在法律服务关系，在某一诉讼或仲裁案件中该委托人未要求该律师事务所律师担任其代理人，而该律师事务所律师担任该委托人对方当事人的代理人的；⑤在委托关系终止后1年内，律师又就同一法律事务接受与原委托人有利害关系的对方当事人的委托的；⑥其他与第①至第⑤项情况相似，且依据律师执业经验和行业常识能够判断的其他情形。

律师和律师事务所发现存在上述情形的，应当告知委托人利益冲突的事实和可能产生的后果，由委托人决定是否建立或维持委托关系。委托人决定建立或维持委托关系的，应当签署知情同意书，表明当事人已经知悉存在利益冲突的基本事实和可能产生的法律后果，以及当事人明确同意与律师事务所及律师建立或维持委托关系。

委托人知情并签署知情同意书以示豁免的，承办律师在办理案件的过程中应对各自委托人的案件信息予以保密，不得将与案件有关的信息披露给相对人的承办律师。

5. 保管委托人财产。

（1）律师事务所可以与委托人签订书面保管协议，妥善保管委托人财产，严格履行保管协议。

（2）律师事务所受委托保管委托人财产时，应当将委托人财产与律师事务所的财产、律师个人财产严格分离。

6. 转委托。

（1）未经委托人同意，律师事务所不得将委托人委托的法律事务转委托其他律师事务所办理。但在紧急情况下，为维护委托人的利益可以转委托，但应当及时告知委托人。

（2）受委托律师遇有突患疾病、工作调动等紧急情况不能履行委托协议时，应当及时报告律师事务所，由律师事务所另行指定其他律师继续承办，并及时告知委托人。

（3）非经委托人的同意，不能因转委托而增加委托人的费用支出。

7. 委托关系的解除与终止。

（1）有下列情形之一的，律师事务所应当终止委托关系：①委托人提出终止委托协议的；②律师受到吊销执业证书或者停止执业处罚的，经过协商，委托人不同意更换律师的；③当发现有《律师执业行为规范》第50条规定的利益冲突情形的；④受委托律师因健康状况不适合继续履行委托协议的，经过协商，委托人不同意更换律师的；⑤继续履行委托协议违反法律、法规、规章或者《律师执业行为规范》的。

（2）有下列情形之一，经提示委托人不纠正的，律师事务所可以解除委托协议：①委托人利用律师提供的法律服务从事违法犯罪活动的；②委托人要求律师完成无法实现或者不合理的目标的；③委托人没有履行委托合同义务的；④在事先无法预见的前提下，律师向委托人提供法律服务将会给律师带来不合理的费用负担，或给律师造成难以承受的、不合理的困难；⑤其他合法的理由的。

（3）律师事务所依照《律师执业行为规范》第59条、60条的规定终止代理或者解除委托的，委托人与律师事务所协商解除协议的，委托人单方终止委托代理协议的，律师事务所有权收取已提供服务部分的费用。

（4）律师事务所与委托人解除委托关系后，应当退还当事人提供的资料原件、物证原物、视听资料底版等证据，并可以保留复印件存档。

（四）律师参与诉讼或仲裁规范

1. 调查取证。

（1）律师需要调查取证的，应当依法调查取证。

（2）律师不得向司法机关或者仲裁机构提交明知是虚假的证据。

（3）律师作为证人出庭作证的，不得再接受委托担任该案的辩护人或者代理人出庭。

2. 尊重法庭与规范接触司法人员。

（1）律师应当遵守法庭、仲裁庭纪律，遵守出庭时间、举证时限、提交法律文书期限及其他程序性规定。

（2）在开庭审理过程中，律师应当尊重法庭、仲裁庭。

（3）律师在执业过程中，因对事实真假、证据真伪及法律适用是否正确而与诉讼相对方意见不一致的，或者为了向案件承办人提交新证据的，与案件承办人接触和交换意见应当在司法机关内指定场所。

（4）律师在办案过程中，不得与所承办案件有关的司法、仲裁人员私下接触。

（5）律师不得贿赂司法机关和仲裁机构人员，不得以许诺回报或者提供其他利益（包括物质利益和非物质形态的利益）等方式，与承办案件的司法、仲裁人员进行交易；律师不得介绍贿赂或者指使、诱导当事人行贿。

3. 庭审仪表和语态。

（1）律师担任辩护人、代理人参加法庭、仲裁庭审理，应当按照规定穿着律师出庭服装，佩戴律师出庭徽章，注重律师职业形象。

（2）律师在法庭或仲裁庭发言时应当举止庄重、大方，用词文明、得体。

（五）律师与其他律师的关系规范

1. 尊重与合作。

（1）律师与其他律师之间应当相互帮助、相互尊重。

（2）在庭审或者谈判过程中各方律师应当互相尊重，不得使用挖苦、讽刺或者侮辱性的语言。

（3）律师或律师事务所不得在公众场合及媒体上发表恶意贬低、诋毁、损害同行声誉的言论。

（4）律师变更执业机构时应当维护委托人及原律师事务所的利益；律师事务所在接受转入律师时，不得损害原律师事务所的利益。

（5）律师与委托人发生纠纷的，律师事务所的解决方案应当充分尊重律师本人的意见，律师应当服从律师事务所解决纠纷的决议。

2. 禁止不正当竞争。

（1）律师和律师事务所不得采用不正当手段进行业务竞争，损害其他律师及律师事务所的声誉或者其他合法权益。

（2）有下列情形之一的，属于律师执业不正当竞争行为：①诋毁、诽谤其他律师或者律师事务所信誉、声誉；②无正当理由，以低于同地区同行业收费标准为条件争揽业务，或者采用承诺给予客户、中介人、推荐人回扣、馈赠金钱、财物或者其他利益等方式争揽业务；③故意在委托人与其代理律师之间制造纠纷；④向委托人明示或者暗示自己或者其属的律师事务所与司法机关、政府机关、社会团体及其工作人员具有特殊关系；⑤就法律服务结果或者诉讼结果作出虚假承诺；⑥明示或者暗示可以帮助委托人达到不正当目的，或者以不正当的方式、手段达到委托人的目的。

（3）律师和律师事务所在与行政机关、行业管理部门以及企业的接触中，不得采用下列不正当手段与同行进行业务竞争：

①通过与某机关、某部门、某行业对某一类的法律服务事务进行垄断的方式争揽业务；②限定委托人接受其指定的律师或者律师事务所提供法律服务，限制其他律师或律师事务所正当的业务竞争。

（4）律师和律师事务所在与司法机关及司法人员接触中，不得采用利用律师兼有的其他身份影响所承办业务正常处理和审理的手段进行业务竞争。

（5）依照有关规定取得从事特定范围法律服务的律师或律师事务所不得采取下列不正当竞争的行为：①限制委托人接受经过法定机构认可的其他律师或律师事务所提供法律服务；②强制委托人接受其提供的或者由其指定的律师提供的法律服务；③对抵制上述行为的委托人拒绝、中断、拖延、削减必要的法律服务或者滥收费用。

（6）律师或律师事务所相互之间不得采用下列手段排挤竞争对手的公平竞争：①串通抬高或者压低收费；②为争揽业务，不正当获取其他律师和律师事务所收费报价或者其他提供法律服务的条件；③泄露收费报价或者其他提供法律服务的条件等暂未公开的信息，损害相关律师事务所的合法权益。

（7）律师和律师事务所不得擅自或者非法使用社会专有名称或者知名度较高的名称以及代表其名称的标志、图形文字、代号以混淆误导委托人。

《律师执业行为规范》所称的社会特有名称和知名度较高的名称是指：① 有关政党、司法机关、行政机关、行业协会名称；②具有较高社会知名度的高等法学院校或者科研机构的名称；③为社会公众共知、具有较高知名度的非律师公众人物名称；④知名律师以及律师事务所名称。

（8）律师和律师事务所不得伪造或者冒用法律服务荣誉称号。使用已获得的律师或者律师事务所法律服务荣誉称号的，应当注明获得时间和期限。律师和律师事务所不得变造已获得的荣誉称号用于广告宣传。律师事务所已撤销的，其原取得的荣誉称号不得继续使用。

（六）律师与所任职的律师事务所关系规范

1. 律师事务所是律师的执业机构。律师事务所对本所执业律师负有教育、管理和监督的职责。

2. 律师事务所应当建立健全执业管理、利益冲突审查、收费与财务管理、投诉查处、年度考核、档案管理、劳动合同管理等制度，对律师在执业活动中遵守职业道德、执业纪律的情况进行监督。

3. 律师事务所应当依法保障律师及其他工作人员的合法权益，为律师执业提供必要的工作条件。

4. 律师承办业务，由律师事务所统一接受委托，与委托人签订书面委托合同，按照国家规定统一收取费用。

5. 律师及律师事务所必须依法纳税。

6. 律师事务所应当定期组织律师开展时事政治、业务学习，总结交流执业经验，提高律师执业水平。

7. 律师事务所应当认真指导申请律师执业实习人员实习，如实出具实习鉴定材料和相关证明材料。

8. 律师事务所不得从事法律服务以外的经营活动。

9. 律师和律师事务所应当按照国家规定履行法律援助义务，为受援人提供法律服务，维护受援人的合法权益。

10. 律师事务所不得指派没有取得律师执业证书的人员或者处于停止执业处罚期间的律师以律师名义提供法律服务。

11. 律师事务所对受其指派办理事务的律师辅助人员出现的错误，应当采取制止或者补救措施，并承担责任。

12. 律师事务所有义务对律师、申请律师执业实习人员在业务及职业道德等方面进行管理。

（七）律师与律师协会关系规范

1. 律师和律师事务所应当遵守律师协会制定的律师行业规范和规则。律师和律师事务所享有律师协会章程规定的权利，承担律师协会章程规定的义务。

2. 律师应当参加、完成律师协会组织的律师业务学习及考核。

3. 律师参加国际性律师组织并成为其会员的，以及以中国律师身份参加境外会议等活动的，应当报律师协会备案。

4. 律师和律师事务所因执业行为成为刑、民事被告，或者受到行政机关调查、处罚的，应当向律师协会书面报告。

5. 律师应当积极参加律师协会组织的律师业务研究活动，完成律师协会布置的业务研究任务，参加律师协会组织的公益活动。

6. 律师应当妥善处理律师执业中发生的纠纷，履行经律师协会调解达成的调解协议。

7. 律师应当执行律师协会就律师执业纠纷作出的处理决定。律师应当履行律师协会依照法律、法规、规章及律师协会章程、规则作出的处分决定。

8. 律师应当按时缴纳会费。

第三节　律师法律责任

导入案例

执业律师张××在代理一起原告方委托的拆迁补偿案件中，因行政干预，法院迟迟未作判决，原告方为集团诉讼，有 20 户农民，张××对原告方代表人李××说，法院迟迟不判决是行政干预的结果，既然行政干预影响判决，你们也可以一起到县政府去讨说法，人多力量大，影响也大，媒体一报道，问题肯定就能解决。李××在张××律师点拨启示下，邀集了 20 名原告，把县政府大门堵住，并打出"我们要吃饭"的横幅标语，不让车辆、行人进出，严重影响了公共场所秩序，导致部分工作人员无法上班，后公安机关将带头闹事的李××等治安拘留，经调查了解，是张××律师教唆、怂恿的，因此公安机关建议某县司法局对张××予以行政处罚。

问：律师张××的行为是否违法？为什么？对张××的行为该如何处理？

教学内容

一、律师法律责任的概念和特征

律师的法律责任是指律师在执业活动中，因为故意或者过失，违反有关法律法规规定以及律师职业道德、律师执业行为规范，损害当事人合法权益，律师应依法承担责任。律师法律责任具有以下特征：

1. 律师法律责任的主体只能是律师。非律师或假冒律师等违法执业的人员不构成承担该法律责任的主体。

2. 律师主观上必须有过错，即主观上必须具有故意或者过失。

3. 律师的过错行为必须具有违法性，即律师的行为违反了法律、法规或职业道德和律师执业规范。

4. 律师法律责任产生的条件必须是在律师执业过程中，即必须是律师在执业过程中产生的法律责任，律师在非执业过程中产生的法律责任不属于律师的法律责任。

律师的法律责任是一种受特定职业工作范畴所决定的行业责任，是国家和社会对执业律师的一种特殊的法律要求，律师法律责任分为行政法律责任、民事法律责任和刑事法律责任 3 种。

二、律师的行政责任

律师的行政责任，是指律师因违法执业或过错行为，危害了司法行政机关对律师工作的管理秩序而依法应受到行政制裁的一种法律责任。

为了维护律师的职业声誉，全面提高律师队伍的道德水准，规范律师的执业行为，保障律师切实履行对社会和公众所承担的使命和责任，保障律师行业的健康发展，对违法执业或有过错行为的律师事务所及律师处以行政制裁，使其承担行政法律责任是一种必要的措施。

（一）律师承担行政责任的种类和范围

根据《律师法》及司法部颁发的于 2010 年 6 月 1 日起施行的《律师和律师事务所违法行为处罚办法》等法律、法规、规章的规定，对律师和律师事务所违法行为实施行政处罚的种类有以下几种：

1. 警告。警告是司法行政机关给予违法、违规的律师或律师事务所最轻的一种行政处罚，其目的在于通过对违法、违规执业的律师或律师事务所的这种警示和告训，使其认识到自己行为的违法性，以教育其改正。

2. 罚款。罚款是司法行政机关给予违法、违规的律师或律师事务所较轻的一种行政处罚。依据违法、违规情节不同，司法行政机关可以对律师个人分别处以 5 千元以下、1 万元以下、5 万元以下的罚款，对律师事务所可以处以 10 万元以下的罚款。罚款通常与其他行政处罚措施合并适用。

3. 没收违法所得。没收违法所得是司法行政机关对律师或律师事务所违法所得予以收缴的一种行政处罚。没收违法所得在性质上属于一种经济性的惩罚措施，适用这种处罚以律师或律师事务所存在实际的违法所得为前提，没收违法所得通常与其他行政处罚措施合并适用。

4. 停止执业。停止执业是司法行政机关责令律师在一定的时间内不得从事律师职业活动的一种行政处罚。依据违法执业或过错责任的性质、情节不同，可分别处以 3 个月以下、3 个月以上 6 个月以下、6 个月以上 1 年以下的处罚，期限届满，处罚即告解除。停止执业只适用于律师违法或过错行为比较严重的情况。在受到停止执业处罚期满后 2 年内又发生应当给予停止执业处罚情形的，由省、自治区、直辖市人民政府司法行政部门吊销其律师执业证书。

5. 停业整顿。停业整顿是司法行政机关给予违法、违规的律师事务所进行行政制裁的一种处罚措施。停业整顿是司法行政机关责令违法、违规的律师事务所在一定时间内停止执业，进行整顿。时间在 1 个月以上 6 个月以下，停业整顿后改正错误，可继续执业。律师事务所经停业整顿后拒不改正的，司法行政机关将另行给予更为严厉的行政处罚。

6. 吊销执业证书。吊销执业证书是司法行政机关对有违法执业或有过错行为的律师或律师事务所最为严厉的一种行政处罚。吊销执业证书是指司法行政机关对违法、违规的律师或律师事务所以吊扣、扣押、宣布作废、注销等方式撤销律师或律师事务所的执业证书。这种处罚实际上是将违法、违规的律师清出律师队伍，受处罚者可能永远失去了从事律师执业工作的可能性，其适用条件和范围均有严格的限制，一般不可随意使用。

除以上六种行政处罚以外，司法行政机关对违法、违规行为情节显著轻微，没有造成后果的律师或律师事务所，也可以责令改正。但责令改正不属于行政处罚措施。

律师承担行政责任的范围，是指司法行政机关对律师或律师事务所的那些违法、违规行为实施行政处罚。

1. 根据《律师法》第 47 条的规定，律师有下列行为之一的，由设区的市级或者直辖市的区人民政府司法行政部门给予警告，可以处 5 千元以下的罚款；有违法所得的，没收违法所得；情节严重的，给予停止执业 3 个月以下的处罚：

（1）同时在 2 个以上律师事务所执业的；

（2）以不正当手段承揽业务的；

（3）在同一案件中为双方当事人担任代理人，或者代理与本人及其近亲属有利益冲突的法律事务的；

（4）从人民法院、人民检察院离任后 2 年内担任诉讼代理人或者辩护人的；

（5）拒绝履行法律援助义务的。

2. 根据《律师法》第 48 条的规定，律师有下列行为之一的，由设区的市级或者直辖市的区人民政府司法行政部门给予警告，可以处 1 万元以下的罚款；有违法所得的，没收违法所得；情节严重的，给予停止执业 3 个月以上 6 个月以下的处罚：

（1）私自接受委托、收取费用，接受委托人财物或者其他利益的；

（2）接受委托后，无正当理由，拒绝辩护或者代理，不按时出庭参加诉讼或者仲裁的；

（3）利用提供法律服务的便利牟取当事人争议的权益的；

（4）泄露商业秘密或者个人隐私的。

3. 根据《律师法》第 49 条的规定，律师有下列行为之一的，由设区的市级或者直辖市的区人民政府司法行政部门给予停止执业 6 个月以上 1 年以下的处罚，可以处 5 万元以下的罚款；有违法所得的，没收违法所得；情节严重的，由省、自治区、直辖市人民政府司法行政部门吊销其律师执业证书；构成犯罪的，依法追究刑事责任：

（1）违反规定会见法官、检察官、仲裁员以及其他有关工作人员，或者以其他不正当方式影响依法办理案件的；

（2）向法官、检察官、仲裁员以及其他有关工作人员行贿，介绍贿赂或者指使、诱导当事人行贿的；

（3）向司法行政部门提供虚假材料或者有其他弄虚作假行为的；

（4）故意提供虚假证据或者威胁、利诱他人提供虚假证据，妨碍对方当事人合法取得证据的；

（5）接受对方当事人财物或者其他利益，与对方当事人或者第三人恶意串通，侵害委托人权益的；

（6）扰乱法庭、仲裁庭秩序，干扰诉讼、仲裁活动的正常进行的；

（7）煽动、教唆当事人采取扰乱公共秩序、危害公共安全等非法手段解决争议的；

（8）发表危害国家安全、恶意诽谤他人、严重扰乱法庭秩序的言论的；

（9）泄露国家秘密的。

律师因故意犯罪受到刑事处罚的，由省、自治区、直辖市人民政府司法行政部门吊销其律师执业证书。

4. 根据《律师法》第50条的规定，律师事务所有下列行为之一的，由设区的市级或者直辖市的区人民政府司法行政部门视其情节给予警告、停业整顿1个月以上6个月以下的处罚，可以处10万元以下的罚款；有违法所得的，没收违法所得；情节特别严重的，由省、自治区、直辖市人民政府司法行政部门吊销律师事务所执业证书：

（1）违反规定接受委托、收取费用的；

（2）违反法定程序办理变更名称、负责人、章程、合伙协议、住所、合伙人等重大事项的；

（3）从事法律服务以外的经营活动的；

（4）以诋毁其他律师事务所、律师或者支付介绍费等不正当手段承揽业务的；

（5）违反规定接受有利益冲突的案件的；

（6）拒绝履行法律援助义务的；

（7）向司法行政部门提供虚假材料或者有其他弄虚作假行为的；

（8）对本所律师疏于管理，造成严重后果的。

律师事务所因前款违法行为受到处罚的，对其负责人视情节轻重，给予警告或者处2万元以下的罚款。

5. 根据《律师法》第51条、第53条的有关规定，律师因违法、违规，在受到警告处罚后1年内又发生应当给予警告处罚情形的，由设区的市级或者直辖市的区人民政府司法行政部门给予停止执业3个月以上1年以下的处罚；受到6个月以上停止执业处罚的律师，处罚期满未逾3年的，不得担任合伙人。在受到停止执业处罚期满后2年内又发生应当给予停止执业处罚情形的，由省、自治区、直辖市人民政府司法行政部门吊销其律师执业证书。

律师事务所因违反律师法规定，在受到停业整顿处罚期满后2年内又发生应当给予停业整顿处罚情形的，由省、自治区、直辖市人民政府司法行政部门吊销律师事务所执业证书。

（二）律师承担行政责任的程序

《律师法》第52条规定："县级人民政府司法行政部门对律师和律师事务所的执业活动实施日常监督管理，对检查发现的问题，责令改正；对当事人的投诉，应当及时进行调查。县级人民政府司法行政部门认为律师和律师事务所的违法行为应当给予行政处罚的，应当向上级司法行政部门提出处罚建议。"

司法机关对律师或律师事务所实施行政处罚，应当依照《律师法》《律师和律师事务所违法行为处罚办法》等有关法律、法规的规定，按照《行政处罚法》规定的程序进行。律师或律师事务所不服行政处罚决定的，有权依照《行政复议法》的规定申请行政复议，对复议决定仍然不服的，律师或律师事务所可以依照《行政诉讼法》的规定，向人民法院提起行政诉讼。

现附一份《行政处罚决定书》，以说明司法行政机关制作的行政处罚决定书的格式和内容（内容来源于××市律师协会网站）。

NJ 市司法局行政处罚决定书

×司罚决〔2018〕2 号

被处罚人：邢××

性别：女

民族：汉

身份证号：32061119750827××××

执业证号：1320120111127××××

单位：××律师事务所

联系电话：180×××××××

家庭住址：NT 市××新村×幢××室

2018 年 6 月，我局在调查 NT 市××区公安局检举××律师事务所律师邢××贿赂办案民警相关事项中发现，邢××律师在××市××路×号××大厦××室设立办公室，存在以不正当手段承揽业务的情形。

以上违法事实有现场拍摄视频、照片、印制的名片及调查笔录等证据予以证实。

我局于 2018 年 10 月 16 日，通过邮寄方式向被处罚对象××律师事务所律师邢××送达《NJ 市司法局行政处罚听证告知书》（×司听告字〔2018〕第 2 号），告知其依法享有陈述、申辩和听证的权利。2018 年 10 月 25 日，邢××律师收到听证告知书后，向我局提出听证要求，并于 11 月 1 日通过邮寄方式向我局提交《NJ 市司法局行政处罚听证告知书回执》及陈述、申辩意见，11 月 2 日再次通过邮寄方式向我局提交新的陈述、申辩意见。

11 月 27 日下午，我局在 NJ 市建×区××中路××号新×大厦 A 座××室召开听证会，依据《中华人民共和国行政处罚法》相关规定，按照法定程序进行听证。

我局认为，××律师事务所律师邢××在 NT 市××路××号××大厦×室设立办公室承揽业务，事实清楚，证据确凿，根据《中华人民共和国律师法》第 47 条第

2 项、《律师和律师事务所违法行为处罚办法》第 6 条第 4 项之规定，应当受到处罚。

经研究决定，给予××律师事务所律师邢××警告行政处罚。

如不服本行政处罚决定，可在收到本行政处罚决定书之日起 60 日内向 NJ 市人民政府或 JS 省司法厅申请行政复议，也可以于 6 个月内向××铁路运输法院提起行政诉讼。

NJ 市司法局

2018 年 12 月 29 日

（注：该《行政处罚决定书》见 NJ 市司法局网站公开报道）

三、律师的民事责任

（一）律师的民事责任的概念和特征

律师的民事责任，是指律师因违法执业或者在执业过程中的过错给当事人造成损失而应该承担的赔偿责任。

律师事务所及律师在执业过程中与当事人之间建立的委托合同关系，是一种民事代理关系，律师事务所及律师与委托人之间是平等的法律主体，律师因自己的过错给当事人造成损失的，应依法承担法律责任。

律师的民事责任具有如下特征：

1. 律师民事责任承担的主体是承办业务律师所在的律师事务所。《律师法》第 54 规定："律师违法执业或者因过错给当事人造成损失的，由其所在的律师事务所承担赔偿责任。律师事务所赔偿后，可以向有故意或者重大过失行为的律师追偿。"可见律师因为违法执业或者因过错给当事人造成损失的，承担民事责任的主体应当是律师事务所。这是因为律师事务所是律师的执业机构，是与当事人签订合同的主体，律师执业是受律师事务所指派执行职务行为；此外律师事务所对律师执业活动具有不可推卸的管理和监督责任，律师违法执业或在执业过程中有过错，律师事务所应承担因管理失误而应该承担的民事责任。

2. 律师在执业过程中主观上有过错，且实施了违法行为。律师民事责任必须是承办律师在主观上有故意或者过失的心理状态，律师违法执业或者在执业过程中有过错是律师承担民事责任的前提。如果律师合法执业，在执业过程中无过错，则无需承担民事责任。

3. 律师违法执业行为或过错行为必须给当事人造成实际损失。律师违法执业行为或者过错行为给当事人造成实际损失，这是律师承担民事责任的必备条件。如果律师违法执业的行为或过错行为没有给当事人造成侵害，也没有造成客观上的损失，律师事务所或律师均不应承担民事赔偿责任。

4. 律师的违法执业行为或者过错行为与损害事实之间存在必然的因果关系。所谓违法行为或过错行为与损害事实之间的因果关系，是指由于执业律师实施了某种违法行为或过错行为，必然引起当事人损害事实的发生。如果律师的违法行为或过错行为与损害事实之间不具有必然的因果关系，则律师不承担民事赔偿责任。

（二）律师承担民事责任的情形

律师因违法执业或者过错而应该承担民事责任的情形，因律师执业范围的宽泛而形式多样，《律师法》对此仅作了原则规定。就当前我国律师工作的实际情况看，主要包括以下几个方面：

1. 超越代理权限或委托关系终止而继续代理，给当事人造成损失的。

2. 与对方当事人恶意串通损害当事人合法权益的。

3. 遗失或毁坏重要证据（包括原件、原物、音像资料底版以及其他材料等）而导致无法举证或证据失效的。

4. 泄露当事人商业秘密或当事人隐私的。

5. 应当搜集也可以搜集的证据，由于律师的原因而没有及时收集，而使证据灭失的。

6. 由于律师的原因而导致当事人超过诉讼时效的。

7. 无故拖延办理接受委托的事项，给当事人造成损失的。

8. 出具错误的法律意见书，给当事人造成损失的。

9. 在保管委托人财产时，由于不慎，造成财产遗失或毁坏的。

10. 其他违法执业行为或过错行为给当事人造成损失，因果关系明确的。

（三）律师承担民事责任的方式和程序

律师承担民事责任的方式主要是承担经济赔偿责任，即由律师事务所和执业律师向受到损害的委托人支付一定数额的经济赔偿。关于经济赔偿的数额，一般应根据律师错误责任的大小以及过错行为给当事人实际造成的损失来确定，以赔偿当事人实际遭受的损失为限。

除经济赔偿以外，因律师违法执业行为或过错行为给当事人造成的实际损害结果不同，也可由律师承担其他民事责任，如因律师与对方当事人恶意串通损害当事人合法权益的，可能承担停止侵害的责任；律师接受委托后不履行职责或因律师原因不能办理委托事项的可能承担返还财产的责任，即退还委托费用；律师泄露当事人隐私，可能承担消除影响或赔礼道歉的责任等。

律师承担民事责任的程序，适用一般理赔程序，就我国当前律师业务中律师承担民事责任的实践看，一般按照下列程序进行：

1. 提出赔偿申请。由遭受损害的当事人向负责赔偿机构提出书面申请和有关证据，申请书应该写明自己的基本情况、请求赔偿的事实和理由。赔偿申请一般是向违法执业或执业过程中有过错行为的律师所在的律师事务所提出。

2. 审查决定。负责处理赔偿的机构接到申请后，应当进行必要的调查，根据调查的结果，依据有关赔偿的规定，决定被控告的律师是否应当承担赔偿责任。如律师事务所对申请赔偿的当事人提出的申请进行审查以后，认为应当赔偿，可以根据事实和相关法律规定，与申请人协商赔偿，达成赔偿协议；如律师事务所对申请赔偿的当事人提出的申请认为不符合赔偿要求的条件，可以作出不予赔偿的决定。上述 2 种决定，都应该制作书面文件送达当事人。

3. 申请复议或起诉。当事人收到不予赔偿的决定，或者与律师事务所经协商无法达成协议的，当事人可以向违法执业或有过错行为的律师所在律师事务所所属司法行政部门提出申诉。也可以不经申诉，直接向人民法院提起诉讼。

4. 执行赔偿。律师事务所与当事人达成赔偿协议，司法行政部门作出当事人认可的赔偿决定或者经人民法院作出生效判决以后，律师事务所应当依照协议内容、决定内容或法院生效判决的规定履行。律师事务所在支付赔偿金以后，可以依照《律师法》的规定，向有故意或者重大过失的律师本人追偿。

为了保证当事人的赔偿金能够得以实现，也为了律师执业的风险有效控制，司法部在司发通［2002］10 号文，即《司法部关于进一步推动律师工作改革的若干意见》第 6 条中明确要求："建立律师执业责任保险制度。从今年起要在全行业强制推行律师执业赔偿保险制度。力争在今年 7 月前，律师公证司、全国律师协会向各律师事务所推荐保险公司及保险合同样本。各省（区、市）根据当地情况，确定每名律师的最低保险金额，以律师事务所为单位投保。律师事务所可以在推荐的保险公司投保，也可选择别的保险公司。各地也可以根据律师的意愿，统一投保。今后，年检注册要对当年度律师事务所的保险合同进行检查，以保证该制度的有效实施。"

由于律师业是高风险职业，尤其在当前，律师业务领域正在不断增加，新知识也不断出现，律师执业风险将会有增无减。国际律师业通常做法是将律师执业风险转由保险公司承担，建立律师责任保险，这样既可降低律师执业的风险，使律师能积极大胆地开展新业务，又可强化律师社会信用，维护当事人的合法权益。目前，北京、上海、海南等地律师协会已经连续几年投保律师责任险，并取得良好的社会效果。司法部从 2002 年起在全行业强制推行律师执业赔偿制度，并将其列为进一步推动律师工作改革的重要工作之一。

四、律师的刑事责任

（一）律师的刑事责任的概念和特征

律师的刑事责任，是指律师在执业过程中同时违反《律师法》和《刑法》

的有关规定，情节严重，构成犯罪，依法应承担的法律后果。

律师的刑事责任是一种最严厉的法律责任，犯罪是一种社会危害性最为严重的违法行为，追究律师的执业刑事责任，一方面是促使律师遵纪守法、恪守职业道德和执业纪律、依法履行执业义务，有效地防止律师违法犯罪，另一方面对于维护法律服务市场的正常秩序及保证司法审判活动的正常进行都具有十分重要的意义。

律师的刑事责任具有如下特征：

1. 刑事责任的主体是律师。构成律师刑事责任的主体必须具备律师这一特殊身份，非律师或者冒充律师实施犯罪行为的人不构成律师刑事责任的主体。

2. 必须是律师在执业过程中发生的与执业活动密切相联系的行为。律师在执业过程中实施的与执业活动无关的犯罪行为，如律师因案件代理与对方当事人发生争执而将对方打伤，构成故意伤害罪，虽然应该受到刑事处罚，但不属于律师的刑事法律责任。律师在与执业行为毫无关系的其他活动中实施的犯罪行为，如律师犯有重婚罪等虽然应承担刑事法律责任，但同样也不属于律师刑事责任。

3. 律师主观上必须有过错。过错是构成任何犯罪的必备条件。违法执业或者执业过程中有过错是承担这种责任的必备要件。律师主观上有过错，表现为故意或过失两种心理状态，如果主观上没有故意或过失，则律师不应承担刑事上的法律责任。触犯刑事法律的律师主观上通常表现为故意，如故意诱导当事人向法官、检察官行贿，故意诱导当事人提供虚假证据等。但在特定条件下，律师主观方面的过失也可以构成犯罪，如律师违反保密纪律、乱放文件或保管不当，以致造成被盗或遗失，后果严重的，也可构成泄露国家机密罪。

4. 律师实施了应受刑事处罚的行为。律师的刑事违法行为必须是违背刑事法律规范，依法应当受到刑事处罚的行为。律师的一般违法行为，例如律师在执业活动中向法官、检察官行贿，数额较小，律师在执业过程中诱使当事人提供虚假证据，但未造成严重后果，情节显著轻微等违法行为，则不构成犯罪，只能由司法行政机关给予行政处罚，依法承担行政法律责任。可见，只有当律师的违法行为和造成的危害结果触犯刑律、依法应当受到刑事处罚时，才能认定为是律师的刑事责任。

（二）律师承担刑事责任的范围

《律师法》第49条规定了律师可能承担刑事责任的9种情形，包括：①违反规定会见法官、检察官、仲裁员以及其他有关工作人员，或者以其他不正当方式影响案件依法办理的；②向法官、检察官、仲裁员以及其他有关工作人员行贿，介绍贿赂或者指使、诱导当事人行贿的；③向司法行政部门提供虚假材料或者有其他弄虚作假行为的；④故意提供虚假证据或者威胁、利诱他人提供虚假证据，妨碍对方当事人合法取得证据的；⑤接受对方当事人财物或者其他利益，与对方当事人或者第三人恶意串通，侵害委托人权益的；⑥扰乱法庭、仲裁庭秩序，干扰诉讼、仲裁活动的正常进行的；⑦煽动、教唆当事人采取扰乱公共秩序、危害公共安全等非法手段解决争议的；⑧发表危害国家安全、恶意诽谤他人、严重扰乱法庭秩序的言论的；⑨泄露国家秘密的。《刑法》第306条规定，在刑事诉讼中，辩护人、诉讼代理人毁灭、伪造证据，帮助当事人毁灭、伪造证据，威胁、引诱证人违背事实改变证言或者作伪证的，处3年以下有期徒刑或者拘役；情节严重的，处3年以上7年以下有期徒刑。

依据我国《律师法》和《刑法》等法律规定，从实践情况来看，律师承担刑事责任主要有以下几种情况：

1. 泄露国家秘密罪。由于律师执业活动的特点，法律赋予律师在执业过程中享有比一般公民更多的接触国家机密的机会，因而，律师在享有权利的同时，就应当享有保守国家秘密的义务。如有违反，就必须承相应的法律责任。情节严重、触犯刑律的，应当承担刑事责任。《刑法》第398条规定，国家安全机关工作人员违反保守国家秘密法的规定，故意或者过失泄露国家秘密，情节严重的，处3年以下有期徒刑或者拘役；情节特别严重的，处3年以上7年以下有期徒刑。非国家工作人员犯前款罪的，依照前款的规定酌情处罚。由此可见，律师在执业过程中违反上述规定，情节严重或者情节特别严重的，应当依照国家机关工作人员泄露国家秘密罪的规定酌情处罚。

2. 行贿罪。《刑法》第389条规定，为谋取不正当利益，给予国家工作人员以财物的，是行贿罪。在经济往来中，违反国家规定，给予国家工作人员以财物，数额较大的，或者违反国家规定，给予国家工作人员以各种名义的回扣、手续费的，以行贿论处。但因被勒索给予国家工作人员以财物，没有获得不正当利益的，不是行贿。《刑法》第390条规定，对犯行贿罪的，处5年以下有期徒刑或者拘役，并处罚金；因行贿谋取不正当利益，情节严重的，或者使国家利益遭受重大损失的，处5年以上10年以下有期徒刑，并处罚金；情节特别严重的，或者使国家利益遭受特别重大损失的，处10年以上有期徒刑或者无期徒刑，并处罚金或者没收财产。行贿人在被追诉前主动交代行贿行为的，可以从轻或者减轻处罚。

律师在执业过程中应当严格遵守宪法和法律，依法履行职责，严格依法办案。律师在执业过程中向法官、检察官、仲裁员以及其他有关工作人员行贿，不仅损害律师的执业环境和执业形象，腐蚀司法工作人员，而且将严重扰乱执法机关公正执法，因此构成犯罪的应当承担刑事责任。

3. 介绍贿赂罪。律师指使、利诱当事人向法官、检察官、仲裁员以及其他有关工作人员行贿，依照《刑法》第392条的规定，向国家工作人员介绍贿赂，情节严重的，处3年以下有期徒刑或者拘役，并处罚金。介绍贿赂人在被追诉前主动交代介绍贿赂行为的，可以减轻处罚或者免除处罚。

4. 辩护人、诉讼代理人毁灭证据、伪造证据、妨害作证罪。《刑法》第306条规定，在刑事诉讼中，辩护人、诉讼代理人毁灭、伪造证据，帮助当事人毁灭、伪造证据，威胁、引诱当事人违背事实改变证言或者作伪证的，处3年以下有期徒刑或者拘役；情节严重的，处3年以上7年以下有期徒刑。辩护人、诉讼代理人提供、出示、引用的证人证言或者其他证据失实，不是有意伪造的，不属于伪造证据。

辩护人、诉讼代理人毁灭证据、伪造证据、妨害作证罪的犯罪主体为特殊主体，只限于刑事案件的辩护人和诉讼代理人。"辩护人"，是指在刑事诉讼中，包括在侦查阶段、审查起诉、审判阶段，犯罪嫌疑人、被告人委托的或者由人民法院指定的为犯罪嫌疑人、被告人辩护的人。辩护人的职责是根据事实和法律为犯罪嫌疑人、被告人提供证明其无罪或罪轻的材料和辩解，以保证案件的正确处理。辩护人由以下3种人担任：①律师；②犯罪嫌疑人、被告人的监护人、亲友；③人民团体或者犯罪嫌疑人、被告人所在单位推荐的人。"诉讼代理人"，是指公诉案件的被害人及其法定代理人或者近亲属、自诉案件的自诉人及其法定代理人委托代为参加诉讼的人和附带民事诉讼的当事人及其法定代理人委托代为参加诉讼的人。被害人委托的为自己提供法律帮助的代理人，其职责主要是根据事实和法律，为保护被害人的合法利益、追究犯罪提供材料和意见。担任诉讼代理人的人员范围与辩护人的范围相同。《刑法》第306条规定了犯罪的3方面行为：①毁灭、伪造证据；②帮助当事人毁灭、伪造证据；③威胁、引诱证人违背事实改变证言或者作伪证。辩护人、诉讼代理人在刑事诉讼中只要有上述3种行为之一即可构成本罪。

"毁灭、伪造证据"，是指辩护人、诉讼代理人自己将能够证明案件真实情况的书证、物证以及其他证据予以毁灭，包括烧毁、丢弃、撕掉、涂抹等，使其不再能起到证明案件真实情况的作用；或者由辩护人、诉讼代理人自己制造假的书证、物证等，以隐瞒案件的真实情况，使犯罪人免予刑事追究或者使无罪的人受到刑事追究。"帮助当事人毁灭、伪造证据"，是指辩护人、诉讼代理人策划、指使当事人毁灭、伪造证据，或者与当事人共谋毁灭、伪造证据，以及为当事人毁灭、伪造证据提供帮助等。"当事人"，是指被害人、自诉人、犯罪嫌疑人、被告人、附带民事诉讼的原告人和被告人。

"威胁、引诱证人违背事实改变证言或者作伪证"包括2种行为：①以采用暴力、恐吓等手段威胁证人或者以金钱、物质利益等好处诱使证人改变过去按照事实提供的证言；②以威胁、引诱手段指使他人为案件作虚假证明，充当作伪证的证人。根据犯罪的不同情节，《刑法》第 306 条规定了两档刑罚。犯本罪的，处 3 年以下有期徒刑或者拘役；对于情节严重的，处 3 年以上 7 年以下有期徒刑。这里的"情节严重"主要是指犯罪手段极其恶劣、严重妨害了刑事诉讼的正常进行以及造成了犯罪人逃避刑事追究或者使无罪的人受到刑事追究等严重后果。

该条第 2 款是关于辩护人、诉讼代理人在刑事诉讼中，由于失误而提供、出示、引用了虚假证明，但不属于伪造证据的情况规定。规定本款主要是为了划清罪与非罪的界限，保护辩护人、诉讼代理人的合法权利，保证辩护人、诉讼代理人依法履行职责，从而保证刑事诉讼的正常进行。根据本款规定，辩护人、诉讼代理人向法庭提供、出示、引用的证人证言或者其他证据失实，不是有意伪造的，不属伪造证据，即不构成本条规定的犯罪。其中"不是有意伪造"，是指辩护人、诉讼代理人对证据不真实的情况并不知情，没有参与伪造证据，证据虚假是证人或者提供证据的人造成的，或者是辩护人、诉讼代理人由于工作上的失误造成的。

5. 妨害作证罪。《刑法》第 307 规定，以暴力、威胁、贿买等方式阻止证人作证或者指使他人作伪证的，处 3 年以下有期徒刑或者拘役；情节严重的，处 3 年以上 7 年以下有期徒刑。帮助当事人毁灭、伪造证据，情节严重的，处 3 年以下有期徒刑或者拘役。司法工作人员犯前两款罪的，从重处罚。律师在执业活动中也可以构成妨害作证罪，如 2011 年 6 月广西××市警方对杨某某、罗某某、梁某某等 4 名律师以涉嫌妨害作证罪为由将其羁押，并提起刑事诉讼。2013 年 3 月 19 日，时年 64 岁的湖南律师张某某因其在代理一起职务犯罪案中的调查取证行为被湖南××市××区检察院以妨害作证罪提起公诉。

妨害作证罪的主体为一般主体，并不限于律师，凡是年满 16 周岁、具有刑事责任能力的自然人都可以成为妨害作证罪的主体。司法工作人员犯妨害作证罪的，从重处罚。

妨害作证罪在客观方面表现为行为人实施了采用暴力、威胁、贿买等方法阻止证人依法作证或者指使他人作伪证的妨害作证行为。主要表现为：①行为人非法劝止、阻止证人依法作证。具体可采用暴力方式如绑架等方法使证人人身自由受到严重限制甚至丧失自由而无法作证；或者以暴力作后盾对证人进行威胁使证人不敢作证；或者许诺钱财或其他利益使证人不愿作证；或者采用引诱、唆使、劝说来说服证人不要作证；还有利用职务等身份迫使从属部下不要作证；等等。无论采用何种方式，只要主观上具有故意，客观上实施了妨害证人依法作证的行为，妨害了司法机关正常的诉讼活动，就构成妨害作证罪。证人是否被劝止或被阻止而没有作证，或者证人是否接受贿买的金钱、财物，对行为人构成犯罪没有影响。②行为人实施希望他人作伪证的行为。行为人具体可用胁迫的手段来实施，可以采用贿买的办法，也可以采用唆使、引诱的方法，还可以采用其他手段如利用职务迫使下属作伪证等。不管采用何种方法、手段，其实质都是一样的，即都是行为人希望他人作伪证，在客观上侵害了司法机关的诉讼活动，因此都是妨害作证的行为，行为人依法构成犯罪。在刑事案件侦查或审判过程中，辩护人、诉讼代理人以采用各种手段指使证人作伪证这种方式来妨害作证，如果构成犯罪的，应以妨害刑事证据罪论处。

妨害作证罪是举动犯，只要实施了妨害作证的行为，即构成犯罪，情节严重是妨害作证罪的加重情节。所谓情节严重，主要是指行为人实施的妨害作证行为严重，侵害司法机关正常的诉讼活动，甚至使之无法进行；或者采取的手段极其恶劣；或者产生严重的后果，如造成冤、假、错案；或者行为人经批评教育后，仍继续实施妨害作证行为；等等。对于那些妨害作证行为情节显著轻微，危害不大的，不能认定构成妨害作证罪。

妨害作证罪侵犯的客体是国家司法机关的正常诉讼活动和公民依法作证的权利，因此本罪所侵犯的客体如果采用暴力或威胁手段妨害公民作证的，还会侵害公民的人身权利，是复杂客体。

妨害作证罪在主观方面表现为故意，且为直接故意，即行为人明知自己妨害证人作证的行为会妨害国家司法机关正常的诉讼活动和他人的作证权利或人身权利，仍决意实施妨害作证行为，希望这种社会危害的发生，且行为人往往出于个人利益或他人利益之动机。

另外，律师在执业中也可能构成提供虚假证明文件罪。根据《刑法》第229条第1款的规定，提供虚假证明文件罪，是指承担资产评估、验资、验证、会计、审计、法律服务等职责的中介组织的人员，故意提供虚假证明文件，情节严重的行为。如××市律师韩某某就曾被检察机关以中介组织人员提供虚假证明文件罪提起公诉，理由是韩某某代理一方公司提供了盖有和备案公章不一样的公章的答辩状、管辖异议书、授权书等材料，构成了提供虚假证明文件罪，在辩护律师的精心辩护和据理力争后，韩某某被无罪释放。可见律师在民事案件代理时，也应该学会如何防范刑事方面的风险。这个案件，也提示我们，防范刑事风险意识的提高，不仅仅适用于刑事案件的辩护人，民事案件律师在代理过程中也绝不能掉以轻心，律师绝对不能为了当事人的不正当利益而违反法律的规定。

导入案例分析

张××的行为是违法的，虽然张××的出发点是为了为委托人能够尽快拿到判决书，从而能及时拿到补偿款，但他采取煽动、怂恿当事人采取封堵县政府大门讨说法的非法手段表达诉求，这显然违反了《律师法》第49条第7项的规定，属于"煽动、教唆当事人采取扰乱公共秩序、危害公共安全等非法手段解决争议的"违法行为。《律师和律师事务所违法行为处罚办法》第20条规定，煽动、教唆当事人采取非法集会、游行示威，聚众扰乱公共场所秩序、交通秩序，围堵、冲击国家机关等非法手段表达诉求，妨害国家机关及其工作人员依法履行职责，抗拒执法活动或者判决执行的，属于"违法行为"。

根据《律师法》49条的规定，对于张××的这种违法行为，由设区的市级或者直辖市的区人民政府司法行政部门给予停止执业6个月以上1年以下的处罚，可以处5万元以下的罚款；有违法所得的，没收违法所得；情节严重的，由省、自治区、直辖市人民政府司法行政部门吊销其律师执业证书；构成犯罪的，依法追究刑事责任。

思考题

1. 律师职业道德的主要内容有哪些？
2. 律师执业行为规范的主要内容有哪些？
3. 律师法律责任的种类和主要内容是什么？

第八章

民事诉讼、行政诉讼及申诉中的律师业务

学习目标与工作任务

通过本章的学习，重点掌握民事诉讼、行政诉讼、再审中的律师代理的内容，代理律师的权利和义务，理解各诉讼代理中的行为规范，并领会各诉讼代理的工作程序和方法。

导入案例

原告张××诉称，2012年4月28日其受周××、朱××雇佣，在××县防虎街道一处农田挖树，并将树木搬运到货车上进行树木移植。当天下午5时左右，其与工友一起将苗木搬运到货车上，由于苗木根部土球过大，多次关车厢侧门未果，在最后一次关车厢侧门时，其手指不慎被夹伤，被送到医院救治，花去了医疗费8335元，后经鉴定构成道标10级伤残。张××诉称周××、朱××作为雇主应该承担连带赔偿责任，要求赔偿各项损失45 000元。后经法院查明：朱××为了购买事故发生地的苗木，给付周××人民币4000元，要求其组织人将农田里的苗木挖出装车，并讲好支付挖树人每棵树5元的劳动报酬。周××就召集了当地包括原告张××在内的几名农民挖树苗。

如果你是朱××的代理人，请根据以上案情写一篇代理词。

提示：本案争议的焦点是：

1. 周××和朱××之间是承揽关系还是雇佣关系。

2. 周××和原告张××之间是否构成雇佣关系。

3. 责任归属问题，即张××、周××及朱××对损害后果如何划分责任的问题。

第一节　民事诉讼中的律师业务

教学内容

一、律师民事诉讼代理概述

（一）律师民事诉讼代理的概念和特征

律师民事诉讼代理是指律师接受当事人的委托，以被代理人的名义，在授权范围内，代理当事人进行民事诉讼行为的活动。

律师代理民事诉讼是律师诉讼业务中一项传统的业务，也是律师的主要业务之一。律师代理民事诉讼既可以为缺乏法律知识的当事人提供法律上的帮助，以维护其合法权益，也有利于人民法院正确、合法、及时地审理民事纠纷案件，从而解决当事人之间的民事争议，稳定社会秩序。

律师代理民事诉讼，除了具有民事代理的一般特征，即代理人需在代理权限内实施代理行为；代理人以被代理人的名义实施代理行为；代理行为是具有法律意义的行为；代理行为直接对被代理人发生效力；等等，律师代理民事诉讼还具有以下特征：

1. 律师代理关系产生根据的特殊性。律师作为民事诉讼代理人参加诉讼的根据来自两个方面：一方面是来自民事诉讼当事人的委托，当事人与律师所在的律师事务所签订委托代理合同，授权律师代理当事人参加诉讼；另一方面是来自法律援助中心的指定，根据《法律援助条例》等的有关规定，公民在请求给予社会保险待遇或者最低生活保障待遇的；请求发给抚恤金、救济金的；请求给付赡养费、抚养费、扶养费的；请求支付劳动报酬的以及主张因见义勇为行为产生的民事权益的等特殊种类的民事诉讼中需要律师代理进行诉讼，但是当事人又无力支付律师费用的，可以按照国家规定获得法律帮助，当然律师参加诉讼仍需当事人授权。

2. 律师的民事诉讼代理存在于特定期间。律师的民事诉讼代理只能存在于诉讼过程中，且其民事诉讼代理行为受到民事程序法的制约。

3. 律师作为民事诉讼代理人具有特定的身份。也就是说，律师在民事诉讼中是以为社会提供法律服务的执业人员身份出现的。因此，与普通的民事诉讼代理人不同，律师除了要遵守民法、民事程序法的一般规定外，还要遵守《律师法》等有关规定；律师除了接受当事人的委托外，还要接受律师所在律师事务所的指派。

4. 律师的民事诉讼代理具有特定内容。即律师的诉讼代理是代理进行有一定法律意义的诉讼行为，而不是一般的民事行为。律师代理的民事诉讼是根据当事人的委托，代为进行起诉和应诉、进行辩论或调解、上诉或申诉，从而产生一定的诉讼上的法律后果。这种法律后果直接涉及被代理人的权利和义务。代理律师正是通过这些诉讼活动达到维护当事人合法权益的目的的。

（二）律师民事诉讼代理的种类

律师民事诉讼代理制度的内容极为丰富，从不同的角度、按不同的标准划分，律师民事诉讼代理的种类较多，现分述几种主要的划分种类：

1. 按照授权范围的不同，可分为一般授权的律师代理和特别授权的律师代理。所谓一般授权的律师代理，是指当事人只将程序上的诉讼权利而非实体上的权利授予律师行使的代理。在一般授权代理中，律师只能行使诸如代理起诉、应诉、申请证据据保全、提供证据、申请回避、提出管辖权异议、申请延期审理等一般的诉讼权利。所谓特别授权的律师代理，是指当事人不仅将程序性权利，而且还将处分实体权利的诉讼权利全部或部分授予律师行使的代理。根据我国有关法律规定，特别授权代理包括：代为承认、放弃、变更诉讼请求、进行和解、提起反诉或者上诉。这种特别授权代理常常被人称为"全权代理"，但这种讲法是不规范也是不准确的，因为"全权代理"到底包括哪些诉讼权利并不清楚，而且往往也有不同的理解，因此我们不应使用"全权代理"这一表述。

2. 根据诉讼的不同阶段，可分为一审、二审和再审的律师代理。一审程序、二审程序和再审程序是民事诉讼中三个不同的审判程序，它们都有各自特定的任务以及不同的诉讼方式和要求。与此相适应，律师在这三个不同程序中担任诉讼代理人也有不同的工作方式、方法和步骤，还有不同的工作重点。

3. 根据民事诉讼是否具有涉外因素，可分为涉外民事诉讼代理和国内民事诉讼代理。涉外民事诉讼代理，是指在律师代理的民事案件中，有关诉讼法律关系中的主体、客体或引起法律关系产生、变更、消灭的法律事实中有一项具有涉外因素。涉外民事诉讼必须遵循国家主权原则，其在管辖、送达期间、财产保全、仲裁、司法协助上都有特定内容。这就要求涉外民事诉讼律师代理与国内民事诉讼律师代理在工作方式、方法、步骤等方面都有所不同。

（三）律师在民事诉讼中的地位

律师进行民事诉讼代理，其诉讼地位是由其代理权限和律师自身特性决定的，律师在民事诉讼中的地位有以下两个特征：

1. 代理律师不是诉讼主体，不具有独立的诉讼地位。民事诉讼中的诉讼主体是指以自己的名义参加诉讼，享有使诉讼程序发生、变更、消灭的诉讼权利，并且与诉讼结果具有直接利害关系的人。而律师只是在当事人的授权范围内进行诉讼活动，所以代理律师不是独立的诉讼主体，其所进行的诉讼行为受当事人意志的约束，其代理意见不能违背当事人的意愿，其只是从属于当事人一方的诉讼参与人。

2. 代理律师在民事诉讼中具有相对独立性。为了有效地维护当事人的合法权益，代理律师在当事人授权范围内，就实施诉讼行为的方式和步骤有自主决定的权利，可以作出独立的意思表示而不受当事人意志的约束。代理律师只有具有相对的独立性，才能采取有效措施收集证据、查明事实，才能根据自己对法律的理解作出判断，最大限度地维护当事人的合法权益。

二、民事诉讼中律师代理工作的程序

律师民事诉讼代理，是指律师接受民事诉讼当事人的委托，担任代理人参加诉讼，维护当事人合法权益的诉讼行为。

律师民事诉讼代理的内容和工作程序较为复杂，为了保障律师依法履行职责，规范律师办理民事案件的执业行为，2003 年 3 月 26 日全国律师协会四届六次常务理事会通过并颁发了《律师办理民事诉讼案件规范》（以下简称《规范》），该《规范》共 12 章 209 条，对律师参与民事诉讼应遵守的基本原则、民事代理收案与结案、调查和收集证据、一审普通程序中的律师代理、简易程序中的律师代理、二审程序中的律师代理、特别程序中的律师代理、审判监督程序和再审程序中的律师代理、公示催告程序中的律师代理、企业法人破产还债程序中的律师代理、执行程序中的律师代理等都作了详细的规定，该《规范》是律师参与民事诉讼代理的行为准则，现依据该《规范》将律师在民事诉讼中几个常见的诉讼阶段的主要工作内容和工作程序介绍如下：

（一）接受委托

接受委托也称收案，是指律师事务所接受自然人、法人和其他组织的委托，指派律师担任代理人。收案时应以律师事务所名义接受委托，律师事务所应指派 1~2 名律师作为诉讼代理人。律师事务所应向委托人介绍指派的律师，并取得委托人的同意，律师不得私自接受委托。律师事务所应当尽可能满足委托人的各项委托要求，包括当事人指名律师的要求。

收案时应审查是否符合收案条件，是否具有不得接受委托的情形，如已经接受同一案件中对方当事人或第三人委托的，已经在一审程序或二审程序中为对方当事人担任代理人的，以及具有违反《律师执业行为规范》中关于避免利益冲突规则的规定不能接受委托的其他情形，等等。

如果经审查符合收案条件，接受当事人的委托，那么还应办理委托手续，委托手续包括以下内容：

1. 律师事务所与委托人签订委托代理合同。该合同一式两份，一份交委托人，一份交承办律师附卷存档。委托代理合同一般包括以下内容：①委托人的姓名、住址及案由；②律师事务所指派参加诉讼的律师姓名；③委托的权限；④委托代理关系的有效期限，这通常是指在什么审判阶段有效，如是在一审程序、二审程序或是在再审程序内有效；⑤双方的权利和义务，包括承办律师必须按时出庭、委托人必须如实陈述案情等；⑥代理费用及其付费方式；等等。

2. 委托人签署授权委托书。授权委托书一式三份，一份交受理案件的法院，一份交委托人，一份交承办律师附卷存档。

3. 律师事务所与委托人签订委托代理合同及委托人签署授权委托书时，应当载明具体的委托事项和权限，委托权限应注明是一般授权还是特别授权。变更、放弃、承认诉讼请求、进行和解、提起反诉和上诉、转委托以及签收法律文书，都应当有委托人的特别授权。

另外，现在不少地方的律协还要求律师事务所向当事人发放《诉讼风险及责任告知书》和《律师服务质量反馈意见卡》，该《告知书》和《意见卡》应由当事人签名，这些资料在律师案件办结，装订卷宗档案时需要附卷。

4. 开具律师事务所函，呈送受理案件的法院。承办律师在律师事务所接受委托后，应当办理如下事项：

（1）要求委托人提供诉讼证据复印件、复制件，同时核对原件，并将原件及时交还委托人妥善保管，收取原件的，要制作证据清单，由委托人、律师签字附卷。

（2）应当向委托人解释和讨论本案如下事项：①案件是否属于人民法院受理民事诉讼的范围和受诉人民法院管辖；②起诉是否符合现行《民事诉讼法》第119条及其相关规定；③诉讼时间是否超过诉讼时效；④与案件有关的法律规定；⑤委托人已向法院提交起诉状的，其诉讼请求是否有相关证据或证据线索支持；⑥诉讼当事人的各项诉讼权利和诉讼义务；⑦被告是否反诉，如反诉或有反诉可能，反诉的事实与理由；⑧是否有申请回避的事实、理由和必要性。

另外，根据现行《民事诉讼法》的有关规定，承办律师还应向委托人了解被告方比较详细的情况，如联系电话，户籍所在地和经常居住地不一致的，还应该了解现在经常居住地的详细地址等；如有证人，还要提供证人的姓名和住所等信息。

（二）出庭前的准备工作

1. 代理原告起诉。律师的代理起诉，是指律师代理当事人向人民法院提起诉讼的代理活动。律师依据当事人的请求，可为其代写诉状，诉状应提出明确的诉讼请求，并简要阐明起诉的事实和理由。

在律师代理实务中，不少律师在委托人办结委托手续后，为了方便当事人，就要求委托人在空白的打印纸上签名，并讲明这就是在起诉时向法院递交的民事起诉状中的签名，并要求（有的是委托人主动要求）委托人预交诉讼费，然后承办律师就独自去法院立案。笔者认为这是不允许的：①要求当事人在空白打印纸上签字，即使在签名前面冠以"具状人"或者"原告"之类的文字，当事人也仍然会心存顾虑，曾经就因此发生过影响全国的案件（当事人担心空白纸写上借款内容）；②民事起诉状的内容应该由当事人认真阅读后签字，承办律师口头或者电话告诉诉状内容是不严肃的，因为不排除当事人事后对诉状内容有不同看法；③在向法院起诉时，若当事人不亲自参加，法院立案审查时可能询问有关问题或者审查证据原件等，承办律师不一定能解决。因此承办律师不应该以方便当事人为由，而越俎代庖做不该做的事。

律师向法院提交诉状应同时提交支持诉讼请求的基本证据、证明原告主体资格的有关材料以及授权委托书和律师事务所公函。提交法院的证据包括证明双方存在法律关系的证据和原告权利受到侵犯的证据。律师提交的证据材料应逐一分类编号，对证据材料的来源、证明对象和内容作简要说明，并签名或盖章，注明提交日期，并依照对方当事人人数提出副本。根据现行《民事诉讼法》第66条的规定，人民法院收到当事人提交的证据材料，应当出具收据，写明证据名称、页数、份数、原件或者复印件以及收到时间等，并由经办人员签名或者盖章。

律师向法院提交诉状后，如法院初步审查认为立案尚需补交有关证据材料，律师应及时补交。如法院决定立案，律师在接到法院的立案（受理）通知书后，应通知当事人及时交纳诉讼费用。如果法院决定不予立案，在接到法院不予受理的裁定书后，律师应及时告知当事人，并可依据当事人的委托提起上诉。

2. 代理被告应诉和反诉。律师接受被告委托后，在收到原告的民事起诉状及相关证据材料后，如有需要，尤其是在少数法院并没有按规定把原告的证据材料提交给被告的情况下（法院要求被告自己或代理人亲自到法院查阅、复印证据材料），律师应到法院查阅卷宗材料，并予以复印，然后审查原告起诉的证据是否充分、确凿，相互之间有无矛盾，诉讼请求是否超过诉讼时效，等等。律师根据被告请求，可代写答辩状。答辩状应针对原告的诉讼请求、事实与理由陈述答辩事实，提出明确的主张并阐明相应的理由。提交答辩状的同时，若有必要，律师还可提交支持答辩理由的相关证据。

在律师实务中，除了少数特殊案件外，一般被告方不会在15日答辩期内提交答辩状，因为如果答辩状提交比较早，人民法院会按规定向原告送达，原告收到答辩状后可以针对被告的答辩意见和相关证据做好充分的反驳准备，甚至被告提供的证人也会因后期受到的非正常影响而改变原先的证词内容，所以在不影响被告正常行使诉讼权利的前提下，被告方代理律师通常都是开庭时才发表答辩意见，当然证据务必在规定的期限内提交。

律师经初步审查，如发现案件不属于受诉人民法院管辖，应及时告知被告，并可根据被告的请求在答辩期限内代其提出管辖异议。一旦提出管辖异议，就不应再进行答辩。如果被告有反诉请求和理由，律师可代其书写反诉状。反诉必须符合《民事诉讼法》关于反诉的有关规定。提交反诉状时，应同时提出支持反诉请求的基本证据。

另外，如果律师担任有独立请求权的第三人的代理人，应代其撰写具有民事诉状性质的书面文书，提供独立的诉讼请求，阐明理由，并提交相应的证据。如果律师担任无独立请求权的第三人的代理人，应独立行使诉讼权利，提出明确的诉讼主张和理由，并与利益相关的一方当事人密切配合，反驳对方当事人的诉讼主张和理由。律师如果经审查发现当事人不应被追加为无独立请求权的第三人，可依据有关事实与理由向法院提出书面意见予以纠正。

3. 律师代理的相关工作。

（1）调查和收集证据。律师在民事诉讼中，无论是作为原告的代理人还是作为被告或是第三人的诉讼代理人，根据案情需要，都有可能要进行调查和收集证据工作。律师调查收集证据不仅应遵守《律师法》《民事诉讼法》等有关法律规定，还应遵守律师协会颁布的行业规范。律师调查、收集证据应当合法、客观、全面、及时，律师向证人调查取证时，以两人以上共同进行为宜。

律师在调查前最好拟定调查提纲，提纲中要把需要查明的事项逐一写明，还应该准备好询问技巧。笔者在承办一起离婚上诉案件时，据上诉人告知，被上诉人在原审中提供的张××借款证词（含借条复印件）是虚假的，但被原审法院作为共同债务予以认定，二审代理律师对证人张××进行调查，律师首先介绍了上诉人和被上诉人结婚时因其家里反对，和家里人断绝往来才和被上诉人结了婚，上诉人对被上诉人感情是很深的等情况，因证人张××和被上诉人是同学，对这些情况也都知道，拉家常缩短了律师和证人的距离，接着律师不经意地询问张××工作几年了，月工资多少，因张××尚未结婚，还询问父母是否给他钱，然后询问是否有亲戚在经济上支持自己，等等，当律师得知张××参加工作不到三年，月工资不到2000元，还要支持老家（老家在山区农村）的弟妹读书，几乎是"月光族"，也没有亲戚在经济上支持自己这些情况后，律师话锋一转，接着询问：那么你怎么有能力借给被上诉人3万元呢（律师出示"借条"复印件）？张××一时语塞，在律师晓之以理、动之以情的开导下，张××终于说出了"借条"及证词形成的真正原因。证人说，被上诉人向他说上诉人要找他（被上诉人）离婚（实际上是被上诉人提出离婚），并索要很多钱财，要张××证明被上诉人向他借了3万元，因为被上诉人有债务，这样上诉人就可以少要点钱，看在同学的面子上，张××就提供了假证，但他并不了解实情。张××后来在律师的要求下，写了推翻原证词的证言，并亲自到法院讲明了真实情况，后来二审法院否定了原审法院关于夫妻共同债务的认定。代理律师对证人张××的调查取证之所以能够取得理想效果，就是因为准备充分，并事前将询问内容设计好，律师看似拉家常的谈话，实际上是事前精心设计的，这样可以把证人试图虚假陈述的退路堵死，比如他不能说 3 万元是我爸妈给我的，他也不能说我的亲戚给我 3 万元，他也不能说我一个月拿 5000 元工资，是自己积攒的，等等，这样他只有说实话了。

律师经有关单位和个人同意，可以向其调查、收集承办案件的有关证据。律师在向证人调查、收集证据时，应首先告知对方自己的律师身份，出示律师执业证和调查专用证明，告知证人应如实反映与本案有关的情况，并向其讲明作伪证应负的法律责任。律师向证人调查、收集证据时可以由证人自己书写证言内容，证人不能自己书写的，可由他人代为书写，证人再签名、盖章或按指纹确认。有关单位书写的证言材料，应由单位负责人签名或盖章，并加盖单位印章。律师调查时应制作调查笔录。调查笔录应当载明调查人、被调查人、被调查人与本案当事人的关系、调查时间、调查地点、调查内容、调查笔录制作人等基本情况；还应当记明律师身份介绍，律师要求被调查人应如实作证等内容；以及调查事项发生的时间、地点、人物、经过、结果等。

律师调查多名证人时，一定要分别进行，并分别制作调查笔录，千万不能为了方便只制作一份调查笔录，然后让几个证人在上面共同签字，这样的话调查笔录将产生效力不能被认定的后果。

律师制作调查笔录，应全面、准确地记录谈话内容，并交由被调查人阅读或向其宣读。如有修改补充，应由被调查人在补充处加盖印章或按指纹确认。被调查人在律师调查笔录上还应签署或由他人代书下述文字："以上笔录我阅读过（或向我宣读过），与我本人的陈述一致。"如系他人代书，应在姓名处按指纹确认。律师还应告诉证人有出庭作证并接受质询的义务，如证人不愿意出庭，将导致证词的效力不能被认定。如因特殊原因不能出庭，应事先和法院讲明情况。

律师在向证人调查、收集证据时，如需录音、录像，应取得证人的同意。

律师在调查和收集证据中，因客观原因不能自行收集的证据，应当及时申请人民法院调查、收集证据。

律师在调查取证时，认为证据可能灭失或以后难以取得的，应在征得委托人同意后，代为向公证机关或人民法院申请证据保全。

（2）财产保全、先予执行及其他。律师作为原告或有独立请求权的第三人或反诉原告的代理人，可以根据当事人的要求和《民事诉讼法》规定的有关条件，代其提出财产保全等保全措施及先予执行的申请。律师代为提出财产保全、先予执行申请，应让申请人提供被申请人的银行账号、有价证券、房地产、机器设备、车辆、产成品、原材料等财产线索；还应告知申请人提供担保以及申请不当的法律后果。财产保全金额限于诉讼请求的范围或与本案相关的财产。如采取诉前保全，律师应告知当事人须在法院采取保全措施后 30 日内提起诉讼。若律师担任被申请人的代理人，则要审查申请人的申请是否错误；财产保全是否限于请求的范围；申请人是否提供了担保；担保人是否具有担保能力；等等。若被申请人愿意提供担保，律师可以代其书写解除财产保全申请书。在被申请人提供了足够和有效担保后，法院仍不能解除保全措施的，律师可依据当事人要求向法院领导或上级法院提出异议。

在民事代理实务中，有的当事人没有可供担保的财产，如没有房产证、机动车辆等，有的诉讼标的高达几千万元，当事人也无法提供等值的财产担保，若出现这些情形，律师应及时告知当事人，由人民法院登记备案的担保公司可以提供诉讼保全财产担保服务（当然要缴纳费用的），因为绝大多数当事人并不知道这一信息，律师应告诉当事人可供当事人选择的担保公司，为他们排忧解难。当然，承办律师不能促使当事人选择那些没有被法院认可、备案的担保公司，因为人民法院并不认可这些担保公司出具的担保函，这样担保函将起不到财产保全担保的作用。

另外，在起诉前，律师应根据案件实际情况，妥善运用现行《民事诉讼法》关于"行为保全"的新规定，作出有效保护原告合法权益的法律措施。

所谓行为保全，是指在民事诉讼中，为避免当事人或者利害关系人的利益受到不应有的损害或进一步的损害，法院得依他们的申请对相关当事人的侵害或有侵害之虞的行为采取强制措施。现行《民事诉讼法》第 100 条第 1 款规定："人民法院对于可能因当事人一方的行为或者其他原因，使判决难以执行或者造成当事人其他损害的案件，根据对方当事人的申请，可以裁定对其财产进行保全、责令其作出一定行为或者禁止其作出一定行为；当事人没有提出申请的，人民法院在必要时也可以裁定采取保全措施。"这里的责令被申请人"作出一定行为或者禁止其作出一定行为"就是行为保全。

例如，在起诉之前，专利权人有证据证明侵权人正在实施或即将实施侵犯其专利权的行为，如不及时制止，将会使其合法权益受到难以弥补的损害的，就可以在起诉前向人民法院申请裁定侵权人禁止进行有关行为，如禁止生产、销售专利产品等行为。又如，张三承租李四的房子租住，在承租期间，张三以李四的阁楼无人住且妨碍屋内空气流通为由，要求把阁楼拆除，李四不同意，但张三坚持，并和瓦工约定好第三日上午开始拆除阁楼，李四担心拆除后无法恢复原状，遂委托律师代理其维权，承办律师立即向法院起诉，并申请法院裁定禁止张三拆除阁楼的行为，法院审查后，立即裁定禁止张三实施拆除行为，后在法官的调解下，张三放弃拆除阁楼，李四每月减少 100 元租金，李四的合法权益得到有效维护。

（3）配合当事人举证和证据交换。2001 年 12 月 21 日最高人民法院颁布了《最高人民法院关于民事诉讼证据的若干规定》（以下简称《证据规则》），《证据规则》将《民事诉讼法》的一些规定进一步具体化，执业律师特别要注意这些规定。

《证据规则》实施 10 多年了，执业律师已经习惯了其中的一些规定，但在 2012 年修正的《民事诉讼法》中，又新增加了一些关于举证期限的规定，执业律师要注意这些变化。2017 年修正的《民事诉讼法》第 65 条规定："当事人对自己提出的主张应当及时提供证据。人民法院根据当事人的主张和案件审理情况，确定当事人应当提供的证据及其期限。当事人在该期限内提供证据确有困难的，可以向人民法院申请延长期限，人民法院根据当事人的申请适当延长。当事人逾期提供证据的，人民法院应当责令其说明理由；拒不说明理由或者理由不成立的，人民法院根据不同情形可以不予采纳该证据，或者采纳该证据但予以训诫、罚款。"新规定实际上取消了《证据规则》第 34 条第 1 款中的"证据失权制度"（即当事人在举证期限内不提交的，视为放弃举证权利），赋予了法官较大的自由裁量权。从现行《民事诉讼法》第 65 条规定的内容可以看出：其一，该条款首次将当事人及时提供证据的义务在法律的位阶上加以规定，增强了法律效力；其二，如当事人在举证期限内提出延期申请，就应该延长举证期限，而《证据规则》则是规定需要法院准许；其三，对于新证据的认定明确放宽了程序上的要求，即使当事人没有在举证期限内提出延期申请，只要理由成立，该证据仍可被采信；其四，当事人逾期提供证据，法院应责令当事人说明理由，这在此前的规定中是没有的；其五，对于超过举证期限提供的证据处理办法更有弹性，除了"不予采纳该证据"这种情形外，还增加了"采纳该证据但予以训诫、罚款"这种方法。

至于现行《民事诉讼法》第 65 条中的"理由"，可以有以下几种情形：①该证据在举证期限内尚不存在；②该证据在举证期限届满前存在但当事人并不知晓；③该证据在举证期限届满前存在且当事人知晓，但逾期提供证据的当事人并不存在重大过失或故意；等等。需要说明的是，"理由"不是需要证据证明的"事实"，这只是一种言之有理的说法，理由有很多种，无法一一列举。

《证据规则》第 37～46 条规定了庭前证据交换的有关问题。根据《证据规则》第 37 条的规定，经当事人申请，人民法院可以组织当事人在开庭审理前交换证据；对于证据较多或者复杂、疑难的案件，人民法院应当组织当事人在答辩期届满后、开庭审理前交换证据。证据交换是在审判人员主持下进行的诉讼活动，律师也应高度重视。根据《证据规则》第 39 条的规定，当事人在证据交换过程中认可并记录在卷的证据，经审判人员在庭审中说明后，可以作为认定案件事实的依据。因此，对于人民法院组织的证据交换，律师一定要充分准备，积极应对，以便了解案情并明确争议焦点，预测诉讼结果，帮助当事人对其权利作出符合其最大利益的处分。

（4）出庭前的有关准备工作。律师在开庭前应做好一系列准备工作，首先应整理向法庭出示的证据，对向法庭提交的证据进行分类编号，并且注明每一组证据有几份、每组证据所要证明的问题。出示证据时应条理清晰，不能杂乱无章，给人手忙脚乱的感觉。

律师在开庭前还应撰写好代理词或代理提纲、法庭调查提纲、法庭辩论提纲等。在开庭前，律师应将需要通知当庭作证的证人的姓名、身份情况、工作单位或住址、联系电话告知法院，以便通知其出庭。

开庭前，律师应和当事人关注合议庭组成人员是否合法，是否需要申请回避，如果发现有违反法定程序的情况，应及时向人民法院提出，并要求改正。

（三）参加法庭审理

法庭审理是指在人民法院审判人员的主持下，双方当事人就争议的民事纠纷举证、质证和辩论，由审判人员全面审查并作出裁判，以解决当事人之间的民事纠纷。法庭审理是民事诉讼活动的中心，是律师代理民事诉讼，实现其代理任务的重要环节。代理律师应根据法庭审理不同阶段的特点，做好相应的代理工作。

1. 法庭调查阶段。法庭调查阶段是审判人员听取各方当事人对案件情况的陈述、举证和质证，以查明案件事实的阶段。法庭调查是开庭审理程序的重点，也是人民法院裁判的基础。法庭调查中，审判长在核对当事人身份时，律师有权对对方当事人及其代理人的身份提出异议。审判长询问当事人是否申请回避时，律师可依据当事人的授权对审判人员、书记员提出回避申请，并说明理由。

法庭调查开始后，律师应当完成下列工作：

（1）代理原告的，可代其陈述事实或者宣读起诉状，讲明具体诉讼请求和理由。

（2）代理被告的，可代其陈述事实进行反驳或者宣读答辩状，提起反诉的，讲明具体请求和理由。

（3）代理第三人的，可代其陈述或者答辩，针对原、被告的陈述提出承认或者否认的答辩意见，或提出独立的诉讼主张。

庭审中，在审判长归纳争议焦点或法庭调查重点后，律师有权提出修改和补充意见。在法庭调查过程中，律师应认真记录，做好向其他当事人、证人、鉴定人发问的准备，完善庭前准备的各项调查提纲。

律师出示证据，应当简要说明该证据材料的种类、证据来源、取证时间、地点、提交人及证明对象等。

对于物证，律师可以但不限于从以下方面质证：①物证的真伪；②物证与本案的联系；③物证与其他证据的联系；④取得该物证的程序是否合法。

对于书证，律师可以但不限于从以下方面质证：①书证是否为原件；②书证的真伪；③书证的合法性；④书证所要证明的事实；⑤书证与其他证据是否矛盾；⑥书证的来源。

对于证人证言，律师可以但不限于从以下方面质证：①证人与双方当事人的关系，特别是与对方当事人有无关系，与本案有无利害关系；②证人证言的来源及合法性；③证人证言的内容及要证明的事实；④证人年龄、智力状况、行为能力等自然情况；⑤证人证言前后是否矛盾；⑥证人证言与其他证据的矛盾。律师应结合有关背景材料进行综合分析，发表对该证人证言能否采信的看法，并阐明具体理由。如证人无正当理由不出庭接受质证，律师可建议法庭对该证人证言不予采信。

对于视听资料，律师可以但不限于从以下方面质证：①取得和形成的时间、地点和周围的环境；②有无剪补；③收集的过程及其合法性；④所要证明的事实与案件的联系。

对于鉴定人和鉴定意见，律师可以但不限于从以下方面质证：①鉴定人的资格；②鉴定人与双方当事人的关系；③鉴定的依据和材料；④鉴定的设备和方法；⑤鉴定意见是否具有科学性。

律师应对鉴定意见发表看法，认为鉴定意见不能成立或者不完整的，可以申请重新鉴定或者补充鉴定。经审判长许可，律师可以向证人、鉴定人及其他当事人发问。律师应就与本案有关的问题发问，发问受到审判长制止时，律师应当尊重法庭的决定，改变问题或者发问方式，或表明发问的重要性和关联性。

另外，电子数据证据是现行《民事诉讼法》规定的一种新证据类型，律师也应做好充分的质证准备。

现行《民事诉讼法》和《刑事诉讼法》正式将"电子数据"规定为法定证据种类之一，电子证据在民事诉讼中取得了合法地位。因此，在法庭调查中对电子数据证据发表质证意见将是很常见的法庭诉讼活动。

根据《中华人民共和国电子签名法》的规定，电子数据是指以电子、光学、磁或者类似手段生成、发送、接收或者储存的信息。其实数据电文作为具有法律意义的一种证据形式，现在已经很普遍了，早在1999年10月1日实施的《合同法》就把数据电文作为书面合同的一种形式，因此律师对数据电文这种证据做好相关质证工作应该是必备基本功。

在法庭上，对电子数据证据通常考虑如下三个方面：

（1）关于电子证据的真实性问题。首先，电子证据的形式必须是客观真实的。从电子证据的存在形式看，电子数据是以电磁、光盘等物理形式存在于半导体芯片、磁盘等载体上的，尽管用于记载数据信息的电磁等不能被人们直接感觉到，但它是一种切实存在的、承载电子数据的载体，如半导体芯片、磁盘、光盘、储存器等介质。因此，如果单从电子数据的存在形式看，所有的电子数据都是客观真实的。

电子证据是否具有真实性，还要看其内容是否属于对客观事物的反映。具体地说，产生电子数据信息的计算机软硬件系统应当正常运行和工作，电子数据所反映的内容应当是在进行正常业务中形成且在业务完成时或稍后即输入的。电子证据的真实性具有重要的意义，对于存在疑点的电子证据和电子证据中比较专业的问题，可以通过鉴定的方式对电子证据的生成、传输、储存、输出全过程及电子证据本身作出判断结论。一般情况下，以下的电子数据证据可以认定为真实可靠：适格证人向法庭提交的在法律上可采纳作证据的书面陈述；使用者经常使用的正常的计算机系统生成和存储的电子证据；经公证证明为真实可靠的电子证据；经专家鉴定为真的电子证据；有确切证据证明电子证据复印件与原件完全等同的电子证据；当事人之间经长期业务往来所形成的电子合同；双方当事人均认可的电子证据；等等。

《电子签名法》的相关规定也可以作为判断真实性的依据，《电子签名法》第8条规定，审查数据电文作为证据的真实性，应当考虑以下因素：①生成、储存或者传递数据电文方法的可靠性；②保持内容完整性方法的可靠性；③用以鉴别发件人方法的可靠性；④其他相关因素。

（2）关于电子证据的关联性问题。电子证据的关联性是指作为证据的事实必须与案件中的待证事实有客观的联系，能够证明案件中的有关待证事实，证据与客观存在的事实相关联，是电子数据能够成为诉讼证据的决定性因素，对电子数据证据而言，如想被法庭采纳，它必须能以其内容有效地解决诸如以下问题：首先，这个电子证据能够证明什么事实；其次，这个事实对解决案件中的争议问题有没有实质性意义；最后，法律对这种关联性有没有具体的要求。通过解决这三个问题，就可以比较准确地把握具体的电子证据的关联性问题了。

（3）关于电子证据的合法性问题。证据的合法性是指作为证据的某些材料必须是以法律规定的特殊形式存在，并且证据的提供、收集、调查和保全符合法定程序，因此，作为证明根据的材料无论是否具备合法性，都可以用来证明案件情况，但并不是每一件作为证明根据的材料都能在具体案件中被法庭采用。合法性是采用证据的重要标准之一。电子数据证据作为一种新的证据形式，与传统证据相比有其特殊性。一般认为，储存在计算机内的数据都可以被销毁、改变，所以应将储存在计算机内的数据打印出来。同时，各种加密技术都有解密的可能。此外，发生争议的双方将原始数据稍加改变，就可能改变最初始自动生成的原始文件内容，从而使电子证据能否被法院采纳出现问题。

在民事诉讼中，具备下述情形之一的电子数据证据一般会被排除，不能作为认定案件的事实：①非通过取证程序得来的电子证据；②经鉴定遭到过修改、攻击的电子证据；③通过非法窃录、搜查、扣押等方式获得的电子证据；④对于计算机生成的电子证据，有证据表明在生成该证据之际计算机系统处于不正常状态的；⑤普通的证据法律法规规定的、加以排除的其他情形；⑥对于计算机存储的电子证据，有证据表明在转录过程出现实质性差错的。

另外，如果电子形式的报告、备忘录、记录或数据汇编系在业务活动中以正常程序制作的，则不得以系传闻为由，对该报告、备忘录、记录或数据汇编予以排除；但如果有证据证实，该报告、备忘录、记录或数据汇编在传达、存储方式或环境方面存在失实情况的，则应予以排除。

当然，电子数据证据的质证是一种技术性很强的活动，往往需要使用专门的软件工具，代理律师如果没有计算机专业知识的背景，对电子证据的取证活动是否合法以及如何判断电子数据的证据效力，通常会缺乏准确的判断力，很难直接判断那些通过各种取证技术获得的电子证据是否属于我国现行法律规定的"非法证据"范畴，即是否属于《证据规则》第68条界定的"以侵害他人合法利益或者违反法律禁止性规定的方法取得的证据"。因此，代理律师无法自行解决电子数据质证问题的，可以根据现行《民事诉讼法》的有关规定，选择专家辅助人制度。《民事诉讼法》第79条规定："当事人可以申请人民法院通知有专门知识的人出庭，就鉴定人作出的鉴定意见或者专业问题提出意见。"由此可见，当事人及其代理人可以申请具有专门知识的人员就案件中的专门问题进行对质。

庭审时，律师对对方当事人、证人及其他当事人发问的内容，事前应经过精心准备，并草拟提纲。在笔者代理的一起离婚案件中，原告向法院提供了一份由私人侦探提供信息、由原告方拍摄的在宾馆"现场捉奸"的录像资料，以证明被告有通奸过错，被告律师向原告方提问："你们去拍照时，是如何进入房间的？被告和所谓第三者黄×（注：黄×是该宾馆的经营业主）的房门当时是锁上的还是没有锁？"这个经过事前设计好的"二难推理"提问，原告及其律师几乎陷入无法回答的困境，如果回答房门是锁上的，那么破门而入取证，则属于《证据规则》第68条规定的"以侵害他人合法权益或者违反法律禁止性规定的方法取得的证据，不能作为认定案件事实的依据"；如果回答房门没有锁上的话，那么有理由认为二人并无通奸行为，试想一下，在宾馆的房间内，房门都没有锁，是虚掩的，应该不会发生什么奸情，而作为宾馆的经营者，到朋友入住的房间看看也属于人之常情，未必能得出通奸的结论。询问的结果不出所料，原告律师和原告商量后回答"房门没有锁"，然后被告代理律师发表了如前述的推理意见，即原告提供的证据不能证明被告和黄×有通奸行为，承办法官采纳了被告代理人的意见。

在庭审时，针对其他当事人、诉讼代理人威逼性、诱导性发问、带前提的发问和与本案无关的发问，律师有权提出反对意见。反对意见被法庭驳回后，可提请法庭将律师反对意见记录在案。在法庭调查过程中，律师有权申请重新鉴定、勘验，要求补充证据，必要时可以申请延期审理。

每一个案件事实的全部证据出示完毕后，代理律师都可以发表综合性意见。对于有矛盾的证据、程序违法的证据及其他不具备证据证明力的证据，可建议法庭不予采信。

2. 法庭辩论阶段。法庭辩论阶段是指在法庭调查之后，在审判人员的主持下，双方代理律师就经过法庭调查核实的事实和证据相互展开辩驳，以维护当事人合法权益的阶段。代理律师在法庭辩论阶段的主要任务是通过发表代理词和相互辩论，全面阐述本方当事人的诉讼主张，对本案的事实、证据提出自己的看法，反驳对方当事人不正确的主张和意见，以协助法庭正确认定案件的事实和证据，作出公正的判决。

在辩论阶段，律师发表的代理词是指民事案件的原、被告或者上诉人、被上诉人及再审案件的申请再审人和被申请人所委托的诉讼代理人，在法庭审理的辩论阶段或人民法院依法进行的书面审理中，为了维护其所代理一方的合法权益，以被代理人的名义，在代理权限内发表或递交的具有综合性的书面代理意见。代理词的作用主要表现在以下三个方面：一是支持被代理人的诉讼，实现被代理人的诉讼权利；二是为人民法院的审判工作提供参考意见，便于综合分析案情，提高审判质量，如代理词中引用案件需要适用的法律及司法解释的具体条款，这样可以帮助法院寻找重要的参考依据；三是有效宣传法制，律师就个案发表的代理意见，有利于宣传法制，有利于普及法律常识，增强人们的法律意识，促进精神文明建设。

撰写代理词时应注意，代理词只能在代理权限范围内发表代理意见，不能超越代理权限，代理人代为承认、放弃或变更诉讼请求、进行和解、提出反诉或上诉，必须有被代理人的特别授权，离婚等案件还须按有关法律的特别规定进行代理。代理词的内容应当做到以理服人、语言恰当贴切。代理词应以证据、法律法规、案件性质、是非责任和诉讼程序等问题进行分析和解说为主，避免泛泛而谈，也不得使用讽刺、嘲讽、奚落对方的偏激言词。

律师在辩论阶段的发言，应紧紧围绕争议焦点或者法庭调查的重点进行。从事实、证据、法律等不同方面进行分析，阐明观点、陈述理由。律师发表辩论意见应当重事实、讲道理。应有良好的文化修养和风度，尊重对方的人格，不得讽刺、挖苦、谩骂、嘲笑对方，不得攻击合议庭成员。

在法庭辩论过程中，律师发现案件某些事实未查清的，可以申请恢复法庭调查。如发现审判程序违法，律师应当指出，并要求立即纠正，以维护当事人和代理人的诉讼权利。

现举两例一审代理词，以说明律师在法庭辩论时的第一轮辩论意见的内容和格式。值得注意的是，第二份代理词中提出的"蛋壳脑袋规则"（Eggshell Skull Principle）是借鉴西方法学理论及判例（起源于英国法官马肯农作出的一个判例）而说理的，但被开明的法官接受了，作出了对原告非常有利的判决，这说明律师在代理过程中，要充分找足对委托人有利的事实和依据，不仅要刻苦钻研法律专业知识，还要有开拓、敢为人先甚至探险的精神，最大限度地维护当事人的合法权益。

代理词一：

黄××诉马×离婚案一审

代 理 词

审判长、审判员：

根据有关法律规定，××律师事务所接受本案原告黄××的委托，指派我担任其一审诉讼代理人，根据本案的事实和有关法律规定，现发表如下代理意见：

一、关于离婚的理由问题

原、被告因婚前缺乏了解，婚姻基础不牢固，婚后又经常争吵，原、被告现夫妻感情确已破裂，根据《婚姻法》第32条的规定，希望人民法院判决原、被告离婚。

另外，本案也属于《婚姻法》第32条规定的第五种情形所称的"其他导致夫妻感情破裂的情形"，即一方与他人通奸、非法同居，无过错一方起诉离婚的情形，本案中的被告在夫妻关系存续期间与其他异性保持性关系，生育非婚生子女（原告和黄×不存在生物学父子关系），被告的行为违反了夫妻间贞操忠实义务，导致夫妻感情破裂，人民法院应判决原、被告离婚。

二、关于精神损害赔偿问题

本案中的被告在夫妻关系存续期间与其他异性保持性关系甚至同居，不仅违反了《婚姻法》第4条"夫妻应当互相忠实"的规定，违反了《婚姻法》第3条"禁止有配偶者与他人同居"的规定，而且被告的行为也是严重的侵权行为，给原告了造成重大的精神损害，根据《婚姻法》第46条第2项的规定，被告应依法予以精神损害赔偿，被告的行为侵害了原告的下列权益：

1. 侵犯了原告的生育权。根据《人口与计划生育法》第17条的规定，"公民有生育的权利"，根据《人口与计划生育法》的规定，一对夫妇终生只能生育一个孩子，但由于被告和原告在夫妻关系存续期间生产了黄×，占用了生育指标，原告依法不能再生育子女，这在客观上对原告的生育权造成了侵害，被告因与他人通奸而怀孕生子，第三人的通奸行为不仅侵害了丈夫对妻子的性权利，也侵害了丈夫合法的生育权。

2. 侵犯了原告的人格尊严权。根据《最高人民法院关于确定民事侵权精神损害赔偿责任若干问题的解释》的有关规定，违反社会公共利益、社会公德侵害他人隐私或者其他人格利益（如人格尊严权等），受害人以侵权为由向人民法院起诉请求赔偿精神损害的，人民法院应当依法予以受理。所谓"人格尊严权"，是指民事主体享有作为人的最起码的社会地位和受到他人与社会最起码尊重的权利，包括自尊与他尊两个方面。被告和配偶外的异性通奸而怀孕生子，在客观上造成了原告人格权尤其是人格尊严权的损害，依法应承担侵权责任。

值得强调的是，配偶不为婚外性生活，是一夫一妻制婚姻的本质要求，是夫妻忠实义务的具体体现。夫妻性生活的排他性决定了婚外性行为是影响婚姻关系稳定的首要因素。《婚姻法》规定的重婚、有配偶者与他人同居是婚外性行为的表现，现实中婚外性行为的表现形式是多种多样的，被告在同原告婚姻关系存续期间生育与原告不具有亲子关系的男孩，被告明显有重大过错，造成了原告精神上的痛苦，应参照《婚姻法》第46条第2项"有配偶者与他人同居的"的规定，判令被告给予原告精神损害赔偿。因被告所生男孩经鉴定与原告不具有亲子关系，该鉴定可视为被告与他人同居的证据，而且生育不具有亲子关系的子女比与他人同居造成的社会影响及损害后果更为严重，故为了维护法律的尊严，倡导良好的社会道德风尚，应依法对被告的行为予以制裁，判令被告给予原告精神损害赔偿。

至于原告诉求的精神损害赔偿金的数额主要是考虑如下因素：原告因被告生下的孩子是与别人通奸而生，对原告本人及其父母来说是毁灭性的打击，对原告来说是奇耻大辱，原告在工作及生活上都受到了严重的影响，他因此受到了极大的精神创伤和痛苦，根据××省高院《审理人身损害赔偿案件若干问题的指导意见》第 25 条第 2 款的规定，原告方提出了 4 万元的精神抚慰金，代理人认为这是适当的，原告提出这一诉求主要是考虑如下因素：侵权人的过错、侵权行为所造成的后果、被告承担责任的能力（被告每月收取出租房的 2000 元房租）以及受诉法院所在地平均生活水平（省会城市的平均生活水平较高）等。

三、关于原告诉求的因抚养非婚生子黄×而造成的损失的计算依据

原告和黄×不具有亲子关系，没有抚养非婚生子黄×的义务，根据我国《婚姻法》的规定，父母有抚养未成年子女的义务，被告和黄×的生父应承担抚养黄×的法定义务，原告抚养黄×使得被告和黄×的生父少支付了抚养黄×的费用，因而被告和黄×的生父的财产本应减少而未减少，属间接增加，两人是受益人；但两人的受益使得原告的财产直接减少，并且原告无抚养黄×的法定义务，其抚养黄×是在不知黄×非其亲生的情况下所为，因而被告和黄×的生父的获利没有法律或约定的根据，应属不当得利，原告要求被告支付黄×的抚养费损失应予支持。被告支付损失的范围及计算依据是：

1. 生活费 28 842 元，是分别按照 2006~2010 年××省城镇居民人均消费性支出的 6367.7 元（2006 年）；8531.9 元（2007 年）；9524 元（2008 年）；10 234 元（2009 年）；11 513 元（2010 年）和 11 513 元（2011 年仍按 2010 年标准计算）计算出来的，6 年合计为 57 683.6 元，扣除被告承担的 1/2，被告应该向原告支付黄×的生活费为 28 842 元。

2. 接生医疗费等 2500 元，是被告生产黄×时产生的孕妇检查费及有关医疗费等 5000 元，被告应承担一半的费用。

3. 黄×的幼儿园保育费 5370 元；"鸿运少儿"投保费 2751 元都是根据实际支出费用的票据的一半计算的。

综上所述，原告的诉请，不仅有事实根据，而且有法律依据，请人民法院予以支持。以上代理意见，望人民法院能慎重考虑，并予以采纳。

此致

××市××区人民法院

×××律师事务所

律师：×××

2011 年 12 月 20 日

说明：黄××与马×在婚姻关系存续期间生一男孩黄×，因黄××发现黄×长得不像自己，加之马×平时行为表现诡秘，就对黄×进行了亲子鉴定，发现黄×和自己不具有生物学上的亲子关系，故提出离婚诉讼并要求精神损害赔偿等，但根据《婚姻法》第 46 条的规定，在重婚、与他人同居、家庭暴力、虐待、遗弃家庭成员这四种损害赔偿的情形中，并不包括通奸导致生产小孩这种情形，可以

说，要求精神损害赔偿于法无据。但上述代理词充分阐明了本案中被告的过错行为的社会危害性及给原告造成的精神创伤，法院支持了原告的部分诉求，支持 3 万元精神赔偿金，并全部支持了关于抚养非婚生子黄×而造成的损失费用。

代理词二：

周×环、王文×等诉王×、××保险公司××分公司道路
交通事故人身损害赔偿纠纷案一审
代 理 词

尊敬的审判长、审判员：

根据有关法律规定，××律师事务所接受本案原告周×环、王文×等的委托，由我担任其一审诉讼代理人，代理人认为本案事实清楚、证据确凿，原告的各项诉讼请求合法合理，望人民法院依法予以支持，代理人现仅就王××的死因及损伤参与度的评定等问题发表如下代理意见：

1.××市公安局刑事科学技术研究所（×）公（法）鉴（尸）字［2011］002 号《法医学尸体检验鉴定书》是确定肇事驾驶员王×是否承担交通肇事罪刑事责任的依据，不是判断本案民事诉讼被告方如何承担民事责任的依据。

2010 年 11 月 7 日 13 时 50 分左右，被告王×驾驶×AG66Z6 号小型轿车沿纬零路由东向西行驶至老年公寓附近时和行人王××（死者）相撞，致王××受伤，后经医院抢救无效于 2010 年 11 月 24 日死亡，该事故经××市××区交警大队认定，驾驶员王×负该事故的全部责任，王××无责任。由于王×负该事故的全部责任，如果王××死亡是肇事行为造成的，依法应该追究王×的交通肇事罪的刑事责任。××市公安局刑事科学技术研究所（×）公（法）鉴（尸）字［2011］002 号《法医学尸体检验鉴定书》的鉴定意见为："王××系冠心病急性发作导致猝死，外伤疼痛为死亡诱因。"该结论是确定肇事驾驶员王×是否承担交通肇事罪刑事责任的依据，由于王××的死亡和肇事行为之间不存在刑法上的因果关系，因此王×不承担交通肇事罪的刑事责任。但该《法医学尸体检验鉴定书》的鉴定意见不是判断本案民事诉讼被告方如何承担民事责任的依据，根据《全国人民代表大会常务委员会关于司法鉴定管理问题的决定》的有关规定，"侦查机关根据侦查工作的需要设立的鉴定机构，不得面向社会接受委托从事司法鉴定业务"，"在诉讼中，对本决定第 2 条所规定的鉴定事项发生争议，需要鉴定的，应当委托列入鉴定人名册的鉴定人进行鉴定"，由于××市公安局刑事科学技术研究所不得面向社会从事司法鉴定业务，因此该所出具的《法医学尸体检验鉴定书》不能作为民事诉讼证据使用。

2. 关于王××死亡损害参与度评定的意见。

损伤参与度评定是指在外伤（或者事件存在）的案件中，受害人本身患有疾病（包括先天畸形、后天发育障碍、老年性退化等），或者受害人在诊疗过程中又掺杂了医疗不当的因素，造成目前的损害后果。在这种情况下，根据有关医学、法医学理论，判断该次外伤（或者事件）对该损害后果所要承担的责任，类似于"混合责任"，一般用百分比表示。损伤参与度问题通常表现为医疗损害（事故）纠纷、道路交通事故人身损害纠纷等人身损害类纠纷中加害人以受害人原有疾病、伤残作为抗辩理由，请求减轻或免除其责任。损伤参与度的评定，表面上仅是从医学技术的角度考察损伤病残与原有病残的比例关系，但实质上却通过确认致害因素对于损害后果的具体影响，从而以一种量化、科学的比例关系再现事故、损害的致病（残）过程，平衡原、被告之间的权利义务关系，并且可以令人信服地解决具体法律争议。

代理人认为本案被告方以损伤参与度作为抗辩理由是不能成立的，因为即使受害人自身患有疾病，但这是一种客观存在的事实，受害人无法预见或即使预见了也无法通过主观的努力避免损害的发生，因此不能以此认定为受害人有过错。根据侵权及民事赔偿制度中的"蛋壳脑袋规则"，本案中的被告方应予以全额赔偿。"蛋壳脑袋规则"（Eggshell Skull Principle）又称薄头盖骨原理（Thin Skull Principle），是指某人长有一个像"鸡蛋壳那样薄的脑袋"，通常不会对正常人造成伤害的打击却会造成对该人的致命损害，为确定责任，保护受害人，在判断行为与损害之间是否存在因果关系时，应认为存在因果关系并且加害人有过失。作出这一判断的最重要原因是：存在损害事实且加害人没有抗辩事由。在"蛋壳脑袋规则"中，应当适用过错责任，而不是公平责任。设立此法律制度的目的是要警惕世人，必须假设每个人都是豆腐做的，任何伤人的举动，都可能导致最严重的伤害，也可能招来最严重的惩罚。受害者的任何旧患，原有的内伤，都不能用作开脱免责或者减轻赔偿的理由，根据本案的实际情况，即使"王××系冠心病急性发作导致猝死，外伤疼痛为死亡诱因"是真实的结论，也假设王××死亡参与度中冠心病急性发作和外伤疼痛各占50%的结论是准确的，那么根据上述"蛋壳脑袋规则"，被告方也应予以全额赔偿。

尊敬的合议庭、各位法官：从有关司法鉴定来看，确实认定了王××的死亡与本次车祸有直接的联系，即使车祸只是受害人死亡的一个诱因，但正是因为车祸这一诱因，直接导致了受害人的死亡，被告方以即使没有遇车祸王××可能也会死亡来试图减轻自己的责任，这种抗辩是没有法律根据的。宪法赋予了每个人生命健康权，身体有疾病并不是受害人的过错，不能作为致害人免责或者减轻责任的依据。假定受害人也可能遇到其他外力导致死亡，但本起车祸的发生，诱发且导致其死亡，被告方仍然应负全部的赔偿责任，不受受害人身体健康与否等因素的影响。

3. 关于死亡赔偿金和精神抚慰金的计算依据说明（略去）。

以上代理意见望人民法院能慎重考虑，并予以采纳。

×× 律师事务所

律师：×××

2011 年 6 月 20 日

说明：2010 年 11 月 7 日本案受害人王 ×× 因车祸致伤，后经医院抢救无效于 2010 年 11 月 24 日死亡。后经法医学尸体检验鉴定为："王 ×× 系冠心病急性发作导致猝死，外伤疼痛为死亡诱因。"之后应被告保险公司申请，又对王 ×× 死亡参与度进行鉴定，鉴定结论为王 ×× 的冠心病急性发作和外伤疼痛参与度各占 50%。由于代理人发表了如上代理意见，×× 市 ×× 区人民法院基本采纳代理意见，以（2011）× 民一字第 00639 号民事判决书判决被告保险公司等赔偿原告诉求的各项损失的 70%，即赔偿 297 437 元，被告保险公司不服原审判决提起上诉，但二审法院维持原判，驳回上诉。

3. 法庭调解阶段。这一阶段不是所有案件的必经程序（离婚案件除外）。根据现行《民事诉讼法》第 142 条的规定，法庭辩论终结，应当依法作出判决，判决前能够调解的，还可以进行调解，调解不成的，应当及时判决。因此，审判人员在查清事实后，当事人又愿意调解的，法庭应进行调解。这时代理律师可以协助审判人员进行调解，律师应当在代理权限内参与调解、和解。但未经特别授权，不能对委托人实体权利进行处分。律师如代为签收调解书，应事前取得当事人的书面授权，否则不能签收。

在以上审理活动的基础上，如果调解达不成协议的，人民法院应对案件作出裁判，至此第一审程序的律师代理任务即告完成。代理律师接到法院的裁判后，应征求当事人的意见，决定是否上诉。

律师的国内民事代理还包括二审、再审及执行程序中的律师代理等，虽然各个程序中律师代理的工作重点有所不同，但同一审民事诉讼中律师代理的基本方法和技巧是一致的，因此这里就不再介绍。

第二节　行政诉讼中的律师业务

一、律师行政诉讼代理概述

（一）律师行政诉讼代理的概念和特征

律师行政诉讼代理，是指律师接受行政诉讼当事人及其代理人的委托，代理一方当事人在授权范围内，以被代理人的名义进行行政诉讼活动，以维护其合法权益的行为。

我国《行政诉讼法》第 31 条、《律师法》第 28 条都规定，律师可以接受行政案件当事人的委托，担任代理人参加诉讼，这是律师承办行政诉讼代理业务的法律依据。

行政诉讼的律师代理与民事诉讼、刑事诉讼的律师代理相比，具有以下特点：

1. 双方当事人诉讼地位存在差异。行政诉讼的双方当事人中，一方当事人是具有行政权力的国家行政机关，该行政机关的具体行政行为具有强制性，而另一方当事人是国家行政机关行使管理权的对象，即管理相对人，双方在行政法律关系中处于管理与被管理的不平等地位。当管理相对人和国家行政机关因具体行政行为而发生纠纷时，被告永远是国家行政机关，并且双方在诉讼法律关系中的地位仍然是不平等的。

2. 代理人的代理权限不同。律师代理行政诉讼，既可以代理原告，也可以代理被告，代理对象的不同决定了其代理权限的不同。作为原告方的代理律师，享有一般律师代理的诉讼权利，而作为被告方的代理律师，因行政机关在行政管理中具有相对优势，须在诉讼中限制其权利，所以被告代理律师无起诉权、反诉权、收集证据权、提出和解权等。

3. 举证责任不同。在民事诉讼中实行"谁主张、谁举证"的原则，而在行政诉讼中，原告只要举出具体行政行为和侵害事实存在的证据即可；而作为行政机关的被告，必须就该行政行为的合法性加以举证，否则就要承担败诉后果。

4. 代理行政诉讼法律依据的广泛性。具体行政行为大多依据行政法规、地方法规、部委规章、地方政府的规章而作出，涉及各行各业，内容非常庞杂。法院审理行政诉讼案件以法律、行政法规、地方法规为依据，也要参照有关的规章。由于法规、规章涉及各行业、各部门、各系统，内容本身就很多，再加上中国加入 WTO 后，依法行政还要受世贸规则的制约，这就要求律师代理行政诉讼必须掌握丰富的行政法规、规章，甚至包括世贸规则，才能有效地维护当事人的合法权益。

（二）律师代理行政诉讼的范围

律师代理行政诉讼的范围是指律师可以代理哪些行政诉讼案件、接受哪些人的委托、在哪些程序中担任代理人。

1. 律师代理行政诉讼的案件范围。律师可以代理的行政案件范围，受法院受理的行政诉讼的范围制约，只有人民法院能够受理的行政案件，律师才可以代理进行诉讼，因此人民法院受理的行政案件范围也就是律师代理行政诉讼的范围。

根据《中华人民共和国行政诉讼法》第 12 条的规定，人民法院行政诉讼的受案范围有：①对行政拘留、暂扣或者吊销许可证和执照、责令停产停业、没收违法所得、没收非法财物、罚款、警告等行政处罚不服的；②对限制人身自由或者对财产的查封、扣押、冻结等行政强制措施和行政强制执行不服的；③申请行政许可，行政机关拒绝或者在法定期限内不予答复，或者对行政机关作出的有关行政许可的其他决定不服的；④对行政机关作出的关于确认土地、矿藏、水流、森林、山岭、草原、荒地、滩涂、海域等自然资源的所有权或者使用权的决定不服的；⑤对征收、征用决定及其补偿决定不服的；⑥申请行政机关履行保护人身权、财产权等合法权益的法定职责，行政机关拒绝履行或者不予答复的；⑦认为行政机关侵犯其经营自主权或者农村土地承包经营权、农村土地经营权的；⑧认为行政机关滥用行政权力排除或者限制竞争的；⑨认为行政机关违法集资、摊派费用或者违法要求履行其他义务的；⑩认为行政机关没有依法支付抚恤金、最低生活保障待遇或者社会保险待遇的；⑪认为行政机关不依法履行、未按照约定履行或者违法变更、解除政府特许经营协议、土地房屋征收补偿协议等协议的；⑫认为行政机关侵犯其他人身权、财产权等合法权益的。

除以上规定外，人民法院受理法律、法规规定可以提起诉讼的其他行政案件，律师可依法进行行政诉讼代理。

根据《最高人民法院关于适用〈中华人民共和国行政诉讼法〉的解释》第 1 条的规定，下列行为不属于人民法院行政诉讼的受案范围：①公安、国家安全等机关依照刑事诉讼法的明确授权实施的行为；②调解行为以及法律规定的仲裁行为；③行政指导行为；④驳回当事人对行政行为提起申诉的重复处理行为；⑤行政机关作出的不产生外部法律效力的行为；⑥行政机关为作出行政行为而实施的准备、论证、研究、层报、咨询等过程性行为；⑦行政机关根据人民法院的生效裁判、协助执行通知书作出的执行行为，但行政机关扩大执行范围或者采取违法方式实施的除外；⑧上级行政机关基于内部层级监督关系对下级行政机关作出的听取报告、执法检查、督促履责等行为；⑨行政机关针对信访事项作出的登记、受理、交办、转送、复查、复核意见等行为；⑩对公民、法人或者其他组织权利义务不产生实际影响的行为。

上述 10 类案件人民法院不予受理的，律师不得代理。

另外，除了以上列举的行政诉讼案件受案范围外，根据最高人民法院的规定，公民、法人或者其他组织对具有国家行政职权的机关和组织及其工作人员的行政行为不服，依法提起诉讼的，属于人民法院行政诉讼的受案范围。最高人民法院这一概括式的规定，使得行政诉讼的受案范围进一步扩大，这是依法行政、建设社会主义法治国家的必然要求。

根据《行政诉讼法》第 13 条的规定，人民法院不受理因下列事项提起的行政诉讼：①国防、外交等国家行为；②行政法规、规章或者行政机关制定、发布的具有普遍约束力的决定、命令；③行政机关对行政机关工作人员的奖惩、任免等决定；④法律规定由行政机关最终裁决的具体行政行为。

根据以上规定，律师也不应代理因以上事项而提起的行政诉讼。

2. 律师代理的对象。根据《行政诉讼法》第 31 条的规定，当事人、法定代理人可以委托律师作为代理人参加诉讼。当事人包括原告、被告、共同诉讼人、第三人。

（1）原告。即认为行政机关及行政机关的工作人员的具体行政行为侵犯其合法权益，而依法向人民法院提起诉讼的自然人、法人或者其他组织。没有诉讼行为能力的自然人，由其法定代理人代为诉讼，其法定代理人也可以委托律师代为诉讼。

（2）被告。即被原告指控侵犯其合法权益，而由人民法院通知其应诉的行政机关或法律、法规授权的行政机构和其他组织。

（3）共同诉讼人。《行政诉讼法》第 27 条规定，当事人一方或双方为二人以上，因同一行政行为发生的行政案件，或者因同类行政行为发生的行政案件，人民法院认为可以合并审理的且经当事人同意的，为共同诉讼。在这种情况下，共同诉讼中的原告或被告均可委托律师代为诉讼。

（4）第三人。行政诉讼第三人是指与被提起行政诉讼的具体行政行为有利害关系，通过申请或法院通知的形式，参加到诉讼中来的公民、法人或者其他组织。《行政诉讼法》第 29 条规定，同提起诉讼的行政行为有利害关系的其他公民、法人或其他组织，可以作为第三人申请参加诉讼或由人民法院通知其参加诉讼。第三人可以委托律师代为进行诉讼。

3. 律师代理行政诉讼的程序范围。根据《行政诉讼法》的有关规定，行政诉讼程序分为行政案件审判程序（包括一审、二审和再审程序）、行政侵权赔偿诉讼程序、行政诉讼执行程序等，在行政诉讼的各种程序中，律师均可以接受当事人的委托代为诉讼。

二、行政诉讼中律师代理的方法和步骤

行政诉讼程序与民事诉讼程序大体相同。《中华人民共和国行政诉讼法》第 101 条规定："人民法院审理行政案件，关于期间、送达、财产保全、开庭审理、调解、中止诉讼、终结诉讼、简易程序、执行等，以及人民检察院对行政案件受理、审理、裁判、执行的监督，本法没有规定的，适用《中华人民共和国民事诉讼法》的相关规定。"因此，律师代理行政诉讼的工作方法和步骤与律师代理民事诉讼的工作方法和步骤大致相同。因此，本章第一节关于民事诉讼中的律师业务的有关内容，同样适用于行政诉讼中的律师代理。

（一）审查了解案情，确定是否代理

1. 审查行政纠纷是否符合人民法院的受理范围。律师应按照《行政诉讼法》及其他法律、法规、司法解释的规定进行认真审查，看是否在人民法院受理行政诉讼案件的范围之内，从而决定是否收案与接受委托。

2. 审查委托人是否具备原告资格。行政诉讼的原告，是认为行政机关及其工作人员的具体行政行为侵犯了其合法权益，而向法院起诉的自然人、法人或其他组织。行政诉讼的原告应具备两个条件：①必须是作为行政相对方的自然人、法人或其他组织；②必须是认为具体行政行为侵犯其合法权益的行政相对方，根据《行政诉讼法》的有关规定，有权提起行政诉讼的自然人及其近亲属可以提起行政诉讼；有权提起行政诉讼的法人或其他组织终止，承受其权利义务的法人或其他组织可以提起诉讼。

律师在接受委托前，应认真审查原告资格，对不具备原告资格的，不应接受其委托。

3. 审查起诉的时机。审查起诉的时机，是指提起行政诉讼是否存在复议前置障碍和超过诉讼时效的问题。根据有关法律规定，某些行政纠纷必须经过行政复议程序，对复议不服的，才能向法院起诉。如果当事人的行政纠纷未经行政复议，那么还不具备向法院起诉的时机。另外，根据《行政诉讼法》《最高人民法院关于适用〈中华人民共和国行政诉讼法〉的解释》等有关规定，能否提起行政诉讼还要审查要起诉的具体行政行为是否超过诉讼时效。如果超过诉讼时效且又没有法定的延长期限理由，那么律师也不应代当事人提起行政诉讼。

（二）代理原告起诉和被告应诉

接受原告委托后，律师应准备起诉，并做好如下准备工作：

1. 确定具体的诉讼请求。行政诉讼主要是审查具体行政行为是否合法，因此，律师应根据不同的情况来考虑当事人的诉讼请求：①对于主要证据不足的，适用法律、行政法规错误的，越权、滥用职权的，可以要求撤销或要求重新作出具体行政行为；②对于被告不履行或者迟延履行法定职责的，可以要求其履行法定职责；③对被告实施的行政处罚显失公正的，可以请求判决变更处罚内容；④对于行政机关及工作人员违法行政，造成行政相对人的人身或者财产损失的，律师在决定提起行政诉讼的同时，一并提出赔偿请求；等等。

2. 确定法院管辖。根据《行政诉讼法》关于管辖的规定以及案件的性质及影响大小，选择对当事人最有利的人民法院管辖。

3. 代写行政起诉状，并递交有管辖权的人民法院。起诉状是人民法院对案件进行审理的基础和依据。因此律师必须根据委托人对案件事实的陈述、证据以及自己掌握的事实材料，依据有关法律规定，撰写起诉状，按要求提供起诉状副本，并在法定期限内将起诉状及副本递交有管辖权的人民法院。

如果是接受被告委托，律师应首先审查核实案情，决定是否应诉，如果原告起诉的被告不适合或有其他法律规定的不符合起诉案件的，应在法律规定的期限内提出异议，请求法院依法驳回起诉。如果决定应诉，则应做好如下准备工作：①整理并审查有关具体行政行为的各项材料。②在收到起诉书副本后 10日内向法院提交经整理审查过的有关具体行政行为的各项材料，是复印件的，应加盖被告单位印章，同时提交答辩状。行政诉讼中被告的答辩意见应按规定的时间提交，而不能像民事诉讼中那样，通常开庭时才提交答辩状。③如果行政主体的具体行政行为违法或显失公正的，则应动员其撤销或变更具体行政行为，并通知原告，使其撤诉，如果原告不同意撤诉，或被告不同意撤销或变更具体行政行为的，则由人民法院依法审判。

（三）开庭前的准备工作

律师代理行政案件，在开庭前应撰写好代理词。原告代理律师在撰写代理词前要仔细阅卷，研究行政主体对事实的认定是否可靠，有无矛盾，证据是否确实充分，被告适用法律是否准确，等等，原告代理律师还可以根据案情需要，做必要的调查取证工作，如果认为有必要，可以向人民法院提出证据保全申请。被告代理律师撰写好代理词后，还应将证明具体行政行为合法、正确的证据全部附上，并提供具体的法律依据，应注意把作出具体行为的适用条款以醒目的勾划方法突出出来。

（四）代理出庭参加诉讼

作为原告的代理律师，在这一阶段应主要做好如下工作：

1. 帮助原告行使法律规定的程序性权利。

2. 参与法庭调查。通过法庭调查，查明事实、核实证据，从而审查行政主体的具体行政行为在认定事实、适用法律上是否违反了法定职责，是否超越职权或滥用职权。

3. 参与法庭辩论。行政诉讼的法庭辩论主要是围绕具体行政行为所适用的法律、法规、规章是否存在问题以及作出具体行政行为的事实是否存在问题展开，律师在判断具体行政行为的适用法律是否有问题时应考虑这些方面：①行政机关作出的具体行政行为有无法律依据，如果没有法律依据，根据《行政处罚法》第 3 条第 2 款的规定，没有法定依据，行政处罚是无效的；②作出的具体行政行为所适用的具体条款是否正确，这是辩论的重点问题；③要辩明在作出具体行政行为时是否充分考虑了行为人的责任能力，违反行政法规的情节轻重问题，对行为人的处罚决定是否明显畸重或存在错误定性问题。律师在审查作出具体行政行为的事实是否存在问题时应考虑如下因素：①作出具体行政行为的证据是否充分、确凿，是作出具体行政行为时取得的，还是事后补充的，如果是事后补充的事实，人民法院一般不应采纳；②行政机关作出具体行政行为的程序是否合法，根据《行政处罚法》第 3 条的规定，不遵守法定程序的行政处罚无效；③行政机关作出具体行政行为时是否超越职权或者滥用职权；④具体行政行为是否公正。

作为被告的行政诉讼代理律师在出庭参加诉讼阶段应做好如下工作：

1. 在法庭调查阶段，代理律师应提供证据和有关法律来证明行政主体的具体行政行为正确、合法。

2. 在法庭辩论阶段，代理律师应从行政主体合格、认定事实的证据充分、适用法律正确、无越权和滥用职权情形、处理不失公正、程序合法等方面入手进行辩论。

三、行政侵权赔偿诉讼的代理

行政侵权赔偿，是指国家行政机关或者其工作人员在执行公务中，因其所作出的具体行政行为违法，侵犯了自然人、法人或其他组织的合法权益，并造成了实际损害，而由国家行政机关承担赔偿责任的一种制度。

律师作为行政侵权赔偿诉讼的代理人，除了应遵守律师代理行政诉讼活动的方法和步骤外，考虑到行政侵权赔偿诉讼的特点，律师还应注意以下几个问题：

1. 根据《行政诉讼法》的规定，请求行政侵权赔偿有两种途径：一种是具体行政行为相对人在提起行政诉讼的同时，附带提出行政侵权赔偿的要求，由人民法院对两种请求进行并案处理；另一种是单独起诉，如果仅就行政侵权赔偿提出请求，则应先由行政机关解决，对行政机关的处理决定不服的，方可向人民法院起诉。作为原告委托的代理律师，应和委托人商量选择何种方式请求行政侵权赔偿。

另外，要准确地确定行政诉讼的案由和诉讼请求，根据《最高人民法院关于适用〈中华人民共和国行政诉讼法〉的解释》第 68 条的规定，《行政诉讼法》第 49 条第 3 项规定的"有具体的诉讼请求"是指：①请求判决撤销或者变更行政行为；②请求判决行政机关履行特定法定职责或者给付义务；③请求判决确认行政行为违法；④请求判决确认行政行为无效；⑤请求判决行政机关予以赔偿或者补偿；⑥请求解决行政协议争议；⑦请求一并审查规章以下规范性文件；⑧请求一并解决相关民事争议；⑨其他诉讼请求。

当事人单独或者一并提起行政赔偿、补偿诉讼的，应当有具体的赔偿、补偿事项以及数额；请求一并审查规章以下规范性文件的，应当提供明确的文件名称或者审查对象；请求一并解决相关民事争议的，应当有具体的民事诉讼请求。要指导当事人正确地表达诉讼请求。

2. 作为被告的诉讼代理人，应帮助被告履行其举证责任，行政机关在诉讼中负有举出证据证明其行政行为合法的举证责任，否则被告将承担赔偿责任。被告的律师在行政诉讼过程中，虽不能自行向原告和证人收集证据，但可以收集该行政机关作出具体行政行为时的证据和所依据的规范性文件，协助被告更好地履行其举证责任。

3. 代理律师应在有利于被代理人的前提下做好调解工作，以便及时结案，避免长期的诉讼。虽然审理行政案件不适用调解，但《行政诉讼法》第 60 条也规定，行政赔偿、补偿及行政机关行使法律、法规规定的自由裁量权的案件可以调解。因此，行政赔偿、补偿案件中，代理律师应做好调解工作，既有利于原告，也有利于减轻政府因承担过重的赔偿费用而造成的经济压力。

4. 律师代理原告向人民法院申请执行时，应注意行政侵权赔偿诉讼中的执行对象只能是行政机关，而不是行政机关的工作人员。

总之，律师代理行政侵权赔偿诉讼时，应当审查行政赔偿请求提出的方式是否符合法律的规定，审查案件是否符合行政侵权赔偿责任的构成要件，并注意不论是提出建议还是适用法律，均不可直接适用刑事附带民事诉讼的理论，也不宜直接适用民事诉讼法和民事实体法的具体规定，因为行政侵权赔偿诉讼是一种特殊的诉讼活动。

现附一份行政起诉状，以说明行政诉讼中的原告的行政起诉状的格式和内容。

行政起诉状

原告：祝××，女，1984 年 9 月 28 日生，汉族，住××县××镇四十埠社区程岗居民组，身份证号 34242219840928×××（系死者张××之妻）

原告：张××，女，2007 年 1 月 8 日生，身份证号 34012320070×××，住址同上（系张××女儿）

原告：张××，男，1957 年 9 月 12 日生，汉族，住××县××镇四十埠社区程岗居民组，身份证号 340122195709××××（系张××父亲）

原告：周××，女，1954 年 12 月 15 日生，汉族，身份证号 34012219541×××，住址同上（系张××母亲）

被告：××县医疗保险管理中心，住所地：××县××镇巢湖中路 90 号

法定代表人：丁×，系中心主任

诉讼请求

1. 判决撤销被告××县医疗保险管理中心关于原告申领工亡保险待遇（即张××的一次性工亡、丧葬补助金及抚恤金）核定的具体行政行为；

2. 判决被告依法履行给付义务，即按照国家规定为原告补发丧葬补助金、一次性工亡补助金 522 384 元（已扣除被告支付的 8.2 万元）；并按规定每月支付张××、周××的抚恤金 2652 元（4420 元/月 * 30% * 2 人＝2652 元，但被告每月仅支付 1650 元）；

3. 判决被告承担本案的诉讼费用。

事实和理由

原告近亲属张××于 2012 年 11 月 12 日以"苗圃技术员"岗位入职××丽×生态园林景观有限公司（以下称"利×公司"），并签订了《劳动合同书》，其工作单位利×公司为张××缴纳了有关社会保险。2014 年 11 月 4 日 14 时，张××在工作转场途中，与肇事驾驶员苏××驾驶的×A6Q380 号小型普通客车相撞，造成张××当场死亡，该事故经××经济开发区交警大队认定，苏××负事故全部责任，张××不负责任。因张××是在工作转场途中遭受车祸而死亡，2015 年 2 月 2 日，被××县人力资源和社会保障局认定为工伤（××工认字［2015］第 035 号）。嗣后，原告经过××县劳动人事争议仲裁委员会劳动仲裁裁决和××县人民法院民事判决，××县人民法院（2015）××民一初字第 02084 号《民事判决书》第 1 项判决："被告××利×公司于本判决书生效之日起 10 日内向××县医疗保险管理中心为原告祝××、张××、张××、和周××申领丧葬补助金、一次性工亡补助金，为原告张××、周××申领供养亲属抚恤金，具体待遇和数额由××县医疗保险管理中心据情核定。"2015 年 11 月，原告和利×公司据此判决向被告申请领取丧葬补助金、一次性工亡补助金等工亡待遇，但被告却以原告已获得交通事故人身损害民事赔偿为由，应该扣除该赔偿款，仅核定丧葬补助金、一次性工亡补助金等为 8.2 万元，被告的工亡保险待遇核定具体行政行为明显违反现行有关法律规定，根据《工伤保险条例》第 39 条的规定，原告应享受如下工亡待遇：①一次性工亡补助金 576 880 元（28 844 元/年 * 20 年＝576 880 元）；②丧葬补助金 27 504 元（4584 元/月*6 个月＝27 504 元）；另外，被告应每月支付张××、周××的抚恤金为 2652 元，但被告不知根据什么标准，仅核定张××、周××的抚恤金每月合计为 1650 元。

被告关于原告诉请的工亡保险待遇核定的具体行政行为不仅违反了《工伤保险条例》的上述规定，同时也违反了《最高人民法院关于审理工伤保险行政案件若干问题的规定》的规定，该《规定》明确规定："职工因第三人的原因导致工伤，社会保险经办机构以职工或者其近亲属已经对第三人提起民事诉讼为由，拒绝支付工伤保险待遇的，人民法院不予支持，但第三人已经支付的医疗费用除外。"可见被告的工亡保险待遇核定的具体行政行为明显违法，该具体行政行为严重侵犯了原告的合法权益。

根据现行《行政诉讼法》第70条第2款、第73条之规定，特提起如上诉讼请求，请求法院依法予以支持，以维护原告的合法权益。

此致

××县人民法院

具状人：

2015年12月1日

附：

本诉状副本1份。

第三节　各类申诉案件中的律师业务

一、律师申诉代理概述

（一）申诉代理的概念和特征

申诉代理，是指律师接受民事、刑事、行政案件的当事人等的委托，对已经发生法律效力的判决或裁定，认为确有错误，依法向人民法院或人民检察院提出申请，要求重新处理的一项诉讼代理活动。

"申诉"一词有两种含义：一种是国家机关工作人员和政党、团体成员等对所受处分不服时，向原机关或上级机关提出自己的意见；另一种是指诉讼当事人或其他公民等对已发生效力的判决或裁定、决定等不服时，依法向司法机关提出重新处理的要求。本节所讲述的律师的申诉代理显然是指后一含义上的"申诉"的代理。《律师法》第28条把"代理各类诉讼案件的申诉"作为律师的业务范围加以规定，这是律师代理各类申诉案件的法律依据。《律师法》实施前，由于律师代理申诉案件无法律依据，因此，律师几乎无法代理申诉案件。《律师法》实施后，律师代理申诉案件作为律师的一项法定业务，已经在各地普遍开展，但由于该业务是一项较新的业务，尤其是我国的《刑事诉讼法》《民事诉讼法》《行政诉讼法》均未对律师代理申诉作出具体规定，因此，律师介入申诉案件担任代理人，仍然存在一些困难甚至障碍。相信随着立法、司法解释的进一步完善，律师代理各类申诉案件的工作环境会越来越好。

申诉代理具有如下特征：

1. 律师代理的只是各类诉讼案件的申诉，而不包括非诉讼案件的申诉。根据有关法律规定，目前，律师可以接受刑事案件、民事案件、行政案件三类案件当事人的委托代理申诉。

2. 各类诉讼案件当事人需要委托申诉的，只能委托律师代为申诉。根据《律师法》的规定，律师可以担任各类申诉案件的当事人的代理人。

3. 律师必须是认为已经发生法律效力的判决和裁定、决定等确有错误才能申诉或者申请再审。如果判决和裁定等尚未生效，或者虽然生效但没有错误的，律师均不应接受当事人的委托代为申诉。

4. 律师代理申诉只能向人民法院或者人民检察院提出。根据《刑事诉讼法》《民事诉讼法》与《行政诉讼法》的规定，人民法院的判决、裁定发生法律效力以后，只有本级人民法院、上级人民法院和最高人民法院有权决定再审；只有最高人民检察院和上级人民检察院有权按照审判监督程序提出抗诉从而引起再审。因此，律师接受当事人的委托代理申诉只能向人民法院提出或者向人民检察院提出，否则无法引起审判监督程序的发生，从而也不可能使原案件得到重新处理。需要说明的是，律师接受当事人的委托代理申诉，只是人民法院决定再审或者人民检察院提出抗诉的材料来源和重要依据，并不当然能够启动审判监督程序。

（二）律师代理申诉的意义

1. 律师代理申诉是律师的业务范围之一。由于申诉是针对已经发生法律效力的判决、裁定等存在事实不清、证据不足或适用法律明显不当等问题，提出事实上、法律上的依据和理由，或者提出足以影响原处理结果的新的事实和证据，这就要求必须是精通法律知识的法律专业人员才能担任代理人这一角色，因此律师代理申诉不仅是律师业务的拓展，更是当事人维护自己合法权益的有效途径。

2. 律师代理申诉有助于切实维护法律的正确实施。我国《刑事诉讼法》《民事诉讼法》《行政诉讼法》都规定了审判监督程序，这是一种纠正错案的补救程序。按照规定，生效的判决、裁定等如果发现确有错误，既可以由人民法院或者人民检察院按照法定程序予以重新处理，也可以由当事人或者曾亲自办理该案的律师经当事人同意后以申诉的方式，请求人民法院或者人民检察院重新处理，律师介入作为申诉代理人，根据掌握的事实和依据有关法律规定提出申诉意见，无疑有助于引起人民法院或者人民检察院的重视，进而促使这两个机关启动审判监督程序，纠正原裁判的错误，使得国家法律能够正确实施。

3. 律师代理申诉有利于充分维护当事人的合法权益。我国《律师法》之所以规定律师可以代理各类申诉案件，就是考虑到当事人或当事人以外的其他公民仅凭自身的法律业务能力对已经生效的裁判提出申诉，能够引起重视从而启动审判监督程序的难度较大，而律师享有较广泛的执业权利，可以查阅卷宗材料、与在押犯会见和通信、向有关单位和个人调查了解案情、调取有关证据等。

律师还精通法律知识，因此律师运用自己的专业知识和执业便利条件，能够提出新的证据或法律规定，从而促使司法机关启用法律监督程序，纠正原裁判的错误，有效地维护当事人的合法权益。

4. 律师代理申诉有利于法制建设和社会稳定。律师在代理申诉中，如果发现人民法院的裁判没有错误，可以依据事实和法律同委托人讲清道理，宣传法律知识，并做好安抚工作，这有助于案件当事人息讼，也有利于犯罪分子认罪服法，这对于整个社会的安定团结也是非常有利的。

（三）律师申诉类型

根据我国《刑事诉讼法》《民事诉讼法》《行政诉讼法》的规定，申诉案件包括刑事申诉案件、民事申诉案件（又称民事申请再审）、行政申诉案件三类，与之相适应的也有三类律师代理申诉，即刑事申诉代理、民事申请再审代理和行政申诉代理，现将三种律师申诉代理加以介绍。

二、刑事申诉中的律师代理

（一）刑事申诉律师代理的概念和种类

刑事申诉的律师代理，是指律师接受刑事案件申诉人的委托，代理委托人就已经发生法律效力的刑事判决裁定、决定等向人民法院、人民检察院提出申诉，要求重新审查或审理的一种代理活动。刑事诉讼中的申诉程序比较复杂。现行《刑事诉讼法》第 180 条、第 181 条分别是关于被害人和被不起诉人对不起诉决定不服的，向人民检察院申诉的规定。现行《刑事诉讼法》第 252 条规定，当事人及其法定代理人、近亲属，对已经发生法律效力的判决、裁定，可以向人民法院或者人民检察院提出申诉。以上都是刑事申诉的有关法律规定，根据以上规定，律师代理刑事申诉包括对不起诉决定的申诉和对生效裁判的申诉代理两类。

（二）律师代理对人民检察院不起诉决定的申诉

律师代理对人民检察院不起诉决定的申诉，是指在审查起诉阶段，律师接受公诉案件被害人或者被不起诉的人的委托，对人民检察院作出的不起诉决定提出异议，要求重新处理的活动。

律师代理检察院不起诉决定的申诉案件时应注意以下问题：

1. 在接受委托前，应当查明委托人是否有申诉权。只有刑事被害人或被不起诉的人以及他们的法定代理人等才能委托律师代行申诉权。

2. 应当查明是否超过申诉期限。根据《刑事诉讼法》的规定，不服检察院不起诉决定的申诉期是 7 日，因此申诉必须在不起诉决定书送达后 7 日内提出。如果超过 7 日期限，虽然申诉人也可以申诉，但其所产生的法律后果和前者不一样。在 7 日内提出，上一级人民检察院应当立案复查，超过 7 日提出申诉，根据《刑事诉讼法》第 180 条规定，只能直接向法院提起刑事诉讼。

3. 在接受委托之前，应当查明申诉是否有事实根据和法律依据。如果经审查，明显没有事实根据和法律依据的，不应接受委托，并作出解释，说明情况。

4. 在接受委托后，应当查阅有关卷宗材料，调查收集有关证据，全面了解案情，并撰写申诉状，在 7 日内交给上级人民检察院。如果是代理被害人提出申诉的，应向作出不起诉决定的人民检察院的上一级人民检察院提出申诉，请求提起公诉。如果被害人对人民检察院维持不起诉决定不服的，被害人可以向人民法院起诉，当然被害人也可以不经申诉而直接向人民法院起诉。如果是代理被不起诉人提出申诉的，只能向作出不起诉决定的人民检察院提出。

5. 在人民检察院接受申诉作出复查决定后，不论是申诉意见被采纳，对原决定予以纠正，如向法院提起公诉，还是作出维持原不起诉的决定，律师与委托人的代理关系即告终止。如果被害人在以后的法院审判阶段仍然委托该律师作为代理人，则应另行办理委托手续。

（三）律师代理对人民法院生效判决、裁定的申诉

律师代理对人民法院生效判决、裁定的申诉是指律师接受生效判决、裁定的当事人及其法定代理人或者近亲属的委托，对人民法院已经生效的判决、裁定向人民法院或者人民检察院提出申诉意见，要求人民法院重新审理或要求人民检察院依审判监督程序提起抗诉的代理活动。

根据《刑事诉讼法》和有关司法解释的规定，律师在代理对人民法院生效的判决、裁定的申诉时应当注意以下几个问题：

1. 审查申诉是否符合法定的申诉条件。律师代理刑事申诉案件，应当首先审查案件是否符合申诉的条件，如不符合申诉条件，不应接受委托。根据现行《刑事诉讼法》第 253 条的规定，当事人及其法定代理人、近亲属的申诉，符合下列条件之一的，人民法院应当重新审判：①有新的证据证明原判决、裁定认定的事实确有错误，可能影响定罪量刑的；②据以定罪量刑的证据不确实、不充分、依法应当予以排除，或者证明案件事实的主要证据之间存在矛盾的；③原判决、裁定适用法律确有错误的；④违反法律规定的诉讼程序，可能影响公正审判的；⑤审判人员在审理该案件的时候，有贪污受贿，徇私舞弊，枉法裁判行为的。

如果当事人仅对刑事附带民事案件中的民事部分提出申诉的，一般不予接受，但有证据证明民事部分明显失当且原审被告人有赔偿能力的除外。

另外，根据《最高人民法院关于规范人民法院再审立案的若干意见（试行）》（以下简称《若干意见》）第 7 条的规定，对终审刑事裁判的申诉，具备下列情形之一的，人民法院应当决定再审：①有审判时未收集到的或者未被采

信的证据，可能推翻原定罪量刑的；②主要证据不充分或者不具有证明力的；③原裁判的主要事实依据被依法变更或撤销的；④据以定罪量刑的主要证据自相矛盾的；⑤引用法律条文错误或者违反《刑法》第12条的规定适用失效法律的；⑥违反法律关于溯及力规定的；⑦量刑明显不当的；⑧审判程序不合法，影响案件公正裁判的；⑨审判人员在审理案件时索贿受贿、徇私舞弊并导致枉法裁判的。

以上司法解释的效力低于现行《刑事诉讼法》的效力，因此申诉的依据尽量适用《刑事诉讼法》第253条的规定，《若干意见》第7条规定的情形可以作为律师审查申诉材料时参考。按照以上法定条件进行审查，看是否符合法定的申诉情形，如果具有以上情形之一的，便可接受委托，如果不具有以上法定情形的，则告诉当事人，不予接收。

2. 审查申诉期限。律师代理刑事申诉案件，还要审查是否超过申诉期限。虽然现行《刑事诉讼法》没有规定申诉期限，究其原因，可能是因为我国长期坚持"有错必纠"的指导思想，从而使得审判监督程序的启动没有时间限制。但《若干意见》在我国第一次规定了申诉的期限，《若干意见》第10条规定，申诉的期限一般为刑罚执行完毕后2年内，即人民法院对刑事案件的申诉人在刑罚执行完毕后2年内提出的申诉，应当受理，超过2年提出的申诉，不予受理。

《若干意见》第10条同时规定了申诉期限的例外情形，即具有下列情形之一且超过2年提出申诉的，人民法院应当受理：①可能对原审被告人宣告无罪的；②原审被告人在规定期限内向人民法院提出申诉，人民法院未受理的；③属于疑难、复杂、重大案件的。

律师在审查申诉期限时应根据上述申诉期限的规定，作出是否接收代理的决定。

3. 律师代理刑事申诉的步骤及注意事项。

（1）在接受委托前，应要求委托人提供拟申诉的裁判文书。律师应认真审查该裁判文书是否生效，如尚未生效，应告之在法定时间内提出上诉，莫失上诉时效。对已经生效的裁判文书，应认真、细致地听取委托人介绍案情及申诉理由。

（2）准备申诉材料。律师接受委托后，应当围绕制作申诉书而开展一系列工作，包括调查访问、收集和审查证据、查找有关法律依据等。查阅卷宗材料是申诉中重要的工作步骤，也是撰写申诉书援引证据材料最有效的途径，但有些法院却以未立案为由而不予配合。律师应依据《律师法》的有关规定据理力争，必要时请求上级法院或人大等有关部门予以支持，以维护委托人的申诉权利。

（3）认真撰写申诉书，正确选择申诉机关。代理律师的中心工作就是代写申诉书。实践证明，一份申诉书的质量如何、申诉意见是否正确、理由是否充分，在很大程度上决定着申诉能否被接受并进入再审程序，因此应认真撰写申诉书。代理律师在撰写申诉书时，应当有明确的法定理由并附有关证据。交送申诉书应当根据情况选择申诉机关。现行《刑事诉讼法》并没有规定申诉书是向作出生效的判决、裁定的人民法院提出还是向上一级人民法院提出，根据《若干意见》第 6 条的规定，申诉一般交终审人民法院审查，对未经终审人民法院及其上一级人民法院审查处理，直接向上级人民法院申请再审或申诉的，上级人民法院一般交下一级人民法院处理。

申诉代理实践中，如果作出生效裁判的人民法院对申诉人的申诉不予理睬，则可以向其上一级人民法院或者直接向上一级人民检察院提出申诉。

（4）及时和司法机关联系，了解处理结果。代理律师提交申诉书后，应尽可能与人民法院或人民检察院的承办人员见面，向其说明申诉的事实和理由，必要时还应补充有关证据材料。一旦人民法院决定再审或驳回申诉，或者人民检察院决定提出抗诉或不予抗诉的，律师的申诉代理工作即告终结，如当事人及其法定代理人决定继续委托律师辩护或代理诉讼，则应另行办理委托手续。

三、民事申请再审中的律师代理

（一）民事申请再审律师代理的概念和条件

民事申请再审，习惯称之为"民事申诉"，民事申请再审律师代理，是指律师接受民事案件当事人或其法定代理人的委托，就已经发生法律效力的民事判决、裁定或调解协议，认为确有错误，向人民法院申请再审，也包括申请人向人民检察院申请检察建议或者申请抗诉的一种代理活动。

根据现行《民事诉讼法》第 200 条的规定，当事人的申请再审或申请抗诉等符合下列情形之一的，才能引起审判监督程序，即人民法院才应当再审：①有新的证据，足以推翻原判决、裁定的；②原判决、裁定认定的基本事实缺乏证据证明的；③原判决、裁定认定事实的主要证据是伪造的；④原判决、裁定认定事实的主要证据未经质证的；⑤对审理案件需要的主要证据，当事人因客观原因不能自行收集，书面申请人民法院调查收集，人民法院未调查收集的；⑥原判决、裁定适用法律确有错误的；⑦审判组织的组成不合法或者依法应当回避的审判人员没有回避的；⑧无诉讼行为能力人未经法定代理人代为诉讼或者应当参加诉讼的当事人，因不能归责于本人或者其诉讼代理人的事由，未参加诉讼的；⑨违反法律规定，剥夺当事人辩论权利的；⑩未经传票传唤，缺席判决的；⑪原判决、裁定遗漏或者超出诉讼请求的；⑫据以作出原判决、裁定的法律文书被撤销或者变更的；⑬审判人员审理该案件时有贪污受贿、徇私舞弊，枉法裁判行为的。

另外，如果向人民检察院申请抗诉的话，除了上述规定的 13 种情形外，根据现行《民事诉讼法》第 208 条的规定，如果发现调解书损失国家利益、社会公共利益的，既可以向同级人民法院提出检察建议，也可以提请上级人民检察院向同级人民法院提出抗诉。

根据《若干意见》第 8 条的规定，对终审民事裁判、调解的再审申请，具备下列情形之一的，人民法院应当裁定再审：①有再审申请人以前不知道或举证不能的证据，可能推翻原裁判的；②主要证据不充分或者不具有证明力的；③原裁判的主要事实依据被依法变更或撤销的；④就同一法律事实或同一法律关系，存在两个相互矛盾的生效法律文书，再审申请人对后一生效法律文书提出再审申请的；⑤引用法律条文错误或者适用失效、尚未生效法律的；⑥违反法律关于溯及力规定的；⑦调解协议明显违反自愿原则，内容违反法律或者损害国家利益、公共利益和他人利益的；⑧审判程序不合法，影响案件公正裁判的；⑨审判人员在审理案件时索贿受贿、徇私舞弊并导致枉法裁判的。

《若干意见》第 8 条规定的情形可以作为律师审查申请再审材料时的参考。按照以上法定条件进行审查，看是否符合法定的申请再审情形，如果具有以上情形之一的，便可接受委托，如果不具有以上法定情形的，则告诉当事人，不应接收。

（二）律师在民事中申请再审代理时应注意的问题

1. 应审查申请再审的主体是否合格。只有案件当事人及法定代理人有权提出申请再审，当事人的近亲属不能作为申请再审的主体，因此，律师不能接受当事人的近亲属的委托担任申请再审代理人。

2. 审查申请再审的时效。要特别注意申请再审的时效的规定，现行《民事诉讼法》第 205 条规定，当事人申请再审，应当在判决、裁定发生法律效力后 6 个月内提出；有《民事诉讼法》第 200 条第 1 项、第 3 项、第 12 项、第 13 项规定情形的，自知道或者应当知道之日起 6 个月内提出。这 4 种情形是：①有新的证据，足以推翻原判决、裁定的；②原判决、裁定认定事实的主要证据是伪造的；③据以作出原判决、裁定的法律文书被撤销或者变更的；④审判人员审理该案件时有贪污受贿、徇私舞弊、枉法裁判行为的。2012 年修正的《民事诉讼法》将原来的 2 年申请再审期间一下缩短到 6 个月，律师要特别注意这一新变化，千万不能误判申请再审时效。

现行《民事诉讼法》之所以作如上修改，主要是考虑到时效的设置既要保护申请再审人权利，也要考虑保护被申请人权利。当事人不仅包括申请再审人，也包括被申请人，二者在再审程序中享有同等权利。首先，申请再审期间设定过短，就有可能损害当事人对错误裁判寻求救济的权利；申请再审期间设定过长，则可能损害被申请人受确定裁判保护的权利；其次，时效设置较短或适中，可以促使当事人及时行使权利，当事人的程序权利必须得到保障，这是毋庸置疑的，但同时，权利不行使与无权利无异，权利也并非是无限期的，立法必须以一定的制度促使当事人及时行使权利，使其权利现实化、确定化，而不是长期虚置；最后，有利于保护当事人获取公正裁判权利与维护法的安定性。当事人行使再审申请权是为获取公正裁判，在申请再审期间的设定上，既要考虑给予当事人合理期间行使该项权利，也要考虑过长的期间可能使确定裁判的既判力长期处于不确定的状态中，不利于民事法律关系的稳定，损害法的安定性。考虑以上因素，现行《民事诉讼法》规定当事人申请再审的时效为 6 个月是比较适当的，同时对 4 种特定的情形还规定了实际上长于 6 个月的时效。

3. 律师应准确选择申请再审或者检察建议及抗诉的司法机关。根据现行《民事诉讼法》第 199 条的规定，当事人对已经发生法律效力的判决、裁定，认为有错误的，可以向上一级人民法院申请再审；当事人一方人数众多或者当事人双方为公民的案件，也可以向原审人民法院申请再审。

按照现行《民事诉讼法》第 209 条的规定，法律对当事人向人民检察院提出抗诉的申请设置了前置条件，只有在人民法院驳回再审申请、逾期未对再审申请作出裁定或者经过再审后判决、裁定仍有明显错误的才可以申请检察院提出抗诉。现行《民事诉讼法》的规定是"事后监督"，即对生效判决、裁定、调解书的监督，而不是"事前监督"、"事中监督"或者"全程监督"。现行《民事诉讼法》新增检察建议的法律监督模式，确立了"法院纠错先行、检察监督断后"的模式。

过去，人们通常对于民事案件的申诉既可以向人民法院申请再审，也可以向人民检察院申请抗诉，有的当事人甚至同时向两个单位都提出申请。但现在这种现象不可能再发生，如前所述，现行《民事诉讼法》第 209 条规定了可以向检察院申请检察建议或抗诉的三种情形，不符合这三个条件的，检察院不会受理。

4. 审查申请再审或申请抗诉是否有足够的证据。当事人不服已生效的判决、裁定，委托律师代理申请再审或申请抗诉的，代理律师应对证据进行审查，审查是否有足以推翻原裁判的新的证据，如果有足够的新的证据，律师应接受委托；如果当事人没有提供新的证据，或提供的新证据尚不足以推翻原裁判，同时又不具有其他申诉的理由，律师就不应接受委托。

5. 审查申请民事再审条件时要注意，当事人对已经发生法律效力的调解书，只有提出证据证明调解违反自愿原则或者调解协议的内容违反法律的，才可以申请再审；当事人对已发生法律效力的解除婚姻关系的判决、调解书，不得申请再审。

申请再审或申请抗诉的民事案件，代理律师经过相关诉讼活动，如果人民法院决定再审或者人民检察院决定抗诉或者作出检察建议，那么律师的民事申诉工作即告终结，如果当事人继续委托代理，则应另行办理委托民事再审代理手续。

律师在民事申请再审代理中，撰写一份分析透彻、条理清晰、适用法律准确的民事再审申请书及民事再审答辩书是律师代理工作中最重要的工作，因为前者是能否受理审查、立案以及能否决定再审的重要依据；而后者则是能否抗辩、阻止再审程序的发生及裁定驳回再审申请的重要依据，因民事再审申请书和民事上诉状有不少相近的地方，现以两份民事再审申请书及民事再审答辩书为例，说明律师在民事申请再审中的代理工作是很重要的，其对于人民法院依法办案能起到兼听则明的良好效果。

附一：

民事再审申请书

再审申请人（一审被告）：杨××，男，1966 年 12 月 17 日出生，汉族，住 AH 省××县××镇金岗村××村民组，身份证号码……

被申请人（一审原告）：××磊明工贸有限公司

住所地：××磊明工贸有限公司综合楼五层，组织机构代码……

法定代表人：卫××，系总经理

被申请人（一审被告）：韩××，男，1975 年 1 月 12 日出生，汉族，住……白水塘队，身份证号码……

再审申请人杨××与被申请人××磊明工贸有限公司、韩××租赁合同纠纷一案，因不服 AH 省××产业开发区人民法院作出的（2015）××新民二初字第00781 号《民事判决书》（已生效）的判决，依据《民事诉讼法》第 200 条第 2 项、第 6 项之规定，特向××市中级人民法院提出再审申请。

再审请求事项：

1. 请求撤销 AH 省××产业开发区人民法院作出的（2015）××新民二初字第00781 号《民事判决书》第 3 项的判决，即申请人对韩××需支付的租金 377 758元及其利息承担连带清偿责任，裁定对本案进行再审；

2. 判令被申请人××磊明工贸有限公司返还申请人已被扣划的执行款113 927.62 元（即裁定执行回转）；

3. 本案的一审诉讼费用、保全费及有关的全部费用均由再审被申请人承担。

事实及理由：

被申请人××磊明工贸有限公司（以下简称"磊明公司"）分别于 2010 年 5 月 30 日、2010 年 12 月 1 日和被申请人韩××签订了两份《建筑材料租赁合同》（第二份合同即 12 月 1 日的合同，注明"此合同由原合同顺延重新签订"），申请人虽然在合同中"保证方"签名，但《建筑材料租赁合同》明确约定"付款方式为乙方付款按照五月节，中秋节付 70%，春节全部付清……"按照该约定，申请人的承担保证责任期限截止日期为 2012 年 1 月 29 日止（春节 7 天假为 2012 年 1 月 23 日至 1 月 29 日），后期韩××给磊明公司出具的《欠条》及《承诺》，申请人并不知情，也没有签字，根据《担保法》第 26 条的规定，债权人自主债务履行期届满之日起 6 个月内未要求保证人承担保证责任的，保证人免除保证责任，但磊明公司却在 2015 年 5 月 22 日才向××产业开发区人民法院提起民事诉讼，向申请人要求承担连带责任，此时距主债务履行期届满之日起已经 3 年另 4 个多月（2012 年 1 月 29 日至 2015 年 5 月 22 日），已远远超过了担保的法定时效，但原审法院却罔顾事实，并违反《担保法》第 26 条的规定，判决申请人仍然承担连带责任。

另外，被申请人韩××分别于 2014 年 10 月 1 日和 2015 年 4 月 16 日出具了《承诺》和《欠条》，被申请人磊明公司对此予以认可，但申请人对此并不知情，也没有签字担保，《承诺》和《欠条》是对原《建筑材料租赁合同》履行期限的变更，未取得申请人书面同意，根据《担保法》第 24 条的规定，"债权人与债务人协议变更主合同的，应当取得保证人书面同意，未经保证人书面同意的，保证人不再承担保证责任。……"因此，原审判决申请人承担连带责任也违反了《担保法》第 24 条的规定。

需要说明的是，被申请人韩××在《承诺》中承诺"将以三河振兴花苑 6#楼 405 室抵押为租费，剩余款到 2015 年全部付清"，韩××对主债务设置了抵押担保，根据《担保法》第 28 条的规定，即使申请人承担连带责任，申请人也只是对物（即三河振兴花苑 6#楼 405 室）的担保以外的债权承担保证责任，但原审判决却违反这一规定，仍然判决申请人直接对主债务承担连带责任。

以上案件事实，本案卷宗中的相关证据能够充分予以证实，但××产业开发区人民法院的（2015）××新民二初字第 00781 号《民事判决书》却适用《担保法》第 21 条、第 31 条的规定，判决申请人承担连带责任，明显违反了《担保法》第 26 条、第 24 条、第 28 条的规定。同时原审在认定事实上也有错误，主要表现在保证期限及保证免责等问题的认定上，依据《民事诉讼法》第 200 条第 2 项、第 6 项之规定，特向贵院依法提出再审申请。

此致

××市中级人民法院

申请人：

2016 年 6 月 20 日

附：再审申请书副本 2 份

注：该案在再审期间三方当事人达成了《民事调解协议书》，申请人基本达到了申请再审的目的。

附二：

民事再审答辩书

答辩人（被申请人，一审原告）：李××，男，1971 年 4 月 20 日生，汉族，住××县桃花镇染坊村白塘组

答辩人（被申请人，一审原告）：卞××，男，1967 年 4 月 14 日生，汉族，住××县××镇卫星村

被答辩人（申请再审人，一审被告）：××县××汽车机械制造有限公司

住所地：××县城关镇××路 法定代表人：刘××，系总经理

一审被告：××市机械制造有限公司

住所地：××县××镇长安大道以西繁华大道以北

法定代表人：朱××，系总经理

答辩人李××、卞××（以下简称答辩人）现就再审申请人××县××汽车机械制造有限公司（以下简称××公司）的《民事再审申请书》的请求事项及申请再审理由提出答辩意见如下：

××公司申请再审的主要理由就是：答辩人和××公司"为涉案车辆的共同拼装人，……李××、卞××与××公司均为明知，……故双方不应认定构成一般意义上的产品生产（出售者）与购买者的关系，……但造成本起安全事故的主要原因是驾驶员无证（驾驶证、操作证），故李××、卞××应该承担本案的主要责任"，因此李××、卞××应该承担 45% 的赔偿责任（即和××公司承担同等责任）。

答辩人认为，××公司的申请再审理由没有任何事实和法律依据，现依据本案事实和有关法律规定反驳如下：

一、××市中级人民法院的（2012）×民一终字第（02569）号《民事判决书》（以下简称中院判决书）的有关裁判意见和观点，不能作为申请人申请再审的法定情形，不符合《民事诉讼法》第 200 条第 1 项、第 6 项规定的情形，理由是：

第一，两案案由不同。中院判决书的案由是产品责任纠纷，而××公司请求再审的（2011）××民一初字第（2125）号民事案件的案由则是追偿权纠纷；第

二，两案的归责原则不同。产品责任纠纷适用的是无过错归责原则，而基于一般人身损害赔偿纠纷案件的追偿权纠纷，适用过错归责原则；第三，两案适用法律不同，产品责任纠纷是适用《产品质量法》《侵权责任法》等，而一般人身损害赔偿纠纷则适用《民法通则》《侵权责任法》等，而不可能适用《产品质量法》。另外，两个案件的诉讼当事人也不同，产品责任纠纷案件的当事人是答辩人和××公司；而追偿权纠纷案件的当事人除了上述当事人外，还有另一方当事人，即××机械制造有限公司。因此申请人故意混淆案由不同、性质不同、归责原则不同、适用法律不同、当事人不同的两个案件，以××中院判决书的只言片语和法官的主观推断和对法律的理解意见，作为其申请再审的法定情形，这是违背事实和法律规定的。

二、××公司申请再审的（2011）××民一初字第（2125）号民事案件，其《民事判决书》关于责任的划分是具有事实根据和法律依据的，并无错误之处。该案的案由是追偿权纠纷，是因人身损害赔偿的追偿权案件，一般人身损害赔偿案件的赔偿责任是根据侵权方的过错大小来承担的，（2011）××民一初字第（2125）号《民事判决书》对××公司、答辩人及××机械制造有限公司的过错划分及责任分担是以××省特种设备检测院《工伤事故技术原因鉴定书》作为依据的，××省特种设备检测院是××省特种设备综合检验检测机构，具有法定鉴定资质。肇事机械×01/A3779号非标准汽车起重机在进行吊装作业时，因车载起重机变幅油缸下部与缸帽（连接座）焊缝处突然断裂，坠落的起重机臂将在施工现场的景××击打致伤不治死亡。该事故发生后，××县人民政府组织县安全生产监督管理局等有关部门成立了事故调查组，委托××省特种设备检测院对本事故原因进行鉴定，该鉴定机构的鉴定结论分析认为：事故车辆为改装车辆，改装单位（注：即××公司）无相应的特种设备生产及改装资质，事故车辆为非法制造（改装）的起重机械，缺乏该类起重机必要的安全保护装置，产品本身不能满足相关标准的要求，无法保证安全使用是事故的主要原因……××县人民法院正是依据××省特种设备检测院这一鉴定结论作为划分责任依据的，并作出了（2011）民一初字第（2125）号《民事判决书》，该判决书宣判后，案件三方当事人（包括××公司）没有任何一方上诉，且该判决早已执行完结。应该说该判决要求答辩人承担总赔偿额的20%是比较高的，但总体说还是比较公平的，也符合一般侵权的归责原则，因此答辩人也没有上诉。

嗣后，××公司在另一案件即××县人民法院（2012）××民一初字第（00822）号《民事判决书》宣判后，对其不服提起上诉，××市中级人民法院作出了（2012）×民一终字第（02569）号《民事判决书》，该判决以"李××、卞××与××公司均为明知，……故双方不应认定构成一般意义上的产品生产（出售者）与购买者的关系，……"为由，撤销（2012）××民一初字第（00822）号《民事判决书》关于按过错大小（即××公司承担70%的责任，答辩人承担30%的责任）承担民事责任的判决部分，而改判××公司和答辩人"酌定各承担50%的过错责任"，中院判决后，××公司以中院这一判决书的一句评判，即"李××、卞××与××公司均为明知，……故双方不应认定构成一般意义上的产品生产（出售者）与购买者的关系……酌定各承担50%的过错责任"为由，申请再审。如前所述，产品责任纠纷和人身损害赔偿纠纷二者之间不具有对比性，同时，××中院判决书的裁判意见并不属于"据以作出原判决、裁定的法律文书被撤销或者变更的"情形，因为××县人民法院（2011）××民一初字第（2125）号《民事判决书》判决在申请人申请再审的案件之前，且与本申请再审案件不具有关联性，更何况××市中级人民法院（2012）×民一终字第（02569）号《民事判决书》的"酌定"裁决，以及"不应认定构成一般意义上的产品生产（出售者）与购买者的关系"等推断未必准确，因此申请人不应以此为由作为申请再审的法定情形。答辩人也正在启动对此案（××市中级人民法院的（2012）×民一终字第（02569）号《民事判决书》）的申请再审程序。

三、答辩人在向××公司购买其拼凑改装的非标准汽车起重机的过程中一直是被动的，是听从其安排的。2011年3月，答辩人从××公司花98 000元购买了由其拼凑改装的非标准汽车起重机，并应其要求交付了3000元，由其办理了有关保险。应该说，在这起人身损害赔偿案件中，答辩人的过错是很小的，承担20%的责任是适当的，其实在这起事故中，答辩人也是受害人。

四、××公司在《民事再审申请书》中其申请诉求和"事实与理由"部分的表述前后矛盾，一方面认为"造成本起安全事故的主要原因是驾驶员无证驾驶（驾驶证、操作证），严重违规操作所致，故一审被告李××、卞××应承担本事故的主要责任"；另一方面，在再审诉求中又要求答辩人李××、卞××和××公司承担等同的责任即45%的民事赔偿责任，这不是前后矛盾吗？其实明眼人一看就清楚，在这起人身损害赔偿中，××公司出售、改装的不合格起重机，是造成这起事故的主要原因甚至是全部原因，如前所述，这起事故与答辩人购买的旧汽车无因果关系。

至于××公司提出的无证驾驶问题，这也是无稽之谈，卞××是有驾驶证的（驾驶证复印件附后），更何况这与该起事故并没有直接的因果关系。

另外，答辩人从××公司购买的车载起重机，本来按规定是不能入户也是不能购买保险的，但是××公司通过个人关系，通过走后门，进而办理了上述所有手续，就从这一点上讲，××公司的违法行为也与这起事故有着因果关系，其也应该承担主要责任。因此××公司提出的要求答辩人和其承当同等责任没有任何事实根据和法律依据。

综上所述，申请人申请再审的（2011）××民一初字第（2125）号《民事判决书》认定事实清楚，适用法律正确，且判决后并没有任何新的证据出现足以推翻原判决，再审申请人的申请不符合《民事诉讼法》第200条规定的所有的法定情形，包括申请人所称的《民事诉讼法》第200条第1项、第6项规定的情形，希望××市中级人民法院根据《民事诉讼法》第204条的规定，依法裁定驳回申请。

此致

××市中级人民法院

答辩人：李××、卞××

2013年5月8日

案情简介及处理结果：

2011年3月，李××、卞××（系合伙人）从××汽车机械制造有限公司处花98 000元购买了其拼凑改装的非标准汽车起重机，2011年5月18日上午，卞××在××市机械制造有限公司简易车库驾驶非标准汽车起重机进行吊装作业时，从××汽车机械制造有限公司处购买拼装的非标准汽车起重机变幅油缸下部与缸帽焊缝处突然断裂，坠落的起重机臂将在施工现场的景××击打致重伤不治死亡。事故发生后，经政府有关部门调解，××市机械制造有限公司向景××支付了60万元死亡赔偿金等。嗣后，××市机械制造有限公司起诉××汽车机械制造有限公司、李××、卞××，追偿由其垫付的60万元赔偿金，该追偿权案经××县人民法院判决，××汽车机械制造有限公司承担景××的60万元死亡赔偿金的70%；李××、卞××共承担赔偿金的20%；××市机械制造有限公司承担赔偿金的10%。几方对此判决均没有上诉，该判决并实际执行完结。之后，李××、卞××以产品责任纠纷案由起诉××汽车机械制造有限公司，要求判决被告返还98 000元，并承担由此造成的损失12万元（追偿权案件判决的赔偿款）等，××县人民法院依据该院追偿权纠纷判决书划分的过错比例，判决被告××汽车机械制造有限公司返还购车款98 000元，并承担其他损失的70%，李××、卞××承担其他损失的30%（不包括12万元追偿权案中的12万元损失）。被告××汽车机械制造有限公司不服该判决，提起上诉，后被××中级人民法院改判，以"李××、卞××与××汽车公司均为明知，……故双方不应认定构成一般意义上的产品生产（出售者）与购买者的关系，……"为由，酌定各承担50%的过错责任，该二审判决书下发后，××汽车机械制造有限公司以该判决的上述认定为由，申请再审，李××、卞××申请再审的代理律师就××汽车机械制造有限公司的《再审申请书》提交了如上的《民事再审答辩书》，二审法院采纳了答辩意见，以（2013）×民一申字第00009

号《民事裁定书》裁定驳回××机械制造有限公司的再审申请。

四、行政申诉中的律师代理

（一）行政申诉中的律师代理概念及申诉代理的条件

行政申诉中的律师代理，是指律师接受行政诉讼案件当事人及其法定代理人的委托，就已经发生法律效力的行政判决、裁定向人民法院、人民检察院代为申诉，请求再审或抗诉的一种代理活动。

律师接受行政申诉案件的条件应该和能否引起再审或抗诉程序的条件一致，根据《行政诉讼法》第91条的规定，当事人的申请符合下列情形之一的，人民法院应当再审：①不予立案或者驳回起诉确有错误的；②有新的证据，足以推翻原判决、裁定的；③原判决、裁定认定事实的主要证据不足、未经质证或者系伪造的；④原判决、裁定适用法律、法规确有错误的；⑤违反法律规定的诉讼程序，可能影响公正审判的；⑥原判决、裁定遗漏诉讼请求的；⑦据以作出原判决、裁定的法律文书被撤销或者变更的；⑧审判人员在审理该案件时有贪污受贿、徇私舞弊、枉法裁判行为的。

另外，最高人民法院、最高人民检察院于2011年3月10日公布了《关于对民事审判活动与行政诉讼实行法律监督的若干意见（试行）》（高检会〔2011〕1号），这是律师审查向人民检察院民事、行政申诉是否符合条件的重要依据，该《意见》第3条规定，人民检察院对于已经发生法律效力的判决、裁定、调解，有下列情形之一的，可以向当事人或者案外人调查核实：①可能损害国家利益、社会公共利益的；②民事诉讼的当事人或者行政诉讼的原告、第三人在原审中因客观原因不能自行收集证据，书面申请人民法院调查收集，人民法院应当调查收集而未调查收集的；③民事审判、行政诉讼活动违反法定程序，可能影响案件正确判决、裁定的。

（二）律师代理行政申诉案件应注意的问题

律师代理行政申诉与代理刑事案件申诉及代理民事案件申诉在很多方面基本相同，但是应特别注意以下问题：

1. 审查行政申诉案件的时效。《若干意见》第12条已明确规定，人民法院对行政案件的再审申请人或申诉人超过2年提出再审申请或申诉的，不予受理，因此超过申诉期限的不予接收。

2. 现行《民事诉讼法》对当事人向人民检察院提出抗诉的申请设置了前置条件，该规定应该同样适用于行政诉讼申诉，只有在人民法院驳回行政再审申请或者逾期未对再审申请作出裁定或者经过再审后判决、裁定仍有明显错误的才可以申请人民检察院抗诉或者提出检察意见。

3. 代理律师如果是向人民检察院提出申诉的，在人民检察院审查过程中，应向人民检察院提供支持其申诉主张或申诉反驳的证据。代理律师还可以在案件审查期间要求补充证据，或者要求进行勘验、鉴定。代理律师应认真对待主办检察官主持的当事人陈述活动。代理律师应以代理人的身份参加，并发表关于对事实认定、法律适用和审判程序的意见。

4. 律师代理行政申诉案件，应着重围绕原判决、裁定的合法性进行分析、研究，论证原判决、裁定违反法律、法规之处，并提供相应证据以引起再审或抗诉程序的发生。

导入案例分析

代理词要点

张××诉周××、朱××提供劳务者受害责任纠纷案一审参考代理词要点：

1. 原告和朱××等之间是承揽关系而非雇佣关系，依照《最高人民法院关于审理人身损害赔偿案件适用法律若干问题的解释》（以下简称《解释》）第10条的规定，朱××依法不应承担民事赔偿责任，理由是：

（1）被告朱××是苗木的买受人，他给周××全包3000元让他找人挖树，周××找来当地农民并讲好每挖一棵树包括搬运到车上，支付5元钱，原告和朱××等之间的关系符合承揽关系的全部特征。承揽关系一般是指当事人双方关于一方按照另一方的要求完成一定的工作并交付工作成果，另一方应接受该成果并给付一定报酬的合同。承揽关系的特征有：①承揽以完成一定的工作成果为目的；②承揽的标的物是特定的工作成果；③承揽人在完成工作中具有独立性，定作人只有在不影响承揽人工作的前提下，才能对承揽人的工作情况进行指示、监督和检查；④承揽人自行承担风险，独立完成工作。而和承揽关系有些相似的雇佣关系，则是指根据当事人约定，一方于一定或不定的期限内为他方提供劳务，他方给付报酬的合同。雇佣关系是否成立，主要看以下几点：①双方是否有雇佣合同（包括口头合同）；②雇员是否获得报酬；③雇员是否以提供劳务为内容；④雇员是否受雇主的控制、指挥和监督。而本案不符合雇佣关系的这些特征。《合同法》第251条规定："承揽合同是承揽人按照定作人的要求完成工作，交付工作成果，定作人给付报酬的合同。承揽包括加工、定作、修理、复制、测试、检验等工作。"本案中，原告等接受的任务是明确的，获得报酬的条件也是明确的。因此，认定本案是承揽合同关系是准确的。而如果认定本案是雇佣关系则是不准确的，因为原被告之间不存在控制、支配和从属关系；也不存在被告方提供劳动工具或设备、限定工作时间、定期给付劳动报酬等雇佣关系的特征。

（2）原告现有的证据不足以证明原告和朱××之间形成了雇佣关系。原告提供的三份证词，其中张××和原告是同胞兄弟，具有利害关系，其证明力很弱，不宜采信。另一证人张×友和原告是堂兄弟，关系较亲近，其证明力较弱，其证词只能和其他证据综合考虑才能确定其真实性，至于周××的"经过说明"，我们认为该"说明"文字不能作为证据使用。理由是：首先，这是别人事前写好的，要求其签字而形成，但据周××本人陈述，他并没有签字，所以"周××"的签字是否真实不得而知；其次，"经过说明"明确注明"供稿张"，说明该内容并非"周××"本人的真实意思表示；再次，"周××"的身份特殊，他是本案的被告之一，其"经过说明"有推卸责任之嫌。最后，以上证词的内容本身也不足以证明原告和朱××之间形成了雇佣关系。

基于以上理由，依照《解释》第10条的规定，朱××依法不应当承担民事赔偿责任。

2. 原告的伤害是由驾驶员……在指令关闭货车厢侧门时的疏忽大意和原告本人的重大过错造成的，与被告朱××无关，朱××依法不应当承担赔偿责任。

本案的基本事实是：2012年4月28日下午5时许，张××等人在向货车后厢搬运树苗结束后，在关闭货车后厢侧厢板时，驾驶员李××指令关门并喊出"1、2、3……"（意思是把手等移开），因张××在接电话没有及时将放在后厢侧厢板上的手拿走，导致张××的左手夹伤，而该事故发生时朱××不在现场，因此他不应当承担民事赔偿责任。而该损失应由直接侵权人和有过错的原告共同承担。

3. 原告对这起事故的发生具有重大过错，其自身应该承担主要责任。原告张××在劳动过程中接听电话，驾驶员指令"1、2、3……"关车门时，其还没有及时将放在后厢侧厢板上的手拿走，导致其左手被夹伤，可见其本人具有重大过错。其实他本人在《民事起诉状》中也有明确表述，"在最后一次关车厢侧门时，原告的手指不慎被车厢侧门板挤压而受伤"，"不慎"即不小心、没注意的意思，可见他本人也承认有过错。因此，原告张××对这起人身损害事故应承担主要责任。

4. 原告提供的《司法鉴定意见书》存在程序违法，不具有合法性，不能作为认定案件事实的依据。

《最高人民法院关于民事诉讼证据的若干规定》第26条规定，"当事人申请鉴定经人民法院同意后，由双方当事人协商确定有鉴定资格的鉴定机构、鉴定人员，协商不成的，由人民法院指定"。在司法实践中都是先由当事人双方协商，只有在协商不成时才由人民法院直接指定鉴定机构，除非当事人一方放弃选择或一方当事人经正式传唤不到的，才由另一方当事人单方选择或者由法院指定。而本案原告在进行司法鉴定时被告方根本不知道，更不用说通知协商选择司法鉴定机构了。由于原告提供的《司法鉴定意见书》存在程序违法，不具有合法性，因此不能作为认定案件事实的依据。

综上所述，由于原告和朱××等之间是承揽关系而不是雇佣关系，朱××依法不应当承担民事赔偿责任，请求人民法院依法驳回原告对被告朱××的诉讼请求。

法院处理结果：以上提供劳务者受害责任纠纷案，××县人民法院以（2012）××民一初字第01684号《民事判决书》作出判决，朱××不承担民事赔偿责任，理由是他和周××是承揽关系，认定原告张××和周××是雇佣关系，周××承担70%的赔偿责任，原告张××自行承担30%的责任，可见朱××的代理律师的上述代理意见被法院采纳。后三方当事人都没有上诉，该判决生效。

思考题

1. 律师民事诉讼代理的特征是什么？
2. 民事诉讼中律师代理工作的主要内容是什么？
3. 简述律师在行政诉讼代理中的方法和步骤。
4. 简述律师申诉代理的特征和意义。

第九章

刑事诉讼中的律师业务

学习目标与工作任务

通过本章的学习，理解律师在刑事辩护和刑事代理中的基本职责和权利；重点掌握律师在刑事业务中的行为规范及辩护、代理的工作程序和技巧。

导入案例

2011 年 7 月，被告人李×龙因债务缠身，遂产生绑架他人索要钱财的念头。李×龙与被告人王×、王×强购买两副人皮面具、假发、手机、无记名手机卡等物品，并将绑架勒索的目标选定为李×青。被告人王×伙同被告人王×强多次去李×青经营的溜冰场，对李×青进行观察。2011 年 9 月 28 日近 10 时，被告人李×龙、王×、王×强驾车至紫晶小区门口等待李×青妻子杨××，见杨××及其朋友高某等人走近××外国语学院大门附近，被告人李××、王×冲下车，将杨××往车上拽，高某见状佯装报警，被告人王×、王×强遂驾车逃跑，被告人李××在逃跑中被高某等人抓获。公诉机关以绑架罪起诉至法院。

如果你是李××的辩护人，请根据案情写一篇辩护词。

提示：

1. 被告人李×龙等人的绑架行为是否未遂。
2. 被告人李×龙等人的绑架行为的情节是否较轻。

教学内容

第一节　刑事诉讼律师业务概述

一、刑事诉讼律师业务的概念和现状

刑事诉讼中的律师业务是指律师接受刑事案件犯罪嫌疑人、被告人的委托

或者依法接受法律援助机构的指派担任辩护人，以及接受自诉案件自诉人、公诉案件被害人或者其近亲属的委托担任代理人，参加诉讼的活动。

现行《律师法》第 28 条第 3 项规定，"接受刑事案件犯罪嫌疑人、被告人的委托或者依法接受法律援助机构的指派，担任辩护人，接受自诉案件自诉人、公诉案件被害人或者其近亲属的委托，担任代理人，参加诉讼"。这是我国律师在刑事诉讼中从事律师业务的法律依据，刑事诉讼中的律师业务是我国律师业务中一个重要的组成部分。

我国律师制度恢复之初，律师的主要业务就是充当刑事诉讼中被指控人的辩护人。随着经济的发展和社会的进步，律师的业务范围不断扩大，现已几乎涉及社会生活的方方面面，但律师在刑事诉讼中充当辩护人依然是律师主要的传统业务之一，因为辩护业务极具挑战性，而整个律师业务中最具有挑战性的业务之一就是刑事诉讼辩护业务。近现代的西方国家的著名律师以及中国的著名律师往往都是在刑事诉讼辩护领域颇有建树的辩护律师，他们辩护的一些经典案例现在仍为人们津津乐道。

我国律师制度从恢复到现在，只有短短的三十几年，但律师人数由当时的几千人发展到了现在的 42.3 万多人，律师事业得到了长足的发展，我国律师制度也有了较大的进步。但律师在刑事诉讼中的业务却发展较慢，这和律师刑事诉讼业务的重要性相比是不协调的。律师刑事诉讼业务滑坡现象的出现，原因是多方面的。首先，律师刑事辩护风险较大，不少执业律师不愿意接受委托担任辩护人。据不完全统计，自 1997 年新《刑法》颁布以来，全国已经有数百名执业律师因为《刑法》第 306 条规定的"律师伪证罪"被追究刑事责任，这其中确有少数律师受经济利益驱动，不顾律师执业行为规范的规定，在执业中故意帮助犯罪嫌疑人、被告人伪造证据或诱导证人作虚假证言等，但这毕竟是少数，"律师伪证罪"案件大多数最终都被纠正，律师被无罪释放。其次，刑事诉讼中的律师业务的收费一般比较低，律师在刑事诉讼中的收费是政府指导价，一般不能突破，不像担任法律顾问，其费用是协商的，收费幅度比较大。收费不高，也影响了律师从事刑事诉讼业务的积极性；再次，尽管现在人们对律师的辩护意义有所了解，但"为坏人讲话、辩护"的观念根深蒂固，尤其是一些影响比较大、情节比较恶劣的刑事案件，不少人认为律师为了钱，为坏人开脱罪责，没有良知，常常受到指责，因此律师顾及影响不愿意接收委托。最后，因各种原因，律师的辩护和代理在司法实践中的作用不明显，也影响了律师从事刑事诉讼业务的积极性。

长期以来，我国刑事案件辩护率一直保持在 30% 左右，与发达国家 90% 多的辩护率相比，缺口巨大，而靠当事人自己委托律师辩护提高律师辩护率，提升空间非常有限。为了解决这一现实问题，2017 年 10 月，最高人民法院、司法部联合出台的《关于开展刑事案件律师辩护全覆盖试点工作的办法》明确规定，在北京、上海、浙江、安徽、河南、广东、四川和陕西 8 个省（直辖市）积极探索开展刑事案件律师辩护全覆盖试点工作，试行期间取得了良好成效。为推动刑事案件律师辩护全覆盖试点工作深入开展，确保试点工作取得实际效果，2019 年 1 月 21 日，最高人民法院、司法部发布了《关于扩大刑事案件律师辩护全覆盖试点范围的通知》，决定将试点期限延长，工作范围扩大到全国 31 个省（自治区、直辖市）和新疆生产建设兵团。该《通知》要求，必须充分认识扩大刑事案件律师辩护全覆盖试点工作的如下重要意义：

1. 扩大刑事案件律师辩护全覆盖试点工作的范围，进一步推进和深化刑事案件律师辩护全覆盖工作，是落实全面依法治国的一项重要举措。党中央高度重视全面依法治国工作，组建中央全面依法治国委员会，加强对法治中国建设的统一领导。保障司法人权、促进司法公正是全面依法治国的应有之义，开展刑事案件律师辩护全覆盖试点工作，目的就在于让每一件刑事案件都有律师辩护和提供法律帮助，通过律师发挥辩护职责维护当事人合法权益、促进司法公正，彰显我国社会主义法治文明进步。人民法院和司法行政机关要进一步增强责任感，认真做好扩大刑事案件律师辩护全覆盖试点工作，最大限度地实现和维护人民群众的合法权益，促进社会公平正义。

2. 扩大刑事案件律师辩护全覆盖试点工作的规模和范围，进一步推进和深化刑事案件律师辩护全覆盖工作，是推进以审判为中心的刑事诉讼制度改革的具体举措。提高律师辩护率，是以审判为中心的刑事诉讼制度的内在要求。强化律师辩护权，是实现证据出示在法庭、事实查明在法庭、控辩意见发表在法庭等的重要保障。律师充分行使辩护权，有利于控辩双方有效开展平等对抗，审判发挥居中职能作用，避免庭审流于形式，促进刑事诉讼制度进一步完善。

3. 扩大刑事案件律师辩护全覆盖试点工作的规模和范围，进一步推进和深化刑事案件律师辩护全覆盖工作，是深化律师制度改革的实际举措。全面依法治国对律师制度改革提出了新要求，要求律师队伍具有良好的职业素养和执业水平，要求律师辩护代理工作能更好地满足人民群众的需要。开展刑事案件律师辩护全覆盖试点工作，为所有刑事案件被告人提供律师辩护及法律帮助，丰富了刑辩律师的工作内容，提升了律师在刑事诉讼中的地位作用，是深化律师制度改革的实际步骤。

该《通知》还规定了扩大刑事案件律师辩护全覆盖试点工作的主要任务和要求及加强对扩大刑事案件律师辩护全覆盖试点工作的组织领导等具体要求。

最高人民法院、司法部公布的《关于开展刑事案件律师辩护全覆盖试点工作的办法》规定了刑辩律师全覆盖的工作程序、法律援助经费保障及司法行政机关和律师协会应当对律师事务所、律师开展刑事辩护业务的指导监督，以及实施奖励和惩戒等原则规定。

以上关于刑事案件律师辩护全覆盖的有关规定，对于促进律师刑事诉讼业务将起到积极的作用。

二、律师办理刑事诉讼业务需注意的几个问题

（一）办理委托手续时应注意的问题

1. 办理刑事诉讼业务手续时，要区分是刑事辩护还是刑事代理，刑事辩护办理的是刑事辩护手续，而刑事代理办理的是刑事代理手续。

2. 办理刑事诉讼业务需要分清是在哪个阶段委托律师。刑事诉讼中，除申诉、二审程序外，需经历侦查、审查起诉、审判三个阶段，无论是辩护还是代理，都有可能发生在某一个阶段或者依次进行三个阶段。如担任犯罪嫌疑人、被告人的辩护人，需要注意的是，委托人通常都不是犯罪嫌疑人或者被告人本人，因为他们被羁押不可能亲自委托，根据规定可以由其监护人、近亲属代为委托辩护律师。委托人委托律师时，律师需要了解案件进行到什么阶段，有时委托人反映的情况未必准确，如案件已经移交到法院了，委托人认为还在审查起诉阶段，等等。所以委托人确定需要委托律师时，受托律师要根据时间推断案件进行到何阶段，有时甚至要电话询问，但不少司法机关不接受电话询问，此时则要律师携带相关证件亲自上门咨询。因此，在公诉案件中委托辩护人要明确律师参加辩护的具体阶段，不同阶段不仅工作量、职责不一样，收费也不一样。律师受理刑事案件，可以在侦查、审查起诉、审判各阶段分别办理委托手续，也可以一次性签订委托协议，但应分阶段签署授权委托书。如案件处在侦查阶段，通常委托律师时是三个阶段一起委托，但因为委托人经济困难，或者犯罪嫌疑人涉嫌犯罪情节较轻，也可能在侦查阶段就能够被取保候审或者撤销案件等，委托人也许只委托一个阶段，后面阶段委托人是否委托视案情进展情况而定。如当事人仅委托某一个阶段，承办律师需务必特别提醒委托人，辩护律师仅履行一个阶段的职责，以免发生不必要的误解和麻烦。

当事人如委托律师担任刑事案件代理人，也需要搞清楚是哪个阶段委托律师作为代理人。在公诉案件中，现行《刑事诉讼法》第46条规定："公诉案件的被害人及其法定代理人或者近亲属，附带民事诉讼的当事人及其法定代理人，自案件移送审查起诉之日起，有权委托诉讼代理人……"但"自诉案件的自诉人及其法定代理人，附带民事诉讼的当事人及其法定代理人，有权随时委托诉讼代理人"。可见公诉案件被害人委托代理人只能在审查起诉阶段和法院审判阶段，但在律师实务中，侦查阶段也是可以委托律师为其提供法律服务的。律师

在刑事案件立案之初或者立案后侦查期间，其作用还是比较大的，被害人对律师提供的法律帮助同样迫切，如在立案前需要撰写控告书；如公安机关对有控告人的案件，决定不予立案的，公安机关将不予立案通知书送达控告人后，控告人对不予立案决定不服的，可以在收到不予立案通知书后 7 日以内向作出决定的公安机关申请复议，递交申请复议书。公安机关应当在收到复议申请后 7 日以内作出决定，并书面通知控告人，控告人对不予立案的复议决定不服的，可以在收到复议决定书后 7 日以内向上一级公安机关申请复核，递交申请复核书。以上所述的控告状、申请复议书、申请复核书等法律文书，一般非法律专业人员往往很难准确地撰写出来，所以律师在侦查阶段提供法律帮助的需求是客观存在的。另外，在侦查阶段侦查机关的侦查人员询问被害人一方有何要求，或者在民事赔偿部分有何诉求，需写出书面文字材料，此时当事人往往不知如何书写，需要委托律师提供法律帮助。

3. 需要搞清楚受托刑事诉讼业务的不同性质。刑事案件按其性质可以分为公诉案件和自诉案件。如是自诉案件的话，是自诉人委托还是被告人委托，被告人也可能是反诉人；如是自诉人委托，委托权限又有所不同，既可以委托律师担任刑事自诉人的刑事部分的代理人，还可以委托律师同时作为附带民事诉讼部分的代理人。如是自诉案件被告人的委托，律师既可以受托作为被告人的辩护人，也可以受托作为反诉人（即本诉的被告人）的代理人，还可以作为附带民事诉讼被告人的代理人。如是公诉案件被害人委托，可以在审查起诉、审判阶段委托律师作为代理人，也可以在侦查阶段委托律师提供法律帮助。

由于律师办理刑事案件的手续比民事案件复杂，民事案件一般为一般授权和特别授权这两种，但在刑事案件中，委托律师办理刑事诉讼中的业务比较繁杂，因此需要分清刑事诉讼业务的种类和不同阶段、性质和授权范围等。

（二）律师办理刑事业务的职责

律师办理刑事业务需要明确自己的职责，律师办理刑事业务的职责因其授权范围不同而有所不同，也就是说，辩护人和代理人的职责是截然不同的。

1. 辩护人的职责。现行《刑事诉讼法》第 37 条规定，"辩护人的责任是根据事实和法律，提出犯罪嫌疑人、被告人无罪、罪轻或者减轻、免除其刑事责任的材料和意见，维护犯罪嫌疑人、被告人的诉讼权利和其他合法权益"，由此可以看出律师作为辩护人，其职责有下面几层含义：

（1）辩护人维护犯罪嫌疑人、被告人的合法权益应当根据事实和法律。"根据事实"，就是要实事求是地提出犯罪嫌疑人、被告人无罪、罪轻或者减轻、免除刑事责任的材料和意见，必须以事实为根据，而不是靠猜想、推测，更不是凭空捏造；"根据法律"，就是在事实证据的基础上，以法律作为辩护的准则和依据，无论是无罪、有罪、罪轻、罪重，都要以法律规定为依据；"根据事实和法律"，是辩护人为犯罪嫌疑人、被告人进行辩护、维护其合法权益的行为准则，但如果是为了使犯罪嫌疑人、被告人免受刑事追究或者减轻处罚而弄虚作假、违背法律，则不能认为是维护犯罪嫌疑人、被告人的合法权益，也不是正当履行职责。

（2）辩护人为了维护犯罪嫌疑人、被告人的合法权益，应当提出证明犯罪嫌疑人、被告人无罪、罪轻或者减轻、免除其刑事责任的材料和意见。这是辩护人应当进行的主要工作，也是辩护人维护犯罪嫌疑人、被告人合法权益唯一正确的途径。"提出证明犯罪嫌疑人、被告人无罪、罪轻或者减轻、免除其刑事责任的材料和意见"，就是说辩护人按照法律规定的程序，向犯罪嫌疑人、被告人了解案情，或者向被害人或者其他证人进行调查并收集有关证据材料时，要在尊重客观事实的基础上，注意了解和收集能够证明犯罪嫌疑人没有实施犯罪行为，或者虽有犯罪行为但同时具有可以从轻、减轻、免除处罚情节的各种证据，比如犯罪嫌疑人是不是未成年人，有没有自首、立功表现，在共同犯罪中是否起次要作用，等等，并向司法机关提出有关证据和辩护意见。

辩护人履行法定的辩护职责，要注意避免两种倾向：一种倾向是认为辩护人为犯罪嫌疑人、被告人进行辩护，是站在犯罪分子的立场上，替犯罪分子说话、开脱罪责，干扰了司法机关打击犯罪活动。这种倾向的发生是法制观念淡薄所造成的，只注意到国家对犯罪分子的打击，而忽略了司法机关可能会因为工作失误、甚至由于司法机关中一些个别人素质不高、徇私枉法而造成错案、冤案，侵犯公民的合法权利。在刑事诉讼活动中充分发挥辩护作用，可以起到一定的监督、制约作用，防止任意侵犯公民合法权益的事情发生。另一种倾向是辩护人在履行辩护职责时，着眼点不是放在尊重事实和法律上，而是想方设法通过各种不正当的途径，如请客送礼、行贿，甚至搞假证据、指使证人作伪证，等等，以达到使被告人受到从轻处罚、减轻处罚、免除处罚的目的。这种做法不仅严重违背法律设置辩护制度的目的和宗旨，同时也在客观上维护了犯罪嫌疑人、被告人不正当的利益，对社会是有害的，甚至可能触犯刑律，构成犯罪。

2. 代理人的职责。在了解律师刑事代理人职责之前，应该首先搞清楚刑事代理与刑事辩护的区别，二者主要区别如下：

（1）参与诉讼的依据和服务的对象不同。律师刑事代理参与诉讼的依据是当事人及其法定代理人或近亲属的委托，其服务的对象是被害人、自诉人、附带民事诉讼当事人。律师刑事辩护参与诉讼的依据可以是接受犯罪嫌疑人、被告人的委托，也可以是接受人民法院的指定，其服务对象是犯罪嫌疑人、被告人。

（2）行使的诉讼职能不同。律师刑事代理中，担任被害人或自诉人的代理人时，行使的是刑事诉讼中的控诉职能；担任附带民事诉讼当事人的代理人工作时，行使的是民事诉讼职能；而律师在刑事辩护中行使的是辩护职能。

（3）诉讼地位不同。律师刑事代理是以被代理人的名义，在授权范围内依被代理人的意愿进行诉讼活动。律师在刑事代理中，其在诉讼中不具备完全独立的诉讼地位。而律师在刑事辩护业务中，是独立的诉讼参与人，律师辩护可以不受犯罪嫌疑人、被告人意志的约束，独立发表自己的辩护意见。

（4）享有诉讼权利的范围不同。律师在刑事代理业务中，享有的诉讼权利是委托人诉讼权利的延伸，其诉讼权利是委托人授权的，律师只能在委托人授予的权限范围内活动。而律师在刑事辩护中享有的诉讼权利是法律赋予的，律师辩护不仅享有与犯罪嫌疑人、被告人共有的权利，而且还独自享有法律赋予辩护律师的特殊权利。

对于刑事诉讼中被害人的代理人的职责，现行《刑事诉讼法》没有具体规定，但从以上刑事诉讼代理的区别及相关的法条中可以概括为：维护被害人的合法权益，依法行使控诉职能，指控犯罪嫌疑人、被告人的行为构成犯罪的，依法应追究刑事责任，且罪行较重的，依法应该从重处罚，等等，维护法律的正确实施，如代理意见与公诉意见不一致，代理律师应从维护被害人的合法权益出发，独立发表代理意见；如担任附带民事诉讼代理人则提出附带民事赔偿，代理人则行使民事诉讼职能，维护被害人被犯罪行为所造成的物质损失获得赔偿的权利。

（三）刑事诉讼中律师常见法律文书的制作

2000 年 7 月 7 日司法部以司发通［2000］102 号文下发了关于印发《刑事诉讼中律师使用文书格式》的通知，对刑事诉讼中律师使用的 25 种文书格式进行了规范，除了对律师事务所的委托合同、授权委托书、公函等使用统一格式和内容外，还对刑事自诉状、刑事自诉案件反诉状、刑事上诉状、刑事答辩状、申诉书、控告状等这些参考格式作了规定。律师在刑事业务中最重要的工作之一就是刑事诉讼常见法律文书的制作，律师的相关法律文书的制作要以事实为依据，以法律为准绳，在某个阶段、对某一法律事项作出的一项重要诉讼行为，它是律师在对案件材料进行研究，适用法律进行推敲考量后形成的工作成果。一份符合事实、适用法律准确的法律文书直接对案件的处理起到至关重要的影响，因此，精心制作高质量的刑事诉讼中的律师法律文书是律师参与刑事诉讼业务的首要工作。现将部分刑事诉讼中律师常见的法律文书的格式附下（司法部规定的格式和现行《刑事诉讼法》及现行的两高司法解释不一致的，以现行的规定为准）。

1. 刑事自诉状格式如下：

刑事自诉状

自诉人：（姓名、性别、出生年月日、民族、籍贯、职业或工作单位和职务、住址等）

被告人：（姓名、性别等情况，出生年月日不详者可写其年龄）

案由和诉讼请求

（被告人被控告的罪名和具体的诉讼请求）

事实与理由

（被告人犯罪的时间、地点、侵害的客体、动机、目的、情节、手段及造成的后果。有附带民事诉讼内容的，在写明被告人的犯罪事实之后写清。理由应阐明被告人构成的罪名和法律依据）

证据和证据来源，证人姓名和住址

（主要证据及其来源，证人姓名和住址。如证据、证人在事实部分已经写明，此处只需点明证据名称、证人详细住址）

此致

_____人民法院

自诉人：

代书人：

年　月　日

附：本诉状副本_____份

2. 刑事自诉案件反诉状格式如下：

刑事自诉案件反诉状

反诉人：（本诉被告人）（姓名、性别、出生年月日、民族、籍贯、职业或工作单位和职务、住址等）

被反诉人：（本诉自诉人）（姓名、性别、出生年月日等基本情况）（反诉的具体请求内容）

事实与理由

（被反诉人的罪行事实发生的时间、地点、侵犯客体等具体事实要素，阐明被反诉人罪行的性质及法律依据）

证据和证据来源，证人姓名和住址（主要证据及来源，主要证人姓名和住址。如证据、证人在事实部分已经写明，此处只需点明名称、证人地址）

此致

_____人民法院

反诉人：

代书人：

年　月　日

附：本诉状副本_____份

3. 刑事上诉状格式如下：

刑事上诉状

上诉人：（刑事案件被告人、刑事自诉案件自诉人、刑事附带民事案件原告人或被告人）（姓名、性别、出生年月日、民族、籍贯、职业或工作单位和职务、住址等基本情况）

被上诉人：（刑事自诉案件自诉人或被告人、刑事附带民事案件原告人或被告人、刑事公诉案件被告人提出上诉者不列被上诉人）（姓名等基本情况）

上诉人因_____一案，不服_____人民法院_____年____月____日（____）字第_____号刑事判决（或裁定），现提出上诉。

上诉请求（具体的上诉请求）

上诉理由（对一审判决或裁定不服的具体内容，阐明上诉的理由和法律依据）

此致

_____人民法院

上诉人：

代书人：

年　月　日

4. 刑事答辩状格式如下：

刑事答辩状

答辩人（刑事附带民事案件一、二审被告人、刑事自诉案件二审中原为自诉人的被上诉人）（姓名、性别、出生年月日、民族、籍贯、职业或工作单位和职务、住址等基本情况）因_____一案，现提出答辩如下：（针对起诉状或上诉状的指控所作出的答辩理由）

此致

_____人民法院

答辩人：

代书人：

年　月　日

附：本答辩状副本_____份

5. 刑事申诉书格式如下：

申 诉 书

申诉人（刑事案件的当事人及其法定代理人、近亲属、委托律师）（写明姓名、性别、出生年月日、民族、籍贯、职业或工作单位和职务、住址等基本情况，律师只需写明姓名及其所在律师事务所名称）

申诉人_____对_____人民法院_____年____月____日（____）字第_____号刑事判决（或裁定）不服，提出申诉。

请求事项（写明请求事项的要点）

事实与理由（写明基本的案情事实、审判结果以及具体的申诉理由和法律依据）

此致

_____人民法院

申诉人：

代书人：

年　月　日

附：原审_____书抄件 1 份

6. 刑事控告状格式如下：

控 告 状

控告人（刑事案件的被害人、法定代理人、近亲属、委托律师）（写明姓名、性别、出生年月日、民族、籍贯、职业或工作单位和职务、住址等基本情况，律师只需写明姓名及其所在律师事务所名称）被控告人（犯罪嫌疑人）

（写明姓名、性别、出生年月日、民族、籍贯、职业或工作单位和职务、住址等基本情况）

被控告人（犯罪嫌疑人）的犯罪事实

（写明犯罪嫌疑人犯罪的时间、地点、侵害的客体、目的、动机、情节、手段、造成的后果等事实要素）

控告的理由及法律依据（写明犯罪嫌疑人犯罪行为构成的罪名和法律依据）

证据和证据来源、证人姓名和住址（写明主要证据及其来源，主要证人姓名和住址）

此致

（司法机关名称）

控告人：

代书人：

年 月 日

第二节 刑事诉讼中的律师辩护

一、刑事诉讼中的律师辩护概述

（一）律师刑事辩护的概念

律师刑事辩护，是指接受犯罪嫌疑人、被告人委托或由人民法院指定的律师，根据事实和法律，提出证明犯罪嫌疑人、被告人无罪、罪轻或者减轻、免除其刑事责任的材料和意见，维护犯罪嫌疑人、被告人合法权益的诉讼行为。

（二）律师刑事辩护的作用

律师刑事辩护是我国司法制度的重要组成部分。律师刑事辩护具有下列作用：

1. 律师辩护有助于司法机关正确处理案件，维护法律的正确实施。辩护与控诉的平等对抗，是现代诉讼的必要机制，是公正审判的有力保障；准确、及时地惩罚犯罪分子和保障无罪的人不受刑事追究，是《刑事诉讼法》任务的两个方面，罪刑相适应是我国《刑法》的一项重要原则。律师是法律专业人员，具有系统的法律知识，律师依法执业有法律的保障，律师在诉讼中享有广泛的诉讼权利。辩护律师依据事实和法律提出证明犯罪嫌疑人、被告人无罪、罪轻或者减轻、免除其刑事责任的材料和意见，可以防止司法机关办案人员对案件产生主观性、片面性，避免或减少错误，有助于司法机关办案人员全面了解案件情况，作出正确的判断和处理决定，使无罪的人不受刑事追究，有罪的人罚当其罪，保障法律的正确实施。

2. 律师辩护有利于维护犯罪嫌疑人、被告人的合法权益。在刑事诉讼中，虽然犯罪嫌疑人、被告人可以自行辩护，但由于犯罪嫌疑人、被告人在刑事诉讼中属于被追究刑事责任的对象，处于被讯问和被审判的地位，其人身自由也受到了不同程度的限制，因此，犯罪嫌疑人、被告人自行辩护具有很大的局限性。犯罪嫌疑人、被告人担心自己的辩解会被认为是狡辩或者是态度不好而被从重处罚，即使有些犯罪嫌疑人、被告人敢于为自己辩护，但由于其无法搜集对自己有利的证据或缺乏法律知识，也可能会使辩护显得无力。辩护律师的介入，可以有效地弥补犯罪嫌疑人、被告人辩护能力的不足，维护犯罪嫌疑人、被告人的合法权益。

3. 律师辩护有利于法制宣传教育。提高全民的法律意识是律师的一项重要职责，律师在刑事辩护中，可以根据案件具体情况进行法制宣传教育。律师可以根据犯罪嫌疑人、被告人的不同心态，有的放矢地宣传法律知识。一般来说，犯罪嫌疑人、被告人对律师比较信赖，能够讲出自己的真实思想，也容易接受律师的意见和建议。律师进行辩护的同时，为犯罪嫌疑人、被告人和其他关心案件的人宣传法律知识、解释法律，有利于促使有罪的人认罪伏法，也有利于帮助无罪的人或其他关心案件的人理解法律、增强法律意识，总之，律师辩护的法律宣传，可以起到良好的宣传效果。

根据现行《刑事诉讼法》的规定，犯罪嫌疑人、被告人在侦查阶段、审查起诉阶段和审判阶段都可以委托律师担任辩护人。

辩护律师的权利和义务可参照律师的权利和义务、律师职业道德和律师执业行为纪律等有关章节内容。

二、律师在侦查阶段的辩护工作

1. 与侦查机关联系。根据现行《刑事诉讼法》、《公安机关办理刑事案件程序规定》、《人民检察院刑事诉讼规则（试行）》、第九届全国律协常务理事会第八次全体会议通过的《律师办理刑事案件规范》（律发通〔2017〕51号）等有关法律、规章、行业规范规定，承办律师在接受委托后，应当及时持律师事务所函、授权委托书与侦查机关取得联系。根据《公安机关办理刑事案件程序规定》第40条的规定，公安机关应当保障辩护律师在侦查阶段依法从事下列执业活动：

（1）向公安机关了解犯罪嫌疑人涉嫌的罪名和案件有关情况，提出意见。

（2）与犯罪嫌疑人会见和通信，向犯罪嫌疑人了解案件有关情况。

（3）为犯罪嫌疑人提供法律帮助、代理申诉、控告。

（4）为犯罪嫌疑人申请变更强制措施。

根据以上规定，律师在侦查阶段的辩护权能够得到充分保障。

承办律师接受委托以后，应当及时持律师事务所函、授权委托书递交侦查机关，并与承办人取得联系，了解犯罪嫌疑人涉案的罪名等与案情有关的材料。

2. 会见犯罪嫌疑人。根据现行《刑事诉讼法》第39条第2款和第4款的规定，辩护律师持律师执业证书、律师事务所证明和委托书或者法律援助公函要求会见在押的犯罪嫌疑人、被告人的，看守所应当及时安排会见，至迟不得超过 48 小时。律师会见犯罪嫌疑人、被告人，不被监听。

危害国家安全犯罪、恐怖活动犯罪案件，在侦查期间辩护律师会见在押的犯罪嫌疑人，需要经侦查机关许可，上述案件，侦查机关应当事先通知看守所。

律师会见未在押的犯罪嫌疑人，可以在其住所、单位或律师事务所进行，会见时其他人不应在场。律师会见被取保候审、监视居住的犯罪嫌疑人、被告人，不需要通知侦查机关，但《刑事诉讼法》另有规定的从其规定。

在侦查阶段，辩护律师还可以依法同在押、被监视居住的犯罪嫌疑人通信。

律师会见在押犯罪嫌疑人时，应当首先征询其对于聘请律师的意见，如犯罪嫌疑人同意律师辩护的，应在授权委托书上签字。律师会见犯罪嫌疑人时可以向其了解以下有关案件的情况：①犯罪嫌疑人的自然情况，即姓名、曾用名、性别、职业、学历、出生年月日、住址、家庭成员等；②是否参与以及怎样参与涉嫌的案件；③如果承认有罪，陈述涉及定罪量刑的主要事实和情节；④如果认为无罪，陈述无罪的辩解；⑤如是共同犯罪案件，应询问其在共同犯罪中的作用；⑥被采取强制措施的法律手段是否完备，程序是否合法；⑦被采取强制措施后期人身权利及诉讼权利是否受到侵犯；⑧其他需要了解的情况。

律师会见犯罪嫌疑人，应当遵守羁押场所依法作出的有关规定，不得私自为犯罪嫌疑人传递物品、信函，不得将通讯工具借给其使用，不得进行其他违反法律规定的活动。

律师会见犯罪嫌疑人应当制作会见笔录，并交犯罪嫌疑人阅读或者向其宣读。如果记录有遗漏或者差错，应当允许犯罪嫌疑人补充或者改正，在犯罪嫌疑人确认无误后要求其在笔录上签名。

律师会见犯罪嫌疑人，可以进行录音、录像、拍照等，但事前应征得犯罪嫌疑人同意。会见时侦查机关派员在场的，应在笔录中注明。

律师会见完毕后，应于羁押场所办理犯罪嫌疑人交接手续。

律师可根据案件情况和需要决定会见在押犯罪嫌疑人的时间、次数，要求侦查机关予以安排。律师会见犯罪嫌疑人不受非法干涉。

3. 为犯罪嫌疑人提供法律咨询。律师会见犯罪嫌疑人时可为其提供法律咨询，解释有关问题，这些问题包括但不限于以下内容：①有关强制措施的条件、期限、适用程序的法律规定；②有关侦查人员、检察人员及审判人员回避的法律规定；③犯罪嫌疑人对侦查人员的提问有如实回答的义务及对本案无关的问题有拒绝回答的权利；④犯罪嫌疑人有要求自行书写供述的权利，对侦查人员制作的讯问笔录核对、补充、改正、附加说明的权利以及在承认笔录没有错误后应当签名或盖章的义务；⑤犯罪嫌疑人享有侦查机关应当将用作证据的鉴定结论向其告知的权利及可以申请补充鉴定或者重新鉴定的权利；⑥犯罪嫌疑人的辩护权；⑦犯罪嫌疑人的申诉权和控告权；⑧刑法关于犯罪嫌疑人所涉嫌的罪名的有关规定；⑨刑法关于自首、立功及其他相关的规定；⑩有关刑事案件管辖的法律规定；⑪其他有关法律问题。

4. 代理申诉和控告。律师根据向侦查机关了解的犯罪嫌疑人涉嫌的罪名和向犯罪嫌疑人了解的案件情况，认为确有根据的，可接受犯罪嫌疑人的委托，代理其向有关机关提出申诉，要求予以纠正；律师根据向犯罪嫌疑人了解的有关案件情况和其他有关证据材料，认为侦查人员在办案中违反法律规定，侵犯犯罪嫌疑人的人身权利、诉讼权利或其他合法权益，或者认为侦查机关管辖不当的，可接受犯罪嫌疑人的委托，代理其向有关部门提出控告。

根据现行《刑事诉讼法》第56条的规定，如侦查机关采用刑讯逼供等非法方法收集犯罪嫌疑人、被告人供述的，该证据应当予以排除；如辩护律师获知侦查机关采用刑讯逼供等非法方法收集犯罪嫌疑人、被告人供述的，应向侦查机关控告，依法对该证据予以排除，不得作为起诉意见的依据。

律师对于犯罪嫌疑人要求申诉、控告的事项没有明确的事由或合法依据的，应当向犯罪嫌疑人说明、解释，不应代理申诉、控告。

5. 代为申请取保候审。律师向侦查机关了解犯罪嫌疑人涉嫌的罪名及会见犯罪嫌疑人后，如果认为被羁押的犯罪嫌疑人符合《公安机关办理刑事案件程序规定》第77条、《人民检察院刑事诉讼规则（试行）》第83条、《律师办理刑事案件规范》第51条等规定的下述取保候审的条件，可以主动为其申请取保候审：①犯罪嫌疑人所涉案情符合现行《刑事诉讼法》第67条的规定；②可能判处管制、拘役或者独立适用附加刑的；③可能判处有期徒刑以上刑罚，采取取保候审不致发生社会危险性的；④犯罪嫌疑人患有严重疾病、生活不能自理，怀孕或者正在哺乳自己婴儿的妇女，采取取保候审不致发生社会危险性的；⑤羁押期限届满，案件尚未办结，需要继续侦查的；⑥符合法律规定的其他取保候审条件。

在押的犯罪嫌疑人或者其法定代理人、近亲属要求律师为犯罪嫌疑人申请取保候审，承办律师认为符合法定条件的，可以为其申请取保候审，也可协助其直接向侦查机关申请取保候审。

律师为犯罪嫌疑人申请取保候审时，应向有关机关提交申请书。申请书应写明律师事务所名称、律师姓名、通信地址及联系方法、申请事实及理由、保证方式等，但律师不应为犯罪嫌疑人作保证人。

律师为被羁押的犯罪嫌疑人提出取保候审后，可要求侦查机关在7日内作出同意或者不同意的答复。对于不同意取保候审的，律师有权要求其说明不同意的理由，并可以提出复议或向有关部门反映。

6. 向侦查机关提供有关证据及律师法律意见书或者辩护意见书。根据《公安机关办理刑事案件程序规定》第 55 条的规定，案件侦查终结前，辩护律师提出要求的，公安机关应当听取辩护律师的意见，根据情况进行核实，并记录在案。辩护律师提出书面意见的，应当附卷。对辩护律师收集的犯罪嫌疑人不在犯罪现场、未达到刑事责任年龄、属于依法不负刑事责任的精神病人的证据，公安机关应当进行核实并将有关情况记录在案，有关证据应当附卷。辩护律师应该依据上述规定做好证据采集及律师辩护意见的撰写工作。

三、律师在审查起诉阶段的辩护工作

1. 与检察机关联系，查阅、复制卷宗材料。律师接受委托以后，应当及时与检察机关联系，向检察机关送达律师事务所函和辩护委托书。根据现行《刑事诉讼法》第 40 条的规定，自人民检察院对案件审查起诉之日起，律师可以查阅、摘抄、复制本案的案卷材料。根据《人民检察院刑事诉讼规则（试行）》第 47 条的规定，这里的"案卷材料"包括案件的诉讼文书和证据材料。2012 年修正的《刑事诉讼法》改变了 1996 年修正的《刑事诉讼法》仅规定可以"查阅、复制、摘抄本案诉讼文书和技术性鉴定资料"的规定，实际上扩大了律师的阅卷范围。因为所谓的本案"诉讼文书"，仅指立案决定书、拘留证、提请批准逮捕书、批准逮捕决定书、逮捕证、搜查证、起诉意见书等为立案采取强制措施和侦查措施以及提请审查起诉而制作的各种程序性文件，而"技术性鉴定资料"，也就是法医鉴定、司法精神病鉴定、物证技术鉴定等对涉案人员的人身、物品及其他有关证据进行鉴定所形成的鉴定情况和鉴定结论。显然现行《刑事诉讼法》中律师的阅卷材料范围有所扩大。

根据《人民检察院刑事诉讼规则（试行）》第 49 条的规定，辩护人复制案卷材料可以采取复印、拍照等方式。

2. 会见被告人。在审查起诉阶段辩护律师会见被告人不需要经过检察机关批准，会见时检察机关也不应派员在场。会见时应注意事项和律师在侦查阶段的会见注意事项是一致的。在审查起诉阶段辩护律师可以依法同在押、被监视居住的被告人通信。

律师在审查起诉阶段会见被告人时，除在侦查阶段应注意的事项外，还应注意如下事项：

（1）如果律师在审查起诉阶段是首次会见的话（侦查阶段没有委托律师，或者是审查起诉阶段变更辩护人），应该自我介绍，告知工作范围，包括介绍承办律师姓名、执业机构名称等，告知律师的工作范围和职责，并征询被告人对所聘请律师的意见，如表示同意应让其在委托律师的授权委托书上签字确认。

（2）根据具体案情，在审查起诉阶段一般询问如下问题：①征询被告人对公安机关的起诉意见书的意见，主要是其对起诉意见书认定的事实、情节及法律适用是否有异议。②询问案件有关事实，听取被告人的陈述和辩解。在审查起诉阶段，律师已经从人民检察院复印完案件的卷宗材料，应针对案件中的疑点问题进行重点发问，并依法核实被告人是否系初犯，是否到案后如实交代自己的犯罪经过，在抓捕的过程中有无拒绝抗拒、逃跑的行为、是否有自首立功情节，等等。③核对有关证明被告人无罪、罪轻或者减轻、免除其刑事责任的材料和意见，询问被告人有无新的人证、物证和证据线索。④询问与案件有关的其他情况。如询问其已被羁押的期限、办案人员对其是否有刑讯逼供、变相拘禁等违法行为、随案有无被扣押、冻结的财产等。根据前述会见所了解的内容，辩护律师可以向人民检察院提出证明被告人无罪、罪轻或者减轻其刑事责任的辩护意见，对于不应追究刑事责任，或证据不足、不符合起诉条件，或犯罪情节轻微、依照《刑法》不需要判处刑罚或者免除刑罚的，应建议人民检察院作出不起诉的决定。若被告人对不起诉决定不服，辩护律师可以代其向人民检察院提出申诉；若随案有扣押、冻结的财物，在作出不起诉决定后，可以要求人民检察院予以解除，若羁押期已超过法律规定的期限，则可代被告人要求解除或变更强制措施；若办案人员有刑讯逼供、变相拘禁等违法行为，可以代为控告。⑤询问侦查机关、检察机关是否采用刑讯逼供等非法方法收集被告人的供述，如有非法收集证据的，应向人民检察院控告，对该证据应当予以排除，不得作为起诉决定的依据。⑥如犯罪行为造成被害人物质损失，告诉其有关刑事附带民事诉讼的法律规定，并释明民事赔偿和量刑的关系等。⑦告知其在审查起诉阶段的诉讼权利义务。例如，在检察机关办案人员对其讯问时，有自我辩护的权利，要求重新鉴定的权利，对不起诉决定不服可以申诉的权利；可以提出主办检察官回避及对不予回避决定不服的可以申请复议的权利；等等。

在审查起诉阶段，律师会见被告人的谈话内容，只要是依法履行辩护职责所需要的都可以进行谈话，不受限制。

3. 调查、取证。律师通过查阅卷宗材料、会见被告人等一系列活动，认为案件事实不清、证据不足的，可以根据被告或其亲属提供的证人名单和其他线索进行必要的调查、取证。

律师调查、收集与案件有关的材料，应持律师事务所调查专用函，出示律师执业证，一般由2人进行。经本人同意，辩护律师可以向被害人或者其近亲属、被害人提供的证人收集与案件有关的材料，但事先应向人民检察院提出书面申请取得同意。律师认为必要时，可以直接申请人民检察院收集调取证据。

律师可以向证人或者其他单位和个人收集与案件有关的材料，但事先应征得本人同意，并在调查笔录上记明。律师调查笔录应当载明调查人、被调查人、记录人的姓名，调查的时间、地点，笔录内容应当有律师身份的介绍，被调查人的基本情况，律师对证人如实作证的要求，作伪证或隐匿罪证要负法律责任的说明，以及被调查事项的基本情况。律师制作调查笔录时，应全面地反映调查内容，并经被调查人核对或向其宣读。被调查人如有修改、补充，应由其在修改处签字、盖章或者按指纹确认。调查笔录经被调查人核对后，应由其在每一页上签名并在笔录的最后签署记录无误的意见。

律师收集物证、书证和视听材料应提取原件，无法提取原件的，可以复制、拍照或者录像，但对复制件、照片或录像应附有证据提供者的证明。

律师在调查、收集案件材料时可以录音、录像。对被调查人录音、录像的，应征得被调查人同意。律师调查、收集证据材料时，根据需要可邀请有关人员在场见证，并在调查笔录上签名。

律师摘抄、复制有关材料时，必须忠于事实真相，不得伪造、变造，断章取义。

在审查起诉阶段，辩护律师认为必要时，可以申请人民检察院收集、调取证据。

4. 提出辩护意见。根据现行《刑事诉讼法》第 173 条的规定，辩护律师可以向人民检察院提出关于本案的辩护意见。辩护律师在审查起诉阶段，应当从案件的事实和适用法律的角度，向检察机关提出自己的辩护意见。当被告人具有《刑事诉讼法》第 15 条规定的情形之一或犯罪情节轻微，依法不需要判处刑罚或者可以免除刑罚的，应当建议人民检察院作出不起诉决定；对于案件经审查事实不清、证据不足，经两次补充侦查仍不符合起诉条件时，也应建议人民检察院依法作出不起诉决定；对于侦查机关定性不准、适用法律不当的，可以建议人民检察院改变定性；对于被告人有自首、立功或其他从轻、减轻处罚情节的，可以要求人民检察院在起诉时予以全面反映。

根据《人民检察院刑事诉讼规则（试行）》第 364 条、第 365 条的规定，人民检察院审查案件，应当讯问犯罪嫌疑人，听取辩护人、被害人及其诉讼代理人的意见，并制作笔录附卷。辩护人、被害人及其诉讼代理人提出书面意见的，应当附卷。直接听取辩护人、被害人及其诉讼代理人的意见有困难的，可以通知辩护人、被害人及其诉讼代理人提出书面意见，在指定期限内未提出意见的，应当记录在案。可见在审查起诉阶段，辩护律师的辩护意见可以通过与办案人员交换意见的方式口头表述，也可以以书面形式阐明自己的辩护观点，但无论哪种形式，卷宗都应该有所记录，如是口头的，应有笔录附卷，如是书面辩护意见的，辩护词或辩护意见应当附卷。

5. 代理申诉、控告，向有关部门提出意见和建议。辩护律师依法履行职务时，如果发现侦查机关、审查起诉部门在办案过程中有违反诉讼程序，或侵犯犯罪嫌疑人诉讼权利及其他合法权益的情况，可以代理犯罪嫌疑人提出申诉、控告，也可以直接向有关部门反映情况，提出意见和建议。

四、审判阶段的律师辩护

律师接受委托后，应注意审查该案是否属于受案法院管辖，如发现人民法院管辖不当、侦查机关管辖不当等情形，应及时以书面方式向人民法院提出，请求退案或移送。如经审查确属受诉人民法院管辖，应该做好如下工作：

1. 审阅起诉书和本案指控犯罪的材料。如在审查起诉阶段没有查阅、摘抄、复制案件的全部诉讼材料的话，那么在审判阶段，律师应到人民法院查阅、摘抄、复制案件材料。

承办律师在查阅、摘抄、复制案件材料时，如人民法院没有主动将检察机关的起诉书交付承办律师，律师可以索要不属于复印材料范围的起诉书。律师获得包括起诉书在内的案件全部材料后，应当认真查阅案件材料，了解分析案情。案件材料应当包括起诉书、证据目录、证人名单和主要证据的复印件或者照片等，缺少上述材料的，律师可以申请人民法院通知人民检察院补充。

审判阶段的律师认为必要时，可向侦查及审查起诉阶段的承办律师了解案件有关情况，请求提供有关材料（主要是起诉意见书），侦查及审查起诉阶段的律师一般应予以配合。

律师查阅案件材料应当着重了解以下事项：①被告人的自然情况；②被告人被指控犯罪的时间、地点、动机、目的、手段、后果及其他可能影响定罪量刑的法定、酌定情节等；③被告人无罪、罪轻的事实和材料；④证人、鉴定人、勘验检查笔录制作人的自然情况；⑤被告人的基本情况；⑥侦查、审查起诉阶段的法律手续和诉讼文书是否合法、齐备；⑦技术性鉴定材料的来源、鉴定人是否具有鉴定资格、鉴定结论及其理由等；⑧同案被告人的有关情况；⑨有关证据的客观性、关联性和合法性，证据本身及证据之间的矛盾与疑点；⑩相关证据能否证明起诉书所指控的犯罪事实及情况，有无矛盾与疑点；被害人的自然情况，尤其是某些特殊案件，如有奸淫幼女情节的强奸案件等，被害人的年龄直接决定被告人的行为是否构成犯罪，因此要予以特别关注，必要时应调查；被害人的言行在案件发生过程中是否有过错，这直接关系到量刑；卷宗证据材料是否有《关于办理死刑案件审查判断证据若干问题的规定》和《关于办理刑事案件排除非法证据若干问题的规定》（以下简称两个《规定》）规定的非法证据情形；⑪其他与案件有关的材料。

2. 会见被告人。在审判阶段，律师会见在押被告人时，应当携带人民检察院的起诉书副本、授权委托书、律师事务所会见被告人专用证明和律师执业证。

　　律师会见被告人，应事先准备会见提纲，认真听取被告人的陈述和辩解，发现、核实、澄清案件事实和证据材料中的矛盾和疑点，询问被告人是否还有新的证据或是否能提供调查核实的新的线索。

　　律师会见被告人应该着重征求被告人对起诉书的看法，也就是对起诉书指控其犯罪的事实、证据、适用法律有无异议。询问时重点了解但不限于如下情况：①被告人的身份及其收到起诉书的时间；②被告人是否承认起诉书所指控的罪名；③指控的事实、情节、动机、目的是否清楚、准确；④起诉书指控的从重情节是否存在；⑤被告人的辩解理由；⑥有无从轻、减轻、免予处罚的事实、情节和线索；⑦有无立功表现；⑧是否存在超期羁押及合法权益受到侵害等情况；⑨如是共同犯罪，对起诉书所认定的委托辩护的被告人在共同犯罪中的地位、作用（包括被告所列的顺序）是否有异议；⑩是否有两个《规定》规定的非法证据情形；等等。

　　会见时，承办律师应告知被告人其对辩护工作的准备情况和初步的辩护意见，有分歧时应注意沟通，如果分歧较大，律师可以坚持自己的观点，将分歧部分交予被告人自行辩护；还要听取被告人自行辩护的意见，询问其本人对认定事实和适用法律方面的意见和看法。

　　承办律师应向被告人介绍法庭审理程序，告知被告人在庭审中的诉讼权利、义务及应注意的事项，尤其是要告知被告人最后陈述的主要内容可能与量刑具有一定的关系。

　　3. 调查和收集证据。在审判阶段，律师可以根据案件实际情况调查、收集与案件有关的证据材料。律师向证人调查、收集证据，证人不同意作证的，律师可以申请人民法院通知其出庭作证。律师根据案件需要也可以直接申请人民法院收集、调取证据。人民法院收集、调取证据时律师可以参加。

　　律师调查和收集证据的具体方法，参见前面所述相关内容。

　　开庭前，律师应将收集的证据材料进行复制，举证时将原件提交法庭。

　　4. 开庭准备工作。律师在开庭之前，针对案件的管辖、审判组织、审判方式等方面的问题，可以与人民法院交换意见和看法；尚未成年的被告人，可以要求人民法院通知其法定代理人出庭；对应当出庭的证人、鉴定人，可以依法申请人民法院通知鉴定人、传唤证人出庭质证，应制作上述人员名单，注明身份、住址、通讯方式等，并说明拟证明的事实，在开庭前提交人民法院；不应公开审理的案件，可以建议法庭不公开审理。

　　律师在开庭之前，应当撰写辩护词和准备发问提纲、答辩提纲等书面材料。律师开庭前准备的发问提纲、辩护词、答辩提纲等材料，开庭时应根据庭审实际情况及时作出修改和补充。

　　律师拟当庭宣读、出示的证据，应制作目录并说明所要证明的事实，在开庭前提交人民法院。

　　律师接到开庭通知书后应按时出庭，因下列情形之一不能出庭的，应及时与法院联系，申请延期开庭：①律师收到两个以上开庭的通知，只能按时参加其中之一的；②庭审前律师发现重大证据线索，需进一步调查取证或申请新的证人出庭作证的；③由于客观原因律师无法按时出庭的。

　　律师申请延期开庭未获批准，又确实不能出庭的，应与委托人协商，妥善解决。律师在开庭前3日内才收到出庭通知的，有权要求法院变更开庭日期。

　　开庭前律师应向法庭了解通知证人、鉴定人、勘验检查笔录制作人出庭作证的情况。如发现有未予通知或未通知到的情况，应及时与法庭协商解决。律师应了解公诉人、法庭组成人员的情况，协助被告人确定有无申请回避的事由及是否提出回避的申请。

　　根据现行《刑事诉讼法》的有关规定，辩护律师应该做好庭前会议准备工作。现行《刑事诉讼法》第187条第2款规定："在开庭以前，审判人员可以召集公诉人、当事人和辩护人、诉讼代理人，对回避、出庭证人名单、非法证据排除等与审判相关的问题，了解情况，听取意见。"这一规定标志着我国庭前会议制度的确立。通过在起诉、审判之间植入中间程序，突破了中国的刑事审判程序由起诉到审判直接过渡的做法。辩护律师应该适应并熟练掌握庭前会议相关法律规定和技巧。

　　所谓庭前会议，是指开庭前由法院组织的由参加刑事案件审判的主体所组成的会议，即检察机关提起公诉后，法庭开庭审判前，在法庭准备阶段，审判人员根据控辩双方提交的申请，或人民法院依职权决定，就有关该案的某些程序性事项召开审前会议，并作出相应决定的刑事诉讼活动。庭前会议通常是针对重大、复杂、疑难案件，为了避免审理的中断或拖延，保障集中审判、快速审判，法官依职权或依控、辩双方的申请，认为有必要时，召集公诉人、当事人和辩护人、诉讼代理人到庭，对庭审中的相关问题进行必要沟通的庭前准备程序。

　　根据《刑事诉讼法》及最高人民法院司法解释，以下事项可以在庭前会议中予以解决：①对案件管辖有无异议；②是否申请有关人员回避；③是否申请调取在侦查、审查起诉期间公安机关、人民检察院收集但未随案移送的证明被告人无罪或者罪轻的证据材料；④有无新证据提交；⑤是否申请证人、鉴定人、有专门知识的人出庭；⑥对拟出庭的证人、鉴定人、有专门知识的人的名单有无异议；⑦是否申请排除非法证据；⑧是否申请不公开审理；⑨附带民事诉讼当事人是否愿意接受调解；⑩开庭时间的确定上，公诉人、辩护人有无意见，是否需要调整；控辩双方对证据材料有无异议，对有异议的证据，在庭审时作为重点调查；无异议的，庭审时举证、质证可以简化。

上述庭前会议活动情形应当写入笔录，由审判人员和书记员签名。

根据有关规定，能够参加庭前会议的人员包括：审判人员、公诉人、被害人（或其法定代理人、近亲属）、被告人、辩护人、附带民事诉讼当事人、诉讼代理人。

《刑事诉讼法》确立的庭前会议制度，比较明显的优点是提高了审判效率和保障了程序公正。作为审判组织的法院注重效率是必然的取向。实践中如何发挥刑事诉讼的价值，尤其是程序公正这一价值体现，需要辩护律师有敢于担当的勇气和高尚的职业操守。虽然庭前会议并不是正式的法庭审判程序，它只是为开庭审判程序做准备的预备性程序，但当事人能够行使的相关权利，律师能够争取的就应该争取，千万不能轻易放弃。

5. 出庭辩护。律师出庭辩护工作按审判程序分为开庭、法庭调查、法庭辩论、被告人最后陈述与休庭后（评议和宣判）五个阶段。

（1）开庭阶段的工作。律师在开庭阶段的工作主要包括：注意法庭组成人员是否符合法律规定；是否有依法应当回避的人员没有回避；法庭有无全面告知被告人应该享有的诉讼权利；审判方式是否合法；应当出庭的人员是否到庭；等等情况。律师发现开庭情况违反法律规定的，应当及时向法庭提出并要求予以纠正。但如果经历了庭前会议程序，且上述问题已经解决了，就不必在这个阶段提出。

（2）法庭调查阶段的工作。审判长宣布被告人的诉讼权利后，律师可以接受被告人的委托，对合议庭组成人员、书记员、公诉人、鉴定人和翻译人员代为申请回避，并提供相关证据。

法庭核对被告人年龄、身份、有无前科劣迹等情况有误，可能影响案件审理结果的，律师应认真记录，在法庭调查时予以澄清。

在法庭调查过程中，辩护律师应该认真听取对被告人的讯问、发问，做好发问准备。辩护律师在公诉人讯问、被害人及其代理律师发问被告人后，经审判长许可，可向被告人发问，经审判被告人不承认指控犯罪的，应问明情况和理由。

公诉人向被告人提出威逼性、诱导性或与本案无关问题的，辩护律师有权提出反对意见，法庭驳回反对意见的，应尊重法庭决定。

公诉人对律师的发问提出反对意见的，律师可进行争辩，法庭支持公诉人反对意见的，律师应尊重法庭的决定，改变发问内容或方式。

对控诉方的出庭证人，应注意从以下几个方面进行质证：①证人与案件事实的关系；②证人与被告人、被害人的关系；③证言与其他证据的关系；④证言的内容及其来源；⑤证人感知案件事实时的环境、条件和精神状态；⑥证人的感知力、记忆力和表达力；⑦证人作证是否受到外界的干扰或影响；⑧证人的年龄以及生理上、精神上是否有缺陷；⑨证言前后是否矛盾。

辩护律师应综合以上方面，对证人证言的可信性及时发表意见并阐明理由，如有异议，应与控诉方展开辩论。

对于公诉机关提出证人名单以外的证人出庭出证的，辩护律师有权建议法庭不予采信或要求法庭延期审理。

对于出庭的鉴定人和鉴定意见，应注意从以下方面质证：①鉴定人与案件的关系；②鉴定人与被告人、被害人的关系；③鉴定人的鉴定资格；④鉴定人是否受到外界的干扰和影响；⑤鉴定的依据和材料；⑥鉴定的设备和方法；⑦鉴定结论与其他证据的关系；⑧鉴定意见是否有科学依据。

辩护律师应综合以上方面，对鉴定意见的可信性及时发表意见并阐明理由，如有异议，应与控诉方展开辩论。

对于控诉方出示的物证，应注意从以下方面质证：①物证的真伪；②物证与本案的联系；③物证与其他证据的联系；④物证要证明的问题；⑤取得物证的程序是否合法。

辩护律师应综合以上方面，对物证的可信性及时发表意见并阐明理由，如有异议，应与控诉方展开辩论。

公诉方出示证据目录以外的物证，辩护律师有权建议法庭不予采信或要求法庭延期审理。

对于控诉方出示的书证，应注意从以下方面质证：①书证的来源及是否为原件；②书证的真伪；③书证与本案的联系；④书证与其他证据的联系；⑤书证的内容及所要证明的问题；⑥取得书证的程序是否合法。

辩护律师应综合以上方面，对书证的可信性及时发表意见并阐明理由，如有异议，应与控诉方展开辩论。

对于控诉方出示的证据目录以外的书证，辩护律师有权建议法庭不予采信或要求延期审理。

对于控诉方宣读的未出庭证人的书面证言，应注意从以下几个方面质证：①证人不能出庭作证的原因及对本案的影响；②证人证言的形式和来源是否合法，内容是否完整、准确；③不符合有关法律规定的其他情形。

辩护律师应综合以上方面，对未出庭证人证言的可信性及时发表意见并阐明理由，如有异议，应与控诉方展开辩论。必要时，有权建议法庭不予采信或要求法庭延期审理，通知证人出庭出证。

控诉方宣读证据目录以外的证人证言,辩护律师有权建议法庭不予采信或要求法庭延期审理,通知证人出庭作证。对于鉴定人不能出庭而控诉方宣读的鉴定意见,应注意从以下几个方面质证:①鉴定人不能出庭的原因及对本案的影响;②鉴定意见的形式和来源是否合法,内容是否完整、准确;③不符合有关法律规定的其他情形。

辩护律师应综合以上方面,对鉴定意见的可信性及时发表意见并阐明理由,如有异议,应与控诉方展开辩论。必要时,辩护律师有权建议法庭不予采信或者要求法庭延期审理,通知鉴定人出庭接受质证,也可以申请人民法院补充鉴定或者重新鉴定。

控诉方宣读证据目录以外的鉴定意见,辩护律师有权建议法庭不予采信或要求法庭延期审理,通知鉴定人出庭接受质证,也可以申请人民法院补充鉴定或者重新鉴定。

对于控诉方提供并播放的视听资料,应从以下几个方面质证:①视听资料的形成及时间、地点和周围的环境;②视听资料收集的程序是否合法;③播放视听资料的设备;④视听资料的内容是否和所要证明的问题有关联;⑤视听资料是否伪造、变造;⑥与其他证据的联系。

辩护律师在视听资料播放后,通过上述各方面的质证如发现该材料不真实,或者其内容不是被告人自愿所为等,应提出不予采信的建议和理由,控辩双方可以就此展开辩论,辩护律师有权要求法庭调查核实。

控诉方提供证据目录以外的视听资料,辩护律师有权建议法庭不予采信或要求延期审理。

另外,根据现行《刑事诉讼法》第50条的规定,电子数据已是法定的刑事诉讼证据的一种形式,因此,对控诉方提供的电子数据也应该做好充分的质证准备(该部分内容参见律师民事代理法庭调查证据质证的相关内容)。

在控诉方举证完毕后,辩护律师应向法庭申请对本方证据进行举证。辩护律师举证时,应向法庭说明证据的形式、内容、来源以及所要证明的问题,并特别注意以下方面:①物证、书证、视听资料、电子数据等来源的合法性;②证人证言、被告人陈述、鉴定意见取得的程序的合法性;③证据内容的真实性;④证据与案件以及证据之间的联系。

对于本方的举证,控诉方提出异议的,辩护律师应当有针对性地进行辩论,维护本方证据的可信性。

在法庭调查活动过程中,辩护律师可以请求人民法院向人民检察院调取其收集的能够证明被告人无罪或者罪轻的证据材料;在法庭审理过程中,辩护律师有权申请通知新的证人到庭,调取新的物证、书证,申请重新鉴定或勘验。

案件每项事实的举证、质证完毕后，辩护律师可以发表综合性意见。

在法庭审理过程中，辩护人发现具有非法证据的情形的，可以申请排除非法证据，法庭应当进行审查。经审查，对证据收集的合法性有疑问的，应当进行调查；没有疑问的，应当当庭说明情况和理由，继续进行法庭审理。

在法庭调查活动中，有不符合法律规定或不利于查明案件事实的，辩护律师可依法提出建议或异议。

（3）法庭辩论阶段的工作。法庭辩论阶段，辩护律师应认真听取控诉方发表的控诉意见，记录要点，并做好辩论准备。

控诉方发表控诉意见后，经审判长许可，辩护律师发表辩护意见。辩护意见应针对控诉方的指控，从事实是否清楚、证据是否确实充分、适用法律是否准确无误、诉讼程序是否合法等不同方面进行分析论证，并提出关于案件定罪量刑的意见和理由。

被告人作无罪辩护，应主要从以下方面进行：

第一，控诉方指控的证据不足，不能认定被告人有罪。

第二，控诉方或辩护方提供的证据，能证明属于下述情况，依据法律应当认定被告人无罪的：① 被告人行为为情节显著轻微，危害不大，不认为是犯罪；② 被告人行为系合法行为；③ 被告人没有实施控诉方指控的犯罪行为；④ 其他依法认定被告人无罪的情况。

为被告人作有罪辩护，应着重从案件定性和对被告人从轻、减轻或者免除处罚等方面进行。

律师的辩护应围绕与定罪量刑有关的问题进行，抓住要害，重点突出，不在枝节问题上纠缠。律师发表辩护意见所引用的证据、法条一定要清楚准确，核对无误。律师的辩护发言应观点明确、论据充分、论证有力、逻辑严谨、用词准确、语言简洁。

律师辩护应向法庭陈述自己的意见和观点，以期得到采纳，不应以旁听人员为发言对象，哗众取宠。律师发表辩护意见应当以理服人，尊重法庭，尊重对方，不得讽刺、挖苦、谩骂、嘲笑他人。

律师多次辩护发言应避免重复，突出重点，着重针对控诉方的新问题、新观点及时提出新的辩护意见。

在法庭辩论和被告人的最后陈述中，律师发现有新的被遗漏的事实、证据需要查证的，可以申请恢复法庭调查。

在庭审过程中发现审判程序违法，律师应当向法庭指出并要求予以纠正。

需要强调的是，在法庭辩论阶段，实务中有时会出现既作无罪辩护又作量刑从轻处罚辩护的冲突局面，使得律师处于一种进退两难的困境。根据量刑程序改革的要求，律师必须在关于定罪问题的法庭调查和法庭辩论程序后，参与量刑问题的审理活动，针对控辩的量刑建议发表量刑辩护意见，但后者不可避免地冲击着先前无罪辩护的效果。而此时承办法官往往会问："辩护人，你认为被告人到底有罪还是无罪？"如你坚持无罪辩护，他就会说："你不要发表量刑辩护意见了。"这样则会在被告人被宣告有罪之后丧失提交从轻处罚的量刑建议的机会，最终无法促使法院作出轻缓的刑罚。

但根据现行《刑事诉讼法》第198条的规定，法庭审理过程中，对与定罪、量刑有关的事实、证据都应当进行调查、辩论。经审判长许可，公诉人、当事人和辩护人、诉讼代理人可以对证据和案件情况发表意见并且可以互相辩论。虽然这并未触及无罪辩护和量刑辩护存在的矛盾，却值得我们借此机会重新审视二者的关系。也就是说，辩护律师既可以发表定罪（无罪）的意见，也可以发表量刑的意见，而律师在实务中试图在无罪辩护时兼顾量刑辩护，遂产生了"如果有罪"的辩护逻辑，即"如果法庭认定被告人构成犯罪，那么请法庭注意以下从轻处罚情节……"这一辩护逻辑具有以下两个基本特征：①律师尊重被告人不认罪的意志并与其保持一致的辩护思路，坚持认为被告人的行为不构成犯罪，或者被告人为了获得从轻处罚的机会而直接认罪，但辩护律师依据法律的规定而不认为被告人的行为是犯罪，并就本案充分发表无罪辩护的意见。②律师在书面的辩护词中以及当庭参加量刑问题的审理时，都以"如果法庭认定被告人构成犯罪，那么请法庭注意以下情节"来展开后续的量刑辩护。这表明律师随后参与量刑调查、量刑辩论完全于法有据，法庭并不能因此认为律师放弃了无罪辩护的诉求，就应作有罪认定。

现就以李××非法买卖枪支案一案的一审辩护词，来说明辩护词的格式和辩护词在律师刑辩中的重要性，也以此释明如何处理辩护中的既作无罪辩护又作量刑从轻处罚辩护的冲突问题。

李××非法买卖枪支案一审
辩　护　词

审判长、审判员：

根据有关法律规定，××律师事务所接受本案行为人李××亲属的委托，指派我担任其一审辩护人，辩护人接受委托后，会见了李××，查阅了本案的卷宗材料，详细研究了本案有关情况，今天又参加了法庭调查，现根据有关法律规定和本案的事实，发表如下辩护意见：

1. 辩护人认为行为人李××的行为是介绍买卖枪支，根据有关司法解释的规定，对其应按买卖枪支罪的共犯论处，但由于其他行为人购买仿真枪（每人仅一支）的行为不构成犯罪，所以李××的行为不应按犯罪处理。

本案中，行为人李××由于自己通过网络购买了一支仿真枪（经鉴定不具有杀伤力，不符合《刑法》规定的"枪支"的构成要件），其二姑父王×、四姑父陈×良看到李××的仿真枪后，就询问李××是从哪搞到的，李××介绍说是从网上买的，然后告诉了他们网上买枪的经过，并提供了枪模论坛的网址和他的论坛账号密码等。关于李××介绍其亲戚网上购买仿真枪的事实清楚，如证人陈×良（系李××四姑父）在2009年8月20日在被询问时就证明："2009年3月份左右，我妻子侄子李××到我家来玩，他带来了一把从网上买来的仿真手枪，我看后比较感兴趣，就对李××讲让他帮我买一支气枪，李××答应了。李××把一个枪模论坛的网址和他的论坛账号密码发给了我……"（见公安卷第23~24页）。证人王×（系李××二姑父）在2009年8月22日的询问笔录中称："2009年2月我回老家探亲，到李××家玩，看他在玩一个仿真手枪，我也打了几枪，挺喜欢的，我问他从哪儿买的，他讲从网上买的，我就问他要了网址。我不大会从网上买东西，我打电话叫李××帮我在网上买一支MP-654K仿真手枪。"这些证词内容和行为人李××的陈述完全吻合，因此行为人李××是介绍其亲戚通过网上购买仿真枪，并非其本人购买。这表现在如下几个方面：①李××并没有为购买枪支支付一分钱，购枪款均是王×、陈×良支付的；②仿真枪的所有人也不是李××，而分别是王×、陈×良；③在王×、陈×良购买仿真枪过程中，李××仅是介绍枪模论坛的网址和他的论坛账号密码等，充其量也不过是在网络交易技术上帮助完成交易，而非其本人购买。因此，行为人李××仅是介绍网上购买仿真枪支。

根据《最高人民法院关于审理非法制造、买卖、运输枪支、弹药、爆炸物等刑事案件具体应用法律若干问题的解释》第1条第2款的规定，"介绍买卖枪支、弹药、爆炸物的，以买卖枪支、弹药、爆炸物罪的共犯论处。"本案中，由于其他行为人即王×、陈×良每人仅购买1支仿真枪，依法不构成犯罪（按照司法解释规定应是2支仿真枪才构成犯罪），因此李××的行为缺乏共同犯罪的必要条件，不应按犯罪处理。

2. 退一步讲，即使李××的行为构成犯罪，那么对其处罚时也应考虑如下从轻、减轻处罚情节：

（1）李××介绍、协助他人通过网络购买仿真枪支，情节较轻，没有实际造成危害社会的后果，尤其是其在仿真枪交易时不明知介绍购买的仿真枪支是法律禁止的枪支，其只是个人爱好予以收藏，后来因为是亲戚关系才同意介绍网上购买仿真枪的，根据有关司法解释的精神，李××的行为依法可以免除或者从轻处罚。

最高人民法院为了在"治爆缉枪"整治斗争中既严格适用法律，又正确执行刑事政策，于2001年9月17日发布了《对执行〈关于审理非法制造、买卖、运输枪支、弹药、爆炸物等刑事案件具体应用法律若干问题的解释〉有关问题的通知》（即法〈2001〉129 号文 以下简称《通知》），该《通知》第 2 条明确规定："对于《解释》施行后发生的非法制造、买卖、运输枪支、弹药、爆炸物等行为，构成犯罪的，依照刑法和《解释》的有关规定定罪处罚。行为人确因生产、生活所需而非法制造、买卖、运输枪支、弹药、爆炸物，没有造成社会危害，经教育确有悔改表现的，可依法从轻或者免除处罚。"可见最高人民法院在对待涉枪案件审理时是区别对待的，对于那些目的仅是赚钱等，主观方面并无实施其他严重危害社会治安秩序的恶意，经过有关部门的教育，能够积极主动地交出涉案的枪支、弹药、爆炸物品，确有悔改表现的，可依法从轻或者免除处罚。而本案中的被告人李××通过网络介绍他人购买仿真枪支，仅是个人爱好收藏（其本人购买的仿真枪并不符合《刑法》规定的"枪支"要求），其主观方面并无实施其他严重危害社会治安秩序的恶意，本案所涉的仿真枪均是枪支所有人（李××的四姑父陈×良）主动到公安机关上交的（见公安卷第 23 页陈×良的询问笔录），所涉枪支确实没有实际造成任何危害社会的后果，尤其是李××归案后经过有关部门的教育非常后悔，确有悔改表现，根据本案的实际情况，希望人民法院对李××量刑时能依法从轻或者免除处罚。

（2）李××仅是介绍其亲戚通过网络购买仿真枪，其本人既没有盈利也不曾持有，其在购买枪支活动中仅起协助作用，因此被告人李××在购买仿真枪中所起作用不大，仅起协助作用，其主观恶性较小，尤其是其行为没有造成危害社会的后果，因此对其可以酌定从轻处罚。

（3）李××在归案后，在第一次讯问时就能够把所有的犯罪事实如实供述出来，认罪态度好，具有悔罪表现，可以对其酌定从轻处罚。

（4）本案的发生，在客观上与我国网络管理混乱有一定的关联性。辩护人在会见李××时，李××认为，网络是经过有关网管部门监控的，因此他认为，通过网络上购买的仿真枪是国家允许的，也不具有杀伤力，由于李××法制观念淡薄，加之我国网络管理混乱，使得国家禁止的仿真枪交易通过网上得以成交，如果有关部门真正履行了监管职责，本案就不会发生，辩护人希望人民法院如果认定李××的行为构成犯罪，那么能考虑这一客观情况，对李××酌定从轻处罚。

（5）李××在单位一贯表现良好，过去从没有任何违法违纪现象，这次犯罪实属初次、偶然犯罪，其主观恶性小。另外，其母亲刘×因李××犯罪被羁押的刺激，现被诊断为精神病而住院治疗，其父亲下岗在家，生活十分困难，李××的工作收入是家庭的主要生活来源，现在李××被羁押，给这个家庭带来了极大的困难，从以人为本、人性化关怀的角度出发，对被告人李××也应从轻处罚。

综上所述，辩护人希望人民法院根据本案的实际情况，对李××作出无罪判决，如果对其作出有罪判决，由于被告人李××具有多个从轻、减轻处罚情节，希望人民法院对被告人李××量刑时能从轻、减轻处罚并适用缓刑。

以上辩护意见，望人民法院能慎重考虑，并予以采纳。

××律师事务所

律师：×××

2009 年 11 月 12 日

说明：公诉机关指控被告人李××在网上为他的两个姑父各购买了一把仿真枪，仿真枪经鉴定均足以致人伤害，属于"枪支"范畴，因此李××构成非法买卖枪支罪。该案影响很大，是公安部督办案件，系网上系列买卖枪支案件之一。庭前交流时，公诉机关及法院均认为该案不能轻判。尽管被告人为了从轻处罚，开庭时也作了有罪供述，但承办律师了解案情后还是作了无罪辩护，同时作了"退一步讲，如果认定有罪的话，……"的辩护意见，后来一审法院判决李××3年有期徒刑，缓刑4年。取得了较好的辩护效果。

（4）被告人最后陈述阶段的工作。被告人最后陈述是被告人享有的一项重要权利，律师在这一阶段应注意保护被告人正确行使这一权利。如果被告人在最后陈述阶段要求提出新的事实或证据，应当请求法庭恢复法庭调查，待查清事实和证据后再进行法庭辩论和最后陈述。被告人最后陈述时如果控诉方予以反驳，律师应当建议法庭恢复法庭辩论或对控诉方予以制止，并可要求法庭给予被告再次作最后陈述的机会。

（5）休庭后的律师工作。审判长宣布休庭后，法庭进入评议和宣判阶段，此阶段律师的主要工作是阅读法庭笔录，如发现有遗漏或者差错的，可以请求补充或者更正，经确认无误后签名。另外，对当庭宣判的，应注意听取判决内容，听取法庭是否向被告人交代上诉权利，并注意听取被告人是否提出上诉。

对定期宣判的，律师应就当庭出示、宣读的证据及时与法庭办理交接手续。辩护律师应尽快整理辩护意见，如在开庭前准备的辩护意见不需要修改的，可以当场提交书面辩护词，还可以将电子版辩护词交给书记员进行拷贝。

一审判决后，律师有权获得判决书。在上诉期限内，律师可会见被告人，听取其对判决书是否上诉的意见，如被告人提起上诉，辩护律师应给予法律帮助。

关于自诉案件的辩护，律师可根据自诉案件的特点对出庭辩护工作进行调整，如参与调解、和解、提出反诉等工作，以全面履行辩护职责。

五、二审程序中的律师辩护

律师担任二审案件的被告人的辩护人，应当按承办一审案件的要求办理委托手续。律师接受委托以后，可以应被告人要求，协助或代为书写上诉状。

律师办理二审案件，进行阅卷、会见被告人、调查取证等相关活动，可以参照一审相关活动的规定进行。二审案件开庭审理的，律师辩护活动也可参照一审程序的有关规定进行；二审案件不开庭审理的，律师应当向法院提出书面辩护意见并可提交新的证据。

另外，根据现行有关司法解释的规定，具有下列情形之一的，应当向二审法院申请非法证据排除：①原审法院对辩护人、当事人排除非法证据的申请没有审查，且以该证据作为定案根据的；②人民检察院或者被告人、自诉人及其法定代理人不服原审法院作出的有关证据收集合法性的调查结论，提出抗诉、上诉的；③当事人、辩护人在原审后才发现相关线索或者材料系非法取得的。

律师在二审辩护时，应注意的是，除针对公诉机关或自诉人的指控外，主要还应针对原审判决认定的事实是否正确，量刑是否适当等几个方面内容进行辩护。如果是检察机关提出抗诉或自诉人上诉的，还应针对抗诉意见和自诉人上诉请求发表意见。

律师认为原审判决事实不清、证据不足的，应当要求二审法院开庭审理或发回原审法院重审。律师认为原审严重违反诉讼程序、影响公正判决的，可以要求二审法院发回重审。对于二审法院裁定发回重审的案件，被告人继续委托律师辩护的，应当重新办理委托手续。

六、审判监督程序中的律师辩护

依照《律师法》的规定，律师可以代理各类刑事案件的申诉，律师代理申诉工作本书另有章节论述，本章节不再阐述。

第三节　刑事诉讼中的律师代理

一、刑事诉讼中的律师代理概述

（一）刑事诉讼中的律师代理的概念

刑事诉讼中的律师代理，简称律师刑事代理，是指在刑事诉讼中，律师接受刑事自诉案件的自诉人及其法定代理人、公诉案件的被害人及其法定代理人或近亲属、附带民事诉讼当事人及其法定代理人的委托，担任代理人，在受托的权限范围内参与诉讼，以维护委托人的合法权益，保障国家法律正确实施的一种活动。

（二）律师刑事代理工作的意义

在刑事诉讼活动中，被害人是犯罪行为的直接受害者，被害人因犯罪嫌疑人、被告人的犯罪行为而在人身、财产或名誉、精神上蒙受巨大损害，有些被害人身体严重致残甚至丧失生命，或完全丧失诉讼行为能力。更多的被害人尽管具有诉讼行为能力，但由于个人能力的不足或缺乏法律知识，不能充分利用法律武器有效地维护自身合法权益。律师代理诉讼可以更好地帮助当事人行使权利。同时，被害人由于担心公诉人业务水平或其他因素可能导致控诉不力，受托代理人可以弥补这一不足。而且也可以减轻国家司法机关工作压力，辅助国家司法机关充分行使追诉权和审判职能，使案件能得以及时、正确的处理，惩罚犯罪分子。另外，律师代理刑事诉讼，可以有效地对侦查、起诉、审判工作行使监督和制约的权利，可以防止司法机关工作人员徇私枉法、放纵犯罪，有效地维护被害人合法权益。

二、公诉案件中的律师代理

律师可以接受公诉案件被害人（包括公民、法人和其他组织）、已死亡被害人的近亲属，无民事行为能力或限制民事行为能力被害人的法定代理人的委托，担任其诉讼代理人。

1. 侦查阶段律师的代理业务。我国刑事诉讼法规定律师仅在审查起诉阶段和审判阶段可以接受被害人委托，担任代理人参加诉讼活动。但根据《律师法》及其他相关法律、法规的规定，实践中律师在刑事案件立案前或立案侦查阶段为被害人提供法律咨询，代为申诉、控告等活动亦应属于律师业务范围，可以视为被害人代理。

《最高人民法院关于适用〈中华人民共和国刑事诉讼法〉的解释》第148条规定，"侦查、审查起诉期间，有权提起附带民事诉讼的人提出赔偿要求，经公安机关、人民检察院调解，当事人双方已经达成协议并全部履行，被害人或者其法定代理人、近亲属又提起附带民事诉讼的，人民法院不予受理"，由此可见在侦查阶段，被害人是可以提出赔偿请求的，但被害人自己提出赔偿要求是有困难的，需要法律专业人员的帮助，因此在侦查阶段委托律师确有必要，且司法部制定的《律师刑事诉讼格式文书》也规定了刑事控告书这种法律文书，因此律师在侦查阶段为被害人提供法律帮助，甚至担任代理人也是法律所容许的，现举例说明律师在侦查阶段制作的两份法律文书，以说明法律文书的格式、内容以及律师在此阶段的重要作用。

律师实务文书一

律师法律意见书

××律所（2009）律意见书第05号

××市公安局交通警察支队六大队：

贵大队受理的杜×交通肇事一案，××律师事务所接受本案受害人（死者宋×兵）亲属的委托，依法指派×××律师为其提供法律帮助，承办律师向有关机关和知情人了解了本案的有关情况。根据有关法律规定和本案的事实，承办律师现就本交通事故责任的认定及对肇事驾驶员杜×的处理提出如下意见，供承办单位参考：

一、关于本案道路交通事故责任的认定

道路交通事故责任的认定，应当做到程序合法、事实清楚、证据确实充分、适用法律正确、责任划分公正。根据有关事实，我们了解的情况是：2009 年 5 月 14 日中午，自卸车驾驶员杜×驾驶自卸车在××经济开发区宿松路与四十井方向交叉口，由于超速、超载，将正常骑电动自行车行驶在此路口的受害人即死者宋×兵及后座搭载的宋×明撞倒致死（以上有关事实，××电视台"第一时间"栏目在 5 月 14 日作了报道，记者采访了当时目击现场的环卫工人等，该工人描述了当时肇事车辆的超速及超载情况），基于以上事实，自卸车驾驶员杜×的行为，明显违反了《道路交通安全法》第 42 条、第 44 条、第 48 条等有关规定，在这次事故中，杜×应负事故的全部责任，至少也应负主要责任。

二、自卸车驾驶员杜×的行为构成了交通肇事罪

由于机动车驾驶员杜×在这次交通事故中负全部或者主要责任，根据《最高人民法院关于审理交通肇事刑事案件应用法律若干问题的解释》第 2 条第 1 项的规定，造成 1 人死亡，如负事故的全部或主要责任的，应处 3 年以下有期徒刑或者拘役。而在本案中，驾驶员杜×的行为已造成了 2 人死亡的严重后果，根据有关规定，公安机关应对其采取刑事拘留或者逮捕的强制措施。但据了解，驾驶员杜×现在仍然逍遥法外，建议公安机关立即对杜×采取刑事拘留或者逮捕的强制措施，并将本案移交检察机关审查起诉，以体现法律的严肃性和公平性。

以上法律意见望慎重考虑。

××律师事务所（印章）

律师：××

2009 年 5 月 18 日

附：1. 律师事务所公函及委托书；

2. 抄报 ××市公安局交通警察支队。

说明：杜×交通肇事一案在交通事故责任认定前，被害人亲属就委托律师作为其侦查阶段的代理人，鉴于交警部门对交通事故责任尚未认定之前，承办律师根据掌握的有关案情及现场勘查的情况，向受理该案的交警部分递交了如上《律师法律意见书》，之后交警部门认定杜×承担事故的主要责任并于《交通事故认定书》下发当天将杜×刑事拘留，后在交警的调解下，达成了民事赔偿协议，杜×被取保候审。

律师实务文书二

控 告 书

控告人：××市天×交通服务有限公司（以下简称天×公司）

住所地：××县三岗镇巢山南路 31 号

被控告人：李××，男，汉族，1959 年 6 月 11 日生，住××市××区水阳路菱水苑 3 栋 201 室，原系天×公司的法定代表人。

请求事项：

1. 请求××市××公安分局依法立案、侦查被控告人李××合同诈骗、诈骗一案，并追究其刑事责任；

2. 追回被控告人合同诈骗、诈骗所获得的 478 余万元，避免控告人由此而造成经济损失。

事实和理由：

1. 合同诈骗罪。被控告人李××原是天×公司的法定代表人，其同时也是××平山汽车客运投资有限公司（以下简称平山投资公司）的法定代表人，他为了骗取××小额贷款有限公司（以下简称××贷款公司）的巨额财产，利用其是天×公司的法定代表人的有利条件，分别以平山投资公司和李××的名义作为借款人，以天×公司作为担保人（连带责任的保证人），于 2011 年 6 月 17 日和 6 月 24 日从××贷款公司骗取了 300 万元贷款，但李××在两份《保证合同》中加盖天×公司的公章，公司的所有股东均不知情，只是在最近××市××区法院向天×公司送达了《民事诉状》等诉讼材料时，控告人才知道李××个人合同诈骗的犯罪行为。

控告人认为，李××为了骗取××贷款公司的巨额财产，在签订合同过程中，盗取签订合同所必需的文书、公章，制造"合法身份""履行能力"的假象，虚构"扩大经营规模""车辆更新"等根本不存在的基本事实，在短时间内（仅间隔 7 天）骗取了××贷款公司的 300 万元巨额财产，李××骗取财产后即卷款逃跑，根本不予偿还。虽然名义上这被骗去的 300 万元贷款是××贷款公司的，但该 300 万元的贷款却要控告人予以偿还（承担连带偿还责任），这和直接骗取控告人的财产并无实质不同。因此这被骗去的 300 万元实际受害人是控告人即天×公司。

2. 诈骗罪。被控告人李××还分别于 2011 年 4 月 16 日向席××借款 148 万元，2011 年 6 月 23 日向刘×借款 30 万元，该 178 万元借款也是以天×公司作为连带责任的保证人而实施借款的，其实天×公司没有一个股东知道此事，直到最近接到法院的应诉通知及诉状才陆续知道此事。

控告人认为被控告人李××的上述行为明显构成诈骗罪。首先，李××实施了欺诈行为，他隐瞒真相，天×公司实际上并没有提供担保，但他以天×公司名义担保，使被害人陷入错误认识，从而把钱借出，他的行为明显属于欺诈行为。其次，李××在主观方面表现为直接故意，并且具有非法占有公私财物的目的。他在骗得以上178万元后就立即躲避逃逸，不和贷款人接触，明显具有非法占有他人财物的目的。

我们希望公安机关能追究被控告人李××以上犯罪的刑事责任，并查明其骗取以上478万元的下落（因为骗得钱款后时间不长即被抓获，应该没有花光），以避免给公司造成损失。

另外据了解，李××还骗取了其他人的财产，其已被公安机关以诈骗罪、非法集资罪等经济犯罪被羁押在××市第二看守所。

综上所述，被控告人李××的行为严重触犯了我国《刑法》的有关规定，侵犯了控告人的合法权益，根据有关规定，特向贵局提出控告，请求依法立案，并同其他犯罪线索合并侦查，并追究其刑事责任。

此致
××市××区公安分局

控告人：×××

××市天×交通服务有限公司（印）

2012年2月22日

附：1.《贷款申请书》《借款合同》《保证合同》；

2.《民事诉状》等书证材料。

说明：天×公司因借款纠纷和民间借贷纠纷委托律师担任其诉讼代理人，代理律师了解情况后，认为该案被告人之一李××已经涉嫌犯罪，因此代理律师一方面以本案已涉嫌犯罪为由向法院申请中止审理，另一方面向公安机关控告李××犯罪。后经交涉，公安机关立案侦查，法院中止案件审理。事隔6个月后，李××被××市中级人民法院判处13年有期徒刑，上述两个民事案件被法院裁定驳回起诉。

2. 审查起诉阶段的代理活动。公诉案件被害人的代理律师在审查起诉阶段参加诉讼，享有与辩护律师同样的权利，代理律师可以向检察机关了解本案的相关情况，有权摘抄、复制本案的案卷材料。有权依照刑事诉讼法的规定调查、收集相关证据。代理律师在这一阶段应当从维护被害人利益和保障法律正确实施的角度向人民检察院提出代理意见，以协助人民检察院正确作出提起公诉的决定。根据有关规定，代理律师也可以提出控告状或者刑事附带民事控告状，提出相应的诉求。现举例说明其格式和内容。

刑事附带民事控告状

控告人：沈××，男，1943 年 5 月 8 日生，汉族，住××市××区烟墩乡史岗村二队×号（系死者沈×玲父亲）

控告人：赵××，女，1947 年 6 月生，汉族，住址同上（系死者沈×玲母亲）

被控告人（犯罪嫌疑人）：许××，男，1970 年生，汉族，住××市××区××镇塘西村一组×号，现羁押在××市第二看守所

控告请求事项：

1. 依法追究被控告人许××故意杀人罪的刑事责任；

2. 责令被控告人许××赔偿（或其亲属代为赔偿）被害人亲属各项损失 484 281.5 元。

事实和理由：

被控告人和被害人沈×玲夫妻感情一直不好，被控告人一直扬言要惩罚被害人（沈×玲回娘家曾多次提及此事），2009 年 4 月 28 日凌晨 2 点多钟，早有预谋的被控告人许××乘被害人沈×玲熟睡之机，从房里拿了一把铁锤，对着沈×玲的头部残忍地砸了十几锤，当场将沈×玲砸死，然后被控告人许××擦干手上血迹，逃离现场。

犯罪嫌疑人许××蓄意杀人，其行为触犯了《中华人民共和国刑法》第 232 条的规定，构成了故意杀人罪，且其手段特别残忍，情节特别恶劣，社会危害后果特别严重，依法应予严惩。

另外，根据《起诉意见书》认定的事实看，本案中的犯罪嫌疑人许××不具有自动投案情节，因为是两名警察赶到现场，将所谓"跳楼自杀"的许××"带到刑警队了"，可见许××是被警察带到刑警队，并非其主动投案自首。

值得一提的是，控告人和许××接触、相处多年，并未发现其有言行怪异、精神不正常的现象，也从未听女儿（被害人）讲到许××精神不正常，因此现在得知许××经鉴定为限制行为能力人，很吃惊也很不理解，控告人并不认可这一鉴定结论，已经提出重新鉴定申请，控告人希望司法机关能以事实为根据、以法律为准绳，公平、公正处理本案，绝不让企图规避法律制裁的人的图谋得逞。

根据有关规定，被控告人许××除了要承担刑事责任外，还应赔偿控告人一方如下损失：①死亡赔偿金 259 808 元；②丧葬费 13 181.5 元；③处理丧事人员误工费 2599 元；④交通费 2500 元；⑤被抚养人生活费 126 193 元；⑥精神抚慰金 80 000 元。以上合计 484 281.5 元。

以上控告请求事项，望检察机关在提起公诉时能予以慎重考虑，并予以采纳。

此致

××市人民检察院

控告人：×××

2009 年 3 月 2 日

说明：本案的处理结果在后面予以介绍。

3. 法庭审理阶段的代理活动。法庭审理阶段，代理律师应当到人民法院依法查阅、复制、摘抄与本案有关的指控犯罪的材料，有权依法进行调查、收集证据，有权申请重新鉴定或勘验。在法庭开庭前，应当向法院提交出庭证人的名单和证据目录。如果案件涉及被害人隐私的，可以建议人民法院不公开审理。在接到开庭通知以后，律师应当与委托人商量出庭事宜，并应事前准备好代理词和问话提纲、答辩提纲等各方面的材料。代理律师应告知被害人有权对合议庭组成人员、书记员、公诉人、鉴定人和翻译人员申请回避，并协助被害人行使此项权利。

律师在法庭审理阶段，如果犯罪行为给被害人造成物质损失，应该及时提交刑事附带民事诉状并附上相关证据，虽然法院不会支持精神损害赔偿的诉求，但因刑事附带民事诉讼不收取诉讼费用，所以律师实务中往往提出精神损害赔偿这一诉求，目的在于如果达成民事赔偿协议，这是一项参考诉求，被告人要想获得被害人的谅解，并出具从轻处罚的谅解函，一般被告人及其亲属通常会适当考虑。现附一份刑事附带民事诉状以说明其格式和内容。

刑事附带民事起诉状

附带民事诉讼原告人：杨××，女，1938 年 8 月 11 日生，汉族，住××县××镇三山村何大郢村民组

法定代理人：张××，男，1971 年 11 月 29 日生，汉族，住址同上（系杨××之子，因杨××遇车祸成植物人，无民事行为能力）

附带民事诉讼被告人：蔡××，男，1964 年 10 月 5 日生，汉族，驾驶员，住××市××区孙海镇杭岭村胜利组，系肇事车辆×NBY418 号二轮摩托车驾驶员，现羁押在××县看守所

请求事项：

1. 依法追究被告人蔡××交通肇事罪的刑事责任，因其具有逃逸、拒不赔偿等从重处罚情节，望能从重处罚，在法定刑上限量刑；

2. 判令被告人蔡××赔偿原告人各项经济损失 321 748 元。

事实和理由：

2012 年 4 月 11 日 9 时 35 分左右，被告人蔡××驾驶×NBY418 号二轮摩托车沿 206 国道合安公路由南向北行驶至 1076KM+250M（××县××境内）处，将行

至此处的原告人撞倒致伤，被告人蔡××肇事逃逸。该事故经××县公安局交警大队认定，驾驶员蔡××负此事故全部责任，原告人无事故责任。

原告人杨××受伤住院至今，目前尚无知觉，已成植物人。

原告人认为，被告人的行为违反了《中华人民共和国刑法》第133条的规定，构成交通肇事罪，依法应予以追究。该事故发生后，交警部门责成被告人及其亲属交付医疗费，但至今仅支付5万元，而原告人杨××已支付了近14万元医疗费，原告人向被告人及其亲属多次催要，但被告人亲属置之不理。由于被告人蔡××具有逃逸、拒不赔偿等从重处罚情节，望人民法院能对其从重处罚，在法定刑上限量刑。

根据《中华人民共和国刑事诉讼法》第77条的规定，被告人应该赔偿原告人如下损失：①医疗费80 000元（被告人预付的50 000元已扣除）；②护理费18 756元（90天＊104.2元/天＊2人＝18 756元）；③营养费、伙食补助费3600元（90天＊20元/天＋90天＊20元/天）；④伤残赔偿金37 392元（暂按1级算，{20-14}年＊6232元/年＝37 392元）；⑤后续治疗费100 000元（暂按100 000元算，待鉴定后再确定具体数额）；⑥交通费2000元；⑦精神抚慰金80 000元；⑧后续护理费5万元。以上合计371 748元。

以上诉求，请人民法院依法予以支持。

此致

××县人民法院

具状人：杨××

法定代理人：张××

2012年6月20日

附：本诉状副本1份。

说明：蔡××交通肇事一案，经法院调解，被告人自愿一次性支付原告人杨××损害赔偿金35万元，获得被害人亲属谅解，并出具希望从轻处罚的谅解函，蔡××被判处缓刑。

在法庭审理过程中，代理律师应依法指导、协助或代理委托人行使以下诉讼权利：①陈述案件事实；②出示、宣读有关证据；③请求法庭通知未到庭的证人、鉴定人和勘验检查笔录制作人出庭作证；④经审判长许可，向被告人、证人、鉴定人、勘验检查笔录制作人发问；⑤对各项证据发表意见；⑥对被告人及其辩护人向被害人提出的威胁性、诱导性或与本案无关的发问提出异议；⑦申请通知新的证人到庭，调取新的证据，申请重新鉴定或者勘验；⑧必要时，请求法庭延期审理。

代理律师对开庭前准备的代理词等书面材料，应当根据开庭情况，及时进行修改、补充，以充分保证代理意见的正确性。

在法庭辩论阶段，公诉人、被害人发言后，代理律师应当发表代理词，全面阐述自己的意见和主张，驳斥被告人的辩解和反驳辩护人的辩护意见。由于被害人和公诉人同属履行控诉职能的一方，因此，代理律师应与公诉人密切配合，以共同完成控诉职能。但由于公诉人与被害人诉讼地位、所处立场、角度的不同，代理律师或被害人可能会与公诉人在有些问题的看法上有分歧或意见不一致。在这种情况下，律师有权发表自己的独立见解，以更好地维护被害人合法权益，维护法律的正确实施。下面附一份代理词，以说明其格式和内容。

许××故意杀人案刑事附带民事案一审
代　理　词

审判长、审判员：

根据有关法律规定，××律师事务所接受本案刑事附带民事诉讼原告人沈××、赵××的委托，指派我担任其刑事及附带民事诉讼的代理人，依据本案的事实和有关法律规定，现发表如下代理意见：

一、关于刑事部分的代理意见

1. 被告人许××实施故意杀人行为时手段特别残忍。本案被告人许××和被害人沈×玲长期夫妻感情不和，关于这点是有大量证据予以证明的。被告人许××在2009年4月27日的《讯问笔录》中交代："从去年10月份后……她（指沈×玲）经常和我吵"（见公安卷第8页），这和证人刘××的证词正好相吻合，侦查员询问刘××："平时许××夫妻关系怎么样？"刘××回答："有时经常吵嘴。"（见公安卷第16页），另外，从被告人许××和被害人沈×玲分床而睡的事实情况也可以看出他们夫妻关系很僵。正是被告人许××和被害人沈×玲平时关系不和，才导致凶杀案的发生，代理人认为，被告人许××蓄意杀人，其实施杀人行为时手段特别残忍，他用铁锤对被害人沈×玲的头部砸了几十锤（见××市精神病医院《司法鉴定意见书》第3页记载：办案民警介绍：许××用铁锤对妻子沈×玲砸了几十锤），从现场拍照的照片也可以看出沈×玲被砸得血肉模糊、面目全非，惨不忍睹，可见许××在实施杀人行为时手段特别残忍，根据《中华人民共和国刑法》第232条的规定，许××的行为构成故意杀人罪，且其手段特别残忍，情节特别恶劣，社会危害特别严重，因此原告人及其代理人希望人民法院对被告人能依法从重处罚，判处其死刑。

2. 公诉机关认定被告人许××实施故意杀人行为时为限制刑事责任能力人缺乏科学依据，且不能令人信服。本案在公安侦查阶段时，刑侦部门告知本案被害人亲属，犯罪嫌疑人许××被××市精神病医院鉴定为限制刑事责任能力人，被害人亲属当时就提出异议，但考虑到有关承办人带有明显倾向，因此在侦查阶段虽提出异议，但没有书面申请要求重新鉴定，以防因人为因素、依据不足的鉴定意见再次出现。在审查起诉阶段，被害人亲属以书面形式正式提出重新鉴定申请，但公诉机关有关人员称：在审查起诉阶段重新鉴定不太合适，因为不管是维持原鉴定意见还是改变原鉴定意见，在法院诉讼阶段被害人或者被告人都会重新申请再做鉴定，不如到法院阶段再重新做鉴定，这样可以节约时间。当案件已移交到法院，被害人一方又及时向法院再次提出对被告人的刑事责任能力重新鉴定，但遗憾的是这一请求没被采纳。被害人亲属及代理人认为××市精神病医院关于许××为限制刑事责任能力人的鉴定结论明显依据不足，理由是：

（1）被害人亲属和许××接触、相处多年，从未发现其有言行怪异、精神不正常的现象；也从未听被害人沈×玲生前讲到许××精神不正常；而且许××在被害人的大哥沈山×的公司工作了3年多，其与沈山×全家人相处密切，与公司员工合作融洽，从没有任何人感觉许××精神不正常。尤其是从被告人许××2009年4月27日凌晨2点多钟的作案经过来看，他从容的作案过程根本看不出他的辨认能力和控制能力有任何削弱，从现有的证据材料来看，许××从房里拿了一把铁锤，对着沈×玲的头部残忍地砸了几十锤，当场将沈×玲砸死，然后被告人许××用毛巾擦干手上血迹，冷静地对现场作必要的处理，并加件外套，带上装满水的茶杯及死者沈×玲的手机骑着电瓶车逃离现场，从被告人许××的作案过程来看，我们能发现他的辨认能力和控制能力与正常人有何不同吗？

（2）为许××进行司法鉴定的机构即××市精神病医院与本案被告人许××于2009年4月看病的医院为同一家医疗机构，同一家医疗机构的医务人员相互比较熟悉，甚至是上下级关系，他们在做司法鉴定时，能不考虑既是同事又是首诊医生的诊断结论吗？如果受此影响，他们能保证该司法鉴定结论的公平、公正和科学吗？

（3）从《××市精神病医院司法鉴定意见书》"检案摘要"的有关内容看，同监室的袁某反映的许××归案后的前两个晚上睡不着觉，觉得对不起他老婆，这是所有正常人应该有的反应，根本不能依此作为许××是限制刑事责任能力人的依据。

基于以上理由，被害人一方及代理人认为，公诉机关认定被告人许××实施故意杀人行为时为限制刑事责任能力人缺乏科学依据，且不能令人信服。在此恳请人民法院能以事实为根据、以法律为准绳，公平、公正、透明处理本案，对被告人许××的刑事责任能力能予以重新鉴定，绝不让企图规避法律制裁的人的图谋得逞。

二、关于民事部分的代理意见

根据《刑事诉讼法》第77条的规定，被告人除了应承担刑事责任外，还应承担民事赔偿责任。代理人认为原告人的诉讼请求事实清楚、证据确凿，且符合法律规定，希望人民法院能予以支持。代理人现仅就死亡赔偿金的计算标准及被抚养人生活费等问题作一简要说明：

1. 关于死亡赔偿金的计算标准问题。附带民事诉讼原告人的女儿沈×玲生前一直在被告人的姐姐许××的家具厂上班（见许××2009年4月27日的《讯问笔录》），且她们原户籍所在地的土地全部被征用，她们还在外面租房住。根据××省高院《审理人身损害赔偿案件若干问题的指导意见》第21条规定的精神，沈×玲的死亡赔偿金应按城镇居民的标准计算。另外值得一提的是，司法实践中，在计算死亡赔偿金问题上，一般是按照有利于被害人的原则来计算的，因为把人按照农村标准和城镇标准来计算死亡赔偿金、伤残赔偿金本身就存在不合理之处，现在全国已有13个省份取消了城乡二元户口制，也就是说，没有农村和城镇户口的区分，而且这是户籍改革的趋势，因此代理人希望人民法院在处理本案的民事赔偿时，能以人为本，实事求是，作出有利于被害人一方的判决。

2. 关于被扶养人生活费的计算标准问题。附带民事诉讼原告人虽然目前仍然是农业家庭户口，但其赖以生活的土地早已被全部征用了，他们没有农业收入，完全享受城镇低保待遇，因此原告人诉求的被扶养人生活费按城镇居民标准计算，既符合现行有关规定，又合乎情理。代理人希望人民法院在处理本案的民事赔偿时，能支持原告人的诉求。

以上代理意见，望人民法院能慎重考虑，并予以采纳。

××律师事务所

律师：×××

2009 年 5 月 10 日

说明：许××故意杀人案杀害的对象是其妻子，是因家庭纠纷引起的，加之司法鉴定许××为限制刑事责任能力人，因此本案被告人被从轻处罚是无疑的，后在代理人的指控并强调其故意杀人时手段特别残忍、情节特别恶劣的情形下，被判处无期徒刑。

另外，本案中代理律师提出了被扶养人生活费这一诉求，此时《侵权责任法》尚未实施，因此没有任何异议，但《侵权责任法》实施后，有代理律师不再愿意提出这一诉求，但笔者认为仍然要坚持主张被扶养人生活费，不能教条理解《侵权责任法》的个别条文的含义。

《侵权责任法》第16条规定："侵害他人造成人身损害的，应当赔偿医疗费、护理费、交通费等为治疗和康复支出的合理费用，以及因误工减少的收入。

造成残疾的，还应当赔偿残疾生活辅助具费和残疾赔偿金。造成死亡的，还应当赔偿丧葬费和死亡赔偿金。"此条规定的是人身损害赔偿的赔偿范围，该条并没有规定"被扶养人生活费"这一项。《最高人民法院关于适用〈中华人民共和国侵权责任法〉若干问题的通知》第4条规定，"如受害人有被扶养人的，应当依据《最高人民法院关于审理人身损害赔偿案件适用法律若干问题的解释》第28条的规定将被扶养人生活费计入死亡赔偿金"。因此有人认为《侵权责任法》取消了"被扶养人生活费"这一赔偿项目，有的法院判决时就把"被扶养人生活费"计入死亡赔偿金之内。但在司法实践中，尤其是律师代理实务中，作为刑事诉讼被害人或者民事诉讼受害人一方，代理律师在民事赔偿诉求中必须提出"被扶养人生活费"这一项，而一般情况下也是能够获得人民法院支持的。

休庭后，代理律师应告知委托人核对庭审笔录，补充遗漏或修改差错，确认无误后再签名或盖章。

代理律师在法庭宣判以后，应当及时征询委托人的意见。委托人不服判决且代理律师也认为判决确有错误的，可以应被害人或其法定代理人的要求，及时向人民检察院递交抗诉申请；如果人民检察院经审查不予抗诉的，代理律师可以建议被害人及其法定代理人、近亲属提出申诉；如果代理律师认为判决并无不当的，可以向委托人做好耐心细致的解释工作，尽量说服被害人服判息讼。

公诉案件进入二审程序后，律师的代理工作参照一审相关规定进行。

三、自诉案件中的律师代理

（一）自诉案件律师代理的概念及范围

1. 自诉案件律师代理的概念。自诉案件的律师代理，是指律师接受自诉案件的自诉人、反诉人的委托，担任代理人，以自诉人或反诉人的名义，在授权范围内进行的诉讼活动。

2. 自诉案件律师代理范围。在我国，自诉案件是指被害人及其法定代理人、近亲属向人民法院起诉，要求追究被告人刑事责任，由人民法院直接受理的案件。

根据现行《刑事诉讼法》的规定，自诉案件有三类：一是告诉才处理的案件，包括侮辱案、诽谤案等；二是被害人有证据证明的轻微刑事案件，包括轻伤害案、重婚案、遗弃案等；三是被害人有证据证明对被告人侵犯自己人身、财产权利的行为应当依法追究刑事责任，而公安机关或者人民检察院不予追究被告人刑事责任的案件。

自诉案件的被害人或者其法定代理人向人民法院提起诉讼并由人民法院受理后，即成为自诉人。

自诉案件的被告人在诉讼过程中，可以对自诉人提起反诉，反诉属独立之诉，反诉人是反诉案件的原告人，与自诉人的诉讼地位和权利义务是平等的。

在自诉案件中，律师既可以接受自诉人委托担任代理人参加诉讼，也可以接受反诉人委托担任代理人参加诉讼。二者均属于自诉案件中的律师代理。

（二）接受委托，撰写自诉状、依法起诉

律师接受委托前，应当审查案件是否符合法定的自诉案件范围和立案条件，经过审查，认为符合自诉案件条件的，可以办理委托手续，接受委托。

律师接受委托以后，应当帮助自诉人分析案情，确定被告人和管辖法院，调查、了解有关事实和证据，代写起诉状，协助委托人向人民法院提起自诉。自诉人要求民事赔偿，律师经审查符合刑事附带民事诉讼条件的，应当为自诉人代书刑事附带民事自诉状，被告人是 2 人以上的，应按被告人的人数提供起诉状的副本。

自诉人同时要求民事赔偿的，代理律师可协助其制作刑事附带民事起诉状，写明被告人犯罪行为所造成的损害、具体的赔偿请求及计算依据。附带民事诉讼代理应办理相应委托手续，并有明确的授权委托书，委托书应该明确是一般授权还是特别授权。

律师代理提起自诉时，应携带下列材料和文件：①自诉人身份证件；②刑事起诉状；③证据材料及目录；④授权委托书；⑤律师事务所介绍信；⑥律师执业证。

同时提起附带民事诉讼的，应提交刑事附带民事起诉状，民事部分单独起诉的，应单独提交附带民事起诉状。

人民法院对自诉案件审查后，要求自诉人补充证据或撤回自诉的，律师应当协助自诉人收集补充证据或与自诉人协商是否撤回自诉。人民法院对自诉案件裁定不予受理的，律师可以代理自诉人向上级人民法院上诉。

（三）出庭前的准备工作

人民法院受理自诉案件以后准备开庭的，律师应当做好开庭前的准备工作，开庭前的准备工作一般包括以下内容：

1. 如有反诉，应该做好反诉准备，并向法院提交相关手续。刑事自诉案件中，如被告人提起反诉的，代理律师可接受自诉人委托，担任其反诉辩护人，但需另行办理相应委托手续，并及时向受诉法院提交。

2. 进行必要的收集证据、补充证据工作，协助自诉人履行举证责任。在自诉案件中，自诉人指控被告人的行为构成犯罪必须承担举证责任，否则就面临败诉的风险。为此代理律师应进行必要的调查研究，尽可能收集被告人犯罪的证据，对于一些专业性较强的内容，可以申请进行鉴定；对于自己无法取得的证据，可以申请人民法院依法调查取证。

3. 注意有无调解息讼的可能。依据《刑事诉讼法》的有关规定，自诉人在宣告判决前，可以同被告人自行和解或撤回起诉。自诉人起诉以后，如果被告人对自己行为的危害性有所认识并与自诉人达成和解协议的，自诉人可以向人民法院申请撤诉。律师发现自诉人有和解愿望并存在和解可能的，应当尽可能促成当事人和解息讼。

4. 告知自诉人有关自诉案件开庭的程序和有关法律规定，协助自诉人行使诉讼权利并提醒自诉人履行诉讼义务。避免因自诉人拒不到庭或擅自中途退庭导致法院按自动撤诉处理的法律后果。自诉人因故不能出庭的，代理律师应按时出庭履行职责。

5. 准备代理词。开庭审理前，律师应当根据案件的事实和掌握的证据，准备代理词及庭审答辩提纲。代理律师应对被告人犯罪的时间、地点、动机、目的、手段、方法、情节和后果等作出判断，对被告人的行为如何适用法律和定罪量刑等进行深入分析，对被告人及其辩护人可能作出的辩解和辩护进行预测，准备答辩和反驳意见，从而为出庭工作做好充分的准备。

（四）出庭参加诉讼

代理律师在法庭审理中应做好以下工作：

1. 开庭阶段，注意审判组织、审判方式是否合法，有无需要回避的情况，诉讼参与人是否合格，开庭程序是否合法，有无侵犯当事人诉讼权利和其他合法权益的情况，等等。自诉案件依法可以适用简易程序的，代理律师可以代理自诉人要求人民法院适用简易程序。自诉案件依法不应适用简易程序的，代理律师可以代理自诉人对法院适用简易程序的决定提出异议。

2. 法庭调查阶段，自诉案件开庭审理时，代理律师应协助自诉人充分行使控诉职能，运用证据证明自诉人的指控成立，并参与举证、质证等活动。

3. 法庭辩论阶段，发表代理词，与被告人及其辩护人展开互相辩论。律师发表代理词时，应当根据庭审调查情况对原准备的代理词进行修改和补充，以适应庭审变化。

4. 参与法庭调解。除《刑事诉讼法》规定不适用调解的案件以外，律师可以根据自诉人授权和庭审情况，积极促进自诉人与被告人在法庭主持下达成和解。代理律师可以根据庭审情况，协助自诉人在法院判决宣告前决定是否与被告人和解或者撤回自诉。

5. 被告人提起反诉的，代理律师可以根据委托人授权履行辩护职能。

6. 法庭宣判以后，代理律师应当征求委托人意见。自诉人不服一审判决的，如果律师认为一审判决或裁定公正适当的，可以劝说自诉人服判息讼；律师认为一审判决或裁定有错误的，可以协助或代理自诉人提出上诉。但上诉应当另行办理委托手续。

7. 刑事附带民事诉讼自诉中附带民事诉讼部分的代理行为，可以参照附带民事诉讼代理人工作程序进行。

律师代理二审自诉案件，担任代理人的工作程序可参照一审程序的代理进行，这里不再阐述。

四、刑事附带民事诉讼的律师代理

（一）刑事附带民事诉讼律师代理的概念和权利

1. 刑事附带民事诉讼律师代理的概念。刑事附带民事诉讼的律师代理，是指律师接受刑事附带民事诉讼当事人及其法定代理人的委托担任诉讼代理人，为维护附带民事诉讼当事人的合法权益而进行的诉讼活动，是刑事自诉案件中诉讼代理与公诉案件中诉讼代理的重要组成部分。

在刑事案件中，被告人的行为往往不仅触犯了刑法，而且可能造成了物质损害，因此，一些刑事案件在审理的同时，被害人还可以提起附带民事赔偿诉讼。刑事附带民事诉讼是一种特殊的诉讼，它的成立和解决都与刑事诉讼密不可分，无论是在损害事实的认定上，还是在诉讼程序上，都既要遵循刑法规定，还要按照民法的规定来处理，且民事部分的审理与刑事部分是同时进行的。

刑事附带民事诉讼活动成立的前提是刑事案件成立，被害人由于被告人的犯罪行为而遭受了物质损失并且在刑事诉讼过程中提出赔偿要求。

一般情况下，刑事附带民事诉讼活动的当事人应当是被害人、被告人。在这种情况下，通常担任被害人或自诉人的代理人的律师可以经委托授权担任附带民事诉讼原告人的代理律师；担任被告人辩护人的律师可以经委托授权担任附带民事诉讼被告人的代理律师。这里所讲的被害人，包括已死亡被害人的近亲属。

依据《刑事诉讼法》《民事诉讼法》及相关法律、法规规定，刑事附带民事诉讼被告人除刑事被告人外，还应包括未被追究刑事责任的其他共同致害人、未成年刑事被告人的监护人、审结前已死亡的被告人的遗产继承人以及对刑事被告人的犯罪行为依法应承担民事赔偿责任的其他单位和个人等。这些人一旦被人民法院确认为刑事附带民事诉讼被告人，他们均有权委托律师代理诉讼。

刑事案件的自诉人、被害人及其法定代理人、近亲属在委托律师担任自诉案件的代理人或公诉案件被害人的代理人的同时，需要委托律师担任附带民事诉讼代理人的，在与律师事务所办理委托手续时，应同时办理附带民事诉讼代理手续并出具授权委托书。刑事案件被告人在委托律师担任辩护人的同时，需要委托律师担任附带民事诉讼代理人的，在办理辩护委托手续的同时也应与律师事务所同时办理附带民事诉讼代理委托手续并出具授权委托书。自诉人、被告人或其他附带民事诉讼当事人也可以单独与律师事务所办理委托手续，委托律师单项办理民事诉讼代理事宜。

2. 刑事附带民事诉讼律师代理的权利。刑事附带民事诉讼代理律师的诉讼权利来自刑事附带民事诉讼当事人享有的诉讼权利及他们的授权，诉讼代理人完成某些重要的、涉及委托人实体利益的诉讼行为，如代理当事人承认、放弃、变更诉讼请求，进行和解，提起反诉或者上诉等，仍需特别授权，在特别授权的情况下，代理人主要有以下诉讼权利：①附带民事诉讼原告人代理人有权在刑事诉讼过程中，提起附带民事诉讼；②对于审判人员、检察人员、侦查人员以及鉴定人员、翻译人员、书记员有刑事诉讼法规定的回避情形的，有权申请他们回避；对驳回回避申请的决定，有权申请复议一次；③附带民事诉讼原告人代理人有权申请诉讼保全或先行给付；④要求附带民事诉讼同刑事案件一并审判，及时处理；⑤陈述案件事实，参加法庭调查；⑥出示、宣读本方证据；⑦申请法庭通知本方证人出庭作证；⑧经审判长许可对被告人（或者原告人）、证人、鉴定人发问；⑨对对方证据提出异议；⑩参加法庭辩论并发表代理意见；⑪可以要求人民法院进行调解，也可以自行和解；⑫可以撤诉，也可以提起反诉；⑬对原审法院作出的一审判决或者裁定不服的，可以对附带民事诉讼部分向上级人民法院提起上诉；⑭对已发生法律效力的判决、裁定，向人民法院或人民检察院提起申诉；等等。

（二）刑事附带民事诉讼原告人的律师代理

律师担任刑事附带民事诉讼原告代理人的工作程序与担任刑事自诉案件中自诉人的律师代理和刑事公诉案件中被害人的律师代理工作程序基本相同。但应当注意以下工作内容：

1. 审查起诉条件。律师接受委托前，应审查下列内容：

（1）在向人民法院提起附带民事诉讼前是否已经提起过，如果在侦查、审查起诉期间，有权提起附带民事诉讼的人提出赔偿要求，经公安机关、人民检察院调解，当事人双方已经达成协议并全部履行，被害人或者其法定代理人、近亲属又提起附带民事诉讼的，此时人民法院不予受理，但有证据证明调解违反自愿、合法原则的除外。因此，附带民事诉讼的当事人双方已经达成协议并全部履行终结，原告人以赔偿数额小为由又提起附带民事赔偿，律师应不予接受。

（2）审查附带民事诉讼被告人主体是否适格。根据规定，附带民事诉讼中依法负有赔偿责任的人包括：①刑事被告人以及未被追究刑事责任的其他共同侵害人；②刑事被告人的监护人；③死刑罪犯的遗产继承人；④共同犯罪案件中，案件审结前死亡的被告人的遗产继承人；⑤对被害人的物质损失依法应当承担赔偿责任的其他单位和个人。

律师应当告知委托人，可以对其他共同侵害人，包括没有被追究刑事责任的共同侵害人，一并提起附带民事诉讼，但共同犯罪案件中同案犯在逃的除外。

以上负有赔偿责任的人均可以作为附带民事诉讼的被告人。如果不符合上述条件，建议调整符合条件的作为附带民事诉讼被告人。

（3）被害人的物质损失是否由被告人的犯罪行为所引起。

（4）附带民事诉讼提起的时间是否在刑事案件立案之后第一审判决宣告之前。

根据最高人民法院的司法解释，附带民事诉讼的起诉条件是：①起诉人符合法定条件；②有明确的被告人；③有请求赔偿的具体要求和事实、理由；④属于人民法院受理附带民事诉讼的范围。符合上述条件的，公诉案件的被害人及其法定代理人、近亲属、自诉案件的自诉人应当与律师事务所签订委托协议并出具授权委托书。授权委托书应当明确委托的事项和权限，并由委托人签名或盖章。需要律师代为提出、承认、放弃、变更诉讼请求，进行和解和提出上诉的，还应该由委托人进行特别授权。

2. 开庭前的准备工作。律师接受委托以后，附带民事诉讼原告人还没有向人民法院递交附带民事诉状的，律师应当为其代书附带民事诉状并协助委托人或经委托人授权代理委托人向人民法院提起附带民事诉讼。附带民事起诉状，其基本内容包括：①附带民事诉讼原告人、被告人的自然情况；②具体诉讼请求；③基本事实和理由；④致送人民法院的名称和具状时间；⑤相关的证据材料。

律师接受委托以后，应当指导、协助委托人收集证据，必要时可以根据法律规定进行调查和申请鉴定。为保证将来判决能够顺利执行，还可以向人民法院申请裁定采取保全措施，查封、扣押或者冻结被告人的财产。

律师在开庭之前，可以根据授权代理委托人参与法庭就附带民事诉讼部分进行的调解活动。在开庭之前，律师应当向法庭提交拟出庭证人名单、证据目录和主要证据复印件。律师应事前准备好代理词和其他出庭材料。

另外，人民法院决定不予立案的附带民事诉讼，可以建议委托人另行提起民事诉讼；同时有些刑事案件如交通肇事案，如果单独提起民事诉讼对原告人更有利，原告人也可以主动放弃附带民事诉讼，而另行向法院单独提起民事诉讼，因为附带民事诉讼不支持精神损害赔偿金，而单独提起民事诉讼则可以获得法院对精神损害赔偿金的支持。现举例说明附带民事诉讼原告人代理律师主动放弃附带民事诉讼，而选择单独提起民事诉讼之案例，以说明代理律师应选择对委托人最有利的维权途径。

2012 年 10 月 9 日 23 时许，唐××驾驶的×B225G1 号小型轿车从××市北二环路金三角加油站内向北二环路方向右转弯行驶时，与胡××（即死者）悬挂的×A51186 号的摩托车相撞，导致胡××受伤经抢救无效死亡的交通事故，该事故经××市××交警大队认定，驾驶员唐××负该事故的主要责任，胡××负次要责任。肇事车辆×B225G1 号轿车办理了交强险和第三者商业险且在保险期限内发生交通事故。唐××因涉嫌构成交通肇事罪被捕。

被害人一方即胡××的法定继承人，在发生交通事故后，即委托律师代理，承办律师在了解案情后告诉委托人，被害人获得民事赔偿有两种方案：一是提起附带民事诉讼；二是单独提起民事诉讼。并告诉委托人此两种选择的利弊，选择刑事附带民事诉讼有利的是不需要交诉讼费，但法院不会支持精神损害赔偿金，选择单独民事诉讼有利的是能获得精神损害赔偿金，但需要先预交诉讼费。后经商量，被害人一方选择单独提起民事诉讼，将肇事车辆的车主龙××、保险公司和肇事驾驶员唐××作为共同被告起诉，提出了要求法院判决包括80 000 元精神损害赔偿金在内的各项损失 428 852.7 元的诉求，要求保险公司在交强险和第三者商业险限额内予以赔偿，龙××和唐××对其余部分予以赔偿，并承担连带赔偿责任。

因涉嫌犯有交通肇事罪的唐××想获得从轻处罚，所以，原告的民事诉讼请求，除了保险公司赔偿部分外，其余的包括精神损害赔偿金均予以一次性赔偿，并额外补偿 30 000 元，被害人一方予以谅解，唐××被判处缓刑。

3. 法庭审理和判决时的工作。法庭审理阶段可参照自诉代理或公诉案件的代理工作程序，指导、协助或代理委托人行使各项诉讼权利，参加法庭审理活动，积极协助法庭做好调解工作。

法庭判决以后，委托人不服的，应当告知委托人可就附带民事部分提出上诉，律师可以代书附带民事上诉状。委托人在二审程序中继续委托律师代理的，应当另行办理委托手续。

（三）刑事附带民事诉讼被告人的律师代理

律师可以接受附带民事诉讼的被告人及其法定代理人的委托，在一审、二审程序中担任诉讼代理人。委托手续和刑事附带民事诉讼原告人的律师代理委托手续一致。刑事诉讼被告人的辩护律师也可接受委托，同时担任附带民事诉讼被告人的诉讼代理人，但应有附带民事诉讼的委托手续。

律师担任刑事附带民事诉讼被告人的代理人，被告人同时是刑事诉讼被告人的，其工作程序与被告人辩护律师工作程序基本相同。刑事附带民事诉讼被告人是刑事诉讼被告人以外的其他组织或个人的，其工作程序与附带民事诉讼原告人律师代理工作程序基本相同。

担任刑事附带民事诉讼被告人的代理律师，应帮助被告人撰写答辩状，进行调查、取证，申请鉴定或者重新鉴定，参加庭审，举证质证，进行辩论，发表代理意见等，其诉讼权利与附带民事诉讼原告人的律师相同。

律师担任刑事附带民事诉讼被告人代理人时，实务中要注意如下事项：

1. 审查是否有漏诉被告人，及时提出减轻赔偿责任意见。如果原告人的损害后果是共同侵权所致，但原告人仅起诉一部分侵权人而遗漏了部分侵权人，根据《最高人民法院关于审理人身损害赔偿案件适用法律若干问题的解释》第5条的规定："赔偿权利人起诉部分共同侵权人的，人民法院应当追加其他共同侵权人作为共同被告。赔偿权利人在诉讼中放弃对部分共同侵权人的诉讼请求的，其他共同侵权人对被放弃诉讼请求的被告应当承担的赔偿份额不承担连带责任……"附带民事诉讼被告人可以此抗辩，被起诉的被告人对被放弃诉讼请求的被告人应当承担的赔偿份额不承担连带责任。

《侵权责任法》第13条规定："法律规定承担连带责任的，被侵权人有权请求部分或者全部连带责任人承担责任。"因对此条的理解不尽一致，也有人认为据此规定，漏诉共同侵权人是原告人的权利，并不影响被诉被告人承担连带赔偿责任，但司法实践中法院一般还是适用司法解释的规定。如《最高人民法院关于适用〈中华人民共和国刑事诉讼法〉的解释》第144条第2款的规定，"被害人或者其法定代理人、近亲属放弃对其他共同侵害人的诉讼权利的，人民法院应当告知其相应法律后果，并在裁判文书中说明其放弃诉讼请求的情况"，从此司法解释的精神来看，原告人放弃诉讼请求的被告人应当承担的赔偿份额，被起诉的被告人对该部分不承担连带责任。

2. 释明被告人赔偿被害人物质损失的情况与量刑的关系。根据有关司法解释的规定，人民法院审理刑事附带民事诉讼案件时，充分考虑被告人赔偿被害人物质损失的情况认定其悔罪表现，并在量刑时予以体现。也就是说，如果被告人积极赔偿并获得被害人（即附带民事诉讼原告人）的谅解，那么量刑时会从轻处罚，如法定刑在3年以下，判缓刑的可能性也是很大的，尤其是因民间纠纷引起的轻伤害以及诸如交通肇事等过失犯罪更是如此。因此，如果被告人具有一定的赔偿能力，其代理律师应尽可能促使其达成和解协议，使得被告人能够判处较轻刑罚。

3. 关于精神损害赔偿金问题。《最高人民法院关于适用〈中华人民共和国刑事诉讼法〉的解释》第155条规定，"对附带民事诉讼作出判决，应当根据犯罪行为造成的物质损失，结合案件具体情况，确定被告人应当赔偿的数额。犯罪行为造成被害人人身损害的，应当赔偿医疗费、护理费、交通费等为治疗和康复支付的合理费用，以及因误工减少的收入。造成被害人残疾的，还应当赔偿残疾生活辅助具费等费用；造成被害人死亡的，还应当赔偿丧葬费等费用。驾驶机动车致人伤亡或者造成公私财产重大损失，构成犯罪的，依照《中华人民共和国道路交通安全法》第76条的规定确定赔偿责任。附带民事诉讼当事人就民事赔偿问题达成调解、和解协议的，赔偿范围、数额不受第2款、第3款规定的限制"。根据以上规定，除了交通肇事案件外，其他刑事案件，如故意杀人、故意伤害等暴力犯罪致人伤亡的，是没有死亡赔偿金、伤残赔偿金及被扶养人扶养费等赔偿项目的，因此除了民事赔偿达成协议的外，人民法院判决附带民事赔偿的赔偿范围、数额都是很少的，所以双方律师都应非常慎重对待附带民事赔偿的协商调解工作，达成民事赔偿协议，对双方当事人可能都有所益处。

4. 关于被害人的过错问题。被害人如有过错，如被告人出于义愤、反抗迫害或羞辱而杀人等，不仅可以作为从轻量刑的情节，而且也可以减轻被告人的民事赔偿责任，附带民事诉讼被告人的代理律师应该充分考虑这一减轻赔偿责任的情形。

附带民事诉讼被告人对于一审判决附带民事诉讼部分不服的，代理律师应协助其提起民事上诉。

律师可以担任刑事申诉案件的代理人代为申诉，其详细内容另有专章论述，这里不再阐述。

导入案例分析

辩护词要点

李××绑架案一审辩护词参考要点如下：

1. 被告人李××虽犯有绑架罪，但属于犯罪未遂，依法应当从轻减轻处罚。我们知道，评判绑架罪既遂或者未遂的一个重要标准是从犯罪行为的客观表现形式上是否已实际控制了被害人质，并将其置于自己实际支配之下，如果行为人只实施了暴力、胁迫或其他方法，并未对人质的人身实际控制，不构成犯罪既遂。从公诉机关指控的事实来看，本案中的被告人李××等人准备好了作案工具，正欲对被害人杨××实施绑架（《起诉意见书用语》），但杨××反抗，在看到杨××的同伴打电话报警之后，即开车逃窜，可见本案中的被害人杨××的行动自由并没有被实际控制，也没有被威胁到身体安全。尤其值得强调的是，本案中的被告人根本就没有来得及向被害人的近亲属或者其他人提出勒索财物或者其他不法要求，由于被告人的行为既未构成对人质人身的实际控制，又没有提出勒索财物或者其他不法要求，因此被告人的行为属于典型的犯罪未遂行为，依照《刑法》第23条的规定，应该从轻、减轻处罚。

2. 李××虽构成绑架罪，但其行为属于"情节较轻"的情形。绑架罪是一种严重侵害公民人身安全和财产权利的犯罪，侵犯的是双重复杂客体，绑架罪的情节是否属于"较轻"，应从绑架的暴力程度、受害人有无受到明显的伤害、被告人有无拿到绑架赎金、被告人的主观恶性程度等综合认定。一般而言，绑架手段特别恶劣，暴力程度很高，或者造成被害人轻伤以上后果，或者勒索到手数额较大之财物，或者实施两次以上绑架，等等，不宜认定为情节较轻，除此之外，一般应认定为"情节较轻"。如前所述，本案中的被告人李××等人的行为应该认定为"情节较轻"，因为被告人的行为并未对被害人的人身实际控制，也没有来得及提出索取具体的财物，显然属于绑架罪中的情节较轻的情形，根据《刑法》第239条的规定，对于绑架罪中"情节较轻"的，应适用该规定的"处5年以上10年以下有期徒刑"量刑。

值得特别指出的是，对于绑架罪，既认定绑架罪的停止形态"未遂"又认定绑架罪中"情节较轻"，这二者之间并不矛盾，也就是说，对被告人李××是可以同时认定为犯罪未遂和"情节较轻"的，理由是：

绑架罪所呈现的预备、未遂、中止以及既遂等不同形态反映了绑架罪不同的社会危害性，对认定是否属于"情节较轻"的绑架罪会有一定的影响。但是，绑架罪的停止形态与绑架罪中的"情节较轻"之间不存在着必然的联系，绑架罪的停止形态与"情节较轻"属于不同领域和不同阶段的司法判断。而绑架罪中的情节轻重的认定，主要是从绑架的暴力程度、受害人有无受到明显的伤害、被告人有无拿到绑架赎金、被告人的三观恶性程度等综合认定的，因此，绑架罪中的"未遂"的考量标准和绑架罪中的"情节较轻"的判断标准是不一样的，所以在司法实践中对犯有绑架罪的被告人量刑时，既适用犯罪未遂的规定，又适用"情节较轻"的规定，同时对被告人从轻减轻处罚是通常的做法，二者之间并不矛盾。

3. 被告人李××这次犯罪是初次、偶然犯罪，且是在经济非常困难的情况下实施的犯罪，其主观恶性较小，可以酌定从轻处罚。

4. 被告人李××能如实坦白自己的罪行，其在归案后主动交代全部犯罪事实，并当庭自愿认罪，有悔罪表现，可以酌定从轻处罚。

被告人李××在归案后，无论在侦查阶段、审查起诉阶段还是今天的庭审过程中，其口供比较稳定，李××对犯罪事实供认不讳，并且经过司法机关教育后，对自己的犯罪事实深为痛悔，有真心悔改的诚意，具有悔罪的表现，根据现行《刑法》第67条的规定，犯罪嫌疑人虽不具有自首情节，但是如实供述自己罪行的，可以从轻处罚，因此被告人李××可以酌定从轻处罚。

5. 被告人李××具有积极悔罪表现，其行为已获得被害人的谅解，对被告人可以酌定从轻处罚。

6. 关于对被告人李××量刑的建议。根据《××省高级人民法院人民法院量刑指导意见实施细则（试行）》"常用量刑情节的适用"第7条第2项的规定，未实施终了的未遂犯，未造成损害后果的，可以比照既遂犯减少基准刑的50%以下；根据该《细则》第21条的规定，对于取得被害人或者其家属谅解的，可以减少基准刑的20%以下；根据《细则》第17条的规定精神，被告人自愿认罪的，可以减少基准刑的10%以下。

根据《刑法》和上述量刑指导意见的有关规定，被告人李××具有多个法定、酌定从轻处罚的情节，建议人民法院对被告人李××判处2年有期徒刑，以给其一个改过自新、尽快回归社会的机会。

法院判决结果：××县人民法院以（2012）××刑初字第00193号《刑事判决书》判决第一被告人李××有期徒刑4年6个月；被告人王××有期徒刑3年；被告人王×强有期徒刑3年。该案被告人均不服上诉，但被二审法院裁定驳回上诉。

作者认为对被告人李××判处有期徒刑4年6个月是正确的、适当的。因为绑架罪的犯罪性质比较严重，按照《刑法修正案（七）》前的《刑法》规定，犯绑架罪的，判处10年以上有期徒刑或无期徒刑，并处罚金或者没收财产。但《刑法修正案（七）》把《刑法》第239条修改为"以勒索财物为目的绑架他人的，或者绑架他人作为人质的，处10年以上有期徒刑或者无期徒刑，并处罚金或者没收财产；情节较轻的，处5年以上10年以下有期徒刑，并处罚金"，该案主犯李××，被判决有期徒刑4年6个月，已经充分考虑到辩护词中关于犯罪未遂、情节较轻等辩护意见，体现了我们国家宽严相济的刑法政策。

思考题

1. 我国律师刑事辩护的职责及作用是什么？

2. 辩护律师在刑事诉讼三个阶段的工作内容和程序是什么？

3. 辩护词的作用是什么？如何撰写辩护词？

4. 刑事诉讼三个阶段被害人委托律师的的作用和职责是什么？如何撰写刑事案件代理词？

5. 附带民事诉讼的律师工作内容有哪些？

第十章

律师非诉讼业务

学习目标与工作任务

　　理解律师非诉讼业务的含义和特征；掌握律师非诉讼业务的范围及办理非诉讼业务的程序和技能。

导入案例

　　张××到律师事务所咨询，农村"五保户"张××和本村的村民蒋××因农村集体土地征收发生纠纷，拆迁办将争议的土地补偿金 20 万元暂时冻结，要求张××和蒋××协商，如协商不成，半个月之后，拆迁办将把土地补偿金给付蒋××，张××为了阻止拆迁办将争议的土地补偿金给付蒋××，希望律师给予法律帮助，妥善处理该纠纷。张××咨询时出示了《集体土地使用证》（使用权人为张××）、社居委《证明》（证明张××享有 8 亩承包地，但后被时任村支部书记指定给蒋×× 耕种）。

　　问：根据以上案情，请给拆迁部门出具一份律师《法律意见书》。

教学内容

第一节　律师非诉讼业务概述

一、律师非诉讼业务概念及特征

　　律师非诉讼业务也称律师非诉讼法律事务，是指律师接受自然人、法人或其他组织的委托，在其授权范围内依照国家有关法律、法规的规定，为委托人办理某种非诉讼法律事务的业务活动。

　　传统的律师业务主要集中在诉讼业务中，包括刑事诉讼、民事诉讼、行政诉讼，这种局面的形成受一定的社会现实环境的影响，也是律师行业发展的早期的必经阶段。但随着社会政治、经济、文化等方面的改革和发展，律师作为一种职业，其业务范围必然要进行相应的拓展和调整，社会各个阶层也对律师行业提出了更高的要求和多层次法律服务的需求。在这种情况下，律师传统、单一的诉讼业务已经不能适应社会发展的需要，因此律师非诉讼业务现在已经成为律师的一项主要业务。

就广义而言，非诉讼法律事务是诉讼法律事务的对称，律师非诉讼业务是指除了法院诉讼以外的其他一切法律事务，不仅包括办理有争议的非诉讼业务，如民商事、行政方面所发生的各种非诉讼法律事务，还包括无争议非诉讼法律事务，如代办专利、商标注册、贷款、税金减免等，也包括法律顾问等。尽管《律师法》第28条将"担任法律顾问"和"提供非诉讼法律服务"分别列举，但这并不等同于理论上对律师业务的分类，尤其是法律顾问与办理非诉讼律师业务并不是相互独立的，法律顾问是非诉讼律师业务的重要组成部分，因此，本章的律师非诉讼业务的内容是相对于诉讼业务来说的，打破传统的划分方法，本章将法律顾问也包括在非诉讼法律事务之内。

非诉讼法律事务是指无争议的法律事务，或者已经发生争议，但不必经过或尚且不必通过诉讼程序来解决的法律事务。其具有如下特征：

1. 它必须是能够产生民事法律后果的法律事实。当事人委托的事项必须具有法律意义，能够引起相应法律关系的发生、变更或消灭，不能够产生民事法律后果的事务，律师不应接受委托。

2. 它必须是不通过诉讼方式办理的法律事务。非诉讼法律事务必须是无争议的，不需要通过诉讼解决的事项；或者虽有争议，但当事人认为不需要或者不愿意通过诉讼解决的事项。律师办理有争议的非诉讼法律事务一般应具有可调和性，这些事项一般主要事实清楚、争议不大、可以通过调解、仲裁等手段解决，不需要或暂不需要通过诉讼来解决。

3. 由自然人、法人或其他社会组织向律师提出请求或委托。非诉讼法律事务之所以作为律师的一项业务，是因为当事人或者委托人向律师事务所及律师提出请求或委托，否则律师没有办理的依据。

4. 律师办理非诉讼业务的功能多样。律师办理非诉讼法律事务，在很多情况下，律师是代理人；但在双方委托的情况下，律师可以是调解人；还可以是见证人，由于律师在不同场合下的身份不一样，其所起的作用和功能也就不一样。

二、律师办理非诉讼业务的意义

（一）有利于维护委托人的合法权益

律师办理非诉讼法律事务，可以充分地利用律师掌握的专业知识和技能及法律赋予律师执业所享有的权利，为当事人提供法律服务，这样既可以弥补当事人法律知识方面的缺陷，也可以为当事人节省时间、人力和财力，从而更好地维护委托人的合法权益。

（二）有利于维护社会稳定

在社会主义市场经济活动中，自然人、法人和其他社会组织在人身权利、财产权益、婚姻家庭等各方面的纠纷也会不断产生，律师办理非诉讼法律事务，通过调解等非诉讼活动，使当事人之间的矛盾和纠纷得以及时解决，防止矛盾的激化，可预防违法犯罪行为的发生，这既维护了当事人的合法权益，又有利于当事人之间的团结和协作，从而能够稳定各种社会关系，促进社会安定和谐。

（三）有利于提高律师的法律素质、扩大律师业务范围

非诉讼法律事务涉及范围广泛，问题复杂多样，律师在办理非诉讼法律事务中必须具有扎实的专业知识才能胜任工作，这就迫使律师努力钻研专业知识，提高处理问题的能力。律师通过办理非诉讼法律事务，不仅有利于提高律师的法律素质，同时也能够不断扩大律师的业务范围。据统计，现在非诉讼法律事务已经占了律师业务的主要部分，有的律师甚至仅法律顾问这一项就占了其业务的主要部分。

（四）有利于防止和减少诉讼、减轻司法机关工作压力

律师通过非诉讼法律事务活动，不仅可以预防、减少纠纷，即使对于那些当事人已产生纠纷的法律事务，也可以协助当事人通过调解、仲裁等其他渠道来解决纠纷，从而减少司法机关的案件受理量，使司法机关能够集中时间和精力去研究、处理重大复杂的疑难案件，有利于司法机关提高执法工作的质量，保障执法公正。

三、律师办理非诉讼法律事务的基本原则和范围

（一）律师办理非诉讼法律事务的基本原则

1. 当事人自愿的原则。首先，订立委托合同，确定委托事项和授权范围，必须尊重当事人的意志，不得勉强当事人；其次，选择办理方式，必须尊重当事人的意愿，只要不违反法律规定，最终应由当事人选择；最后，通过调解、和解方式达成的协议，必须是当事人真实意思的表示，不得强加于人。

2. 以事实为根据，以法律为准绳的原则。律师办理非诉讼法律事务，在大多数情况下是律师比较自主、独立进行法律服务活动的，因此不仅在程序上要合法，在实体上确定当事人权利义务关系也应该严格依法办事，要经得起时间和历史的检验。

3. 维护当事人合法权益的原则。律师承办非诉讼法律事务的主要职责就是在授权范围内，运用法律知识和业务技能，最大限度地去实现和保护当事人的

合法权益。

4. 便民利民的原则。承办非诉讼法律事务，必须从便民利民出发，应注意改进工作方法，简化手续，方便委托人，对于年老、疾病的客户，甚至可以上门服务，提高工作效率和社会效益。

（二）非诉讼法律事务的业务范围

1. 办理有争议非诉讼法律事务的主要范围。有争议非诉讼法律事务的主要范围包括民商事、行政方面所发生的各种非诉讼法律事务，其中包含涉外的非诉讼法律事务，以及因轻微刑事案件引起的非诉讼法律事务。

律师在办理上述有争议非诉讼法律事务的方式上，主要有四种：①代理参加仲裁；②代理调解和居间调解；③代理申诉或申请复议，指律师接受不服行政裁决的非诉讼事件当事人的委托担任代理人，参加有关行政机关对该行政裁决的复查活动；④代理和解，指律师接受非诉讼事件当事人的委托担任代理人，通过与对方当事人协商，达成协议的一种活动。

2. 办理无争议非诉讼法律事务的主要范围。无争议非诉讼法律事务的主要范围包括下列内容：①代办专利、贷款、税金减免、商标注册、产品生产和商品进出口许可证等申请、申报、申领事务等；②代办企业、联营组织的筹建、开业、歇业，变更经营范围和注册资金等工商登记事务；③代办财产投保、交付保险金、移送赔偿请求权、请求保险赔偿金等事务；④代办财产租赁、抵押、借用、赠与、信托、寄售等事务；⑤代办股票，债券的发行，认购事务；⑥代办知识产权、股权、土地使用权等有偿转让事务；⑦代办房地产及大型资产拍卖，企业承包，租赁经营等投标招标事务；⑧代办建筑安装工程承包，企业承包，租赁经营等投标招标事务；⑨代理参与企业歇业、破产的清算事务；⑩代办民事经济项目的可行性研究，各类合同的章程的审查事务；⑪代办市场、商品信息及企业资信的调查事务；⑫出具法律意见书或法律建议书；⑬代理参加经济协作，民商事合同，联营等谈判、签约活动；⑭代理债权人向债务人或者债务担保人追索债款债物；⑮代理在报刊、广播、电视等公开场合对某项法律事件或法律行为发表声明，表明态度、立场、观点；⑯接受自然人、法人或者其他组织的申请，对某项法律事件或法律行为进行见证；⑰其他适合律师办理的无争议法律事务。

四、律师办理非诉讼法律事务应建立规范管理制度

律师事务所应建立健全律师办理非诉讼法律事务的规范管理制度，在审查、受理、立卷、统计等方面应规范、健全。

律师事务所在办理非诉讼法律事务时应该注意非诉讼法律事务的审查，受以往律师非诉讼业务受理范围的局限影响，有些律师事务所对非诉讼法律事务尚未建立严格的审查、受理制度。有的虽经登记，但未单独立案。因此律师事务所应加强对非诉讼法律事务的审查、受理工作。凡需办理非诉讼法律事务的，应对需要办理的非诉讼法律事务进行审查，要审查、判断拟办理的非诉讼法律事务是否属于能够产生民事法律后果的法律事务，委托人办理的目的是否合法，是否违反公序良俗，等等，凡是符合受理条件的，都应统一受理、立案，统一指派律师，统一收费，做到及时立案，逐步扩大受理范围。

律师事务所应做到一事一卷，分别整理，装订，归档，按照一般要求，律师办理非诉讼法律事务卷宗应具备以下主要内容和材料：卷宗封面标题为"非诉讼法律事务卷宗"，下设"年度、案号、事由、类别、承办律师、委托人、对方当事人、收案日期、结案日期、办理结果、归档日期、卷宗页数"等栏目。装订卷宗材料主要包括：卷宗目录、受理批办表、委托书或委托代理合同、申请书、书证和调查材料、律师意见书、办理情况记录、法律文件（包括仲裁决定书、调解书、协议等）、收费凭据（复印件）、办结登记表等。

第二节　律师办理调解业务

律师非诉讼调解一般有两种形式：一种是律师以中间人、调停人身份主持调解；另一种是律师以代理人身份参与有关单位主持的调解。现将两种形式分别介绍如下。

一、律师主持调解

（一）律师主持调解的概念和基本原则

1. 律师主持调解的概念。律师主持调解是指律师接受发生权益纠纷的双方当事人委托，由律师作为中立的第三方（中间人）主持、协调，通过协商、排解疏导，帮助发生纠纷的双方当事人自愿达成协议，从而解决纠纷的一种活动，律师调解属于民间调解性质。

律师主持调解具有如下重要意义：

（1）减少诉讼中的对抗性，增进当事人之间的团结，维护当事人权益的同时维护良好的人际和社会关系。

（2）最大限度地保障当事人意思自治，使当事人充分行使自己的处分权，减少当事人的诉累。

（3）节约司法成本，有助于促进社会稳定。

（4）有利于扩大律师业务范围，提高律师综合素质。

2. 律师主持调解的基本原则。

（1）自愿原则。当事人的调解必须出于自愿，当事人是否愿意调解，必须要当事人双方自愿，同时当事人自愿调解之后当事人双方是否接受调解方案也必须要出于自愿。

（2）合法原则。合法原则包括如下含义：①调解的内容不违反国家法律、行政法规的禁止性规定；②不能够违反社会的公序良俗；③不能侵害国家利益、社会公共利益及案外人的利益；④当事人的民事行为能力，意思表示真实性均应符合法律要求。

（3）不干涉诉讼权利原则。主持调解律师应告知当事人，调解只是处理纠纷的一种方式，不得干涉当事人行使诉权。对于达不成调解协议的以及不能自觉履行调解协议的，当事人可以依法向法院起诉。

（二）律师主持调解的基本程序和方法

1. 办理委托手续。律师事务所接受当事人委托，在办理委托手续时讲明律师主持调解的含义、性质、要求、作用等，以便使双方当事人明确其权利义务关系，摆正双方当事人与律师之间的关系。当事人委托律师主持调解必须有当事人的明确授权，律师在授权范围内进行调解。

2. 调解前的准备工作。①要充分了解案情，掌握事实真相，应仔细地阅读案卷材料，对案件事实有足够的认识；②对纠纷起因、经过和双方的要求等进行全面了解；③理清权利义务关系、当事人地位、存在问题争议的焦点；④了解双方当事人的身份地位、心理状况、经济条件等；⑤掌握法律政策规定，以便有针对性地适用法律；⑥确立调解思路，制定调解方案；⑦选择好调解的时间和地点。

3. 调解的过程。①首先提出自己律师的身份，以及取得调解主持人身份的合法性，获得当事人的信任。②说明调解的性质、基本原则，以及相关的法律、司法解释、政策等规定。应当保持中立的地位，公平合理地为双方当事人考虑并提供法律帮助。③引导当事人围绕调解主题陈述事实并提供有关证据，组织当事人围绕争议的焦点展开辩论，在辩论时，主持律师尽最大诚意表示对双方的尊重，但应及时疏导当事人文明用语，制止当事人过于激烈的言辞。

律师主持调解应制作调解笔录，调解笔录一般包括下列内容：①时间；②地点；③事由，即填写纠纷类别，如婚姻纠纷、债务纠纷等；④参加人，填写调解时在场的其他人员，不包括主持调解律师、当事人、记录人；⑤当事人，填写当事人的姓名、性别、年龄、民族、职业、单位或住址等，当事人是自然人的，应当写明身份证号，如是法人及社会组织的，应当详细填写法人或社会组织的名称、地址、法定代表人姓名、职务、机构代码等。另外，笔录中应写明调解主持人姓名、工作单位等。

调解笔录应客观、真实、整洁、简练。笔录经当事人校阅或向当事人宣读后，由当事人、参加人、主持调解律师、记录人签名。

4. 制作调解协议书。主持调解律师应在明辨是非、澄清事实的基础上提出方案，促成和解。经律师主持的调解达成一致的，应制作调解协议书。调解协议书是在律师主持下，纠纷当事人依照国家的法律、法规、规章、政策，在查清事实、分清责任的基础上，通过平等协商、互谅互让，对纠纷的解决自愿达成一致意见的意思表示。

协议书通常是由律师起草后，征求双方意见定稿，协议书也可以由当事人双方或一方起草后，交律师及对方修改定稿。

律师主持达成的调解协议书没有统一的格式，在内容上也因不同性质的纠纷而有所不同，但《调解协议书》一般应该包括如下内容：

（1）"编号"——按照主持调解律师所在的律师事务所的非诉讼调解的案件编号，如"××律师事务所调字（年份……）第××号"。

（2）"当事人基本情况"——列明纠纷的全部当事人，并按列表的要求事项详细填写，列表的当事人人数应与协议末的签名一致。

（3）"纠纷简要情况"——填写纠纷的简要事实、争议事项、各方责任和损害情况。

（4）"达成协议"——详细载明各当事人的具体权利义务。

（5）"协议履行的方式、地点、期限"——根据具体情况填写。

调解协议书必须由纠纷各当事人签名或盖章（不会签名的当事人可以按指纹），调解主持人签名，并加盖律师事务所印章。

调解协议书应明确填写日期，必须保留一份归档。

笔者认为，由于律师主持达成的调解协议书，其性质只具有合法有效的合同效力，当事人如不自觉履行，调解协议书其本身并不具有强制执行的效力，因此为了避免以后履行的麻烦，赋予调解协议书具有强制执行的效力，可以采取以下三种措施：

1. 对于具有给付金钱内容的调解协议，并且债权人与债务人没有其他债务纠纷，支付令能够送达债务人的，建议当事人按照现行《民事诉讼法》的规定，向有管辖权的基层人民法院申请支付令。申请书应当写明请求给付金钱或者有价证券的数量和所根据的事实、证据，并附调解协议原件。

2. 建议双方当事人请求法院确认调解协议书效力。根据现行《民事诉讼法》第 194 条、第 195 条的规定及最高人民法院《关于建立健全诉讼与非诉讼相衔接的矛盾纠纷解决机制的若干意见》（法发〔2009〕45 号）的有关规定，人民法院为了建立健全诉讼与非诉讼相衔接的矛盾纠纷解决机制，充分发挥审判权的规范、引导和监督作用，完善诉讼与仲裁、行政调处、人民调解、商事调解、行业调解以及其他非诉讼纠纷解决方式之间的衔接机制，推动各种纠纷解决机制的组织和程序制度建设，促使非诉讼纠纷解决方式更加便捷、灵活、高效，为矛盾纠纷解决机制的繁荣发展提供司法保障，对于经行政机关、人民调解组织、商事调解组织、行业调解组织或者其他具有调解职能的组织调解达成的具有民事合同性质的协议，经调解组织和调解员签字盖章后，当事人可以向有管辖权的人民法院申请确认其效力。应该指出，按照上述司法解释的规定，调解协议书并不限于人民调解委员会制作的人民调解协议书，根据规定，律师事务所及律师调解形成的调解协议书也应该纳入属于确认调解书效力的范畴。

当然，在调解协议书效力确认过程中，当事人也可以应承办法官的要求，通过人民法院的调解，将律师主持的调解协议书内容转化为人民法院的民事调解书。不管是调解书效力的确认，还是调解书形式的转化，此时律师主持达成的调解协议书都具有了强制执行的效力。需说明的是，确认调解协议书效力属民事诉讼的特别程序，不应收取诉讼费。

3. 具有给付内容的协议书，当事人中的债务人愿意承诺接受依法强制执行的，建议双方当事人到公证处对调解协议书进行赋予强制执行效力的公证。

根据《最高人民法院、司法部关于公证机关赋予强制执行效力的债权文书执行有关问题的联合通知》的规定，公证机关赋予强制执行效力的债权文书应当具备以下条件：①债权文书具有给付货币、物品、有价证券的内容；②债权债务关系明确，债权人和债务人对债权文书有关给付内容无疑义；③债权文书中载明债务人不履行义务或不完全履行义务时，债务人愿意接受依法强制执行的承诺。凡是符合上述条件的债权文书，只要当事人自愿申请，公证机关均可受理并出具强制执行公证书，确认该债权文书具有强制执行的效力。

公证机关可赋予强制执行效力的调解协议书通常是关于借款、无财产担保的租赁、赊欠货物的债权、各种借据、欠单等方面达成的还款调解协议书，对符合条件的，给予司法证明，赋予其强制执行效力，使得调解协议书也具有了强制执行的效力。

另外，《最高人民法院、司法部关于开展律师调解试点工作的意见》规定，在北京、广东、四川等11个省（直辖市）开展律师调解试点工作，试点地区的律师要特别注意这些新规定，应积极参加当地的律师调解工作。另外，试行一段时间后，该意见将可能在全国全面实施，因此现将《最高人民法院、司法部关于开展律师调解试点工作的意见》的主要内容介绍如下：

为贯彻落实《中共中央关于全面推进依法治国若干重大问题的决定》以及中共中央办公厅、国务院办公厅《关于完善矛盾纠纷多元化解机制的意见》《关于深化律师制度改革的意见》和《最高人民法院关于人民法院进一步深化多元化纠纷解决机制改革的意见》，充分发挥律师在预防和化解矛盾纠纷中的专业优势、职业优势和实践优势，健全完善律师调解制度，推动形成中国特色的多元化纠纷解决体系，在北京、黑龙江、上海、浙江、安徽、福建、山东、湖北、湖南、广东、四川等11个省（直辖市）开展试点工作。

根据规定，律师调解是指律师、依法成立的律师调解工作室或者律师调解中心作为中立第三方主持调解，协助纠纷各方当事人通过自愿协商达成协议解决争议的活动。

该意见规定了开展律师调解试点工作的指导思想：全面贯彻党的十八大和十八届三中、四中、五中、六中全会精神，深入贯彻习近平总书记系列重要讲话和对律师工作的重要指示精神，围绕全面推进依法治国总目标，深化多元化纠纷解决机制改革，健全诉调对接工作机制，充分发挥律师职能作用，建立律师调解工作模式，创新律师调解方式方法，有效化解各类矛盾纠纷，维护当事人合法权益，促进社会公平正义，维护社会和谐稳定。

该意见规定开展律师调解试点工作的基本原则：

（1）坚持依法调解。律师调解工作应当依法进行，不得违反法律法规的禁止性规定，不得损害国家利益、社会公共利益和当事人及其他利害关系人的合法权益。

（2）坚持平等自愿。律师开展调解工作，应当充分尊重各方当事人的意愿，尊重当事人对解决纠纷程序的选择权，保障其诉讼权利。

（3）坚持调解中立。律师调解应当保持中立，不得有偏向任何一方当事人的言行，维护调解结果的客观性、公正性和可接受性。

（4）坚持调解保密。除当事人一致同意或法律另有规定的外，调解事项、调解过程、调解协议内容等一律不公开，不得泄露当事人的个人隐私或商业秘密。

（5）坚持便捷高效。律师运用专业知识开展调解工作，应当注重工作效率，根据纠纷的实际情况，灵活确定调解方式方法和程序，建立便捷高效的工作机制。

（6）坚持有效对接。加强律师调解与人民调解、行政调解、行业调解、商事调解、诉讼调解等有机衔接，充分发挥各自特点和优势，形成程序衔接、优势互补、协作配合的纠纷解决机制。

该意见还规定了建立律师调解工作的模式：

（1）在人民法院设立律师调解工作室。试点地区的各级人民法院要将律师调解与诉讼服务中心建设结合起来，在人民法院诉讼服务中心、诉调对接中心或具备条件的人民法庭设立律师调解工作室，配备必要的工作设施和工作场所。

（2）在公共法律服务中心（站）设立律师调解工作室。试点地区的县级公共法律服务中心、乡镇公共法律服务站应当设立专门的律师调解工作室，由公共法律服务中心（站）指派律师调解员提供公益性调解服务。

（3）在律师协会设立律师调解中心。试点地区的省级、设区的市级律师协会设立律师调解中心。律师调解中心在律师协会的指导下，组织律师作为调解员，接受当事人申请或人民法院移送，参与矛盾化解和纠纷调解。

（4）律师事务所设立调解工作室。鼓励和支持有条件的律师事务所设立调解工作室，组成调解团队，可以将接受当事人申请调解作为一项律师业务开展，同时可以承接人民法院、行政机关移送的调解案件。

该意见规定了健全律师调解工作的机制：

（1）明确律师调解案件范围。律师调解可以受理各类民商事纠纷，包括刑事附带民事纠纷的民事部分，但是婚姻关系、身份关系确认案件以及其他依案件性质不能进行调解的除外。

（2）建立健全律师调解工作资质管理制度。试点地区省级司法行政机关、律师协会会同人民法院研究制定管理办法，明确承办律师调解工作的律师事务所和律师资质条件，包括人员规模、执业年限、办案数量、诚信状况等。司法行政机关、律师协会会同人民法院建立承办律师调解工作的律师事务所和律师调解员名册。

（3）规范律师调解工作程序。人民法院、公共法律服务中心（站）、律师协会和律师事务所应当向当事人提供承办律师调解工作的律师事务所和律师调解员名册，并在公示栏、官方网站等平台公开名册信息，方便当事人查询和选择。

律师事务所和律师接受相关委托代理或参与矛盾纠纷化解时，应当告知当事人优先选择调解或其他非诉讼方式解决纠纷。

律师调解一般由一名调解员主持。对于重大、疑难、复杂或者当事人要求由两名以上调解员共同调解的案件，可以由两名以上调解员调解，并由律师调解工作室或律师调解中心指定一名调解员主持。当事人具有正当理由的，可以申请更换律师调解员。律师调解员根据调解程序依法开展调解工作，律师调解的期限为30日，双方当事人同意延长调解期限的，不受此限。经调解达成协议的，出具调解协议书；期限届满无法达成调解协议，当事人不同意继续调解的，终止调解。

律师调解员组织调解，应当用书面形式记录争议事项和调解情况，并经双方当事人签字确认。律师调解工作室或律师调解中心应当建立完整的电子及纸质书面调解档案，供当事人查询。调解程序终结时，当事人未达成调解协议的，律师调解员在征得各方当事人同意后，可以用书面形式记载调解过程中双方没有争议的事实，并由当事人签字确认。在诉讼程序中，除涉及国家利益、社会公共利益和他人合法权益的外，当事人无需对调解过程中已确认的无争议事实举证。

在公共法律服务中心（站）、律师协会和律师事务所设立的律师调解组织受理当事人直接申请，主持调解纠纷的，参照上述程序开展。

（4）鼓励调解协议即时履行。经律师调解工作室或律师调解中心调解，当事人达成调解协议的，律师调解员应当鼓励和引导当事人及时履行协议。当事人无正当理由拒绝或者拖延履行的，调解和执行的相关费用由未履行协议一方当事人全部或部分负担。

（5）完善调解协议与支付令对接机制。经律师调解达成的和解协议、调解协议中，具有金钱或者有价证券给付内容的，债权人依据民事诉讼法及其司法解释的规定，向有管辖权的基层人民法院申请支付令的，人民法院应当依法发出支付令；债务人未在法定期限内提出书面异议且逾期不履行支付令的，人民法院可以强制执行。

（6）完善调解协议司法确认程序。经律师调解工作室或律师调解中心调解达成的具有民事合同性质的协议，当事人可以向律师调解工作室或律师调解中心所在地基层人民法院或者人民法庭申请确认其效力，人民法院应当依法确认调解协议效力。

（7）建立律师调解员回避制度。律师调解员具有以下情形的，当事人有权申请回避：系一方当事人或者其代理人的近亲属的；与纠纷有利害关系的；与纠纷当事人、代理人有其他关系，可能影响公正调解的。律师调解员具有上述情形，当事人要求回避的，律师调解员应当回避，当事人没有要求回避的，律师调解员应当及时告知当事人并主动回避。当事人一致同意继续调解的，律师调解员可以继续主持调解。

律师调解员不得再就该争议事项或与该争议有密切联系的其他纠纷接受一方当事人的委托，担任仲裁或诉讼的代理人，也不得担任该争议事项后续解决程序的人民陪审员、仲裁员、证人、鉴定人以及翻译人员等。

（8）建立科学的经费保障机制。在律师事务所设立的调解工作室受理当事人直接申请调解纠纷的，可以按照有偿和低价的原则向双方当事人收取调解费，一方当事人同意全部负担的除外。调解费的收取标准和办法由各试点地区根据实际情况确定，并报相关部门批准备案。

在公共法律服务中心（站）设立的律师调解工作室和在律师协会设立的律师调解中心受理当事人直接申请调解纠纷的，由司法行政机关、律师协会通过政府采购服务的方式解决经费。律师调解员调解法律援助案件的经费，由法律援助机构通过政府采购服务渠道予以解决。

在人民法院设立律师调解工作室的，人民法院应根据纠纷调解的数量、质量与社会效果，由政府采购服务渠道解决调解经费，并纳入人民法院专项预算，具体办法由各试点地区根据实际情况确定。

（9）发挥诉讼费用杠杆作用。当事人达成和解协议申请撤诉的，人民法院免收诉讼费。诉讼中经调解当事人达成调解协议的，人民法院可以减半收取诉讼费用。一方当事人无正当理由不参与调解，或者有明显恶意导致调解不成的，人民法院可以根据具体情况对无过错方依法提出的赔偿合理的律师费用等正当要求予以支持。

该《意见》还对加强工作保障等问题作了规定。

二、律师参与调解

律师参与调解，是指律师接受非诉讼法律事务当事人一方的委托，以代理人的身份参加由他人主持的调解，参与有关主管机关或组织主持调解的一种业务活动，律师参与调解包括律师代理调解和律师代理和解。

律师参与调解不包括律师参与人民法院主持的调解，因其属诉讼代理的范畴；律师参与调解，也不包括参与仲裁调解，因其属于仲裁代理的范畴。本章所讲的律师参与调解，主要是指有关行政机关主持的调解和人民调解组织主持的调解，以及其他组织和个人主持的调解。

例如，交警部门主持的交通事故人身损害赔偿纠纷；某雇员在雇佣活动中造成伤害，雇主要求雇员就赔偿问题进行协商调解，该调解是由人民调解委员会主持的，但某雇员不懂法律、不知道赔偿标准，委托律师作为其代理人参与调解；等等。

律师参与和解和律师参与调解有所不同，和解属于当事人自行和解，没有主持人。如上述提供劳务者受害责任纠纷一案，如雇主委托律师作为其代理人，想和雇员就赔偿问题进行调解协商，律师所进行的就是和解性质的调解。

律师参与调解的工作程序和方法，和律师参与诉讼及参与仲裁中的调解基本一致，这里不再赘述，将在后续的内容中加以论述。

第三节　律师办理仲裁业务

一、律师办理仲裁业务的概念和种类

律师办理仲裁业务是指律师接受一方当事人委托，代理其参加仲裁机构组织的仲裁程序，在仲裁活动中以被代理人的名义，在授权范围内，代理被代理人进行仲裁的活动。

律师办理仲裁业务的种类比较多，有国内仲裁和涉外仲裁之分，在涉外仲裁方面，又有国际经济贸易仲裁（也称国际商事仲裁）和海事仲裁。在国内仲裁方面种类更多，除了最常见的民商事仲裁外，还有劳动争议仲裁、人事争议仲裁、农村土地承包经营纠纷仲裁等，而仲裁因种类和性质不同，仲裁争议的适用法律、法规、规章则不同，民商事仲裁主要适用《中华人民共和国仲裁法》及相关实体法；劳动争议仲裁、人事争议仲裁，则分别适用《中华人民共和国劳动法》《中华人民共和国劳动争议调解仲裁法》《人事争议处理规定》及《劳动人事争议仲裁办案规则》等；而农村土地承包经营纠纷仲裁则适用《中华人民共和国农村土地承包经营纠纷调解仲裁法》及相关实体法。律师作为不同种类仲裁的代理人，应该准确适用相关法律，而不能笼统适用《仲裁法》。

由于律师参与仲裁的种类很多，限于篇幅，本章节仅介绍民商事仲裁的律师代理工作，并对律师实务中经常出现的劳动争议仲裁中能否获得双重赔偿，即人身损害赔偿和工伤赔偿的问题作一简单介绍，并以一起获得双重赔偿的实际案例加以说明。

二、律师办理仲裁业务的程序和方法

律师办理仲裁业务的程序和方法应该遵守 2003 年 3 月 26 日经全国律协四届六次常务理事会通过的《律师参与仲裁工作规则》，《律师参与仲裁工作规则》就律师参与仲裁工作的具体原则、程序、方法等作了具体的规定。

（一）律师代理仲裁案件的职责和原则

律师代理仲裁案件的职责，是根据委托人的授权参加仲裁活动，维护委托人的合法权益，维护法律的正确实施，其应该遵循的原则包括：

1. 律师在仲裁活动中，必须遵守国家法律、法规，坚持以事实为根据，以法律为准绳的原则，信守律师职业道德和执业纪律规范。

2. 律师参加仲裁活动，必须坚持依法维护委托人的合法权益，维护法律的公正实施，忠于职守，认真负责，不得损害委托人的合法权益。

3. 律师在办案过程中应当保守国家秘密和委托人的商业秘密及其个人隐私，始终不得公开仲裁内容、过程和结果。

（二）律师代理仲裁案件的程序

1. 收案审查。律师在接受仲裁案件当事人委托时应审查下列内容：①仲裁协议的内容是否合法、真实、有效；②委托代理的案件是否符合《仲裁法》第 2 条、第 3 条等规定的关于提请仲裁的条件（即仲裁应属于平等主体的自然人、法人和其他组织之间发生的合同纠纷和其他财产权益纠纷，且不属于婚姻、收养、监护、扶养、继承纠纷以及依法应当由行政机关处理的行政争议）；③案件是否超过法律规定的关于仲裁的时效；④仲裁案件的双方当事人是否明确；

⑤仲裁请求或反请求是否合法、明确、具体；⑥委托人是否是本案仲裁协议的当事人；⑦委托人作为居住在国外的中国公民、外国人或国外企业及组织时是否提供合法的委托手续或证明。

律师接受委托时，应注意根据案情向委托人询问如下事项：①除劳动合同外，当事人之间是否自愿达成仲裁协议，以及仲裁协议的内容是否真实；②仲裁请求或反请求的内容。

律师接受委托时，应注意根据案件的不同情况向委托人说明：①除劳动仲裁外，仲裁裁决是终局裁决。裁决作出后，当事人不得就同一纠纷上诉，也不能再到法院起诉；②劳动仲裁须先经过仲裁庭调解，如对劳动仲裁裁决不服，可向有管辖权的人民法院提起诉讼；③如果需要采取保全措施或者仲裁裁决需要强制执行的，应向有管辖权的人民法院提出申请；④除劳动仲裁或独任仲裁外，选定仲裁员的程序；⑤委托人作为仲裁案件的被申请人时有权提出反请求；⑥委托的仲裁案件依照有关仲裁规则可能涉及的审理时间和费用种类。

律师经过审查后，认为可以接受委托的，律师事务所应根据当事人或其法定代理人的委托，指派律师担任当事人的仲裁代理人，律师事务所应当尽可能满足委托人指名委托的要求。

律师事务所受理仲裁案件，应与委托人签订委托代理协议，办理委托授权手续，并应由接待人员办理收案登记，编号后建立卷宗。

2. 参加仲裁前的准备工作。

（1）调查收集证据。律师经了解案情后，如认为事实不清，证据不足，应在征得委托人同意后进行调查。调查内容和目的可告知委托人，调查时可请委托人提供线索和证人名单，委托人应积极配合并提供必要的帮助。律师调查时，须持律师事务所调查专用介绍信，由两人共同进行，如律师一人调查，应有与本案无利害关系的第三者在场。被调查人是未成年人的，应请其监护人或教师在场。

对于律师难以取得的证据，可以申请仲裁庭收集、调取证据。仲裁庭同意收集、调取证据时，经仲裁庭同意，律师可以参加。

对有可能灭失或以后难以取得的证据，在仲裁进行阶段，律师应向仲裁委员会提出申请，由人民法院进行证据保全。在仲裁的其他阶段，律师可向公证机关申请证据保全公证。

（2）起草仲裁申请书或答辩书。在全面分析、研究案情及相关证据材料后，律师应及时起草仲裁申请书或答辩书、反请求书，特别是请求的事项和数额，应在提交仲裁委员会之前交委托人审阅和确认。提交仲裁委员会的文件应按照仲裁委员会规则要求的份数准备，附件和证据应齐全。

另外，律师应了解仲裁程序中各环节的时效规定，以便及时提出申请或异议，维护委托人的合法权益。

3. 参加仲裁代理。在进入仲裁程序之后，即仲裁申请被受理后，或者收到仲裁委员会寄出的仲裁案件受理通知书后，承办律师应协同委托人在规定期限内指定仲裁员，律师应建议委托人指定熟悉纠纷所涉及的专业领域及相关语言的仲裁员，并应避免出现仲裁规则规定的应回避的情况。

作为被申请人的代理人，承办律师还应注意能否就管辖权问题提出异议，或就仲裁争议提出反请求。

为充分维护委托人利益，承办律师有义务提醒和帮助委托人审查是否有仲裁员回避的情况。为避免裁决不能执行或难以执行给委托人造成损失，必要时，作为申请人的代理律师，应建议委托人申请财产保全。

仲裁庭开庭审理前，承办律师应充分与委托人交换意见，熟悉案情，分析证据，说明举证责任，明确请求或反请求，以便庭审时律师与委托人相互配合。律师应熟悉有关法律法规、商业习惯和国际惯例与实践，律师应事先与委托人讨论调解的可能性及可能接受调解的方案，对于委托人非法和无理的主张，应耐心进行解释和说服工作。

律师应熟悉相关的仲裁规则和仲裁程序，特别是受理仲裁的仲裁机构的仲裁规则和仲裁员守则。为保证仲裁裁决的顺利执行，发现仲裁过程中任何不符合仲裁程序的做法应及时告知委托人，并及时向仲裁机构提出异议，充分维护委托人的权利。

承办律师应按照法律和仲裁规则的要求准备并向仲裁庭提交申请文件或答辩文件，并及时提交补充文件，拟好询问提纲，认真撰写代理词。代理词应叙述事实清楚，引用法律正确，证据确凿，理由充分。

书证应当提交或准备原件，书证材料应该逐一编号，做到准备充分、条理清晰；物证应提交或准备原物，外文书证应附有中文译本。证据应当在开庭时出示或在仲裁庭规定的时间内提供。

在庭审期间，承办律师应按时出庭，遵守仲裁庭纪律，认真作笔录，充分阐述，积极辩论，引用法条或证据准确，避免不必要的重复和人身攻击，对对方提供的证据的合法性、真实性、关联性、完整性和可信度进行分析和质证，依法适时地提出异议或请求。

在仲裁庭主持调解或双方当事人希望庭外和解时，应帮助委托人分析调解方案和最终执行的可行性。在符合法律法规，不损害委托人利益并征得其同意的前提下达成和解。

仲裁庭只应审理仲裁请求范围内的事项，如果在案件审理过程中涉及的问题超出仲裁请求的范围，承办律师应及时告知委托人，以便采取相应的对策，或补充提出仲裁请求，或向仲裁庭提出异议。

根据《仲裁法》第 47 条的规定，当事人在仲裁过程中有权进行辩论，代理律师的第一轮辩论的书面形式就是发表代理词。仲裁代理词，是指代理律师在仲裁庭审理仲裁案件时为了维护其所代理一方的合法权益，以被代理人的名义，在代理权限之内发表的具有综合性的书面代理意见，仲裁代理词，和民事诉讼中的代理律师撰写的代理词及劳动争议仲裁案件中律师的代理词，其内容和格式及基本要求是一致的。

律师应注意在辩论终结时，当事人有发表最后意见的权利。

另外，建议承办律师在仲裁活动中始终携带与案件内容有关的 U 盘备用，如仲裁立案时可能要根据立案人员的要求对仲裁申请书作适当的修改，由于有 U 盘备用资料，修改很便捷；在开庭时，书记员可以将仲裁申请书、反请求书、代理词、答辩书、证据质证意见等电子版内容进行复制，这样不仅节约记录时间，而且能够记录得全面、准确。

4. 仲裁裁决后的律师工作。收到仲裁裁决后，承办律师应认真阅读，如果发现文字或计算错误或遗漏事项，应及时告知当事人，根据《仲裁法》第 56 条的规定，当事人可以在收到仲裁裁决书之日起 30 内向仲裁庭提出补正的请求，经审查如发现有《仲裁法》第 58 条规定情形之一的，可建议委托人申请法院撤销仲裁裁决。

如果当事人一方不履行生效裁决的，律师可以接受另一方当事人的委托，向人民法院申请强制执行。

三、劳动争议仲裁的律师代理

《中华人民共和国劳动争议调解仲裁法》（简称《劳动仲裁法》）自 2008 年 5 月 1 日起施行后，1993 年 7 月 6 日国务院颁布的《中华人民共和国企业劳动争议处理条例》不再施行，因律师长期适用《中华人民共和国企业劳动争议处理条例》，因此应注意这两部法律、行政法规的区别，代理劳动争议仲裁时应考虑下列一些问题：

1.《劳动仲裁法》规定部分劳动争议案件实行一裁终局，简化了先前实行的"先裁后审"才能发生法律效力的程序，缩短了劳动争议案件的处理周期。根据《劳动仲裁法》第 47 条的规定，"追索劳动报酬、工伤医疗费、经济补偿或者赔偿金，不超过当地月最低工资标准 12 个月金额的争议"和"因执行国家的劳动标准在工作时间、休息休假、社会保险等方面发生的争议"，"仲裁裁决为终局裁决，裁决书自作出之日起发生法律效力"。执业律师如遇到上述规定的这些情形，应说服当事人积极履行劳动争议仲裁委员会作出的裁决。

2.《劳动仲裁法》对仲裁裁决可能出现的错误，针对企业和员工规定了不同的诉讼救济途径。根据该法第48条的规定，"劳动者对本法第47条规定的仲裁裁决不服的，可以自收到仲裁裁决书之日起15日内向人民法院提起诉讼"；而根据该法第49条的规定，用人单位只有在有证据证明本法第47条规定的情形，即仲裁裁决存在适用法律、法规确有错误，劳动争议仲裁委员会无管辖权，违反法定程序，裁决所根据的证据是伪造的，对方当事人隐瞒了足以影响公正裁决的证据，以及仲裁员在仲裁该案时有索贿受贿、徇私舞弊、枉法裁决行为等六种情形之一的情况下，才可以自收到仲裁裁决书之日起30日内向劳动争议仲裁委员会所在地的中级人民法院申请撤销裁决。该条的规定，提高了被申请人向人民法院申请撤销裁决的门槛，目的在于保护处于弱势地位的劳动者。律师如代理用人单位一方，需要和当事人讲明以上规定的内容，不能盲目代理。

3.《劳动仲裁法》明确了劳动争议仲裁不收费的原则，降低了提起劳动争议的门槛。以前，根据《企业劳动争议处理条例》的规定，劳动者作为申诉人需要预先交纳仲裁费用，在一定程度上遏制了劳动争议的数量，使相当一部分有提起劳动争议想法的劳动者出于费用的考虑放弃了提起劳动仲裁的想法。《劳动仲裁法》实施后，如果咨询者有对于预交仲裁费的考虑，律师应及时告知这一新规定。

4.《劳动仲裁法》确定了由用人单位承担举证责任的"举证责任倒置"原则。该法第6条规定："发生劳动争议，当事人对自己提出的主张，有责任提供证据。与争议事项有关的证据属于用人单位掌握管理的，用人单位应当提供；用人单位不提供的，应当承担不利后果。"因此，承办律师如代理被申请人即用人单位一方的话，应告知用人单位及时提供其执行的各项管理规章制度或者使用的管理手段是否合法这方面的证据。

5.《劳动仲裁法》对仲裁当事人的称谓和《仲裁法》的称谓实行统一，均为"申请人"和"被申请人"，而《劳动仲裁法》实施前长期在劳动仲裁中使用的"申诉人"和"被申诉人"称谓均废止，不再使用这一称谓，所以承办律师应在劳动争议仲裁申请书、答辩书、代理词等法律文书中使用规范的称谓，而不能沿用废止的称谓。

6. 注意仲裁时效的规定。此前的《企业劳动争议处理条例》规定，当事人应当从知道或者应当知道其权利被侵害之日起6个月内，以书面形式向仲裁委员会申请仲裁；而《劳动仲裁法》第27条则规定，劳动争议申请仲裁的时效期间为1年。仲裁时效期间从当事人知道或者应当知道其权利被侵害之日起计算。承办律师既不能认为超过6个月就超过了仲裁时效，也不能认为超过了1年还没有超过仲裁时效，当然也得考虑有无时效中止、中断的情形。

7. 注意部分裁决和先予执行的新规定。为了保障劳动者不因合法权益遭受用人单位侵害而致使生活受到严重影响，《劳动仲裁法》在总结现行劳动争议仲裁部分裁决制度和民事诉讼中先予执行制度的基础上，规定仲裁庭裁决劳动争议案件时，其中一部分事实已经清楚，可以就该部分先行裁决。仲裁庭对追索劳动报酬、工伤医疗费、经济补偿或者赔偿金的案件，根据当事人的申请，可以裁决先予执行，移送人民法院执行。仲裁庭裁决先予执行的，应当符合下列条件：①当事人之间权利义务关系明确；②不先予执行将严重影响申请人的生活。劳动者申请先予执行的，可以不提供担保。承办律师应根据这些新规定及时、有效地帮助当事人行使这些权利。

律师在劳动争议中的代理工作程序和方法、技巧等和民商事仲裁代理基本一致，这里不再阐述。现仅对律师实务中经常出现的能否获得双重赔偿即人身损害赔偿和工伤赔偿的问题作一介绍，并附一代理词加以说明。

实践中，因用人单位以外的第三人侵权造成劳动者人身损害同时又构成工伤的，劳动者向第三人主张侵权赔偿并实际获得赔偿后又向劳动争议仲裁委员为申请工伤赔偿仲裁，劳动者是否可以获得工伤赔偿？过去各地的处理结果不尽相同，但获得双重赔偿仍然是主流做法，自《最高人民法院关于审理工伤保险行政案件若干问题的规定》2014 年 9 月 1 日起施行后，受害人（职工）可以获得工伤赔偿和侵权赔偿双重赔偿已经有了司法解释的依据，所以法院或者社会保险经办机构基本上都能够按照最高人民法院的规定进行处理，《最高人民法院关于审理工伤保险行政案件若干问题的规定》第 8 条第 3 款明确规定："职工因第三人的原因导致工伤，社会保险经办机构以职工或者其近亲属已经对第三人提起民事诉讼为由，拒绝支付工伤保险待遇的，人民法院不予支持，但第三人已经支付的医疗费用除外。"但是少数地区、部门由于上级机关的红头文件（部门规范性文件）的规定，不能实行双重赔偿，下级只得按照上级的红头文件处理工伤赔偿，因此代理律师应该依法据理力争，最大限度地维护当事人的合法权益，使得当事人能够获得双重赔偿，也就是说当事人获得的赔偿额要永远大于造成的实际损失，现以一案例说明：

案情：张××系 AH 利×生态园林景观有限公司（以下称"利×公司"）职工，2014 年 11 月 4 日 14 时，张××在工作转场（从一个苗圃转到另一个苗圃）途中，与肇事驾驶员苏××驾驶的 A6×××号小型普通客车相撞，造成张××当场死亡的交通事故，该事故经××交警大队认定，苏××负事故全部责任，张××不负责任。张××的法定继承人依法向法院提起机动车交通事故责任纠纷民事诉讼，人民法院判决苏××及保险公司赔偿了 80 余万元。因张××的死亡被××县人力资源和社会保障局认定为工伤，故张××的法定继承人内向××县医疗保险管理中心申领丧葬补助金、一次性工亡赔偿金等，但××县医疗保险管理中心却以申领人已获得交通事故人身损害民事赔偿为由，扣除该交通事故赔偿款，仅核定丧葬补助金、一次性工亡赔偿金等为 8.2 万元。机动车交通事故责任纠纷案的诉讼代理律师，建议张××的法定继承人提出判决被告依法履行给付义务的行政诉讼，当事人继续委托原律师提出了行政给付之诉。

现附该案的一审代理词（《行政起诉状》见第八章第二节"行政诉讼部分"的附件）。

附件：

祝××、张××等诉××县医保中心工亡保险待遇行政给付案一审
代 理 词

尊敬的审判长、审判员：

根据有关法律规定，××律师事务所接受本案原告祝××、张××、张××、周××的委托，指派我们担任其工亡保险待遇核定（行政给付）案一审诉讼代理人，依据本案的事实和有关法律规定，现发表如下代理意见：

受害人张××确因工伤死亡，这由《劳动合同书》《认定工伤决定书》等有关法律文书予以证明，由于该事实证据确凿充分，且被已经生效的法院判决书所确认，代理人不再赘述。代理人现在仅就本案争议的焦点即被告针对上述原告所作的工伤保险待遇核定需扣除因第三人侵权致害而取得的损害赔偿款是否合法以及人民法院是否应依法直接判决被告支付工亡待遇费用等问题作一说明。

一、关于工亡待遇需扣除第三人赔偿的行为是否合法问题

代理人认为：工伤（工亡）赔偿请求权基础是劳动者因发生工伤事故获得的一种社会保险利益，工伤保险损害赔偿实行无过错责任原则，有社会保险性质；而第三人侵权损害赔偿请求权基础是劳动者因第三人侵权致害而取得，侵权损害赔偿实行的是民法的填平原则、过错原则和过失相抵原则，二者权利基础及归责原则均不同。《最高人民法院关于审理工伤保险行政案件若干问题的规定》第 8 条第 3 款规定：职工因第三人的原因导致工伤，社会保险经办机构以职工或者近亲属已经对第三人提起民事诉讼为由，拒绝支付工伤保险待遇的，人民法院不予支持，但第三人已经支付的医疗费用除外。可见因用人单位以外的第三人侵权造成劳动者人身损害，构成工伤的，劳动者具有双重主体身份即工伤事故中的受伤职工和人身侵权的受害人，基于双重主体身份，劳动者除了有权向侵权人主张人身损害赔偿外，同时劳动者还有权向用人单位主张工伤保险赔偿，即有权获得双重赔偿。因此，被告以原告已经获得第三方民事赔偿为由而不予工亡全额赔偿的行为，违反现行法律规定和司法解释。根据现行《工伤保险条例》第 39 条的规定，"职工因工死亡，其近亲属按照下列规定从工伤

保险基金领取丧葬补助金、供养亲属抚恤金和一次性工亡补助金：①丧葬补助金为 6 个月的统筹地区上年度职工月平均工资；②供养亲属抚恤金按照职工本人工资的一定比例发给由因工死亡职工生前提供主要生活来源、无劳动能力的亲属。标准为：配偶每月 40%，其他亲属每人每月 30%……"据此，原告应该享有如下待遇：①工亡补助金 576 880 元；②丧葬补助金 27 504 元；③原告张××、周××的抚恤金（以上详见《行政起诉状》），根据以上法律及现行司法解释的规定，被告认为其作出的工伤保险待遇核定行为合法（即需扣除原告从第三人获得的民事赔偿部分）的辩解意见明显不能成立。至于被告所依据的一些同现行的法律法规、司法解释规定相抵触的地方规章和部门规范性文件都不能证明其具体行政行为的合法性，因为无论是从时间上还是从文件的规格层级上都属于无效的文件。

二、关于请求法院直接判决被告给付工亡待遇的依据问题

《最高人民法院关于适用〈中华人民共和国行政诉讼法〉若干问题的解释》（2015 年 5 月 1 日起施行）第 23 条规定："原告申请被告依法履行支付抚恤金、最低生活保障待遇或者社会保险待遇等给付义务的理由成立，被告依法负有给付义务而拒绝或者拖延履行义务且无正当理由的，人民法院可以根据行政诉讼法第 73 条的规定，判决被告在一定期限内履行相应的给付义务。"原告的诉求完全符合该规定，本案属于行政诉讼中的行政给付之诉，行政给付之诉不同于确认之诉、撤销之诉、变更之诉等类型的行政诉讼，行政给付之诉的主要特点在于诉讼目的的"给付性"，即请求法院判令被告满足原告源自于主观权利的给付请求。随着福利国家给付行政的发展和人民公法请求权的逐渐丰富，行政给付之诉已经在司法实践中成为一种重要的诉讼类型，在这种诉讼类型中，行政主体与行政相对人的给付关系、行政主体的给付义务和给付行政权的配置、行政相对人的给付请求权等都在诉讼审理中所应考虑的范围内，这与传统以秩序行政为中心设计的诉讼类型多有不同，行政支付诉讼指行政主体有职责作出某类给付行政行为，在行政相对人提出申请后拒绝作出或者怠于作出时，行政相对人向法院起诉要求判令行政主体作出给付行政行为。行政相对人向行政主体请求作出特定的行政行为而遭到驳回时，如果向法院仅提起撤销之诉，请求法院撤销的是行政主体所做的驳回，由此出现的尴尬情形是即使相对人在诉讼中获得有利判决，有利的效果也只是局限于行政主体的驳回被撤销而已，如果行政主体仍然不作出行政行为或者作出不符合法律规定的具体行政行为，行政相对人充其量只能再次提撤销诉讼，结果就只能反复地撤销、驳回、起诉、撤销、驳回、起诉，而终究是无法获得权利的救济。行政诉讼法及司法解释对行政给付之诉的新规定，可以使得相对人直接向法院请求行政主体作出特定的给付行

政行为,诉讼争议也不再仅是行政主体的驳回。我国《行政诉讼法》对行政支付之诉作了具体的规定,在被告不履行或者拖延履行给付法定职责时,法院须判决其在一定期限内履行给付之义务。就本案来说,原告请求的工亡待遇的具体项目、数额都是国家行政法规所确定的,无需被告重新核定,法院应依法直接判决被告予以给付。司法实践中,人民法院直接判决具有给付职责性质的行政机关在一定期限内履行相应的给付义务的判例举不胜举,如最高人民法院网站上的中国裁判文书网公开发布的××省××县人民法院于2015年10月22日提交的××县人民法院(2015)×行初字第00017号《行政判决书》即原告周××诉被告××县人力资源和社会保障局工亡待遇核定案,就判决"被告××县人力资源和社会保障局支付原告周××一次性工亡补助金539 100元、丧葬补助金20 394元,合计559 494元,……限于本判决生效后十日付清",这是刚刚生效的××省基层法院的判例,对于本案的审理也应该有一定的参考作用。

代理人希望人民法院能支持原告的诉讼请求,肩扛公正天平、手持正义之剑,以实际行动维护社会公平正义,让人民群众切实感受到公平正义就在身边。

以上代理意见,希望法院能予以采纳。

此致

××县人民法院

××律师事务所

律师:×××

2016年3月2日

案件处理结果:

该行政给付案件开庭后,被告代理人也意识到被告方将被判决败诉,因此××县医保中心和××县人力资源和社会保障局的代理律师(亦是法律顾问)请示其上级××市人力资源和社会保障局,并提出具体的赔偿意见,上级机关同意其上报意见,本案中的原告获得补发丧葬补助金、一次性工亡补助金522 384元(扣除被告已支付的8.2万元);并按规定每月支付张××、周××的抚恤金2652元(4420元/月 * 30% * 2人=2652元),原告全部实现了诉讼请求,因此申请撤诉,××县人民法院2016年4月14日的(2015)××行初字第00053号《行政裁定书》裁定准予撤诉,详细内容见中国裁判文书网。

律师代理有争议的非诉讼法律事务除了如上的调解和仲裁外,常见的还有代理参与行政复议。行政复议代理是指律师接受行政复议申请人、被申请人或第三人的委托,担任代理人,在委托人授权范围内参与行政复议活动的一项业务,由于该业务在很多方面,如工作方法、技巧、遵循原则等,和律师的仲裁代理及行政诉讼代理等基本一致,因此该部分内容不再单独论述。

第四节　律师办理无争议非诉讼法律事务

一、律师办理无争议的非诉讼法律事务的业务范围

无争议的非诉讼法律事务，是指当事人只需要依法履行一定的手续或从事一定的行为便足以引起某种法律关系发生、变更或消灭的法律事务，多以当事人的单方法律行为为限。律师代理无争议非诉讼法律事务，其范围广泛，一般说来，凡是具有法律意义的事务，除非法律明文规定不得进行非诉讼代理，律师均可以接受委托进行非诉讼代理。

律师代理无争议的非诉讼法律事务，一般可以分为以下两大类：

1. 确定某种法律关系的无争议非诉讼法律事务。该项法律事务常见的有：律师见证、律师授权发表声明、律师专项法律事务调查、律师代理参与商业谈判、律师代拟或审查法律文书、律师就专项法律事务出具法律意见书、律师函等。

2. 实现某种民事权利的无争议非诉讼法律事务。该项法律事务常见的有：律师代理执行遗嘱、律师代理办理遗产继承、律师代理办理赠与、律师代理追索债务、律师代理领取保险金、律师代理养老金的领取、律师代办公证、律师代理申请行政许可、律师代理专利事务、律师代理证券业务、律师代理税务申报及登记、律师代理商标法律事务、律师代理房地产业务等。代办建筑安装工程承包，企业承包，租赁经营等投标招标事务、代办市场、商品信息及企业资信的调查事务，等等。

二、办理常见无争议的非诉讼法律事务的方法

律师办理无争议的非诉讼法律事务的范围十分广泛，因此，律师办理的方式、方法多种多样，根据律师业务实践经验，现介绍如下 3 种常见方法：

（一）出具法律意见书

法律意见书是指律师应当事人之委托，以律师事务所的名义，根据委托人所提供的事实材料，正确运用法律进行分析和阐述，对相关事实及行为提出的书面法律意见。

法律意见书有可能涉及各种事项，因而具体内容可能各不相同，但法律意见书的基本内容至少应该包括以下几个方面：

1. 首部。具体包括标题、编号等。

2. 正文。具体包括：①委托人基本情况；②受托人（即法律意见书出具人）基本情况；③委托事项；④委托人提供的相关资料；⑤受托人独立调查获得的资料；⑥出具法律意见书所依据的现行有效的法律规定；⑦法律法理分析；

⑧结论；⑨声明和提示条款。

3. 尾部。具体包括：①出具人署名盖章及签发日期；②附件。

出具法律意见书，在内容上有如下基本要求：

1. 首部，即标题。实践中一般有两种写法：一是直接写"法律意见书"；二是具体写明法律意见书的性质，例如："关于××银行贷前审查的法律意见书"。此外还可以有法律意见书的编号。

2. 关于正文部分的要求。

（1）前述第①项和第②项主要是指法律意见书涉及的主体，即列举委托人和受托人的身份事项。委托人是指委托出具法律意见书的当事人；受托人是指法律意见书的出具人，指律师事务所及律师。应将两者的身份事项列举清楚，根据一般法律文书对于身份事项的要求，至少应包括：如果委托人是自然人的话，依次应为姓名、性别、出生日期、住所以及身份证件号码；如果委托人是法人和其他组织，应当写明名称、法人代表或负责人、住所、机构代码等。受托人应写明律师姓名、执业机构、执业证件号码等。

（2）前述第③项即委托事项，应当写明就何法律问题提供法律意见。

（3）前述第④项和第⑤项分别为委托人提供的资料和受托人独立调查获得的资料，各类资料和相关事实应如实写明，如果有附件的应当另行注明。

（4）出具法律意见书所依据的法律规定不需要具体到条款，只需要说明法律、法规、司法解释的名称和颁发机关及施行日期即可。

需要说明的是，前述第⑤项内容有时在法律意见书中往往是空缺的，这是因为律师在出具某些法律意见书时没有义务去调查和获取其他资料。一般只有在律师有义务去调查和获取其他资料时，这部分内容才可能出现在法律意见书中，而这种义务有可能来自委托方的要求，也有可能源自法律的直接规定。

（5）法律分析部分。法律分析是法律意见书的主体，应当对于事实和法律规定作详细的分析，引用法律法规甚至司法解释的规定应完整具体。如有必要还应进行法理上的阐述。

（6）结论。结论部分是实现法律意见书目的的载体，因而对于委托人和其他利害关系人具有重要意义，也是委托人和其他利害关系人作出决策的最为直接的依据，该部分在措辞上应该严谨缜密、客观直接。

（7）声明和提示条款。声明条款涉及法律意见书的责任问题，对于任何一方当事人来说都具有重要性，声明条款的内容包括责任限定条款，即出具人对于自己应该承担的责任予以限制和排除的条款；提示条款是出具人提示委托人和其他利害关系人应特别注意的条款，也关系到委托人可能承担的责任。

3. 关于尾部内容的要求。

（1）署名盖章和签发日期。在法律意见书的右下角法律意见书的出具人应署名盖章，也就是说，律师应在该位置手写署上姓名，出具法律意见书的律师事务所应加盖公章，盖章位置应能压住律师署名及签发日期。至于签发日期则是指法律意见书出具的时间，应采用汉字而不是阿拉伯数字表示日期。

（2）附件。对法律意见书的结论可能产生影响的文件应附于法律意见书之后，附件较多的，应另行编制附件目录。

现以一份律师法律意见书示范文本以说明其主要内容和格式。

法律意见书

××律所（2013）法意字××号

_____：

××律师事务所接受××先生（女士）的委托，指派××律师就×××（案件）进行法律分析，并出具法律意见书，本法律分析意见仅基于委托人所提供的相关材料和咨询。

一、关于本案当事人（自然人的身份情况，包括身份证号）

二、关于本案的基本事实

三、结论（本案的法律分析）

四、声明：本法律意见书仅供委托人参考，未经本律师许可，不得向任何第三人出示，亦不得在任何场合作为任何证据使用。

×××律师事务所（印章）

律师：×××

（律师执业证号）

××××年×月×日

本法律意见书正本一式××份，副本××份。

注：××律师事务所地址：_____

电话：_____ 传真号：_____

（二）律师函、律师声明和律师见证

1. 律师函。律师函是指应当事人之委托，以律师事务所或律师的名义，向委托人指定的当事人发送就相关事务进行声明的函件，律师函在格式和内容上一般有如下要求：

（1）文书名称。文书名称应当包括三方面的内容，即：制作律师函的律师事务所的名称、律师函所涉的主要内容及"律师函"字样。

（2）文号。律师事务所制作的向第三方提供的重要法律文件均应标明文号，这不仅体现律师事务所法律服务的专业化，也是档案及印章使用管理的必然要求。

（3）受送对象。受送对象名称一定要准确，做到一字不差。受送对象若为机构，不可使用简称；受送对象若为个人则一般应当在姓名全称后加先生或女士等较为尊重的称呼，如知道个人身份证号最好加上身份证号，因为同姓名人较多，加上身份证号具有特定性和唯一性，让受送对象不容置疑。

（4）委托关系及委托事项说明。应当明确委托人、受委托律师事务所、受指派的律师及委托事项。基本文字表述一般为：××律师事务所依法接受××的委托，指派×××律师就××××事宜出具本律师函。

（5）基本事实陈述。客观性是本部分内容的根本要求，应当坚持客观陈述原则。陈述的顺序需根据材料及证据的内容合理安排，并做到简繁有度，后面法律责任分析中需要依据的事实，原则上要陈述清楚，以保证全文的前后呼应。不同类型的律师函对本部分内容的安排和侧重各有不同，要根据具体的法律事项作出相应的事实陈述。

（6）法律责任分析。这一部分的内容与其他法律文书的制作要求是一致的，必须做到以事实为依据，以法律为准绳。分析一定要有针对性，事实引用一定要客观公正，法律适用一定要准确，逻辑证明一定要严谨。法律责任分析的结论应归结为受送对象应当承担的相应法律责任，考虑到律师函的特点，该部分内容应当尽量做到简洁、准确。

（7）律师意见。制作人根据上述基本事实和法律责任分析提出体现委托人意思表示的意见或要求；同时制作人应进一步说明若受送对象不遵从该意见或要求将面临的不利状况和后果，以引起受送对象的重视。

（8）律师函发出方式说明。律师函的发出方式在此应当予以说明，以提高保存证据的效果，并证明律师函发出方式的合法性。如：本律师函以传真（注明受送对象传真号码及收件人）及特快专递方式送达。

（9）律师函制作人联系方式。应当说明制作人的地址、邮编、办公电话、手机及电子邮箱等联系方式，以便受送对象与制作人联络。

（10）制作单位。尾部注明制作单位，这是法律文书的一般性要求。

（11）制作人。即经办律师的署名。署名的律师必须是委托人指定的受托律师，以免引起不必要的争议。律师助理不是独立的法律服务主体，所以参与律师函起草工作的助理人员不得署名，否则很可能会引起委托人的误解。

（12）日期。日期必须真实地反映制作律师函的时间，不得弄虚作假，以防范不可预测的法律风险。日期必须使用中文汉字书写，一般不使用阿拉伯数字书写。

（13）印章。制作单位具名的文书必须加盖印章，且印章的加盖必须规范。

（14）附件。为了充分证明律师函反映的内容真实可靠，可以将委托人提供的证据材料（复印件）列为附件，作为律师函的组成部分，并将证据材料复印件附在卷宗档案保存。

现以一份律师函示范文本以说明其主要内容和格式。

限期还款律师函

××律所（2017）律函字××号

×××有限责任公司：

　　××律师事务所受安徽××有限责任公司的委托，现就你公司拖欠安徽××有限责任公司货款事宜致函你公司。

　　根据委托人安徽××有限责任公司提供的证据材料证实，你公司和安徽××有限责任公司在双方的钢材买卖业务中，你公司拖欠委托人货款共计人民币壹佰贰拾万元（￥1 200 000元），这既有对账单证明又有你公司出具的欠条予以证明。为此，委托人曾多次催告你公司付清拖欠货款，但你公司一再拖延。

　　你公司未按照合同的约定支付货款的行为，已经违反了《中华人民共和国合同法》的有关规定及双方合同之约定，严重侵犯了委托人安徽××有限公司的合法权益。

　　据此，经委托人授权，本律师郑重函告你公司：限你公司于收到××律所（2017）律函字××号《限期还款律师函》之日起七日内向委托人付清拖欠货款人民币壹佰贰拾万元，否则，本律师将依授权采取进一步法律行动，包括但不限于诉讼，届时，你公司将要承担因此而需付出的经济代价包括败诉后的诉讼费及约定的违约损失（含律师代理费）等，以及因保全措施可能引起的负面影响及商业信誉损失。

　　特此函告。

×××律师事务所（印章）

律师：×××

二零一七年八月十日

附：

1. 《对账单》、《欠条》各一份；

2. 本法律师函除了以特快专递交方式寄送外，还通过你公司的电子邮箱发送一份；

3. ××律师事务所地址：_____

　　电话：_____　传真号：_____

2. 律师声明。律师声明是律师根据委托人的授权，就某种涉及授权人的权益问题而公开表明立场或主张以维护其合法权益，在报刊上登载的文字材料。律师授权声明涉及面广，既可以起澄清作用，又可以起警诫作用，即用公开声明的方式来澄清事实，挽回影响，以防某些人或某些单位遭受不法侵害，对直接侵权者是警告，而对其他有类似情况者则是一种教育。如制止侵犯商标专用权的声明，能使广大消费者了解该商品有假冒情况，堵塞冒牌商品销售渠道，冒牌者受到揭露。对终止某项法律行为的声明，可以起到宣传作用，如日后发生纠纷，可以不负法律责任等。律师声明制作过程中切忌将声明书写成变相广告或夹带广告性质的内容。

律师声明一般包括以下三部分：

（1）首部，即标题，可以写为"律师授权声明""律师声明"等。

（2）正文，这是律师声明的主要部分，一般包括：①指明具体事实；②表明立场和主张。

（3）尾部，写明律师事务所名称和律师署名及年、月、日。

3. 律师见证。律师见证业务是律师非诉讼法律服务的重要一种，是近年来律师业务的新增长点，律师在办理见证业务的范围、种类及避免执业风险等方面应该引起足够的重视。

律师见证，是指律师根据委托人的委托，以律师事务所和律师的名义，对律师本人亲身所见的、具体的法律行为或其他法律事实的真实性作出证明的业务活动。

律师办理见证业务时可以按照当地的律师协会或者承办律师所在的律师事务所制定的律师办理见证业务的规范或者操作指引之类的规范性文件的规定实施，如果当地律师协会或者承办律师所在的律师事务所没有制定，也可以参照、借鉴 2008 年 12 月 27 日上海市律师协会、民事业务研究会颁发的《上海市律师见证业务操作指引》的规定进行见证业务。

（1）律师见证业务范围。律师可以承办下列见证业务：①委托人亲自在律师面前签名、盖章；②委托人签署法律文件的意思表示的真实性。该法律文件包括但不限于各类合同；协议、公司章程、董事会；股东会；股东大会决议、声明、遗嘱；③其他法律行为及其他法律事实发生的真实性或其过程的真实性，例如：委托代理关系的设立、变更、撤销；财产的继承、赠与、分割、转让、放弃；④文件原本同副本、复印件是否相符；⑤委托人委托的其他见证事项。

律师不得承办法律法规禁止或者规定不应由律师见证的事务。

（2）律师见证必须遵循的工作原则。

第一，律师负有要求相关各方出示与委托见证事项相关的各类证件（包括但不限于：公民身份证、企业营业执照、机构代码、社团法人登记证照）的形式审查义务。

第二，律师负有根据委托人的委托和委托见证事项的需要，至相关工商行政管理局、公安局或其他机构查阅有关登记资料的形式审查义务。

第三，若委托人要求出具律师见证书时间紧迫，致使律师无法事先进行上述工作或其他相关工作的，律师见证书应予以披露和说明。

第四，律师不得为其本人、配偶或本人、配偶的近亲属办理见证业务。委托人委托的见证事项与律师本人或其配偶或本人、配偶的近亲属有利害关系的，律师应当回避。

第五，办理遗嘱见证业务，应由 2 名律师共同进行。虽然法律、法规并未规定律师从事见证业务的人数要求，但根据《继承法》的要求，见证遗嘱需要 2 名以上的见证人，因此，对遗嘱见证的业务操作必须由 2 名以上的律师进行。

法律法规对办理委托见证业务的人员的人数有特别规定的，从其规定。

第六，律师从事见证业务，应注意避免利益冲突，相关各方同意委托同一家律师事务所进行见证的除外。

第七，律师从事见证业务，应当对在执业活动中知悉的委托人的商业秘密及个人隐私予以严格保密。

（3）律师见证的工作流程及具体工作要求。

第一，在签订委托见证合同前，律师应当向委托人说明律师见证的内容和法律效力，并应在询问委托人后制作询问或谈话笔录。为避免委托人对律师见证效力的误解，避免纠纷的发生，律师应先向委托人客观说明律师见证的效力。制作笔录，对于确定当事人的委托事项、确定委托人的主观意图及事实有重要作用，因此，是律师应当进行的工作内容。

第二，委托律师见证，应当由委托人与律师事务所签订书面的委托见证合同。合同内容应当包括：①委托人的身份信息；②委托见证事项和用途或者目的；③双方的权利义务；④律师见证费用及支付方式；⑤办理见证事项的期限；⑥必要的提示、保留和声明（包括对委托人的声明以及有利害关系的第三人的声明）；⑦不予见证或者撤销见证的情形。

第三，律师见证费用可以根据委托见证事项的范围、难易程度、工作量等分项或计时收取，但应在委托见证合同中予以明确约定。

第四，对于委托人提供的文件、材料，应由委托人签名或盖章，并注明提交时间和来源。

第五，律师认为委托人提供的文件、材料不完整或有疑义时，应通知委托人作必要的说明或进行补充。

第六，律师应对见证过程制作必要的工作底稿。工作底稿应当真实、完整、清晰。若有必要，可请委托人签名或盖章确认。工作底稿应包含下列内容：①委托人身份证明材料；②委托人提供的文件、资料及其来源；③委托见证的函、电、接待谈话记录、询问记录；④律师至工商行政管理局、公安局或其他机构查阅的有关登记资料（若有）；⑤对见证过程中的疑问所作的说明；⑥适用法律法规。

第七，出具律师见证书。见证书内容可以包括：①委托人的身份信息；②委托见证事项、范围；③见证过程；④见证的法律依据；⑤见证结论；⑥免责声明和保留条款；⑦出具见证书的时间、见证书份数。律师见证书应由律师签字、盖章，并加盖律师事务所公章或者法律文书章。

第八，归档。律师见证工作完成后，应立即将下列材料立卷归档：①委托见证合同文本；②工作底稿；③律师事务所对重大或疑难见证进行的讨论、审批材料；④决定不予见证的，应将不予见证的通知书附卷；⑤律师见证书原件；⑥律师事务所发票附联；⑦律师见证书的送达回证或签收确认书。

（4）律师不予见证的情形。律师在审查见证事项及进行见证过程中，发现有下列情形之一的，应不予见证，并拒绝出具律师见证书：①委托人权利能力或行为能力有瑕疵；②委托人无权委托；③委托人在委托见证事项中的意思表示不真实；④委托见证事项的内容或所涉标的违反法律的禁止性或强制性规定，且委托人不同意纠正或补救的；⑤委托见证事项的事实不清或有其他重大瑕疵；⑥发现委托人有违法动机或目的。

若律师认为不应予以见证的，应报律师事务所批准。律师事务所经讨论后决定不予见证的，应书面通知委托人并说明理由。

另外，律师事务所应就律师从事见证业务建立必要的审核制度，防范法律服务风险。对重大见证和疑难见证应当经过集体讨论研究决定。要做好律师见证档案统一管理工作，档案应按行业管理规范的规定长期保存，不得涂改、变更、销毁。

律师在办理见证业务时，要特别注意履行审慎的审查义务，既要维护委托人的合法权益，也要避免律师执业风险，因律师见证不慎给委托人造成损失而被法院判决赔偿的案例并不少见，如《中华人民共和国最高人民法院公报》（2005年卷）第473页刊登了"王××诉××律师所财产损害赔偿纠纷案"（引用时隐去了真实姓名和律师所名称）的案例。

案情主要为：2001年3月，原告王××之父王某委托被告××市××律师事务所为其遗嘱进行法律见证，遗嘱主要内容是王某将其房产由其大儿子王××继承。××律师事务所出具《见证书》确认遗嘱签字行为真实有效。王某去世后，因法院认为王某所立遗嘱不符合遗嘱继承法定形式要件而无效。由此，王××所得法定继承遗产比按遗嘱继承少 114 318.45 元，遂起诉××律师事务所要求赔偿损失。一审法院认为，被告××律师事务所在履行与王某签订的《非诉讼委托代理协议》时，未尽代理人应尽的职责，给委托人及遗嘱受益人造成损失，应当承担赔偿责任，并判决被告赔偿原告经济损失 114 318.45 元。律师事务所不服提起上诉，二审法院经审理后认为律师事务所履行职责中存在过错，给王××造成了损失，应当承担赔偿责任，因此驳回上诉维持原判。

上述案例提醒执业律师，在办理见证业务时，必要严格遵守操作指引和执业行为规范，依据已经知悉的客观情况，遵守法律法规，恪守律师职业道德和执业纪律，诚实守信，以保护委托人的合法权益，以使见证的事项真实、合法，经得起有关机关的审查和时间的检验。

现以一份律师见证书说明律师见证书的格式及内容

律 师 见 证 书

××所（2014）律见字 011 号

××律师事务接受程××（身份证号×××××）、程×胜（身份证号×××××）、程×（身份证号×××××）、程光×（身份证号×××××）、程×福（身份证号××××××）、程×明（身份证号×××××）、程×光（身份证号×××××）、程×大（身份证号×××××）八人共同的委托，对《关于建筑×家老房的协议》及《关于×家老房分配的协议》进行见证，见证律师×××、卫×审查了上述二份法律文书及相关证明文件包括二〇一三年七月二十八日肥西县（现为合肥市蜀山区）小庙镇规划办出具的《证明》（二份）、二〇一三年二月二十四日上述八人签署的《会议纪要》及工程决算单、《房屋出租明细表》等。

兹证明上述各方当事人于二〇一一年五月十六日签订的《关于建筑×家老房的协议》（该《协议》中的建筑面积等见××镇规划办出具的《证明》记载）及二〇一二年四月十日签订的《关于×家老房分配的协议》的签约行为符合《民法通则》《中华人民共和国合同法》《中华人民共和国物权法》的有关规定，上述文书上各方当事人的签字属实，文书内容真实，符合法律规定。

××律师事务所
见证律师：×××、卫×
二〇一四年十一月十日

附：

1. 本《律师见证书》一式九份，上述八人各持一份，律师事务所一份备案
2. ×××律师执业证号 1340×××××× 电话×××××××××××
   卫×律师执业证号 1340××××××× 电话×××××××××××
3. ××律师事务地址：××市××路 70 号××大厦 A 座 10 层

第五节　法律顾问

一、法律顾问概述

（一）法律顾问的概念和种类

法律顾问是指律师依法接受自然人、法人或者其他组织的聘请，以自己的专业知识和技能为聘请方提供多方面的法律服务的专业性活动。法律顾问的业务范围主要包括：为聘请人就有关法律问题提供意见，草拟、审查法律文书，代理参加诉讼、调解或者仲裁活动，办理聘请方委托的其他法律事务。

法律顾问的种类因划分标准不同而有较多的分类，如根据聘请法律顾问期限的不同，可以分为常年法律顾问和临时法律顾问。常年法律顾问是指律师依合同的规定，在一个较长的时间内担任聘请方的法律顾问，其特点是业务范围广、服务时间长，一般在 1 年以上。合同期满，经双方协商，可以延长或重新签订协议。临时法律顾问是指律师为满足聘请方因完成某一特定事项的临时需要而受聘担任法律顾问，其特点是业务明确，服务时间短，当这一特定事项完成，合同即终止。

根据聘请方性质的不同，可以分为政府法律顾问、企业法律顾问、事业单位和社会团体法律顾问、自然人个人法律顾问等。本节内容主要介绍政府法律顾问和企业法律顾问，因为这是律师担任法律顾问的主要形式，其他法律顾问可以参照该部分内容执行。

目前律师作为聘请方的法律顾问，其工作内容和方式等主要依据的规范性文件是《司法部关于律师担任政府法律顾问的若干规定》（1989 年 12 月 23 日司法部令第 7 号）和《司法部关于律师担任企业法律顾问的若干规定》（1992 年 6 月 15 日司法部令第 20 号）及中华全国律师协会颁发的《律师法律顾问工作规则》（2003 年 3 月 26 日全国律协四届六次常务理事会通过）等规范性文件。

（二）聘请法律顾问的程序和服务方式

聘请法律顾问的一般程序为：

1. 进行必要调查。律师事务所受聘担任法律顾问前，应对聘方资信进行初步调查，调查内容包括但不限于：

（1）聘方为法人、其他组织时应调查：①是否依法成立，是否合法存续；②该法人目前的基本状况；③证照上所核准的经营范围；④实际上的主营业务范围；⑤聘请法律顾问的基本目的及要求。

（2）聘方为自然人时应调查：①国籍及居住地；②职业及其他自然状况；③聘请法律顾问的基本目的及要求。

2. 签订合同。律师事务所受聘担任聘请方的法律顾问，必须签订法律顾问合同，法律顾问合同是法律顾问关系成立的唯一证明。

法律顾问合同经双方签字或盖章后生效，合同包括但不限于如下条款：①聘方及受聘方的名称、机构代码（姓名、身份证号）、住所、通信方式；②法律顾问的工作范围、工作方式、履行职责的权限；③担任法律顾问的律师姓名、执业证号；④聘期起止时间；⑤聘方为保证法律顾问职责的履行提供的必要工作条件和物质保障；⑥顾问律师应有的知情权；⑦法律顾问费的支付标准和办法；⑧合同的变更和解除；⑨双方约定的其他权利、义务；⑩违约责任；解决争议的方法。

律师事务所及其指派的律师提供法律顾问服务时，包括但不限于如下方式：①咨询；②出具法律意见书、律师函；③参与重大商务谈判；④起草、审查、修改合同和规章制度；⑤代办登记注册等法律事务；⑥法制宣传、教育、培训；⑦提供有关法律信息；⑧经另行委托，代理各类诉讼、仲裁、行政复议案件，参与调解纠纷等。

律师事务所受聘指派律师担任法律顾问的服务内容、范围、工作安排由双方在法律顾问合同中明确约定。

（三）担任法律顾问应注意的问题

1. 担任聘方法律顾问的律师事务所，应依照《律师执业行为规范》的规定，进行利益冲突审查，避免利益冲突。

2. 顾问律师应当建立为聘方服务的工作日记，原则上做到一次一记，一事一记。顾问律师应对聘方实行一户一卷，办理具体的法律事务，要一事一档。

3. 顾问律师应将聘方交与承办的重大的、疑难的或事关聘方重大利益的法律事务提交律师事务所讨论，以保证工作质量。

律师事务所要定期听取顾问律师的工作汇报，定期到聘方征求意见，不断提高服务质量。

4. 受指派担任法律顾问的律师因故不能履行法律顾问职责时，受聘律师事务所应当与聘方协商另行指派顾问律师，以保证法律顾问工作的连续性。

5. 在聘期内提前解除法律顾问合同时，双方应签订解聘协议，并就善后事宜的处理予以书面约定。

顾问律师应就解聘原因，善后处理应注意的问题及法律顾问报酬是否退还，退还比例等向律师事务所提交书面报告。

律师事务所及顾问律师应及时进行总结，对善后事宜作出预案。必要时向司法行政部门、律师协会进行汇报。

6. 法律顾问合同期满或终止前，律师事务所及顾问律师应主动就是否续聘征询聘方意见，若聘方有意续聘，应及时就续聘条件进行磋商，以保证法律服务的连续性。法律顾问合同因期满或法律服务事项完成而终止后，顾问律师要及时写出总结报告，律师事务所应及时归卷备查。

二、政府法律顾问

（一）政府法律顾问的任务和业务范围

律师担任政府法律顾问的任务，是为政府在法律规定的权限内行使管理职能提供法律服务，促进政府工作的法律化、制度化。其业务范围是受政府委托办理的下列法律事务：①就政府的重大决策提供法律方面的意见，或者应政府要求，对决策进行法律论证；②对政府起草或者拟发布的规范性文件，从法律方面提出修改和补充建议；③参与处理涉及政府的尚未形成诉讼的民事纠纷、经济纠纷、行政纠纷和其他重大纠纷；④代理政府参加诉讼，维护政府依法行使行政职权和维护政府机关的合法权益；⑤协助政府审查重大的经济类合同、经济项目以及重要的法律文书；⑥协助政府进行法制宣传教育；⑦向政府提供国家有关法律信息，就政府行政管理中的法律问题提出建议；⑧办理政府委托办理的其他法律事务。

（二）担任政府法律顾问应注意的问题

1. 担任政府法律顾问应当指派具备较高的思想政治觉悟和政策业务水平的律师担任政府法律顾问。

2. 律师担任政府法律顾问，应当根据合同规定和政府委托的权限进行活动，不得超越委托权限，也不得从事与履行法律顾问职责无关的事务。

3. 担任政府法律顾问的律师，不得同时接受他人委托办理下列事务：①在民事诉讼、经济诉讼和行政诉讼中，担任政府对方当事人的代理人；②其他有损于政府利益或者违反政府决定的事务。

4. 律师担任政府法律顾问，不得利用政府法律顾问的身份，代理他人办理法律事务。

5. 律师担任政府法律顾问，为便于政府法律顾问开展工作，保证按时、优质提供法律服务，法律顾问律师应当享有如下权利：①查阅有关文件及资料；②参加政府召开的有关会议；③获得履行政府法律顾问职责所必需的其他工作条件和便利。

6. 担任政府法律顾问的律师，对其工作中接触、了解到的机密和不宜公开的情况，负有保守秘密的责任。

7. 政府聘请法律顾问，根据需要可以由律师事务所指派一名或者数名律师担任，也可以由同级政府司法行政机关负责人和律师组成的法律顾问团（组）担任。法律顾问团（组）可以设首席法律顾问。

8. 司法行政机关对律师担任政府法律顾问工作，应当加强指导、管理和监督，对不适宜承担这项工作的律师，应当及时予以撤换。

9. 政府法律顾问中的政府包括各级人民政府，各级人民政府的各行政主管部门聘请律师担任法律顾问，可以参照《司法部关于律师担任政府法律顾问的若干规定》的内容执行。

为了积极推行法律顾问制度和公职律师、公司律师制度，提高依法执政、依法行政、依法经营、依法管理的能力水平，促进依法办事，为协调推进"四个全面"战略布局提供法治保障，2016 年 6 月 16 日中共中央办公厅、国务院办公厅发布了《关于推行法律顾问制度和公职律师公司律师制度的意见》，要求要建立健全党政机关法律顾问、公职律师制度，并提出了目标任务，要求在 2017 年底前，中央和国家机关各部委，县级以上地方各级党政机关普遍设立法律顾问、公职律师，乡镇党委和政府根据需要设立法律顾问、公职律师，国有企业深入推进法律顾问、公司律师制度，事业单位探索建立法律顾问制度，到 2020 年全面形成与经济社会发展和法律服务需求相适应的中国特色法律顾问、公职律师、公司律师制度体系。

为了保证该制度的执行，党政机关要将法律顾问、公职律师经费列入财政预算，采取政府购买或者财政补贴的方式，根据工作量和工作绩效合理确定外聘法律顾问报酬，为法律顾问、公职律师开展工作提供必要保障。

《关于推行法律顾问制度和公职律师公司律师制度的意见》还具体提出了党政机关法律顾问履行下列职责：

（1）为重大决策、重大行政行为提供法律意见；

（2）参与法律法规规章草案、党内法规草案和规范性文件送审稿的起草、论证；

（3）参与合作项目的洽谈，协助起草、修改重要的法律文书或者以党政机关为一方当事人的重大合同；

（4）为处置涉法涉诉案件、信访案件和重大突发事件等提供法律服务；

（5）参与处理行政复议、诉讼、仲裁等法律事务；

（6）所在党政机关规定的其他职责。

三、企业法律顾问

（一）企业法律顾问的任务和业务范围

1. 企业法律顾问的任务。律师担任企业法律顾问的任务是为企业依法治厂（公司），按照企业管理各种法律、法规和其他有关的法律、法规进行生产、经营、管理或其他活动提供法律服务，受企业委托办理有关法律事务，维护企业的合法权益，促进企业深化改革，扩大开放，转换企业经营机制，提高企业经济效益，推进企业生产、经营的发展。

2. 律师担任企业法律顾问的业务范围。律师担任企业法律顾问的业务范围是受企业委托办理下列法律事务：①就企业生产、经营、管理方面的重大决策提出法律意见，从法律上进行论证，提供法律依据；②草拟、修改、审查企业在生产、经营、管理及对外联系活动中的合同、协议以及其他有关法律事务文书和规章制度；③办理企业的非诉讼法律事务；④代理企业参加民事、经济、行政诉讼和仲裁，行政复议；⑤参加经济项目谈判，审查或准备谈判所需的各类法律文件；⑥提供与企业活动有关的法律信息；⑦就企业深化改革、扩大开放，发展外向型经济，转换企业经营机制，提高企业经济效益，加强生产、经营、管理和对外联系中的有关问题，提出法律意见；⑧协助企业对干部职工进行法制宣传教育和法律培训；⑨对企业内部的法律工作人员的工作进行指导；⑩其他法律事务。

另外，国家对国有企业的法律顾问有些特殊要求，根据中共中央办公厅、国务院办公厅的《关于推行法律顾问制度和公职律师公司律师制度的意见》的规定，要建立健全国有企业法律顾问、公司律师制度，规定工商、金融、文化等行业的国有独资或者控股企业等国有企业内部专门从事企业法律事务的工作人员和企业外聘的律师，可以担任法律顾问。

在国有企业已担任法律顾问但未取得法律职业资格或者律师资格的人员，可以继续履行法律顾问职责。国家统一法律职业资格制度实施后，国有企业拟担任法律顾问的工作人员或者外聘的其他人员，应当具有法律职业资格或者律师资格，但外聘其他国有企业现任法律顾问的除外。少数偏远地方国有企业难以聘任到具有法律职业资格或者律师资格的法律顾问的，可以沿用现行聘任法律顾问的做法。

法律顾问的辅助人员可不具有法律职业资格或者律师资格。

国有大中型企业可以设立总法律顾问，发挥总法律顾问对经营管理活动的法律审核把关作用，推进企业依法经营、合规管理。国有企业法律顾问履行下列职责：

（1）参与企业章程、董事会运行规则的制定；

（2）对企业重要经营决策、规章制度、合同进行法律审核；

（3）为企业改制重组、并购上市、产权转让、破产重整、和解及清算等重大事项提出法律意见；

（4）组织开展合规管理、风险管理、知识产权管理、外聘律师管理、法治宣传教育培训、法律咨询；

（5）组织处理诉讼、仲裁案件；

（6）所在企业规定的其他职责。

国有企业法律顾问对企业经营管理行为的合法合规性负有监督职责，对企业违法违规行为提出意见，督促整改。法律顾问明知企业存在违法违规行为，不警示、不制止的，承担相应责任。

另外，常年法律顾问还可以进行下列特别服务内容：①工商登记资料调查；②特定人员户籍、身份调查；③公司、个人所有的房产、车辆等主要财产调查；④公司、个人法律事务的调查取证；⑤各种合同的律师见证；⑥行政、刑事、治安案件的处理；⑦其他一切诉讼及仲裁案件分析意见等。

律师实务中，企业顾问律师除了前面所述的服务方式外，还可以采取下列如下服务方式：①电话24小时预约，全程提供上门服务；②电话咨询服务；③不定期主动预约上门拜访；④顾问费在达到预约数额以上的客户，可以要求顾问律师每月驻公司服务1次；⑤事前约定可以外地出差陪同谈判；⑥最新相关法律法规动态及专题法律宣传、案例分析的电子文本送阅等。

（二）担任企业法律顾问应注意的问题

1. 在签订的聘请法律顾问合同中应载明律师享有如下权利：①查阅与承办法律事务有关的企业文件和资料；②了解企业的生产、经营、管理和对外联系活动中的有关情况；③列席企业领导人召集的生产、经营、管理和对外活动中的有关会议；④获得履行企业法律顾问职责所必须的办公、交通及其他工作条件和便利。

2. 律师担任企业法律顾问，应当坚持以事实为根据，以法律为准绳的原则，发现顾问单位有违法行为的，应当予以劝阻纠正。

3. 律师担任企业法律顾问，应根据合同、协议规定和企业的委托授权进行工作，不得超越委托代理权限。

4. 顾问律师，不得从事有损于聘请单位合法权益的活动，不得在民事、经济、行政诉讼或仲裁活动中担任对立一方当事人的代理人。

5. 顾问律师在其受聘的两个（或两个以上）的企业之间发生争议时，应当进行调解，但律师不得代理任何一方参加诉讼或仲裁。

6. 顾问律师，对在工作中接触、了解到的有关企业生产、经营管理和对外联系活动中的业务秘密，负有保守秘密的责任。

7. 顾问律师应当建立律师事务所与聘请单位定期联系、律师与聘请单位法定代表人定期会见等制度。

8. 受聘律师因故不能履行企业法律顾问职责时，受聘律师事务所应当与聘请单位协商，另行指派律师接替。

9. 律师事务所对律师担任企业法律顾问工作，应定期进行检查和考核，以保证工作的质量。

10. 顾问律师应当做好提供法律服务时的工作内容记录，并整理和保存好，这是律师做企业法律顾问具体工作的最好表现形式。

顾问律师要根据顾问单位的工作需要，制作和使用好下列法律文书：①《法律意见书》（也称《律师法律意见书》）；②《律师风险提示》；③《紧急情况反映》；④《律师工作简报》；⑤《情况说明》；⑥《法律信息》；⑦《请示函》；⑧《法律顾问服务记录》；⑨《谈判事项法律服务跟踪表》；⑩《会议纪要》；等等。

律师在为顾问单位提供法律服务时，既要注意提供法律服务的准确性，维护企业的合法权益，也要注意避免因提供不准确的法律服务的风险，因此应该具有准确、完整的记录和相关的法律文书保存。

导入案例分析

法律意见书

××镇 206 国道拆迁指挥部：

××律师事务所×××、卫×律师依法接受贵指挥部承办的拆迁户蒋××与张××土地征收土地补偿金纠纷案中的张××的委托，担任其农村土地承包经营权侵权纠纷案张××的非诉讼代理人，承办律师依法了解了有关案件情况，根据《律师法》的有关规定，建议贵指挥部立即停止向蒋××户支付土地补偿金等费用，并向张××支付被征收的 8 亩土地补偿金，理由如下：

被征收户蒋××（住××县××镇大塘社区居委会，原××镇大塘村巢郢队，身份证号×××××××××××××××××××），因其被征收的耕地 8 亩，系张××户（××镇大塘村巢郢队，身份证号×××××××××××××××××××）承包经营，张××对该土地享有合法承包经营权，这既有××县人民政府为其颁发的××集用［95］第 0108169 号《集体土地使用证》证明，又有××镇大塘社居委 2013 年 3 月 18 日出具的《证明》予以证明。但时任村支部书记张×洋未经张××同意，擅自将张××的 8 亩承包地指定其表侄蒋××耕种，张××虽多次交涉要求退回未果。2012 年 12 月 206 国道改线，张××被征收的 8 亩承包地却被登记在蒋××的户头上，使得张××应该获得的土地补偿金因涉及纠纷而不能领取。

承办律师认为，张××被征收的 8 亩承包地的承包经营权依法受法律保护，《农村土地承包法》第 5 条规定："农村集体经济组织成员有权依法承包由本集体经济组织发包的农村土地。任何组织和个人不得剥夺和非法限制农村集体经济组织成员承包土地的权利。"根据有关规定，农村村民享受农村五保供养后，依然属于农村集体经济组织的成员，有权依法承包土地，任何人不得非法剥夺和限制。发包土地的集体经济组织不能强行将其所承包土地收回，也不得强行交由他人代为经营。张××一年仅有 2000 元左右的生活补助，根本无法维持正常生活，必须有农田收入补偿才能维持生活。而和张××情况完全一样的同村其他五保户，却拥有承包土地，也取得了土地补偿金等。《农村五保供养工作条例》第 11 条第 1 款规定："……农村五保供养对象将承包土地交由他人代耕的，其收益归该农村五保供养对象所有……"根据此规定精神，张××承包地被征收的土地补偿金应该由张××领取，而蒋××非法登记行为不具有法律效力，贵指挥部应依法发放土地补偿金。

基于以上理由，代理律师建议贵指挥部立即停止向蒋××户支付土地补偿金等费用，并向张××支付土地补偿金，以避免贵指挥部在后续的诉讼中而涉诉。

以上法律建议，望能予以采纳。

××律师事务所（印章）

经办律师：（签名）

2013 年 4 月 22 日

附：

1. 《集体土地使用证》、社居委《证明》证据材料 2 份；

2. 本法律意见书一式 3 份，其中 1 份抄送××县法制局；

3. 承办律师电话：……　　　地址：……

说明：承办律师出具上述《法律意见书》后，经过拆迁指挥部的调解，张××获得了 80% 的土地补偿金，蒋××由于耕种多年获得了 20% 的土地补偿金。

思考题

1. 律师非诉讼法律事务代理的含义和特征是什么？

2. 了解律师非诉讼法律事务常见的业务的工作程序和技巧。

3. 律师担任法律顾问的工作原则和工作范围有哪些？

第十一章

法律咨询与代书

学习目标与工作任务

　　了解法律咨询与代书的意义和基本要求；掌握法律咨询与代书的程序和技巧。

导入案例

　　阿云和丈夫阿桂结婚已8年，结婚后生有一个儿子阿强，已5岁，儿子一直由阿云照料，因丈夫酒后经常殴打阿云，阿云曾经拨打110报过警，也到医院看过伤，还经社居委调解过，夫妻俩现已分居1年了。二人在婚姻关系存续期间购买了一套价值80万元的房子，丈夫是个体户，收入不固定，但至少在每月1万元以上。阿云打算和丈夫阿桂离婚，到律师事务所咨询。

　　问：

　　1. 已经因感情不好连续分居1年了，加之丈夫经常殴打自己，阿云如向法院提出离婚诉讼，法院是否应判决离婚？

　　2. 阿云想获得对5岁儿子的抚养权，法院能否判决孩子由自己抚养？

　　3. 如果孩子由阿云抚养，丈夫一个月应该给多少抚育费？

　　4. 阿云能够分得多少夫妻共同财产？

教学内容

第一节　法律咨询

一、法律咨询的概念

　　法律咨询也称解答法律询问，是指律师就自然人、国家机关、企事业单位、社会团体、其他组织等涉及法律的问题所提出的询问，给予解答、作出说明、提出建议以及提供解决问题方案的一种业务活动。

本章所称的法律咨询，是一种独立的业务项目，它是我国《律师法》规定的律师的一项重要业务，而律师在办理非诉讼法律事务中所提供的法律咨询，并非一项独立的业务，而是为解决某个非诉讼法律事务附带实施的一种手段，一般采用出具法律意见书或律师函等形式，必要时还需要参加有关会议进行研究和论证，所以，二者不能混同。

二、法律咨询的特点

法律咨询具有如下特点：

1. 法律咨询具有专业性。提供法律咨询服务的机构是依法设立的律师事务所，解答法律咨询是律师的一项重要业务，有着特定的工作方式和要求，律师解答的法律咨询不同于其他咨询，法律咨询着有高标准的要求，律师解答法律咨询是一项专门的法律服务业务，律师若没有较强的法律专业知识，将无法胜任法律咨询工作。

2. 法律咨询具有广泛性。律师解答法律咨询的服务对象包括社会各界人士。不仅包括内地各级国家机关、社会团体、企事业单位、群众组织和中国公民，还包括港、澳、台地区以及外国的公民、法人和其他经济组织、群众团体。另外，律师解答法律咨询所涉及的问题也具有广泛性。服务对象提出的问题不仅涉及国内法律各个领域的问题，还可能涉及国外有关法律，涉及国际条约和国际惯例；不仅涉及现行的法律和政策，还可能涉及历史上的法律和政策；不仅涉及一般的法律问题，还可能涉及其他社会生活的各个领域。因而其所涉及的问题也具有较强的广泛性。

3. 法律咨询无法律约束力。律师提供的咨询意见、建议或解决问题的方案，仅供咨询者参考。一般来说，咨询者和律师事务所之间并没有签订书面合同，二者之间并没有形成权利义务关系。律师解答法律咨询时，只是听取咨询者自己叙述的事实，针对咨询者提出的问题进行解答，没有进行调查核实。因此，律师解答法律咨询时所提出的看法和解答，一般不能作为咨询者处理有关法律事务时的依据，对律师和法律咨询者均无法律约束力。

4. 法律咨询既可以有偿也可以无偿。律师提供法律服务一般都是有偿的，但律师提供的法律咨询往往是无偿的，因为咨询者通常是就其所遇到的法律事务咨询是否合法，能否进行诉讼，如果能进行诉讼，就考虑聘请律师，如果遇到这种情况，接待律师一般不大可能表示要收费后再解答，因为接待律师还期望能承接这起案件，所以就直接解答了，解答后咨询者表示回去后商量商量再作决定，但绝大多数回去后就不了了之了。因此大多数法律咨询是无偿的。但律师服务收费的项目中有明确规定，律师提供法律咨询是可以收费的，所以对于那些法律事务比较复杂，又无聘请代理人、辩护人之需求的咨询，是可以在解答之前约定按照计时或者计件收费的，具体的收费数额应依总体的难易、耗时的长短，按规定向当事人收费。

三、法律咨询的意义

1. 有助于保护咨询者的合法权益。在现实生活中，自然人、法人和其他组织在自己的权益被侵害时，不知道通过何种途径来救济，有的甚至不知道自己的权益被侵害，通过律师开展的法律咨询服务，能够让咨询者知道应该如何维护自己的合法权益。

2. 有助于社会主义法制宣传。律师解答法律咨询是一种有效的法制宣传方式，律师通过法律咨询工作，向咨询者宣传法律、法规和有关政策，是一种直接、有针对性的法制宣传形式，律师通过解答法律咨询，使咨询者能够自觉地学法、守法、用法，从而提高公民的法律意识。

3. 有助于预防违法犯罪的发生，有助于维护社会稳定。律师通过法律咨询为社会民众排忧解难，帮助咨询者增强法律意识，正确对待社会生活中的各种矛盾，处理或解决各种纠纷，起到化解矛盾、预防或减少违法犯罪的作用，有利于促进社会安定团结，维护社会稳定。

4. 有助于律师提高业务素质和开拓业务。律师解答法律咨询，有利于提高律师自身的业务素质。律师解答法律咨询接触面广，涉及问题多，情况相当复杂。这就要求律师具有广博的法律知识、较高的理论水平和丰富的社会经验，以适应咨询工作的需要。这就需要律师不断提高自己的业务素质和解决实际问题的能力。同时，律师解答法律咨询是律师事务所对外服务的窗口。律师通过法律咨询，帮助咨询者解答疑难，不仅可以提高律师事务所及律师本身的社会声誉，而且还可以通过咨询，扩大和社会各界的接触面，增强和社会各界的联系，有利于律师事务所和律师进一步拓展业务。

四、律师咨询工作的基本原则

（一）坚持以事实为根据，以法律为准绳的原则

《律师法》规定律师执业必须以事实为根据，以法律为准绳。坚持这一原则，既要求咨询者实事求是地向律师陈述有关事实，同时又要求律师能认真倾听咨询者的陈述并且针对关键性的事实情节进行询问。解答律师通过倾听和询问，分析判断出咨询者陈述的事实是否真实可靠，对于虚假的陈述作出判断，从而引导咨询者实事求是地讲述有关事实。律师只有在客观、全面地了解事实真相的前提下，才能根据法律作出解答。这就要求律师不仅要了解，而且要精通与该项事实有联系的相关法律。对于有把握的问题，可以立即向咨询者作说明和解答；对于一时没有把握的问题，应当在查阅有关法律规定或与其他律师

共同讨论后，另行约定时间，作出准确的说明或解答。

（二）坚持息讼解纷的原则

息讼解纷，要求律师在接待咨询者时要注意纠纷是否存在和解的条件和可能性。如果存在和解的条件，就应当耐心细致地向咨询者宣传法律，做好思想工作，促使双方从团结的愿望出发，达成和解。律师在解答法律咨询中，对于提出无理要求的咨询者，应当依法多做说服工作，促使纠纷妥善解决，防止矛盾激化。这样做既可以使矛盾双方避免讼累，又有利于社会稳定。

（三）坚持伸张正义的原则

律师应急人民群众之所急，竭力为咨询者排忧解难，抑恶扬善，伸张正义。当咨询者的合法权益确实受到非法侵害时，律师就要伸张正义，旗帜鲜明地支持受害人，除向受害人提供各种形式的法律帮助之外，还可以积极向有关部门反映，争取有关部门的支持和帮助，尽快促成问题的妥善解决，有效地维护受害人的合法权益。

五、律师解答法律咨询的方法

律师解答法律咨询，通常是使用口头解答或书面解答两种方法，但也有特邀咨询和连续咨询这两种特殊方式。

（一）口头解答

口头解答法律咨询时，要求律师做好法律咨询登记工作。首先，应记明咨询者的基本情况，这些情况包括姓名、性别、年龄、民族、籍贯、文化程度、职业及工作单位、住址、身份证号、电话等，如果当事人不愿意告诉则不能勉强；其次，写明咨询者所咨询的具体问题；最后，要对解答的内容进行扼要记录。

律师解答法律咨询，要态度和蔼，服务诚恳，同时要注意说话技巧，注意咨询者本人的文化层次、理解能力等问题，使咨询者能够听得懂。一般不应滥用群众所不懂的法言法语，对有些必须使用的法律名词，要用通俗易懂的语言进行解释，使咨询者能理解清楚，不致产生误解。

口头解答法律咨询应注意掌握好如下五个环节：

1. 倾听。解答律师凭借听觉器官接受咨询者所表达的言语信息，进而通过思维活动达到认知、理解的全过程。律师要认真耐心地倾听咨询者的陈述，咨询者一般是带着使其困惑的法律问题来求教律师的，又由于受到文化程度、口头表达能力等条件的限制，可能会出现语无伦次或对事件的表述杂乱无章的情况。这时，律师应保持耐心，予以安抚，使其心情尽快平静下来，进而可以使咨询者打消顾虑、信任律师。律师倾听陈述时可边听边记，没有听清的地方可随手作个记号，以后提问，不要轻易打断对方的陈述，以免打断咨询者思路，影响对方连贯、准确地陈述事情真相。倾听是解答问题的前提，只有认真、耐心地倾听咨询者的陈述，才能为客观、全面地了解事实真相打下基础。

2. 察看。解答律师为了解情况，准确解答咨询者所咨询的问题，需要仔细阅读咨询者随身带来的材料和文件，并且随时注意观察咨询者的情绪变化。一般来说，咨询者可能随身带着有关证件、证据、法律文书等文件材料。律师仔细阅读这些材料可以印证来访者陈述的真实可靠程度，观察咨询者的情绪变化，可以据此分析其心理状态，辨明咨询者陈述的可信度。对咨询者外在表现情绪应当认真审视，并作出正确判断，决不能被其表面现象所迷惑，轻易作出不符合真实情况的判断而陷于被动。

3. 询问。即律师向咨询者提问，律师应针对关键性的事实和情节向咨询者提问。抓住关键性的问题并有针对性地提问是进一步了解事实的重要环节。由于咨询者认知能力、语言表达能力的不同，咨询者在提供材料或陈述时可能忽略关键性的事实情节及关键性的材料。提问可以在咨询者陈述过程中进行，也可以在陈述过后进行。在咨询者陈述过程中进行提问，可以使咨询者的陈述简明扼要，可以引导咨询者围绕主要问题和重要情节陈述。在咨询者陈述过后进行提问，可以使提问更具针对性，同时也可以避免因提问而打断咨询者思路，使其忘记陈述关键性的事实情节。律师提问的目的是引导咨询者讲出问题的核心与关键部分，使得律师进一步了解有关事实和证据，抓住问题的核心和本质，为分析和解答问题提供前提条件。

4. 分析。即要求律师能够正确分析判断问题。律师通过倾听、察看、询问之后，对于咨询者的咨询问题，从法律的角度进行综合分析和评判。要搞清咨询者面临问题的症结所在，这些问题涉及哪些部门法律，根据法律和政策，解决这些问题需要采用哪种方法，通过什么途径，使用何种手段，等等。律师只有对事实有客观、全面、深入的了解，同时又具有较高的法律专业水平和政策水平，具有丰富的生活阅历和工作经验，才能通过分析得出正确的判断。

5. 解答。是指律师解答咨询者所咨询的问题。律师应认真准确地解答咨询者的询问。律师解答法律咨询时应该注意：一是解答的内容要符合有关法律和政策的规定，并且要切实可行；二是要做到适用的法律准确适当，针对性强；三是要语言通俗、条理清楚、重点明确，让咨询者能够接受和采纳。

另外，解答时，对于已经发生法律效力的处理决定，解答要慎重。如咨询者所提问题涉及已生效判决、裁定、决定、调解协议等，决不能轻易否定生效的法律文书的合法性。即使发现存在问题，作具体分析时也要留有余地。

以上五种解答法律咨询的方法并不是各自独立的，而是互相联系的有机结合，互相渗透、相辅相成。在实践中，律师往往都是边听、边记、边阅读有关材料，同时进行思考和分析，最终作出符合实际、准确并切实可行的解答意见。

（二）书面解答

书面解答法律咨询是律师就自然人、法人或其他组织来访或来函提出的问题，根据法律的有关规定，以书面形式所作的解答。书面解答法律咨询要注意如下两个问题：

1. 书面解答应慎重，支持解答意见的证据材料不充分可以要求补充。解答律师应认真阅读来函及咨询者所提供的材料，根据口头咨询的情况或者信函介绍的情况及对有关材料的分析，掌握咨询者的意图和所述事实的真实可信程度，分别作出实事求是的解答意见，对于事实清楚、确定的，可以依据法律的有关规定作出解答；对于事实含糊不清的，可以通过电话或其他方式与咨询者取得联系，要求咨询者进一步提供材料，切忌轻率作出解答。

2. 书信回答或出具法律咨询书。对于咨询者所提出的问题，一般可以用书信给予答复。书信的内容要有针对性，不能脱离实际。文字要求清晰，语言要通俗易懂。涉及程序法的询问，可以根据法律作出明确的答复。涉及实体法的询问，回答时则更要慎重，法有明文规定的，可以作出肯定的答复；法无明文规定或者法律规定有一定弹性的，则只能作出可能性分析，明确表明只是参考性解答意见。对于属于有重大影响的咨询事项，比如商业谈判、签订的合同是否合法，条款是否完备，等等，应当出具法律咨询书。法律咨询书应当写明咨询人情况、咨询问题及提供的相应材料，解答的意见及相关法律依据，等等。书面解答法律咨询，无论是书信回答或是出具法律咨询书，均应将底稿留档备查，这既是律师执业行为规范的要求，也是律师避免执业风险的依据。

导入案例分析

律师解答：

1. 根据《婚姻法》第32条的规定，人民法院审理离婚案件，应当进行调解；如感情确已破裂，调解无效，应准予离婚。有以下情形之一，调解无效的，应准予离婚：①重婚或有配偶与他人同居的；②实施家庭暴力或虐待、遗弃家庭成员的；③有赌博、吸毒等恶习屡教不改的；④因感情不和分居满2年的；⑤其他导致夫妻感情破裂的情形，应准予离婚。可见，分居1年不是法院判决离婚的法定条件，只有因感情不和分居满2年的才可以是判决离婚的理由之一。如果原告能够提供被告实施家庭暴力的证据，如报警记录、医院病历、社居委证明等，法院调解无效的应准予离婚。

2. 对于能否获得对5岁儿子阿强的抚养权问题。根据《最高人民法院关于人民法院审理离婚案件处理子女抚养问题的若干具体意见》的有关规定，对2

周岁以上未成年的子女，父方和母方均要求随其生活，一方有下列情形之一的，可予优先考虑：①已做绝育手术或因其他原因丧失生育能力的；②子女随其生活时间较长，改变生活环境对子女健康成长明显不利的；③无其他子女，而另一方有其他子女的；④子女随其生活，对子女成长有利，而另一方患有久治不愈的传染性疾病或其他严重疾病，或者有其他不利于子女身心健康的情形，不宜与子女共同生活的。

另外，如父方与母方抚养子女的条件基本相同，双方均要求子女与其共同生活，但子女单独随祖父母或外祖父母共同生活多年，且祖父母或外祖父母要求并且有能力帮助子女照顾孙子女或外孙子女的，可作为子女随父或母生活的优先条件予以考虑。

根据阿云陈述的情况，其所生的儿子阿强才 5 岁，且一直随其生活，如无其他特殊情况，如男方做了绝育手术，女方已经有过一个孩子，等等，根据上述司法解释的规定，法院应该考虑判决由阿云抚养儿子阿强。

3. 如果孩子由阿云抚养，丈夫阿桂一个月应该给付小孩的抚育费的具体数额，应依据有关司法解释的规定来确定，根据上述司法解释第 7 条的规定，子女抚育费的数额，可根据子女的实际需要、父母双方的负担能力和当地的实际生活水平确定，有固定收入的，抚育费一般可按其月总收入的 20%～30% 的比例给付。负担两个以上子女抚育费的，比例可适当提高，但一般不得超过月总收入的 50%。无固定收入的，抚育费的数额可依据当年总收入或同行业平均收入，参照上述比例确定。根据以上规定，如果有证据证明阿桂的月收入在 1 万元以上，阿桂每月支付的小孩抚育费为 2000～3000 元。

4. 关于能够分割多少夫妻共同财产的问题。如果像阿云所陈述的那样，夫妻共同财产就这一套房子，那么阿云可以分割到 40 万元的财产，当然这里是指没有夫妻共同债务，该房子没有按揭贷款或者向他人借款；如还有其他共同债权，阿云也可以分割一半。

第二节　律师代书

一、律师代书概述

（一）律师代书的概念和特点

律师代书是律师代写法律文书的简称，是指律师接受当事人的委托，以委托人的名义，根据事实和法律，为当事人书写有关法律文书的业务活动。

律师代书是律师的一项重要业务，执业律师应该熟练地掌握各种法律文书的使用规定、写作方法和写作基本要求，以便更好地为当事人提供法律服务。

律师代书具有以下特点：

1. 需以委托人的名义书写，且文书所引起的法律后果由委托人承担。律师代书工作是基于当事人的委托而进行的，因此法律文书的最后落款应是委托人本人，而不是代书的律师。律师在代书法律文书时，可以用第一人称"我""我们"等书写，也可以用第三人称如"原告""原告人""自诉人""答辩人""上诉人""申请人"等名义书写，但无论使用何种人称，应该前后一致，如有的民事诉状前面称谓是"我"，后面又用"原告"，这样前后不一致称谓的法律文书不应该出自执业律师之手。

另外，由于律师仅根据委托人反映的情况和提交的有关证据材料而撰写法律文书，因此该法律文书所引起的法律后果由委托人承担，而律师对此不承担法律后果。

2. 文书应反映委托人的合法意志。律师在代书工作中反映委托人的意志有两方面的含义：一是要正确反映委托人的真实意志；二是要反映委托人正当、合法的诉求。律师代书绝对不能迁就委托人，对委托人不合法、不合理的要求应作出解释并予以拒绝。

3. 文书的内容必须具有法律意义。律师代书范围仅限于诉讼文书和其他法律事务文书。律师代书是律师的一项基本业务，其范围仅限于有法律意义的文书。其他的诸如代写书信、代拟文稿等，都不属于律师业务中的代书，因为这些文书的内容不具有法律意义，不能产生、变更、终止权利义务关系，属于一般意义上的代笔，二者有明显的区别。

4. 代书是律师的一种创造性的劳动。代书不是"代言"，也不是对当事人陈述的简单记录和总结，它是律师根据当事人反映的事实和有关情况，综合运用其掌握的法律专业知识和法律实务经验，撰写的反映当事人意志、旨在维护当事人合法权益的诉讼文书，这是一种非常复杂的创造性劳动。

（二）律师代书的意义

律师代书工作具有以下几方面的意义：

1. 有助于维护当事人的合法权益。律师代书能够为自然人、法人或其他组织提供法律帮助，保障其诉讼权利，维护其合法权益。代书工作能够满足文化程度较低、缺乏法律知识的当事人以及虽然懂得一些法律基本常识但未经过法律专业训练的当事人的需求，律师代书可以依据事实和法律充分表达他们的诉讼理由、诉讼请求及处理其他法律事务的真实意愿，有效地维护他们的诉讼权利和其他合法权益。

2. 律师代书可以宣传社会主义法治，增强社会整体法治意识。当事人委托律师代书时，必然会向律师陈述有关案件的事实以及提出解决问题的想法，提起诉讼、答辩或上诉、申诉的理由等。律师在了解了这些情况之后，就可以运用自己掌握的法律知识对这些问题进行分析和判断，提醒当事人依法维护自己的合法权益。当事人的要求是正当、合法的，就为其代书；反之，就要结合实际进行法制宣传，使其放弃不合法的想法、不合理的要求。有些情况下还可以通过做耐心细致的思想工作，促使双方和解，这些活动对于教育公民遵纪守法，提高公民的法律意识有积极作用。

3. 律师代书工作可以为公安机关、人民检察院、人民法院的办案工作奠定良好的基础，促进诉讼活动的顺利进行。一份好的诉讼文书不仅能够清楚、准确地表述案件事实，提供充分、确实的证据，而且能够严格依据法律阐明当事人的诉讼请求和诉讼理由，这样就给公安机关、人民检察院、人民法院的立案侦查、审查起诉、审理判决等工作提供了良好的条件，对于保证司法机关准确、及时、合法地处理案件具有重要意义。

4. 律师代书有利于采取正当途径解决纠纷，有利于社会秩序的稳定。代书能够严格依据法律的规定进行，避免当事人采取一些极端的、非正常的手段解决纠纷，这对于防止矛盾激化以及对纠纷的正确处理，有着重要的意义，有利于促进社会的稳定，维护正常的社会秩序。

5. 律师代书有利于律师拓展业务。律师在接待咨询、代书文书过程中，有些当事人对于热情友好、态度诚恳、业务娴熟的执业律师，有可能转变其委托的方式，由代书转而委托律师作为诉讼代理人或者聘请为法律顾问，因此代书工作也是律师拓展业务的一个重要途径。

二、律师代书工作的程序和基本要求

（一）律师代书工作的程序

1. 了解具体情况。律师在代书之前首先要通过与委托人谈话、细致地听取委托人陈述、查看委托人提供的各种书面材料等了解具体情况。对于关键性问题，应反复与委托人核对，仔细询问并作好记录，对于缺少的文字材料，应要求委托人及时提供。通过以上工作，明确当事人要求代书的目的及其具体要求。

2. 查阅政策法律依据。在了解具体情况以后，律师应根据事实和委托人的要求，查找有关法律政策规定，进行分析研究，以确定文书诉求的法律依据。

3. 与委托人交换意见，征得其同意。律师代书在草拟文稿后，应该把文书中叙述的客观事实、使用的有关证据、引用的具体法律规定等情况，告知委托人，对文书中使用的法律术语或其他专业术语，应耐心地向委托人解释，待其理解并同意以后，才能撰写正式的法律文书。

4. 代写法律文书。这是代书工作关键所在，律师代书时一定要严格按照有关法律规定的格式，遵循律师代书工作的基本要求，认真严谨，才能制作出规范、高质量的法律文书。

当事人如果不是立即取走法律文书，且委托人又具有自动化办公条件和技能，可以通过电子邮件等方式进行交流沟通，然后制作纸质法律文书，也可以将电子文件发送给委托人，由委托人自行打印。

（二）律师代书的基本要求

律师代书各种类型的文书，基本要求不尽相同，但其共同的要求是：

1. 叙事清楚、语言明确。文书中叙事既要全面具体，又要简明扼要。有关时间、地点、人物、事件、原因、结果等写作基本要素要完备，同时注意详略得当、条理清晰。要善于分析和运用证据，写清具体事实。文字简洁、准确，不能使用一些含糊不清的词语，如"向被害人一连砍了三四刀"，"被告将原告打得遍体鳞伤"，等等。

代书工作使用语言文字要力求简练，避免文书冗长。代书中要使用书面语言，除必须使用的法律术语和其他专业术语外，文字表述应尽量大众化，做到通俗易懂，力避晦涩。

2. 说理充分，以理服人。文书中对当事人的责任、是非判断，要摆事实、讲道理，依据事实和法律，以理服人，对主要的关键性事由要分析透彻。

3. 适用法律要准确。文书中引用的法律条文要准确、具体、完整。引用法律条文和政策规定一定要贴切，且要准确、具体、完整。

4. 事项齐全，不可缺漏。各类法律文书中均有规定的事项，比如诉状中当事人自然状况、诉讼请求、事实和理由、证据和证据来源、尾部签名、附项等内容，制作时应一一完备，不可缺漏。

5. 合乎格式、制作规范化。一般法律文书均有相应的法定格式或约定俗成的格式，制作时一定要严格遵循，不可草率从事。比如文书字体、颜色，甚至使用纸型、纸质、笔墨等，均有特殊规定，不得随意变通。

另外，必须由当事人本人用蓝色或者黑色签字笔或者墨水笔签名，不得用铅笔或者圆珠笔签名，如不识字，可以由别人代签后按指印。

三、常见法律文书的写法

律师代写的法律文书有诉讼类法律文书和非诉讼类法律文书两大类，非诉讼类，在前面已介绍了法律意见书、律师函、律师声明等，现主要介绍几种常见的诉讼类的法律文书的写法和要注意的问题。

（一）民事起诉状

民事起诉状是自然人、法人或其他组织认为自己的合法权益受到侵害或者与他人发生争议时，为了维护自己的民事权益，依法向人民法院提起民事诉讼所提交的法律文书。

民事起诉状的内容和结构一般由首部、正文、尾部三部分组成。

1. 首部。包括标题、当事人基本情况，标题只需写明"民事起诉状"或"民事诉状"。

2. 正文。正文按格式规定应写明诉讼请求、事实与理由等。

在诉讼请求部分，诉讼请求是原告要求达到的诉讼根本目的，必须明确、具体。在事实与理由部分，虽列为一个项目，但实际上仍为两个组成部分，即事实和理由各为一部分。应先写明纠纷事实，在写清事实的基础上，再写理由。事实应包括纠纷发生的时间、地点、涉及的人物、起因、发展过程、造成的结局以及双方的争执焦点等，并应按案件的不同性质，写明不同事件中的法定要素，然后根据"以事实为根据，以法律为准绳"的原则，阐明起诉的理由。论证原告诉讼请求的合理性和合法性，并应具体引证相关的法律条款，分清是非，明确责任。

3. 尾部。尾部一般包括致送人民法院的名称；落款部分应由原告本人签名，如是单位，应加盖单位印章；还要写明起诉的时间。

尾部的附项一般写明所附"本诉状副本×份"及"证据材料"，包括证据和证据来源，证人姓名和住所等。

另外，根据现行《民事诉讼法》第 121 条的规定，民事起诉状应当记明下列事项：①原告的姓名、性别、年龄、民族、职业、工作单位、住所、联系方式，法人或者其他组织的名称、住所和法定代表人或者主要负责人的姓名、职务、联系方式；②被告的姓名、性别、工作单位、住所等信息，法人或者其他组织的名称、住所等信息；③诉讼请求和所根据的事实与理由；④证据和证据来源，证人姓名和住所。

在司法实践中，民事诉讼原告为公民的，还应写明原告身份证号；如是法人的，一般应写明机构代码证号，如果知道被告电话的话，也应在民事起诉状中写明，便于人民法院联系。此外，为了证明原被告诉讼主体适格且合法存在，原告为法人的，应该提供法人营业执照、机构代码等，多数法院在立案时还要原告提供被告现在的"企业状态"证明，也就是要了解被告是否经过注册年检，是否歇业，甚至已经破产不存在了。因此原告需要到企业登记的工商行政管理部门或者市场监督管理局调取《企业基本信息查询单》，该查询单除了反映被告的法定代表人、注册资本、企业类型、股东名称等信息外，还记载了企业的状态，企业经营正常的话，有"在业"记载。当然绝大多数法院对于从国家工商行政管理局（现为国家市场监督管理总局内设机构登记注册局）"国家企业信用信息公示系统"查询、打印的企业信息，也予以认可，这就带来了很多便利。

特别需要提醒的是，民事诉状需要确定由哪个法院来立案的问题，也就是

"此致××人民法院"，按照《民事诉讼法》的规定来确定由哪个法院立案是理所当然的，但是在选择由哪个法院管辖上也是有选择性的，如合同纠纷，按照《民事诉讼法》第 23 条的规定，"因合同纠纷提起的诉讼，由被告住所地或者合同履行地人民法院管辖"，但如何理解和选择"合同履行地"是很有讲究的，除了在合同中明确约定合同的履行地外，有些合同纠纷完全可以选择由原告住所地人民法院管辖，这正是委托人所希望的。如民间借贷、买卖合同纠纷等是可以选择在原告住所地的人民法院法院起诉的，依据和理由是：

在买卖合同纠纷中，原告向法院起诉的诉讼请求是支付合同欠款（货款），根据《最高人民法院关于适用〈中华人民共和国民事诉讼法〉的解释》第 18 条的规定，争议标的为给付货币的，接收货币一方所在地为合同履行地。

笔者曾遇到一起买卖合同纠纷，原告（代书委托人）苏××，男，住所地××市××区，被告王××，住 AH 省×县，是买卖油脂的合同货款纠纷，实际交货地点是在 JS 省 JY 市（没有书面合同，只有货款欠条），委托人因年龄比较大，不想出差外地打官司，想在本地××市××区法院起诉，考虑这一实际情况，笔者给他代写了《民事诉状》，起诉到××市××区法院，但被告以合同纠纷应由被告住所地或者合同履行地人民法院管辖，但本案被告王××，住所地是 AH 省×县，合同履行地是在 JS 省 JY 市，因此原告所在地的人民法院无权管辖，然后就管辖权问题上诉到 HF 市中级人民法院，后被裁定驳回上诉（后附代书的《民事诉状》）。

在民间借贷纠纷中，同样根据《最高人民法院关于适用〈中华人民共和国民事诉讼法〉的解释》第 18 条第 2 款的规定，"合同对履行地点没有约定或者约定不明确，争议标的为给付货币的，接收货币一方所在地为合同履行地……"而原告（出借人）起诉至法院，要求借款人返还借款的，则出借人就是接受货币的一方，原告的住所地为合同履行地。另外，《最高人民法院关于审理民间借贷案件适用法律若干问题的规定》第 3 条进一步明确："借贷双方就合同履行地未约定或者约定不明确，事后未达成补充协议，按照合同有关条款或者交易习惯仍不能确定的，以接受货币一方所在地为合同履行地。"由于是民间借贷纠纷，应由出借人（原告）所在地法院管辖，因此原告据此向原告的住所地人民法院起诉。

附：

民 事 诉 状

原告：苏××，男，汉族，1964 年 5 月 20 日出生，住 HF 市××区××镇小苗村豆老家村民组，身份证号……电话……

被告：王××，男，汉族，1970 年 7 月 3 日出生，住 AH 省××县××乡谢楼村老坟队，身份证号……电话……

请求事项：

1. 判决被告立即支付货款 70 万元及利息 123 480 元，计 823 480 元（暂按 28 个月算，按照银行逾期付款月利率 6.3% 算），请求法院判决利息计算至款清之日止）；

2. 判决被告承担本案的诉讼费用及公告费等。

事实和理由：

原告通过朋友介绍认识被告，因被告从事油脂经营生意，原告经常出售菜籽油给被告，截至 2016 年 4 月 1 日，被告共欠原告货款 70 万元，因当时担心超过诉讼时效，应原告要求，被告于 2018 年 4 月 1 日撤回原欠条，重新出具了《欠条》，该《欠条》载明"今欠到苏××油款柒拾万元正（700 000 元）"，并在《欠条》中备注"此条是撤回 2016 年 4 月 1 日欠条"。嗣后原告多次催要，但被告总是推诿不予支付货款，后期竟然关机联络不上，原告无奈只得依法起诉。

本案系因买卖合同（货款）纠纷提起的诉讼，应按合同纠纷确定管辖权。原告向法院起诉的诉讼请求是支付合同欠款（货款），根据《最高人民法院关于适用〈中华人民共和国民事诉讼法〉的解释》第 18 条的规定，争议标的为给付货币的，接收货币一方所在地为合同履行地。因接收货币一方苏××户籍、居住地属于 HF 市××区人民法院辖区，故原告依法向具有管辖权的人民法院起诉。

以上诉求，请人民法院依法予以支持。

此致

HF 市××区人民法院

具状人：（签字） 2018 年 7 月 2 日

附：本诉状副本 1 份

（二）民事反诉状

民事反诉状是指在民事诉讼活动中，被告就原告起诉的同一事实，向人民法院提交的请求适用同一诉讼程序与原告起诉合并审理，并追究原告相应民事责任的法律文书。

反诉状与起诉状的结构和写作内容基本相同。首部中除写明标题外，当事人基本情况应分别写明反诉人与被反诉人的基本情况，用括号注明他们在原审中的地位；写作事项同于起诉状，在写作这部分内容时应注意以下几点：

1. 反诉的内容必须是与对方在同一争执客体上所提出的相反的诉讼要求。也就是说，反诉与本诉之间存在牵连关系，所谓存在牵连关系，是指二者存在法律上或事实上的联系。

2. 反诉只能在本诉开始以后、法庭辩论终结前提出，它是以本诉原告的起诉为前提的，否则就不能形成反诉。

3. 反诉的事实与理由与本诉起诉状一样，必须是有确凿证据的事实，有明确有力的法律依据。

4. 反诉必须向受理本诉的法院提出。

另外，在《民事反诉状》中当事人的称谓存在不一致的现象，尽管一般用"反诉人"和"被反诉人"的称谓，但也存在用"反诉原告"和"反诉被告"的称谓。因为后者称谓和人民法院判决书的表述是一致的，笔者赞成两种称谓均可以使用，甚至认为使用后者称谓更准确。

现以一份《民事反诉状》为例，说明民事反诉状的格式和具体内容及撰写技巧（其中姓名、地址等内容作了处理）。

民 事 反 诉 状

反诉人（本诉被告）：魏××，男，汉族，1981年6月1日出生，住××市××区因墩乡卫王村三队99号，身份证号……电话……

被反诉人（本诉原告）：钭××，男，汉族，1969年11月5日出生，住××市××区南新庄社居委松岗村民组，身份证号……电话……

请求事项：

1. 判决解除反诉人和被反诉人签订的《承包合同》；

2. 判决反诉人支付约定违约金200 000元及349 203元违约损失，计549 203元；

3. 判决被告承担本案的本诉及反诉全部诉讼费及相关费用。

事实和理由：

2010年10月27日，反诉人和被反诉人签订了一份承包"友爱水库"530亩综合养殖《承包合同》，该合同经××市××公证处公证。该合同对承包水面的面积、承包期限、承包费与付款方式、双方责任、押金数额、违约责任等内容进行约定。《承包合同》签订后，反诉人按约定交付了4万元押金及约定的承包费，计交付了121 600元。之后，反诉人对"友爱水库"530亩水库的养殖进行承包经营，其间投放了价值17万余元的鱼苗进行养殖，还栽种了价值13万余元的莲藕种苗。

反诉人经过一年的精心种养殖，准备来年收获时，2011年12月初，××市××镇政府决定对友爱水库进行除险加固施工，将水库的水进行排放，由于施工期限紧急，放干水库的水，将给反诉人的水面养殖造成极大的损失，为此，在××镇政府的主持下，××镇政府和反诉人、被反诉人三方于2011年12月3日达成了《协议书》，对原《承包合同》的承包期限延长、育苗收购、承包费减免等内容进行了约定。2011 年 12 月 15 日，反诉人和被反诉人还达成了《补充协议书》，约定"放水后水库内的成品鱼和鱼苗由乙方负责处理出售……每出售一斤，甲方负责补偿乙方人民币四角钱"，但被反诉人并没有按照《补充协议书》的约定，对反诉人捕捞的鱼苗按照约定的价格"凭据现金结算"，被反诉人造成的鱼苗、莲藕等损失至今分文未付。

尽管如此，反诉人还是想通过积极的养殖试图弥补损失，但由于"友爱水库"在水库加固工程施工时，将水库底部挖得高低不平，凸凹深浅不一，加之很多水面不许排水，造成无法捕捞成鱼，同时投放的莲藕也因水深无法生长，反诉人投放的大量鱼苗及莲藕因不符合养殖条件，现已无法收获，反诉人也无法实现渔业养殖的目的。

另外，被反诉人于 2006 年 11 月 14 日和××镇政府签订了《承包合同》，还于 2009 年 3 月 17 日和四坊组签订了《关于四坊组王家低凹田改造与养殖专业户签订协议》，但被反诉人在和反诉人签订《承包协议》时却违背诚信原则，故意隐瞒《关于四坊组王家低凹田改造与养殖专业户签订协议》的内容和其与××镇政府签订的《承包合同》第 7 条的约定，周围村民组依据该《协议》内容阻挠、干涉反诉人从事养殖，使得反诉人无法实现合同目的。尤其是被反诉人承包时每年上缴的承包费仅 1 万元，可其转包时却以每年 10.6 万元的高价承包费转包给反诉人，反诉人不仅不能盈利，还因经营环境差、成本高而亏本，根据《合同法》第 94 条第 4 项的规定，反诉人现要求解除《承包合同》。

至于被反诉人在《民事起诉状》中称反诉人没有在 2014 年 3 月交付承包费，是因为被反诉人没有向反诉人按照约定交付 53 112 元的放水捕鱼补偿损失情形下，反诉人依据《合同法》第 67 条的规定行使的先履行抗辩权，反诉人不存在违约问题，没想到现在被反诉人竟然无理先告状，因反诉人的诉求和被反诉人提起的诉讼具有牵连性，依据《民事诉讼法》第 119 条、第 140 条及《最高人民法院关于民事诉讼证据的若干规定》第 34 条第 3 款等有关规定，特提起反诉，望人民法院依法受理并支持反诉人的反诉请求。

此致
××市××区人民法院

反诉人：魏××
2015 年 6 月 27 日

附：1. 本反诉状副本 1 份；

　　2. 证据见《证据目录》。

（三）民事答辩状

民事答辩状是民事诉讼中的被告或被上诉人根据民事起诉状或民事上诉状

的内容，针对原告提出的诉讼请求或上诉人提出的上诉请求作出回答和进行辩驳的诉讼文书。根据民事诉讼法的有关规定，人民法院应将起诉状副本或者民事上诉状副本送达被告或被上诉人，被告或被上诉人应在法定期限内提出答辩状。答辩是一种应诉行为，也是被告、被上诉人依法享有的诉讼权利，体现了当事人的诉讼地位平等的原则，同时，有助于人民法院正确审理案件。但是，被告不提出答辩状，就意味着放弃了这种诉讼权利，不影响人民法院对案件的审理。

答辩状的格式和内容如下：

1. 首部。首部应写明文书名称"民事答辩状"、答辩人姓名或名称等基本情况，答辩人是公民、法人或其他组织的，其具体列项和表述与民事起诉状的当事人该项内容基本相同。

2. 正文。这是答辩状的主体部分，先写明案由，对何人起诉的什么案件提出答辩。根据实事求是的原则，对原告或者上诉人的陈述，正确部分要予以肯定，对有异议的部分，要作为重点问题给予答辩，一般是从事实上和理论上进行辩驳。在事实上，要注重举证，用证据说话；在理论上，要讲理讲法，根据有关法律和政策说话；最后说明答辩人的诉讼主张。

3. 尾部。尾部应写明受状法院名称，附件的名称和份数，由答辩人签名或盖章，写明答辩日期。

现以一份《民事答辩状》为例，说明民事答辩状的格式和具体内容。在前面所举例说明的物权保护案件中（具体内容见前面的《民事起诉状》），原审法院判决支持原告的诉求，即判决被告姚××将紫金花园62栋306室腾让并交付给原告黄一，但姚××不服原审判决提起上诉，被上诉人代理律师向二审法院提交了如下《民事答辩状》。

黄一与姚××、黄二物权保护纠纷案二审
民 事 答 辩 状

答辩人（被上诉人）：黄一，男，汉族，1948年8月27日生，住××市××区紫金路156号紫金花园北区90栋××室。

被答辩人（上诉人）：姚××，男，汉族，36岁，住××市××区紫金社区锦绣菜市场内××号。

原审被告：黄二，男，汉族，1955年12月5日生，住××市××区紫金路156号紫金花园北区105栋106室。

答辩人现就被答辩人姚××的《民事上诉状》答辩如下：

原审判决事实清楚、证据确凿，适用法律正确，请求二审法院依法维持原判，驳回上诉人的上诉请求，现就上诉人的上诉理由反驳如下：

一、被上诉人对紫金花园 62 栋 306 室享有所有权，这由××市房产局颁发的第 110133026 号《房地产权证》予以证明。

根据《物权法》第 6 条的规定，"不动产的设立、变更、转让和消灭，应当依照法律规定登记……"由于上诉人和原审第二被告黄二之间私自达成房产买卖协议后并没有到房产管理部门办理房产变更或者转让登记手续，因此该房产的权属并没有发生变化，被上诉人对紫金花园 62 栋 306 室享有所有权是有法律依据的。

上诉人在《民事上诉状》中称："被上诉人黄一与其弟弟恶意串通，将已经转让给上诉人达三年多之久的房屋转让给被上诉人，……属于无效民事行为……上诉人已分别向一审法院提起了撤销被上诉人房产证的行政诉讼和确认紫金花园 62 栋 306 室买卖合同合法有效的民事诉讼。"可被上诉人至今没有收到相关诉讼法律文书，上诉人所称的"恶意串通"没有任何事实依据，同时，被上诉人原审起诉所诉求的及原审的判决均是特指"开发区莲花路东、紫金花园 62 栋 306 室"，不知上诉人所称"锦绣社区紫蓬新村 3 号楼 306 室"和紫金花园 62 栋 306 室有什么关系，为何以此作为上诉的一个理由呢？

二、上诉人所称"一审法院未能查明被上诉人的房屋产权来源……"云云，完全是无稽之谈。

首先，××市房产局颁发的第 110133026 号《房地产权证》已经证明该房屋是属于被上诉人的合法财产，至于是其原始取得还是继受取得抑或回迁安置取得，与本案并无多大关联性，尤其是原审法院应上诉人之申请，已经调取了有关职能部门的证明材料，而且经过质证，2013 年 9 月 21 日××区拆迁安置办公室已经在《情况说明》里明确证明"黄一……该户 2005 年 8 月因玉屏路项目拆迁，回迁安置房一套，为紫金花园 62#306 室"，难道这样还是"未能查明被上诉人的房屋产权来源"吗？上诉人简直就是置事实而不顾，信口开河。

三、至于上诉人姚××和原审第二被告黄二之间私自交易房产所达成的协议本身，与本案物权保护纠纷并没有多大关联性；再说这是明显无效的合同，因为无处分权人处分他人财产，权利人未予追认的，当然是无效的。如果上诉人认为第二被告黄二违反了合同的约定，那么他可以另行起诉。

综上所述，原审判决事实清楚、证据确凿，适用法律正确，上诉人的上诉理由不能成立，请求二审法院依法维持原判，驳回上诉人的上诉请求。

以上答辩意见，望人民法院能予以慎重考虑。

此致

××市中级人民法院

答辩人：黄一

2016 年 2 月 22 日

（四）民事上诉状

民事上诉状是民事诉讼的当事人不服人民法院作出的第一审未生效的民事判决、裁定，在法定的期限内提出上诉，要求上一级人民法院进行审理，并依法提出撤销或变更原裁判的法律文书。

民事上诉状在撰写时可分为首部、正文、尾部三部分。

1. 首部。除标题外，应写明上诉人与被上诉人双方的基本情况，具体写明的事项内容与起诉状中对自然人和法人或其他组织的要求相同，但一般在"上诉人""被上诉人"中注明在原审的诉讼地位和称谓，如"上诉人（原审原告）""被上诉人（原审被告）"等。另外，写明上诉人、被上诉人基本情况之后，有一段引起上诉缘由的文字叙述。

2. 正文。在正文部分首先要写明"上诉请求"，该部分要求明确具体，文字也要简明扼要；其次要写明"上诉理由"，上诉理由是上诉状的核心内容，能否写好上诉理由是能否达到上诉目的的关键所在。在陈述上诉理由时要注意以下几点：①上诉理由必须具有鲜明的针对性，要针对原审判决在事实认定和证据采信以及法律适用等方面确实存在的错误进行论述；②上诉理由必须依据事实和法律进行反驳；③上诉理由要注意恰如其分，力戒言过其实，甚至人身攻击，如有的上诉状中甚至用"原审法官故意违法判决，徇私枉法"等。

3. 尾部。尾部为例行的送达用语"此致""××中级人民法院""上诉状副本×份"。文末为上诉人（单位名称）签署及日期。

现以一份《民事上诉状》为例，说明民事上诉状的格式和具体内容（其中姓名、地址等内容作了处理）。

民事上诉状

上诉人：××机械加工有限公司。

法定代表人：顾某，系董事长。

上诉人：顾某，男，1937 年 9 月生，汉族，住××市××区滩溪路 334 号 1 栋 301 室。

被上诉人：贺××，女，1952 年 3 月生，汉族，住××市××区合作化南路 77 号 1 栋 304 室。

被上诉人：邵×，女，1976 年 7 月生，汉族，住 SH 市××区景风路 301 弄 14 号 304 室。

上诉人因股东权纠纷一案，不服××市中级人民法院 2015 年 12 月 19 日 (2015) ×民二初字第 77 号《民事判决书》的判决，现提出上诉。

上诉请求事项：

原审判决认定的基本事实缺乏证据，适用法律错误，且与本案处理密切相关的、应该适用的法律规定没有适用，希望二审法院撤销原判决，驳回被上诉人的诉讼请求。

事实和理由：

一、认定邵××出资25万元设立××机械加工有限公司，缺乏证据证明。

原审判决认定邵××出资25万元主要依据就是《股东会决议》《××机械加工有限公司章程》《货币出资交接清单》《投资财产产权分割证明》《现金缴款单》等公司法律性文件，而以上公司文件上的"邵××"签名，均非其本人签名，原审法院也认定，"另查明，××股东会议、公司章程上邵××的签名非其本人所签，系他人代签"，为什么邵××本人未签名呢？就是因为其本人并未出资，这可以从《现金缴款单》记载的内容予以证明，该50万元注册资金是顾某一次性现金交付的，《现金缴款单》手写内容为顾某本人书写，因此邵××不可能再出资25万元作为注册资金，如真像原审法院认定的那样，邵××出资25万元，那么邵××不可能不在公司相关文件上签名，以行使自己正当的权利；同时，根据《公司法》第32条的规定，有限责任公司成立后，应当向股东签发出资证明书，即使没有正规的出资证明书，最起码也应有份简便的收据吧，但是被上诉人并没有提供邵××出资缴款的任何凭据。缴纳了25万元而不给任何收款凭证的事是不可能发生的。就连被上诉人邵×在原审法庭调查时也明确讲明，邵××当时没有拿25万元现金，但该25万元是邵××过去和顾某合伙经营时累积下来的钱（见原审法庭调查笔录），但是被上诉人在原审中并没有提供邵××过去和顾某合伙经营时累积25万元并出资的任何证据。事实上，邵××在公司章程上被列为股东，只是公司注册需要的挂名"股东"，并不能证明邵××就出资25万元并成为股东，在实践中名不副实的经营主体并不少见，最高人民法院早在1988年4月2日颁发的《最高人民法院关于贯彻执行〈中华人民共和国民法通则〉若干问题的意见（试行）》第49条中就明确规定"个人合伙或者个体工商户，虽经工商行政管理部门错误地登记为集体所有制的企业，但实际为个人合伙或者个体工商户的，应当按个人合伙或者个体工商户对待"，从该司法解释的精神中我们可以清楚地看出，经过工商登记的企业，其真实性质未必和营业执照上登记的性质一致。就本案来说，××机械加工有限公司的真实性质应是自然人独资企业，并非是由二名股东出资的有限责任公司。因此，人民法院认定邵××是××机械加工有限公司的股东缺乏证据证明。

二、原审适用法律错误。

原审认为，邵××在公司章程上列为股东，即为合法股东，"工商登记具有公示效力"，因此适用《公司法》第32条、第75条等规定，判决被上诉人持有××机械加工有限公司邵××名下的50%股份。上诉人认为，本案适用《公司法》第

32 条是错误的，因为工商登记的公示效力是指应登记事项在得到正确登记和公告之后对行为人和第三人的效力。就本案来说，认定邵××是合法的股东，违反了公司法的强制性规定，因为该工商登记是错误的登记，也是无效的登记，因此该工商登记不具有公示效力的前提条件。《公司法》第 25 条第 2 款明确规定："股东应当在公司章程上签名、盖章。"同时《××机械加工有限公司章程》最后一行也特别规定，"全体股东亲笔、签字盖公章"，以上法律的强制性规定（使用"应当"一词）和章程的特别规定，都要求股东本人签名，但邵××本人并没有签名，也没有经其授权的代理人签名，因此该登记是违反法律的强制性规定的，是无效的登记，不能产生登记的公示效力。另外，原审将被上诉人视为第三人也是错误的，工商登记具有公示效力实际上是对善意第三人的保护，这里的"第三人"是指登记事项的局外人，不能是该事项的直接参与人，而本案的被上诉人表面看不是登记事项的直接参与人（姓名不一样），但其诉求的股东权就是直接登记人邵××的股东权（注：邵××死亡，被上诉人为邵××的妻子和女儿），因此该权利仍是登记事项的直接参与人的权利，而非登记事项以外的"第三人"的权利，因此适用《公司法》第 32 条关于"不得对抗第三人"的法律规定是错误的，且应该适用的、与处理本案密切相关的法律没有适用，从而导致本案的错误判决。

综上所述，上诉人认为：原审法院认定的基本事实缺乏证据，适用法律错误，请求二审法院撤销原判决，驳回被上诉人的诉讼请求，以维护上诉人的合法权益。

此致
××市中级人民法院

上诉人：顾某

2016 年 1 月 20 日

附：本上诉状副本 2 份

另外，律师代书行政起诉状、行政答辩状、行政上诉状等法律文书，和前面所述的民事类法律文书类似，这里不再一一阐述，至于刑事自诉状、附带民事起诉状等刑事诉讼类法律文书将在后面的章节论述。

导入案例

现就本章开头阿云咨询的案情，代书《民事起诉状》如下：

民事起诉状

原告：阿云，女，汉族，1980 年 8 月 21 日生，现住××市经济开发区锦绣社区××花园 8 栋 305 室，身份证号……电话：……

被告：阿桂，男，汉族，1984 年 9 月 12 日生，汉族，原户籍：××县左店乡××村房巷组，现住址同上，身份证号：……电话：……

诉讼请求：

1. 判决原、被告离婚；

2. 婚生儿子阿强由原告抚养，被告每月应承担 3000 元抚育费；

3. 判令被告支付原告夫妻共同财产 80 万元的一半 40 万元；或者现住房由原告所有，原告向被告支付 40 万元。

事实和理由：

原、被告于 2004 年 7 月经人介绍认识，2005 年 10 月 8 日办理登记结婚手续。因婚前缺乏了解，婚姻基础不牢固，婚后经常吵架，尤其是被告酒后经常殴打原告，为此原告曾拨打"110"报警，派出所也出警调解过，但被告仍然不改，直至 2013 年 7 月 9 日，被告又一次殴打原告，原告因伤到医院就诊，社居委也出面调解，但仍然无济于事。原、被告现夫妻感情确已破裂，无和好可能，特提出离婚之诉。

原告于 2008 年 3 月 5 日产下一男孩阿强，小孩现 5 周岁多，平时一直随原告生活，根据有关规定，应由原告抚养，被告应该支付相应的抚育费。

另外，原、被告婚后购买一套房产，价值 80 万元左右，原告要求平等分割。

根据《婚姻法》的有关规定，请求法院依法判决原、被告离婚，并支持原告的其他诉讼请求。

此致
××市××区人民法院

具状人：阿云
2013 年 7 月 15 日

附：1. 本诉状副本 1 份；
    2. 书证材料 6 份。

思考题

1. 法律咨询的概念和意义是什么？
2. 律师解答法律咨询时应注意哪些问题？
3. 代书的概念和意义是什么？
4. 律师代书应注意哪些问题？

第二编　公证实务

第十二章

公证制度概述

学习目标与工作任务

重点理解并掌握公证的含义及特征，公证制度的概念和公证的任务，了解公证与其他相关活动的区别。通过对相关知识点的理解和记忆，领悟公证的本质与精神，提高运用公证制度来保护民事权益、预防民事纠纷的法律意识。

导入案例

张某原在合肥市蜀山区有房屋 14 间，并在该处居住。2010 年前后，张某瘫痪在床，生活不能自理，失语。2010 年 5 月，张某之长子将张某接至其居住地居住并将张某的房屋出租给他人居住。同年 5 月 21 日，张某之长子到某公证处，自行填写公证申请表，以张某的名义申请办理赠与公证，将张某所有的房屋赠与自己。当日，某公证处公证员到张某的住所对张某及其长子制作接谈笔录。其中对张某制作的接谈笔录中加盖张某个人印章并摁有手印，但无张某本人签名。同年 5 月 24 日，某公证处制作公证书，证明张某在赠与合同上摁指纹、盖章以及该赠与行为符合法律规定。2011 年 8 月，张某之次子以张某不具有办理赠与公证的行为能力为由，向某公证处提出撤销公证书的申请。公证机构不予撤销，后张某之次子向人民法院起诉。

问：张某的赠与公证行为有效吗？为什么？

第一节　公证的含义和特征

教学内容

一、公证与公证制度的含义

根据 2006 年 3 月 1 日起施行的《中华人民共和国公证法》（以下简称《公

证法》）第 2 条的规定，公证是指公证机构根据自然人、法人或者其他组织的申请，依照法定程序对民事法律行为、有法律意义的事实和文书的真实性、合法性予以证明的活动。公证制度是国家为保证法律的正确实施，稳定社会经济及民事流转秩序，预防纠纷、减少诉讼，保护公民、法人和其他组织而设立的一种预防性证明制度，是公证机构和公证人员办理公证事项必须遵循的规程和准则。

二、公证的特征

公证的特征，是由公证的本质和固有属性所决定的，是公证活动区别于其他活动的标志。公证具有以下法律特征：

1. 公证的主体特征。公证是依据当事人的申请，由专门机构进行的一种特殊的证明活动。设立公证制度的目的，主要是预防纠纷和减少诉讼。经过公证证明的法律行为、具有法律意义的事实和文书，在法律上具有特定的效力，制约和规范着公证当事人的行为。因此，国家法律规定，只有依法设立的公证机构才有权行使公证职权、履行公证职能；只有具有法定执业资格的公证员才能代表公证机构进行公证证明活动。除此之外，未经法律许可，任何机关、团体和个人都不得办理公证事务、进行公证活动。

另外，公证活动要由当事人即公民、法人或其他组织提起申请，没有当事人的申请，公证机关无从证明，公证当事人的申请是公证机构办理公证的前提，只有当事人的申请和公证机构的受理行为相结合，才能开始公证证明活动。

2. 公证的程序特征。公证活动要依法定程序进行。公证是为保证实体法正确实施的程序性法律制度，它是以承认或不承认当事人的行为合法来对当事人施加影响，指导当事人的行动，它肯定并证明既存的法律关系和事实。公证证明活动有法律规定的程序，公证机构违反法定程序进行的活动不具有公证的效力。

3. 公证的证明对象特征。公证的证明对象是法律行为、具有法律意义的事实和文书。法律行为是指自然人、法人或其他组织设立、变更、终止法律上的权利义务关系的合法行为。法律事实是指能够在当事人之间引起民事法律关系发生、变更或消灭的客观情况。具有法律意义的文书是指在法律上具有一定意义，对当事人权利义务关系的设立、变更、终止有一定影响作用的文件、证书、文字材料的总称。

4. 公证的内容特征。公证活动的内容是证明公证对象的真实性与合法性。"以事实为根据，以法律为准绳"是我国社会主义法制的基本原则，也是公证活动中必须遵循的基本准则。公证证明的对象必须是客观存在的事实，且要符合我国的法律、法规和政策。根据法律规定，不真实、不合法的行为、事实或文书，公证机构不能给予公证。公证机关办理公证事项的内容、形式和程序都必须符合国家法律的规定。

5. 公证的法律效力特征。公证证明具有特殊的法律效力。公证证明不同于一般证明，只要没有相反证据足以推翻其证明力的，就应当确定其证明力。根据法律的规定，公证机构出具的公证文书，人民法院在审理案件时应当作为认定事实的依据；符合条件的债权公证文书具有强制执行力；《担保法》规定公证登记具有对抗第三人的效力；公证文书具有域外法律效力。另外，法律法规规定必须办理公证的法律行为在办理公证后才具有法律效力。因此，公证机构出具的公证文书具有特殊的法律效力。

6. 公证的非营利性特征。公证是非营利性的证明活动。公证活动关系到司法证明领域内的公共利益，其宗旨在于预防纠纷、减少诉讼，保护自然人、法人和其他组织的合法权益，承担社会公益性职能。假如公证活动是以营利为目的的商业活动，一切为了追求经济利益，这势必与公证机构正义性的社会职能相违背，从而失去公证的公益性和公信力。因此，公证不能搞市场化和商业化，而必须坚持以便民利民为原则，最大限度地满足社会对公证服务的需求。

三、公证的法律关系

公证的法律关系是指在公证活动中，公证机构与当事人之间形成的由公证法所确认和调整的权利义务关系。公证的法律关系同其他法律关系一样，由主体、客体和内容三个要素组成。

1. 公证法律关系的主体，是由具有独立参加公证活动资格者所构成的，具体来说，公证法律关系的主体是指国家公证机构和申请办理公证事项的当事人，因为他们在特定的公证活动中，既享有法定的权利，又承担法定的义务，而且对公证法律关系的发生、发展和终结负有关键性的职责。

2. 公证法律关系的客体。公证法律关系的客体是指公证活动中权利和义务关系所共同指向的对象，也就是当事人申请公证机构公证的法律行为、具有法律意义的事实和文书。实践中最常见的、数量最多的首先是对法律行为的公证，其次是对法律事实的公证，最后是对具有法律意义的文书和证书的公证。

3. 公证法律关系的内容。公证法律关系的内容是指公证主体的权利和义务。公证机构和当事人所行使的权利和承担的义务都是依法进行的，同时又是对等的、一致的、相辅相成的。双方既享有权利，又必须承担义务，通过行使权利和履行义务，达到证明公证对象的真实性和合法性，保护公民、法人和其他组织的合法权益的目的。

四、公证与其他相关活动的区别

公证的特征，是由公证的本质和固有属性所决定的，为了准确理解公证的含义，我们必须了解公证与其他相关活动的区别。这些相关活动在形式和作用上与公证有相似之处，但在本质上又有显著区别。

1. 公证与民间证明的区别。①公信力不同，即两种证明活动所获得的社会认可程度不同。公证文书在世界范围内得到大多数国家的承认；而一般的民间证明文件却无法得到社会普遍的承认。②主体不同。公证是国家司法证明机关——公证机构所作的证明；民间证明则是公民或非法定机构所作的证明。③效力不同。公证具有法定的证明效力、强制执行效力和法律要件效力，并可以在域外发生法律效力；而见证等民间证明则不具有法律效力。④证明范围、内容不同。公证能证明各种法律行为、有法律意义的事实和文书，不受行业、当事人类别、行为性质和内容的限制，公证证明的内容不仅要证明对象的真实性，还必须证明其合法性；民间证明不仅所能证明的事项要比公证证明少得多，而且只能证明证明人所见事实的真实性。

2. 公证与认证的区别。认证是指外交、领事机关在经过公证证明的文书上（或在其他组织的证明文书上），证明公证机构或认证机关（包括本国和外国的外交、领事机关）的最后一个签名或印章属实的活动，亦称"外交认证"或"领事认证"，其目的是使该文书发生域外的法律效力。公证与认证的主要区别在于：认证主要是对公证书的形式（签名、印章）进行审查、核实，而公证所要证实是公证事项的内容是否真实、合法。

3. 公证与签证的区别。签证是指一国国内或者驻国外的主管机关，在本国人或者外国人出入国境（包括过境）时，在其所持的证件上（护照、过境通知书、边境公务通知证等）办理签注、盖印等手续，证明其所持证件合法、有效，表示准其出入境或者过境的一种活动。

按照国际惯例，作为一个主权国家，对于本国人或者外国人的证件不符合本国法律所规定的条件的，主管机关有权拒绝签证，不准其出境、入境或者过境。公证与签证的区别主要有：公证的出证主体是公证机构，其性质是公益性、非营利的证明机构，而签证的出证主体是一国的出入境管理机关，在我国是公安机关，其性质是行政机关；公证适用于对民事法律行为、有法律意义的事实和文书的合法性、真实性予以证明的活动，而签证适用于办理出入境或过境的签注、盖印等手续活动。

导入案例分析

公证机构和公证员办理公证事务，应首先审查公证申请人是否具有公证主体资格，即是否具有民事权利能力和民事行为能力。公证申请人不具有相应的民事权利能力和民事行为能力的，不能进行公证。本案中，张某为无民事行为能力人，不具备公证主体资格，不能申请公证。公证处为其出具公证书的行为是违法的，人民法院有权予以撤销。

第二节　公证的任务

公证的任务是指公证机构在依法履行公证职能的过程中，应当努力达到的目标。我国公证的任务主要体现在《公证法》第 1 条和第 2 条中，归纳起来为，公证机构在依法履行国家公证职能的过程中，应努力完成以下四个方面的任务。

一、保障自然人、法人或其他组织的合法权益，是公证机构的根本任务

公证机构的根本任务就是通过对当事人申请公证的事项进行审查，对其真实性、合法性依法予以确认，并出具公证书，赋予公证书在法律上的证明效力，从而使公证事项受到国家法律的保护。公证机构在公证过程中能帮助申请人纠正不真实、不合法的公证事项，排除隐患，使法律行为、有法律意义的事实和文书，从一开始就处于公证制度的保护和监督之下，有利于保证民事活动和经济活动的合法与安全，保障国家、集体、个人合法权益的实现。

二、依法证明法律行为、有法律意义的事实和文书的真实性与合法性，是公证机构的首要任务

公证机构是法定证明机构，其首要任务是依据自然人、法人和其他组织的申请，按照法定程序，对无争议的法律行为和具有法律意义的事实与文书予以确认，并出具公证证明的文书，证明其真实性和合法性，赋予其法律上的证明效力。对于不真实、不合法的申请事项，公证机构有权拒绝公证。公证机构通过证明活动，帮助、引导公民、法人和其他组织从事各种合法的民事、经济活动，稳定当事人之间的民事权利义务关系，并教育和监督当事人正确行使民事权利，认真履行民事义务，从而避免虚假事实和违法行为的发生。

三、预防纠纷、减少诉讼，维护社会经济秩序，是公证机构的重要任务

公证机构通过对当事人申请公证事项的审查，确认其真实性、合法性，出具公证书，赋予其法律上的证明效力。对于发现的不真实、不合法的申请公证的事项，公证人员应向当事人宣传法律，帮助和指导当事人加以修正，再予以公证。这样就排除了隐患，及时制止了违法现象的发生，把可能的纠纷预防在发生前。对当事人的法律行为、有法律意义的事实和文书进行公证，即使以后发生纠纷，也有利于人民法院能及时地认定事实，解决纠纷。因此，公证是最早介入民事活动和经济活动的一种法律手段，是预防和减少纠纷、维护社会经济秩序、促进社会安定团结的第一道防线。

案例分析

基本案情：王某因购买新房的需要，想向朋友张某借款 10 万元，虽然王某表示借款期限一到立即归还，但张某还是不太放心：如果到期后不还怎么办？张某工作繁忙，打官司肯定没有时间，再说两人又是朋友关系。但 10 万元钱也不算小数目，借钱不还的风险也还是要考虑的。

在朋友的指点下，张某和王某来到××市某公证处，申请办理一份具有强制执行效力的借款协议公证。双方在公证员面前签署了借款协议，王某在协议中明确承诺：如果到期未能归还借款，愿意接受法院的强制执行。在对借款协议的有关内容进行审查之后，公证员出具了具有强制执行效力的债权文书公证书。

点评：有了经过公证的债权文书，债权人就可以在债务人不履行债务时直接向人民法院申请强制执行，不需要经过较为复杂的审判程序。可见，公证在社会生活中为预防纠纷起到了重要作用。

四、教育公民自觉地遵守法律，维护社会主义法制，是公证机构的另一项重要任务

公证机构，既是社会主义法制的执行者和维护者，也是社会主义法制的宣传者。公证机构在办理公证过程中，通过向当事人提供法律咨询，制定、修改和完善法律文书等多项业务活动，向当事人和广大人民群众宣传法律知识，教育他们遵纪守法，引导他们在国家法律、政策允许的范围内进行各种民事、经济活动，从而使他们提高法制观念，懂得尊重他人的民事权利，认真履行自己应承担的民事义务，自觉地维护社会主义法制尊严。

思考题

1. 公证与公证制度的含义是什么？
2. 公证的法律特征和任务是什么？
3. 公证的首要任务是什么？

实务训练

基本案情：张先生以 20 万元的价格买下了李女士在京郊的一套二手房，双方在买房协议中约定："在卖方交房屋钥匙和房屋产权证时，买方交付房款。"一手交钱一手交货，本是天经地义的事，但双方办理完立契手续，到房管局办理产权过户时，两人发现上述约定只是一种美好的愿望，因为办理过户登记并非立等可取，根据规定，在交易部门办结买卖过户手续至少需要 20 天，从登记部门拿到产权证最少也要 30 天。

　　两人在购房款何时交付上发生了分歧：张先生担心在拿到房产证之前把20万元购房款交付给李女士，房产证过户登记手续办不成怎么办？李女士则担心交了房产证却拿不到钱，自己也很被动。

　　问：如果双方当事人向你提出咨询，你应如何解答？

　　分析意见：本案中，张先生和李女士均担心在房产交易过程中，将来自己的权益受到侵害，你可以建议他们到公证机构办理房屋买卖合同公证。根据我国《公证法》第1条和第2条的规定，公证有预防纠纷、减少诉讼和保护当事人合法权益的功能。如果张先生办理了公证，就不用担心交付了购房款而购买不到房屋；李女办理了公证，也不用担心交了房产证而拿不到钱。

延伸分析

　　本案中，张先生和李女士在房屋买卖协议达成后，交易发生前，在没有发生民事纠纷的情况下才可以申请公证，如果在交易过程中发生了纠纷，就不能通过公证程序解决，只能通过民事诉讼程序解决，因为公证不能解决纠纷，只能预防纠纷。

第十三章

公证的基本原则和效力

学习目标与工作任务

重点理解、掌握公证活动应遵循的基本原则，了解公证基本原则的重要性。理解公证所具有的基本法律效力及公证效力的积极作用。

第一节　公证的基本原则

导入案例

孙某与公证员丁某是远房亲戚。2017 年 8 月，孙某单独找到丁某，申请公证其与被抚养人吴某的一份遗赠抚养协议。协议只写明吴某死后，将全部遗产赠给孙某，但并未规定孙某应尽的义务。丁某接过协议书后，便出具了公证书。

问题：本案中公证员丁某违反了公证活动的哪些基本原则？为什么？

教学内容

公证的基本原则，是公证机构办理公证业务必须遵循的根本准则，是公证活动的前提、基础和依据。它贯穿于整个公证活动中，反映了国家公证的指导思想，表明了公证的本质属性和特征，是公证机构和公证人员实施公证行为的法律准绳，是维护社会主义法治和公证活动秩序，保护自然人、法人或者其他组织合法权益的法律保障。在公证活动中始终坚持基本原则，对公证机构和公证员正确实施法律、履行职责、办理公证事项有着重要的指导意义。

一、合法原则

合法原则，是指公证机构或公证人员办理公证事务，必须严格依照法定程序进行，公证证明的法律行为或有法律意义的事实和文书的内容、形式及取得方式都应符合国家法律、法规和规章的规定，不得违反有关政策和社会公共利益的准则性要求，否则，公证机构或公证人员所出具的公证文书不仅是非法的，也是无效的。

公证机构在坚持合法原则时，应注意审查以下几个方面：一是审查公证申请主体是否合法，即审查公证申请人是否具有民事权利能力和民事行为能力。要取得申请公证当事人资格，必须对申请的公证事项同时具备民事权利能力和民事行为能力，没有民事权利能力和民事行为能力的人所办理的公证事项是不能成立的，自然不具有法律效力。二是审查申请公证的事项是否合法。这不仅要看公证事项的逻辑推理和表达形式是否合法，还要看公证事项的内容、公证的动机和目的以及公证后导致的后果是否合法。因此，公证机构对于公证事项的合法性，必须认真审查把关。如对处理财产继承问题的遗嘱公证，在遗嘱中就不允许有剥夺缺乏劳动能力又无生活来源的继承人的财产继承权的内容。三是公证程序要合法。办理公证事项，必须按照《公证法》《公证程序规则》等有关的法律法规所规定的程序办理。如公证机构办理公证事项，要按照申请与受理、审查、出证三个阶段循序渐进；公证处办理证据保全，必须要在民事诉讼发生之前；办理涉外公证文书，按照规定，一般应当办理领事认证手续；等等，也属于程序规定的范围，同样不能违反。

当然，有时公证证明的事项是不取决于人的主观意志的事实，这样的事实不存在合法性的问题，如自然人的出生公证、死亡公证与经历公证等。因此，对于这类事项的公证，只要是真实的，公证机构就可以遵循法定程序进行办理，这属于合法原则的例外。

二、客观真实原则

客观真实原则，是指公证书所证明的法律行为或者具有法律意义的事实和文书及其各项内容都是真实的，或曾经发生过的事实，确属客观存在，而非伪造或虚构的准则性要求。

公证机构和公证人员在办理公证证明时首先要审查其内容是否真实可靠，是否符合实际情况，这是办理公证的前提和基础，是整个公证业务的出发点和立足点，是办理公证的根基和核心。为了确保客观真实原则的贯彻执行，公证机构及其公证人员在办理公证活动中需做到以下几点：一是审查当事人是否基于自己的真实意思表示而提出公证申请。如果发现是他人用欺骗、逼迫、诱惑等非法手段，胁迫本人作出意思表示的，应视为违法或无效。二是申请公证的当事人必须如实地向公证机构陈述需要公证证明的事实、根据和理由，以及证明的具体要求和证明后要达到的目的。当事人对所有事实真相都要客观准确地加以陈述，做到既不能夸大，也不能缩小，既不能有意掩盖、歪曲、隐瞒事实真相，也不能捏造虚假证据。公证人员对当事人提供的材料要进行全面、系统的审查分析，正确认定，以确保公证的客观真实性。三是公证人员办理公证时，必须深入实际，调查研究，客观公正地收集证据。因为申请公证的当事人有时陈述的内容有真有假，提供的证据真假难辨，不具有确切的证明力，这就要求公证人员要深入现场，寻求、发现、提取和保全能够反映被证明对象的各种合法有效证据，确保公证活动的客观性、真实性、公正性和可信性。

三、依法独立公证原则

依法独立公证原则，是指公证机构及其公证员，根据事实和法律，独立履行公证职责，办理公证事务，不受其他单位、个人的非法干涉的要求。

我国《公证法》第 6 条明确规定："公证机构是依法设立，不以营利为目的，依法独立行使公证职能，承担民事责任的证明机构。"这表明公证机构是国家专门设立的法定证明机构，独立行使司法证明权，依法履行公证机构的职、责、权，办理公证事务时，不受行政机关、社会团体、有关组织和个人的非法干预和干扰，保证公证质量，维护公证机构和当事人的合法权益，维护国家法律的统一性和权威性。

[案例分析]

基本案情： 2000 年 10 月，某省体彩中心授权 A 市体彩中心，在该市东城区举办一次 5000 万元的即开型体育彩票销售活动，东城区××公证处对此次幸运抽奖活动进行了现场公证，抽奖活动产生了几名中奖者，并领走了奖品和奖金，公证员对抽奖活动的全过程作出了公证。但事后经调查，在 2000 年 11 月初，体育彩票活动即将结束的时候，东城体育局局长刘某两次找到东城区××公证处主任万某，要求其出具一份假的二等奖 20 万元的公证书，其目的就是要套取一笔资金。公证员李某在两位领导多次要求下，根据一个真实的彩民身份证复印件，制造了一个根本不存在的、伪造的二等奖 20 万元的假公证书。

点评： 独立原则是公证活动的基本原则，要求公证机构和公证员独立行使公证证明权，不受外来的非法干预。公证机构和公证员独立办理公证业务，能够保证办证质量，维护自然人、法人或者其他组织的合法权益。但在本案中，公证处的公证工作受到了来自政府的干预，影响了公证活动的正常进行。公证员在政府官员的非法干预下，出具了假的公证书，损害了彩民的应得利益，也损害了公证制度的公正性和权威性。

四、自愿公证与法定公证相结合的原则

自愿公证与法定公证相结合的原则，是指在我国，对有关法律事务，是否进行公证，在什么范围内进行公证，是否委托代理人提出公证，均出于当事人的自愿；同时，法律规定某些事项必须进行公证的，未经公证则不具有法律效

力的强制性要求。

在公证过程中，哪些事项只能由当事人自愿申请办理公证，哪些事项必须由公证机构办理公证，这都要由法律明确加以规定。凡是法律没有明确规定的事项，都必须遵照当事人自愿申请办理公证的原则，公证机构不得以职权强制当事人办理公证事项。凡是法律明确规定必须办理公证的事项，由于它是该事项成立的法律必备要件，相关自然人、法人或者其他组织应当向公证机构申请办理公证，否则，该事项将没有法律效力。

自愿公证和法定公证是相辅相成的，两者互为补充，片面强调其中一个方面都是不完善的，不利于公证职能作用的发挥和法制的完善。

五、直接原则

直接原则，又称公证员亲自办理公证原则，是指公证员要通过接待当事人、审查证据等方式，亲自掌握第一手材料，了解当事人的真实意愿，作出是否公证决定的准则性要求。

直接原则也就是要求公证员亲自办理公证事务。承办公证员必须做到：①要亲自接触申请公证的当事人、有关的利害关系人及其他相关人员，了解当事人的真实意图，审查公证事项内容；②亲自审查具体公证事项和相关证据材料，必要时要进行调查研究，确保公证事项的真实性、合法性；③公证员必须亲自断定公证事项的真实性与合法性，最后作出公证与否的决定。只有如此，方可确保公证质量。

七、回避原则

回避原则，是指公证人员在公证活动中不能办理与本人、配偶及其近亲属有利害关系或其他关系的公证，以防止因不公正而损害他人或公共利益的准则性要求。回避是为了维护公证活动秩序，防止公证人员徇私舞弊或发生偏见，有利于公证事务公正、正确地处理，也有利于公证人员避开嫌疑，免遭非议。具体的回避情形有以下几种：一是公证员应回避办理本人及其近亲属的公证业务；二是公证员应回避办理与本人有利害关系的公证事务；三是公证员应回避办理本人与当事人有其他利害关系的公证事务。

公证回避主要有两种方式：自行回避和申请回避。自行回避，是指办理公证的公证员遇有法律规定应当回避的情形时，应主动地退出对公证事项的办理。申请回避，是指当事人有权依法申请某个或某几个公证员回避。当事人申请回避，既可以通过书面形式申请，也可以通过口头形式申请。申请在公证的开始和进行中均可提出，但应在公证书作成前提出。

对公证处人员是否回避的问题，由公证处主任决定；对公证处主任是否回避的问题，应由同级司法行政机关决定。

依据《公证员职业道德基本准则》和《公证行业自律公约》的相关规定，上述公证人员不仅限于公证员，还包括在公证机构协助从事公证业务的助理公证员、公证辅助人员，如书记员、勘验人员、翻译人员等。

七、保密原则

保密原则，是指公证机构及其工作人员，以及其他受公证处的委托、邀请或因职务需要而接触公证事项的人，对他们在公证工作中接触到的国家秘密、商业秘密和当事人个人秘密负有保守秘密义务的准则性要求。

保守秘密是公证人员必须严格遵循的一项重要原则，该项原则是由公证工作的本质属性和基本特征所决定的。在公证实践中，对于某些公证事项，如赠与、证据保全、继承权以及收养关系等，都要保密，一旦泄密，就可能引起纠纷，或者导致诉讼，或者招致财产隐匿、转移、变卖或毁损，不仅会严重损害公证机构的信誉，而且会使当事人的正当权利和合法利益遭受损失，影响家庭团结和社会安定。

在公证实践中，贯彻保密原则应注意以下几个方面：

1. 公证人员除对本人办理的公证事项保守秘密外，对其他公证人员办理的公证事项同样负有保密职责。

2. 公证人员不仅应对当事人申请公证事项的内容保密，而且对申请办证的目的、动机、作用、后果等也应保守秘密。

3. 公证人员不仅应对已公证的事项保密，而且对正在办理或者拒绝或撤销的公证事项也应当保守秘密。

4. 公证机构制作的公证书，只能发给当事人及其代理人，未经当事人申请，不得将公证书发给其他人员。

5. 对于办理公证的档案材料，应妥善保管，未经法定程序批准的，不得查阅和复制。

6. 公证机构在接受当事人的申请后，办理公证前，要严格限制在场人员，除当事人或代理人、承办公证员和必要的协助人员外，其他任何人均不得参与办证事项。

八、便民原则

便民原则，是指公证机构办理公证事项要从一切便利当事人的角度出发，及时、准确、有效、认真地办好公证事项。该原则充分体现了国家公证机关为人民服务的指导思想。

便民原则的内容主要体现在以下几个方面：

1. 办证手续简便。在依法办证的前提下，公证机构办理公证要力求简便、快捷、及时。如果事实清楚、材料充分，符合法定要求，公证机关应随到随办证。

2. 采用登门办证、巡回办证、下乡办证、设点办证等措施，提倡到当事人的居所地办理公证事项。因为在农村或较为偏远的地区，当事人办理公证事项十分不便，对于年迈体衰、生病或有残疾的当事人来说尤其困难。因此，公证员为了群众利益，可以走出公证机构，到当事人居所地为民办理相关公证。

3. 及时、有效办证。公证机关在符合法律观定的条件下，应当及时办理公证，使某些事项在法定的时效内得到有效证明，保障当事人的合法权益。如果在办证上拖延时间，导致丧失机会，就会使当事人的合法权益遭到损失。

4. 对经济困难的当事人实行减免公证费。《公证法》第34条第2款规定："对符合法律援助条件的当事人，公证机构应当按照规定减免公证费。"此规定也体现了便民原则。

九、使用本国和本民族语言文字的原则

使用本国和本民族语言文字的原则，是指公证机构在整个公证中，应一律使用本国和本民族通用的语言文字。

公证文书是国家的证明文书，使用本国的语言文字，体现了一个独立的主权国家的尊严。在涉外公证活动中必须以中文进行公证活动和制作公证文书。对于不通晓我国通用语言文字的外国当事人，公证机构依法为其提供翻译，公证员不得用外国的语言进行公证活动，也不得使用外文制作公证书。

根据我国《宪法》的规定，各民族都有使用和发展自己的语言和文字的自由。《公证法》第32条第2款明确规定："公证书应当使用全国通用的文字；在民族自治地方，根据当事人的要求，可以制作当地通用的民族文字文本。"在公证实践中，对于不通晓我国通用的语言文字的少数民族当事人，应当为他们提供翻译。

凡是少数民族聚居或多民族共同居住的地方，应当使用当地民族通用的语言文字。凡是办理不同民族当事人之间的合同公证，应当分别用他们各自民族的语言文字制作公证文书，切实体现各民族在法律上、政治上一律平等。

导入案例分析

该案中，公证机构在办理公证业务中坚持了合法原则和客观真实原则。合法、真实原则要求被公证的民事法律行为、有法律意义的事实和文书是真实存在的，并且不违反法律规定和公序良俗。而某公司和某丝绸厂签订的合同的目的是骗取国家巨额贷款，其公证的目的具有违法性。因此，公证机构不能给予公证。公证员通过对当事人公证目的的调查，查明了当事人的违法行为，避免了国家财产的损失，是在公证活动中贯彻真实、合法原则的具体体现。

第二节 公证的效力

导入案例

甲乙双方签订了一份还款协议，协议中并未载明乙方（借款人）不履行还款协议或不完全履行还款协议时愿意接受强制执行的承诺，但双方当事人在申请办理协议公证接受询问时，借款人表示在其不履行还款协议或不完全履行还款协议时愿意接受强制执行，公证处的询问笔录中记录了该内容，随后出具了公证书。后借款人未履行协议。

问：甲方能否要求强制执行？

教学内容

公证的效力，是指公证证明在法律上的作用和约束力。公证的效力又称为公证书的效力。公证之所以产生效力，是因为公证机构以其自身的信用为担保，依照法定的程序和条件，对申请公证事项的真实性、合法性进行严格审查核实。

根据《公证法》《民事诉讼法》及相关法律的规定，公证具有三种基本的法律效力：证据效力、法律行为成立要件效力和强制执行效力。

一、证据效力

公证的证据效力，是指公证书是一种可靠的证据，具有证明公证对象真实、合法的证明力，可直接作为认定事实的证据。《民事诉讼法》第 69 条规定："经过法定程序公证证明的法律事实和文书，人民法院应当作为认定事实的根据，但有相反证据足以推翻公证证明的除外。"对此，《公证法》第 36 条有着类似的规定。这是因为，公证书是国家公证机构依法出具的证明，在公证过程中，公证机构要依照法定程序对公证对象进行全面、认真的调查核实，对其真实性、合法性进行审查、确认并予以证明，故法律确认了公证书在诉讼阶段的特殊证明力。公证书是人民法院可以直接采信的证据，公证书的效力高于其他证据的效力。已经被有效公证书证明的事实，当事人无需举证，人民法院应当作为认定事实的证据。

但是，我国现行法律并没有赋予公证书绝对的证据效力。法律规定，有相反证据足以推翻公证证明时，人民法院有权不予采信。这是在公证书证据效力的确认上，人民法院与公证机关存在相互制约关系，也是"以事实为根据，以法律为准绳"法治原则的体现。

公证的证据效力是广泛的，这不仅体现在诉讼活动中，还体现在日常的民事、经济交往中。在国际交往上，按照国际惯例和国际条约，国际涉及民事关系中所需的证明文件，大多需要公证才能得到使用国的承认。

二、法律行为成立要件的效力

公证的法律行为成立要件效力，是指依据我国法律、法规规定或者当事人的约定，特定的法律行为只有经过公证证明才能成立，并产生法律效力，如不履行公证程序，则该项法律行为就不能成立，不具有法律效力。根据规定，法律行为必须经过公证才发生法律效力的情况，基本上有以下三种：

1. 由法律、法规和规章规定某些法律行为必须办理公证，否则不发生法律效力。例如《收养法》第21条规定，外国人在中华人民共和国收养子女，应当提供收养人的年龄、婚姻、职业、财产、健康、有无受过刑事处罚等状况的证明材料，该证明材料须经其所在国公证、机构或者公证人公证，并经中华人民共和国驻该国使领馆认证。该收养人应当与送养人订立书面协议，亲自向民政部门登记，并到指定的公证处办理收养公证。收养关系自公证证明之日起成立。

2. 由当事人约定某种法律行为必须办理公证。有些法律行为，虽然法律并没有规定非经公证不发生法律效力，但是，凡当事人之间商定该项法律行为必须经过公证才能成立的，则公证即成为该项法律行为成立的必要条件。如果没有按照约定办理公证，该项法律行为就不能成立，也就不发生相应的法律效力。

3. 按照国际惯例、国际条约或双边协定确定某些事项必须办理公证。根据国际惯例、国际条约或双边协定，在国外使用的某些文书，必须经过公证，才能在域外发生法律效力，公证就是该项文书在域外发生效力的法律要件之一。例如出国使用的亲属关系证明、学历证明等文书均必须办理公证，但两国协议免除公证的除外。

公证机构办理的涉外公证文书，一般需要经外事机关认证后，赋予其域外使用的效力，才能发往境外使用。

三、赋予强制执行的效力

公证赋予强制执行的效力，是指公证机构依法赋予强制执行效力的债权文书，债务人到期不清偿债务时，债权人可以不经过诉讼程序，直接向有管辖权的人民法院申请强制执行。公证机构所赋予具有强制执行效力的债权文书是一种特定的公证文书，它必须同时具备三个条件：①债权文书中债权债务关系明确，债权人、债务人对有关给付内容无疑义；②债权文书以给付一定货币、物品或有价证券为内容；③债权文书中载明债务人不履行义务时应受强制执行的意思表示。

公证的强制执行效力可以使一些逾期不履行的、没有争议的债权文书不经过民事诉讼程序，而由当事人直接申请有管辖权的人民法院强制执行。这样有利于迅速解决债务人不履行债务的问题，及时保护债权人的合法权益，从而平息纠纷，减少诉讼，避免因诉讼而导致人力、物力和时间上的损耗，促进社会主义市场经济的有序发展。

导入案例分析

甲方不能要求强制执行。公证机构赋予强制执行效力的债权文书应当具备三个条件。本案中甲乙双方没有将"不履行还款协议或不完全履行还款协议时愿意接受强制执行的承诺"的内容体现在债权文书中，询问笔录只是公证员与当事人的谈话笔录，并不能代替债权文书本身，也不宜作为债权文书的补充，当然也不能单独成为强制执行的依据。

思考题

1. 如何理解公证的客观真实原则？
2. 如何理解公证的直接原则？
3. 如何理解公证的保密原则？
4. 公证书有哪些效力？

实务训练

1. 小王是某国有公司工作人员。公司因业务发展需要，准备派其到国外深造。2012 年 12 月，小王通过了国家有关部门举办的公派出国留学人员考试，其所在单位也为其争取到了赴美公派留学的指标。小王接到有关部门通知，要求其必须将出国留学使用的学历证书办理公证，方可办理相关审批手续。小王认为，办理公证是公民个人处分自己权利的行为，手续麻烦，遂认为是有关部门故意刁难自己。

问：有关部门的要求是否正确？为什么？

分析意见：

有关部门的要求是正确的。自愿公证与法定公证相结合的原则是公证制度的基本原则。当事人申请办理公证是处分自己的民事权利，任何机关、组织无权干涉。但对于法律、法规和行政规章规定必须办理公证的事项，当事人必须办理，该事项方为有效。出国留学使用的学历证书必须办理公证，才能在使用国发生效力。

2. 2000 年 8 月 5 日，周某同意将一台电脑转让给吴某，吴某支付 4000 元人民币，双方订立了买卖合同并进行了公证。后来，在合同履行过程中，双方发生纠纷。公证处根据双方的申请，对其纠纷进行调解，经调解后，周某与吴某订立了新的买卖合同，合同中约定：周某在 2001 年 5 月 1 日以前向吴某交付电脑，吴某交付价款 3500 元人民币。公证处对新的买卖合同予以公证。其后吴某按约履行义务，而周某直至 2001 年 5 月 30 日仍未向吴某交付电脑，吴某持新公证书向公证处申请强制执行。

问：本案中吴某能否持新公证书向公证处申请强制执行？理由是什么？

分析意见：

吴某不能持新公证书向公证处申请强制执行。根据《公证程序规则》第 39 条的规定，公证机构赋予强制执行效力的债权文书应具备以下条件：一是债权文书以给付货币、物品或有价证券为内容；二是债权债务关系明确，债权人和债务人对债权文书有关给付内容无疑义；三是债权文书中载明当债务人不履行义务或不完全履行义务时，债务人愿意接受强制执行的承诺。本案中，周某和吴某虽然订立了买卖电脑的合同并进行了公证，双方对给付的内容也无疑义，但是在该买卖合同中并未载明周某不履行义务或不完全履行义务时愿意接受强制执行的承诺，该债权文书不具备上述第三个条件。因此，吴某不能持新公证书向公证处申请强制执行。

第十四章

公证员

学习目标与工作任务

了解担任公证员的任职条件，公证员的产生程序、职务免除原因，掌握公证员的权利和义务、执业道德和执业纪律的具体内容。

第一节　公证员的资格和公证员职务免除

导入案例

王某于 1984 年 10 月 1 日生于××省××市，2006 年以优异的成绩通过了国家司法考试，并于 2007 年 5 月 1 日取得了法律职业资格证书。随后便进入到当地一家公证处实习，实习期间遵纪守法，品行良好。2009 年 6 月 1 日实习期满后，由所在的公证机构推荐，王某向当地司法行政部门提出了执业申请。

问：王某能够申请到公证执业证并成为一名公证员吗？

教学内容

一、公证员的概念及公证员职业化性质

公证员，是指符合法律规定的条件，经过法定任职程序，取得公证员执业证书，在公证机构从事公证业务的执业人员。公证员必须符合一定的条件和具备相应的资格。

我国《公证法》第 16 条规定："公证员是符合本法规定的条件，在公证机构从事公证业务的执业人员。"这就从法律上确定了公证员的职业化。公证员职业化有利于提高公证公信力、权威性和独立性，有利于全面提高公证员的素质，具备高素质的公证员能够更好地为社会提供优质的公证法律服务，从而提高公证的公信力。同时，公证员职业化有利于培养公证员的独立意识，依据法律，

根据自己的判断对公证事项予以证明，从而实现公证员的独立性。

二、公证员资格的条件

（一）公证员资格的积极条件

我国《公证法》第18条规定："担任公证员，应当具备下列条件：①具有中华人民共和国国籍；②年龄25周岁以上65周岁以下；③公道正派，遵纪守法，品行良好；④通过国家统一法律职业资格考试取得法律职业资格；⑤在公证机构实习2年以上或者具有3年以上其他法律职业经历并在公证机构实习1年以上，经考核合格。"从该法条来看，我国公证员应具备以下积极条件：

1. 国籍条件。我国的公证员必须是中华人民共和国公民，即需要有中国国籍，外国人、无国籍人不得在我国从事公证职业。这主要是因为公证法律制度是国家司法制度的一个重要方面，关系到国家司法权的行使，公证的效力远远超出一般私证的效力，特别是表现在诉讼过程中的证明效力，公证权的行使与国家主权之间存在着一定的联系。

2. 年龄条件。年龄在25周岁以上65周岁以下，这是公证员任职的年龄限制，这一规定主要是出于对公证工作的特殊性考虑。公证员是在公证机构独立办理事务的法律专业人员，公证业务涉及社会生活的各个方面，这就要求公证员具有较为丰富的法律知识、社会阅历、人生经验，以及处理各种复杂问题的能力。如果公证员过于年轻，就难以胜任公证工作。所以，《公证法》将公证员的任职年龄从原来的18周岁提高到现在的25周岁，而且年龄必须在65周岁以下，这样才能承受公证工作的辛劳，也有利于公证员的新老交替，从而保证整个公证行业的服务水平。

3. 品行条件。公证员从事的是经过国家授权行使证明权的职业，公证员出具的公证文书具有法律效力，公证行为本身具有真实性、合法性和权威性，这些都要求公证员必须具备优良的品德和较高的素质，以保证其出具的公证文书的真实性和准确性。因此，我国法律规定担任公证员应当公道正派，遵纪守法，品行良好。

4. 业务条件。我国《公证法》对公证员的业务条件要求比较高，这是由公证员从事公证工作的性质决定的。公证员的业务条件有两方面的要求：①通过国家统一法律职业资格考试取得法律职业资格；②在公证机构实习2年以上或者具有3年以上其他法律职业经历并在公证机构实习1年以上，经考核合格。

国家通过立法提高了公证员准入的门槛，旨在提高公证从业人员的素质。为了维护公证的公信力，公证员应该从受过系统法学知识教育的群体中挑选，同时又是全国统一法律职业资格考试合格者。只有这样，才能造就一支符合市场需求的高素质的公证队伍。另外，担任公证员还必须在公证机构实习2年以上或者具有 3 年以上其他法律职业经历并在公证机构实习 1 年以上，经考核合格，才能正式担任执业公证员。

（二）公证员资格的特许条件

我国《公证法》第 19 条规定，从事法学教学、研究工作，具有高级职称的人员，或者具有本科以上学历，从事审判、检察、法制工作、法律服务满 10 年的公务员、律师，已经离开原工作岗位，经考核合格的，可以担任公证员。因此，有两类人员即使没有通过国家司法考试，但经考核合格，也可以担任公证员。这实质上是公证员任职资格取得的特殊许可。需要指出的是，任命公证员是公证员产生的主要形式，特殊许可是公证员产生的补充形式。

（三）公证员资格的禁止条件

公证员资格的禁止条件，也称公证员资格的排除条件，是指不得担任公证员的情形。我国《公证法》第 20 条规定，有下列情形之一的，不得担任公证员：

1. 无民事行为能力人或者限制民事行为能力人。公证员的工作直接关系到当事人的权益和社会公共利益，所肩负的责任重大，因此，公证员必须是完全民事行为能力人。无民事行为能力人和限制民事行为能力人一般年龄太小或有精神障碍，如果他们担任公证员，则不能完全履行执业义务，并且很可能损害有关当事人的权益。

[案例分析]

基本案情：何某是某市公证处的一名公证员助理，经过多年的刻苦努力终于在 2008 年通过了国家司法考试。2010 年经所在公证处推荐，何某向当地司法行政部门提出了执业申请。当地司法行政部门在初审时得知，何某在 2009 年曾因交通事故住院，经过一段时间治疗，身体虽然已经恢复了健康，但左手被截肢。手术后医院为何某安装了义肢，经过半年多的适应，何某已经能够熟练使用义肢。何某的申请最终获得了批准，成为一名公证员。

点评：虽然何某由于交通事故造成残疾，但是经过治疗和适应，已经能够熟练使用义肢。该残疾并不影响何某的正常工作，故何某的申请能够获得批准。

2. 因故意犯罪或者职务过失犯罪受过刑事处罚的人员。公证员从事的是为全社会提供法律服务的公共职务行为，遵纪守法和品行良好是公证员履行职务所必须具备的条件。犯罪行为是一种严重危害社会的行为，故意犯罪说明行为人主观上有危害社会的意图；职务过失犯罪说明行为人不能按规定履行职务，故意犯罪和职务过失犯罪与公证员职务所要求的服务性和职责性是完全矛盾的，所以，因故意犯罪和职务过失犯罪受过刑事处罚的人，不能担任公证员。这里需要特别指出的是，必须是因职务过失犯罪受过刑事处罚的人员才是《公证法》禁止的人员，如果非因职务过失犯罪受到刑事处罚的人员仍然有可能担任公证员。

3. 被开除公职的人员。公职人员是指在国家机关、国有公司、企事业单位、人民团体和群众团体中担任职务的人员以及依照法律从事公务以国家工作人员论处的人员。我国对公职人员的行政处分种类中，最严重的一种处分形式就是开除。公证员是经法律授权，依法从事证明法律事务的公职人员，曾经被开除公职的人员显然是不允许担任公证员的。

4. 被吊销公证员、律师执业证书的人员。执业证书是具备从事特定行业的能力的证明。吊销执业证书是专业人员所受到的最严重的职业处分，吊销执业证书的处罚对于受处罚人终生有效，也就是说，专业人员受到吊销执业证书的处罚，就意味着其终生不能从事该项职业。受过吊销执业证书处罚的专业人员，也终生不具备担任公证员的条件。

三、公证员的产生程序

具备了担任公证员的资格，并不自然成为公证员进行公证执业，只有经过依法任命后才可以成为公证员。

1. 个人提出申请。符合公证员条件的人员提出自愿担任公证员的书面请求，具体来说，就是既要符合公证员任职的积极条件或符合公证员任职的特许条件，又不属于法律规定的禁止条件的个人，以书面形式提出自愿担任公证员的请求。

2. 经公证机构推荐。符合公证员条件的个人提出申请后，还必须有公证机构的推荐。作为推荐的公证机构，对其推荐的人员是否符合公证员任职条件负有考察、证实义务。

3. 报请审核。根据公证机构的推荐，由所在地的司法行政部门把申请人的书面申请以及相关证明材料报请省级人民政府司法行政部门审核。这种审核属于实质性审查，即需要对申请人是否符合公证员任职条件进行全面严格审查。对于符合任职条件的申请人，应当依法报请国务院司法行政部门，对于不符合任职条件的申请人，应当驳回其申请，并退回相关材料。

4. 任命。根据省级人民政府司法行政部门依法报送的符合任职条件的申请人，由国务院司法行政部门统一任命。一般来讲，是由现任司法部长签发任命令或任命状。

5. 颁发执业证书。省级人民政府司法行政部门根据司法部的任命，对申请人颁发公证员执业证书。这是公证员产生的最后一个环节。公证员执业证书是其能够独立办理公证业务的凭证，在没有获得执业证书之前，不得单独办理公证业务。

四、公证员宣誓

为切实提高公证员队伍思想政治素质、职业道德素质和专业素质，不断增强公证员的职业使命感、荣誉感和社会责任感，根据《公证法》，2017 年 7 月，司法部决定在全国建立公证员宣誓制度。

经省、自治区、直辖市司法行政机关许可，首次取得或者重新取得公证员执业证书的人员，应当进行公证员宣誓。公证员宣誓，应当在公证员取得公证员执业证书之日起 6 个月内进行，采取分次集中的方式进行。公证员宣誓仪式，由设区的市级或者直辖市司法行政机关会同公证协会组织举行。宣誓仪式由司法行政机关负责人主持，领誓人由公证协会负责人担任，宣誓仪式设监誓人，由司法行政机关和公证协会各派一名工作人员担任，宣誓人宣誓时，应当着公证员职业装，免冠，佩戴中国公证协会会徽，呈立正姿势，面向国旗，右手握拳上举过肩，随领誓人宣誓。领誓人持相同站姿位于宣誓人前方，宣读誓词应当发音清晰、准确，声音铿锵有力。领誓人逐句领读誓词，宣誓人齐声跟读；领誓人领读完誓词、读毕"宣誓人"后，宣誓人自报姓名并在誓词页上签署姓名、宣誓日期。

公证员宣誓誓词为：我是中华人民共和国公证员。我宣誓：忠于祖国，忠于人民，忠于宪法和法律，拥护中国共产党的领导，拥护社会主义法治，依法履行职责，客观公正执业，遵守职业道德，勤勉敬业，廉洁自律，为全面依法治国、建设社会主义法治国家努力奋斗！

公证员应当自觉践行誓词，将誓词作为执业行为准则，依法、诚信、尽责执业，恪守职业道德和执业纪律，接受司法行政机关、公证协会、当事人和社会的监督。

五、公证员职务免除

公证员在执业过程中如果因某种原因，不再具备担任公证员的条件或者违反相关规定，就应当被免除公证员职务。根据《公证法》第 24 条的规定，免除公证员职务的情形有以下几种：

1. 丧失中华人民共和国国籍的。在我国担任公证员的首要条件就是要具有中华人民共和国国籍，这是国家司法主权的体现。丧失中华人民共和国国籍，就不具备担任公证员的条件。我国《国籍法》规定，丧失国籍有自愿丧失和非自愿丧失两种情形。自愿丧失国籍，是基于个人意愿退出我国国籍；非自愿丧失国籍，是基于涉外婚姻、涉外收养、已加入外国国籍等事实原因，导致丧失原有的我国国籍。

2. 年满 65 周岁或者因健康原因不能继续履行公证职务的。我国公证员任职年龄的上限是 65 周岁，年龄已满 65 周岁的，自然也就不符合继续担任公证员的条件了。对于年龄未满 65 周岁，但因患有疾病或其他健康原因不能继续履行公证职务的，也应免除其公证员职务。当然，如果公证员因故成为无民事行为能力或限制民事行为能力人，经法院宣告后，也应免除其公证员职务。

3. 自愿辞去公证员职务的。公证员享有自主择业的权利，辞职是公证员的一项法定权利，应予尊重。公证员辞职后，应当依据法定程序免除其公证员职务。

4. 被吊销公证员执业证书的。执业证书是公证员的执业凭证，公证员因严重违法被吊销执业证书的，已经不再具有公证员资格了，故应该依照法定程序予以免除。

公证员职务的免除，其程序与公证员职务取得程序相同。

导入案例分析

王某申请不到执业证，不能成为一名公证员。虽然王某生于中国境内，具有中国国籍，并且通过了国家司法考试，又经过 2 年的实习，实习期间表现良好。但王某申请执业证时不满 25 周岁，不符合公证员任职资格中的年龄条件。因此，王某的申请不能得到批准，不能成为一名公证员。

第二节 公证员的权利与义务

导入案例

2006 年年底，甲市乙区××公证处公证员王某接受当事人的请求，在缺乏赠与合同的情况下，违反赠与合同的正常办证程序，仅凭当事人提供的房产证和身份证就办理了（2006）××证民字第 128 号《赠与合同公证书》，并偷盖了该公证处的公章及公证处主任的个人签名章。后来，有关人员持此公证书办理了房产过户手续。此"公证书"给房屋的真正所有者张某造成极大的损害。后被张某举报，王某受到刑事处罚。

问：公证员王某的行为违反了公证员的哪一项义务？

教学内容

一、公证员的权利

公证员的权利，是指依法设定的、为保障公证员执行职务而赋予公证员的各项权利。我国《公证法》第 22 条第 2 款明确了公证员享有的权利，具体包括：获得劳动报酬的权利，享受保险和福利待遇的权利；提出辞职、申诉或者控告的权利；非因法定事由和法定程序，不被免职或者处罚的权利。

1. 获得劳动报酬、享受保险和福利待遇的权利。根据我国《宪法》的有关规定，中华人民共和国公民有劳动的权利和义务，劳动者有权获得报酬，享受福利待遇和保险。公证员为工作付出劳动也应当有相应的、合理的报酬，否则，做工作而无报酬，工作变成了义务劳动，公证员也成了社会义工，这是不合理的。公证申请人申请公证，是为了实现自身的经济利益或其他利益，公证处向其收取一定的费用具有合理性，公证员从中获得报酬也是合理的。公证员的报酬，并不是直接由当事人交给承办业务的公证员，而是按照收费标准，公证机构对办理的公证业务合理收取费用后，再分配给公证员。

2. 提出辞职、申诉或者控告的权利。除法律有特别限制的人员和情况外，公民有择业的自由，因此，当公证员不再愿意继续从事公证职业的时候，应当允许其辞职。公证员辞职后，依照法律规定的程序免除其职务。此外，作为公证员，有义务依法履行公证职责，同时有权维护自身的合法权益。当其自身权益受到侵害，或者对涉及自身权益的处理不服时，有权提出申诉或控告。有关部门应当保障公证员的申诉或控告权的行使，其申诉或控告有理的，应当作出合法决定；其申诉或控告无理的，应当予以驳回。

3. 非因法定事由和法定程序不被免除或处罚的权利。为了保障公证员能够依法独立执业、排除其他组织和个人的非法干预，非因法定事由和法定程序，公证员不被免除或处罚。公证的性质和宗旨决定了公证员只服从于法律，只有公证员违反了法律才应受到制裁，任何组织和个人不得在法律规定的事由和程序之外，凭自己的意志对公证员进行处罚。由于公证员是经过严格的遴选程序最终由司法部任命的，所以公证员的免职、处罚也必须经过法定程序由法定机关作出。

需要说明的是，所谓"法定事由"和"法定程序"的"法"并非仅限于法律和行政法规，国务院司法行政部门作为行政主管机关，中国公证协会作为行业自律组织，在不违背《公证法》规定的前提下制定的部门规章和行业规范，也属于公证员应当遵循之"法"，国务院司法行政部门和中国公证协会可依之对违反者给予行政处罚或行业惩戒。

二、公证员的义务

公证员的义务，是指根据法律规定的，公证员在办理公证业务中应当履行一定行为或不应当为一定行为的范围或权限。《公证法》第 22 条第 1 款对公证员的义务作出了明确的规定。

1. 遵纪守法。公证职业的法律性、严肃性、社会性等要求公证员本身必须遵纪守法，公证员遵纪守法是公证工作的保障，是公证工作取得和保持社会公信力的保障；而且，根据《公证法》第 18 条的规定，遵纪守法是作为一名公证员应当具备的条件之一。所以，遵纪守法是公证员应当履行的首要义务，也是基本义务。遵纪守法的含义比较广泛，"纪"应当包括党纪、政纪、行业纪律等，"法"应当包括法律、法规等所有法律规范。

[案例分析]

基本案情：1999 年 10 月，司法部为推进我国公证机构体制改革，拟定在××市进行合伙制公证处试点，时任××市公证处主任兼中国公证协会常务理事的陈某被任命为筹备工作小组成员，协助副会长开展工作。陈某为达到个人目的，利用职务之便推荐了××市公证处吴某等 4 位公证员。2000 年 1 月，经司法部批准，以吴某等人为合伙人的试点合伙制公证处正式在××市挂牌成立。其后，在新成立的这家合伙制公证处的业务开展过程中，陈某利用其担任市公证处主任的职务之便，把自己单位的业务介绍给了该合伙制公证处。该合伙制公证处为"感谢"陈某的帮助，于 2001 年 1 月分两次送给陈某人民币 61 万元。2001 年 5 月 31 日，××市××区人民检察院在接到举报线索对陈某进行初步调查时，陈某主动交代了自己受贿犯罪的事实并退缴了 61 万元赃款。××区人民法院以受贿罪一审判处原××市公证处主任陈某有期徒刑 6 年。

点评：作为公证员首要的义务是遵纪守法。在本案中，陈某作为公证处主任，却为一己之利触犯国家刑法，收受巨额贿赂，最终受到了应有的制裁。

2. 恪守职业道德。职业道德，是指一定社会的道德规范在一定的职业行为和职业关系中的具体体现。公证员的职业道德，正是社会一般道德和司法职业道德在公证活动范围内的特殊体现，是社会主义司法道德的重要组成部分，是公证员必须遵循的职业行为准则。公证员职业道德建设是公证队伍建设的重要组成部分，是提高公证员队伍整体素质的重要内容，它对于公证员认真履行职责、恪守执业纪律、提高工作效率、充分发挥公证的职能有着重要意义。

3. 依法履行公证职责。主要体现在四个方面：①公证员应当按照权限履行职责。公证员的权限受到法律明文规定的限制，只能在法律规定的范围内行使职权，不得超越法律的规定活动，否则就属于滥用职权。②公证员应当依照规定的程序履行职责。程序正义是实体正义的保障，公开、公正的程序能够使实体的权利、义务得到公平的体现，有利于更好地维护公众的合法权益，所以，公证员应当按照规定的程序办理公证。③公证员应当正确适用实体法。实体法是以确认权利义务关系和法律责任为主要内容的法律，是判断公证对象是否合法的依据。公证员在办理公证过程中，必须正确适用公证事项所涉及的实体法，以保障该事项主体适格、当事人意思表示真实、标的物确定（或可能）、不违反社会公益，真正做到预防纠纷。④公证员应当认真履行职责。一是公证员应当亲自履行职责，不得委托他人履行；二是应当坚守工作岗位，不得擅离职守；三是应当努力提高工作效率和工作质量，反对官僚作风。

4. 保守执业秘密。由于工作原因，公证员易于接触到国家秘密、商业秘密和个人的隐私秘密。因此，《公证法》特别规定，公证员对于执业活动中知道的国家秘密、商业秘密和个人隐私，负有保密的义务。如遗嘱公证，应作为秘密卷进行保存；再如招标投标公证，评标过程应严格保密，公证员对此必须守口如瓶。另外，公证员还应当保守公证工作秘密，对于办证过程中形成的内部意见、内部材料和不应当透露的其他与公证工作有关的信息，一律不得泄露。

导入案例分析

公证员的权力来自法律的授予，公证员必须在法律规定的范围内行使职权，否则就构成滥用职权。上述案例中，公证员王某在明知没有房屋赠与合同的情况下，仅凭当事人提供的房产证和身份证就办理了《赠与合同公证书》，并偷盖了公章和主任的印章，其行为构成了严重的逾越职权，并造成了严重后果，最终受到了刑事处罚。

第三节 公证员的职业道德与执业纪律

导入案例

李某有一儿子李甲和一女李乙。2006年，李某为了防止自己百年之后儿女争夺遗产便立下自书遗嘱，所有财产由李甲和李乙共同继承。李甲得知后便伪造了一份所有财产由自己继承的遗嘱，并找到了在公证处工作的老同学张某，公证员张某为其出具了公证书。

问：公证员张某出具的公证书是否有效？为什么？

教学内容

一、公证员的职业道德

（一）公证员职业道德的概念

公证员职业道德是指公证员在办理公证事务、履行公证职责的过程中或者从事与之相关的活动时所应遵守的道德规范。公证员助理和公证机构其他工作人员，应当参照执行公证员职业道德的有关规定。

（二）公证员职业道德的内容

2002年3月3日中国公证员协会三届三次理事会通过，2010年12月28日中国公证协会六届二次理事会会议修订的《公证员职业道德基本准则》对公证员职业道德的具体内容作了详细的规定，根据该准则的规定，公证员职业道德主要有以下几个方面：

1. 忠于法律、尽职履责。公证员应当忠于宪法和法律，自觉践行社会主义法治理念，应当政治坚定、业务精通、维护公正、恪守诚信。公证员应当依法办理公证事项，做到以事实为依据、以法律为准绳。公证员应当自觉遵守回避制度、执行保密义务、认真履行公证职责，对发现的违法、违规或违反社会公德的行为，应当按照法律规定的权限，积极采取措施予以纠正、制止。

2. 爱岗敬业、规范服务。公证员应当珍惜职业荣誉，强化服务意识，勤勉敬业、恪尽职守，为当事人提供优质高效的公证法律服务。公证员在履行职责时，应当详细告知有关公证当事人、代理人和其他参与人的权利义务并作出明确的解释。公证员应当严格按照规定的程序和期限办理公证事项，及时受理、审查、出证。公证员应当注重礼仪、着装规范、举止文明，维护职业形象。

3. 加强修养、提供素质。公证员应当牢固树立社会主义荣辱观，遵守社会公德，倡导良好社会风尚。公证员应当道德高尚、诚实信用、谦虚谨慎，具有良好的个人修养和品行。公证员应当忠于职守、不徇私情、弘扬正义，自觉维护社会公平和公众利益。公证员应当热爱集体、团结协作，相互支持、相互配合、相互监督，共同营造健康、有序、和谐的工作环境。公证员应当不断提高自身的业务能力和职业素养，保证自己的执业品质和专业技能满足正确履行职责的需要。公证员应当树立终身学习的理念，勤勉进取，努力钻研，不断提高职业素质和执业水平。

4. 廉洁自律、同业互助。公证员应当树立廉洁自律意识，遵守职业道德和执业纪律，不得从事有报酬的其他职业和与公证员职务、身份不相符的活动。公证员应当妥善处理个人事务，不得利用公证员的身份和职务为自己、亲属或他人谋取利益。公证员不得索取或接受当事人及其代理人、利害关系人的答谢款待、馈赠财物或其他利益。公证员应当相互尊重，与同行保持良好的合作关系，公平竞争，同业互助，共谋发展。公证员不得以不正当方式或途径对其他公证员正在办理的公证事项进行干预或施加影响。公证员不得从事以下不正当竞争行为：①利用媒体或其他手段炫耀自己，贬损他人，排斥同行，为自己招揽业务；②以支付介绍费、给予回扣、许诺提供利益等方式承揽业务；③利用与行政机关、社会团体的特殊关系进行业务垄断；④其他不正当竞争行为。

二、公证员的执业纪律

（一）公证员执业纪律的概念

公证员执业纪律也是公证员的执业禁止行为，是指公证员在执业活动中不能从事的行为，公证员一旦从事该行为，就要承担法律责任。

（二）公证员执业纪律的内容

根据《公证法》的规定，我国公证员在执业过程中应当禁止下列行为：

1. 同时在两个以上的公证机构执业。公证员只能在一个公证处执业。如果允许公证员同时在两个以上的公证机构执业，会导致公证员致力于扩大"地盘"，追求个人利益的最大化，这与公证的价值背道而驰。允许公证员同时在两个以上公证机构执业，将导致公证机构和司法行政部门的管理、监督工作目标指向不明，陷入混乱、无序的状态。

2. 从事有报酬的其他职业。公证的价值和功效要求公证员必须持一种中立性的态度，对各方当事人所追求的利益进行平衡。如果允许公证员从事有报酬的其他职业，公证员与某些当事人之间将不可避免地先行产生利益交错，在办理有利害关系的工作事项时容易徇私枉法、滋生腐败，此时公证将失去其中立性和衡平作用。所以，公证员从事有报酬的其他职业，会违反公证职责，有损公证职业的纯洁和尊严，应予以禁止。

从事有报酬的其他职业与从事有报酬的其他行为并非同一概念，公证员作为客座教授、客座研究员、陪审员、仲裁员也会领取一定的报酬，但客座教授、客座研究员、陪审员、仲裁员并不构成一种职业，公证员就此领取相应的报酬并不违反《公证法》的规定。另外，利用自有资金进行投资运作并非就完全等同于从事其他有报酬的职业，公证员以个人名义将自有资金投入证券市场并无不妥，只要其不成为控股股东、不参与公司日常经营，其行为就不属于公证员执业过程中的禁止行为。

3. 为本人及近亲属办理公证或者办理与本人及近亲属有利害关系的公证。回避制度是现代诉讼和非诉讼法律活动中的一项重要程序制度，在公证活动中，公证员对于与自己或自己的近亲属有某种利害关系的公证事项不享有公证权力。这是由公证的性质和任务决定的，公证员在公证活动中必须秉公办证、公正无私、清正廉洁，一旦允许公证员在其中追求私利，公正将无法实现。

4. 私自出具公证书。我国公证实行机构本位主义，公证机构对公证员的执业行为需要承担民事责任。根据权利义务相一致原则，公证员出具公证书应当经由所在公证机构同意，公证员不得违反审批程序私自出具公证书，否则要承担相应的责任。

5. 为不真实、不合法的事项出具公证书。不真实、不合法的情况包括：①事项违反法律。当事人主体资格不当、意思表示瑕疵、标的物受限、有悖于社会公益均可导致违反法律。②事项虽不违法，也是真实的，但是没有法律意义。③事项不真实。④事项既不真实又不合法。

真实、合法是公证活动的基本原则，是公证建立和保持公信力的核心所在，各国立法均严厉禁止对不真实、不合法的事项进行公证。一个事项只有同时符合真实、合法两个条件，才能予以公证。

6. 侵占、挪用公证费或侵占、盗窃公证专用物品。我国《宪法》规定，公共财产神圣不可侵犯。我国公证实行机构本位主义，公证费、公证专用物品是公证机构正常开展业务的经济保障，是公证机构的公共财产，侵占、挪用公证费或侵占、盗窃公证专用物品均属于侵犯公证机构公共财产的行为。公证费是指公证机构向当事人收取的报酬和由此增值、衍生的金钱以及上级机关为支持公证事业而划拨的资金。公证专用物品是指公证专用水印纸、公证员签名印章、公证机构公章和钢印、公证票证、公证档案以及保存公证信息资料的电脑等。

7. 毁损、篡改公证文书或者公证档案。公证文书是指公证机构就其办理的公证事项出具的法律文书或公证机构出具的其他法律文书。公证文书包括公证书和由公证机构出具的法律意见书、拒绝或终止公证的决定书、撤销或维持公证书的决定书等其他法律文书。公证文书属于司法文书范畴，对当事人、其他组织和个人具有法律规定的效力。公证文书如有错误，应当依照法定程序收回、修正或撤销，不能擅自毁损、篡改。毁损、篡改生效的公证文书，一方面规避了公证程序控制，容易出现错证、假证；另一方面也使得公证文书的效力处于不稳定甚至相互冲突的状态之中，损害公证的严肃性和权威性。

公证档案是公证机构进行公证证明活动和当事人从事民事活动的真实记录，体现了公证机构的基本职能。公证档案不少涉及国家秘密、商业秘密或者当事人的隐私，是公证机构出具公证文书的证据依托，反映了一个时期社会生活的特点和不同时期的社会变迁。所以，绝不容许对公证档案进行毁损、篡改。

8. 泄露在执业活动中知悉的国家秘密、商业秘密或者个人隐私。《公证法》规定，公证员应当保守执业秘密。执业秘密包括国家秘密、当事人的商业秘密或者个人隐私以及公证机构的内部秘密。公证员泄露国家秘密、商业秘密或个人隐私的，由司法行政部门给予相应的行政处罚，构成犯罪的，依法追究刑事责任。

9. 法律、法规、国务院司法行政部门规定禁止的其他行为。"其他行为"主要是指以上八项行为之外的其他不应有的行为。这八项行为与公证员的履行职务密切相关，具有较强的针对性，但并不是说禁止行为只有八项。公证员也属于公民，国家法律对于一般公民的禁止性规定对公证员同样适用。公证员属于国家法律职业者的一种，法律职业者所应普遍遵守的规则，公证员当然也必须遵守。

为严肃公证执业纪律，规范公证执业行为，加强公证工作管理，确保公证质量，2017 年 8 月 14 日司法部发布了关于公证执业"五不准"的通知：

一、不准为未查核真实身份的公证申请人办理公证。公证机构、公证员应严格审查公证申请人的身份，告知冒充他人、伪造证件、骗取公证书的法律责任后果，未经证件视读、单独谈话、交叉印证、身份证识别仪核验等程序，不得办理公证。申请人使用临时身份证，公证员未到公安部门核实的，不得受理公证申请。对涉及敏感、重大权益事项的公证申请，应当由有经验的公证人员认真审核。

二、不准办理非金融机构融资合同公证。在有关管理办法出台之前，公证机构不得办理自然人、法人、其他组织之间及其相互之间（经人民银行、银监会、证监会、保监会，商务主管部门、地方人民政府金融管理部门批准设立的从事资金融通业务的机构及其分支机构除外）的融资合同公证及赋予强制执行效力公证。

三、不准办理涉及不动产处分的全项委托公证。公证机构、公证员办理涉及不动产处分的委托公证，应当按照"重大事项一次一委托"的原则，告知当事人委托抵押、解押、出售、代收房款等的法律意义和法律后果，不得办理一次性授权全部重要事项的委托公证，不得在公证书中设定委托不可撤销、受托人代为收取售房款等内容。

四、不准办理具有担保性质的委托公证。公证机构、公证员在办理涉及不动产处分的委托公证时，应当严格审查申请人的真实意思表示，审查其与受托人是否具有亲属关系，不得办理名为委托实为担保，或者可能存在担保性质的委托公证。

五、不准未经实质审查出具公证书。公证机构、公证员应当尽到更高标准的审查注意义务，不得片面依赖书面证据材料而忽视沟通交流，不得只重程序合规而轻实体内容审查。对涉及敏感、重大权益事项的公证事项，除通过交叉询问、分别谈话等形式进行审查外，还要综合使用仪器识别、联网查询等方式进行审查核实，全过程记录存档，必要时应当全程录音录像。公证员对"合理怀疑"的公证申请，应当及时提请公证机构进行会商研究，进一步核实有关情况，所需时间不计入法定办理期限。要严格审查申请人的真实目的和公证书的用途，不得以签名（印鉴）属实公证替代委托公证，以原件与复印件相符公证规避对实质内容的审查。

导入案例分析

公证员张某出具的公证书无效。因为真实、合法是公证活动的基本原则，也是公证员进行公证的前提。公证员张某明知存在不真实、不合法的情况，仍然违反程序进行公证，其行为触犯了《公证法》关于公证员不得为不真实、不合法的事项出具公证书的禁止性规定，故其出具的公证书应当是无效的。

思考题

1. 担任公证员的积极条件和禁止条件有哪些？
2. 公证员的权利和义务有哪些？
3. 公证员在执业过程中禁止性行为有哪些？

实务训练

基本案情： 2004 年 2 月 2 日 0 时 30 分左右，某市二马路机电市场内，某商贸有限公司被人占领了。实施该占领行为的是该市某房地产公司。据该商贸有限公司负责人介绍，由于商贸有限公司与这家房地产公司存在租赁纠纷，当时房地产公司的数十人将市场的 4 个大门的门锁剪断，并将市场保安人员关进宿舍控制起来。房地产公司的这些人用撬杠将商贸有限公司的 7 间办公室撬开，把公章、账本、票据等物品装上卡车拉走。一间没有被撬开的办公室的门和一些没有被卸走的空调，都被贴上封条。封条的落款不是司法机关，而是房地产公司。在房地产公司实施整个行为的时候，该市某公证处的两名公证员进行了全程公证并出具了公证书。

问： 本案中公证员出具的公证书是否有效？为什么？

分析意见：

本案中公证员出具的公证书无效。根据《公证法》的有关规定，公证员办理公证时必须审查当事人申请公证的事实、文书以及有关文件是否真实合法，而本案公证处对强行清点搬离物品的行为实施公证，完全违背了公证行为合法性的原则，违反了《公证法》中关于禁止性公证行为的规定，该公证行为应确认为违法，该公证书也应确认为无效。

第十五章

公证机构

学习目标与工作任务

　　熟练掌握公证机构的设立条件和设立程序，了解公证机构的执业范围，理解并学会分析判断公证机构受理公证事项的基本准则。

第一节　公证机构的设置

教学内容

一、公证机构的概念及特征

　　公证机构，是指依法设立，不以营利为目的，依法独立行使公证职能、承担民事责任的证明机构，是国家专门设立的，依法行使国家公证职权，代表国家进行公证证明活动的法律证明机构，是公证处的总称。

　　公证机构是具有服务、沟通、公证、监督职能作用的市场中介组织。公证机构是具有履行国家公共职权和为社会提供法律服务双重职能的国家专门的法律证明机构，是国家司法体系中一个不可缺少的法律部门。截至 2017 年底，全国共有公证机构 2942 家，其中事业体制公证机构 2850 家，占 96.9%；合作制公证机构 41 家，占 1.4%；其他体制公证机构 51 家，占 1.7%。

　　《公证法》第 6 条规定："公证机构是依法设立，不以营利为目的，依法独立行使公证职能、承担民事责任的证明机构。"这一规定层次分明、内容丰富，反映了公证机构的如下基本特征：

　　1. 法定性。公证机构必须依法设立，其职能是法律赋予的专门证明职能，其业务范围及其出具的证明文书的法律效力也是由法律规定的。

　　2. 非营利性。公证是国家为保证法律的正确实施，稳定社会经济、民事流转秩序，预防纠纷、减少诉讼，保护公民、法人和其他组织的合法权益而设立的一种预防性的司法证明制度。因此，公证行为关注的公共利益主要是在司法证明领域内的特殊公共利益，具有很强的非营利性和公益性。

3. 独立性。公证机构依照法律独立行使自己的职权，不受行政机关、社会团体和个人的非法干涉。公证机构独立行使证明权，并以自己的财产对外独立承担民事责任。

4. 中立性。公证机构在办理公证过程中，应当遵守法律，坚持客观、公正的原则，站在第三人的角度，站在国家法律和社会公共立场上，不偏不倚，寻求正义的价值。公证机构的中立性是公证取信于公证申请人的重要原因。

5. 服务性。公证属于法律服务性工作，其证明活动的依据是服务对象的申请，工作结果是使当事人正确行使其权利、履行其义务，是较为专业的法律服务。因而公证机构具有服务性。

二、公证机构设置模式

《公证法》第7条规定："公证机构按照统筹规划、合理布局的原则，可以在县、不设区的市、设区的市、直辖市或者市辖区设立；在设区的市、直辖市可以设立一个或者若干个公证机构。公证机构不按行政区划层层设立。"根据此条规定可以看出，我国公证机构的设置模式是：

1. 明确了公证机构的设置原则，即统筹规划、合理布局。"统筹规划、合理布局"是指要从本地的实际情况出发，以可持续发展的眼光，本着方便当事人的原则，科学、合理地确定公证机构的设置。各地要根据地区经济发展程度、人口数量、交通状况和对公证业务的实际需要等情况确定公证机构的设置。

2. 明确了在国家、省一级、地区、盟、州不再设立公证机构，但允许在直辖市设立公证机构。

3. 明确了公证机构可以在县、不设区的市、设区的市、直辖市或市辖区设立。

4. 明确了公证机构设置的数量。在设区的市、直辖市可以设立一个或若干个公证机构。

5. 明确规定了公证机构不按行政区划层层设立。对于设区的市、直辖市来说，同一个城市的公证机构只能是同一层级，不再出现两个层级的公证机构。如果在设区的市、直辖市设立公证机构，在城区范围内的市辖区就不再设立；如果在城区范围内的市辖区设立公证机构的，市就不再设立。

从这一规定可以看出，公证机构在同一层级设立，将公证机构整体设立在一个平台上，各公证处主体地位平等。其目的在于实现各公证处在法律上和事实上的平等，平等主体的适当公平竞争有利于提高公证效力和公证服务质量，进而提高公证质量和公证公信力。

三、公证机构的设立条件

根据《公证法》第8条的规定，设立公证机构，应当具备下列条件：

1. 有自己的名称。一个具体的公证机构应有自己的名称，以区别于其他的公证机构。在我国，公证机构统一称为公证处。公证机构的名称，应当使用全国通用的文字。民族自治地方的公证机构的名称，可以同时使用当地通用的语言文字。公证机构名称中的字号，应当由两个以上文字组成，并不得与所在省、自治区、直辖市内设立的其他公证机构的名称中的字号相同或相近似。公证机构的名称，由省、自治区、直辖市司法行政机关在办理公证机构设立或变更审批时予以核定。公证机构对核定的名称享有专用权。

2. 有固定的场所。固定场所，是指在一定时期内相对稳定的办公场所。公证机构拥有固定的场所，是依法开展公证业务的前提，是公证机构独立享有民事权利和承担民事义务的基础，也为当事人申请办理公证业务提供了方便，有利于保证公证质量。

3. 有2名以上的公证员。公证是一种专业性很强的法律服务，必须由具备比较深厚的法学知识基础、比较丰富的法律实践经验、良好的道德水准的公证员办理。公证员是公证机构的主要组成人员，公证机构必须拥有一定数量的公证员，才能对外开展业务。拥有两名公证员是设立一个公证机构的最低标准，低于两名公证员，不得设立公证机构。

4. 有开展公证业务所必需的资金。拥有必需的资金，是公证机构开展公证业务的物质保障。公证机构开展公证业务必须有自己的办公场所、办公设备，因此，需要具备必要的资金。另外，公证机构独立承担民事责任的规定，要求公证机构有自己一定的资金基础。根据《公证机构执业管理办法》的规定，公证机构的开办资金数额，由省级司法行政机关确定。

四、公证机构的设立程序

设立公证机构应当履行法定程序。我国《公证法》第9条规定，设立公证机构，由所在地的司法行政部门报省、自治区、直辖市人民政府司法行政部门按照规定程序批准后，颁发公证机构执业证书。在我国设立公证机构，除应当符合法定条件外，还要经过司法行政主管机关批准。可见，我国公证机构的设立采取的是许可设立主义。公证机构设立的程序如下：

1. 申请。设置公证机构符合法定条件的，应当由所在地司法行政机关组建，逐级报省、自治区、直辖市司法行政机关审批。申请设立公证机构，应当提交下列材料：①设立公证机构的申请和组建报告；②拟采用的公证机构的名称；③拟任公证员名单、简历、居民身份证复印件和符合担任公证员条件的证明材料；④拟推选的公证机构负责人的情况说明；⑤开办资金说明；⑥办公场所证明；⑦需要提交的其他材料。

2. 审批和备案。省、自治区、直辖市司法行政机关应当自收到申请材料之日起 30 日内完成审核，作出批准设立或者不予批准设立的决定。对准予设立的，颁发公证机构执业证书。对不准予设立的，应当在决定中告知不予批准的理由。批准设立公证机构的决定应当报司法部备案。

省、自治区、直辖市司法行政机关在审批时，应当依法审查如下内容：①该公证机构的设立是否符合统筹规划、合理布局的原则；②该公证机构的设立是否符合公证机构设立的规则，即《公证法》第 8 条的规定；③该公证机构是否已具备《公证法》第 8 条规定的条件；④报送的主体是否正确，即是否由所在地的司法行政部门逐级报送审批。

公证机构执业证书是公证机构获准设立和执业的凭证，是公证机构享有公证证明权的标志。没有公证机构执业证书，就不得以公证机构的名义从事公证证明活动。公证机构应当按照公证机构执业证书载明的权限办理公证事项，不得逾越此范围。

五、公证机构的人员组成

在我国，公证机构通常由公证员、公证业务辅助人员和其他辅助人员组成。公证员是公证处的主要公证工作人员，负责办理公证事务。公证业务辅助人员协助公证员办理公证事务。根据需要，公证机构应当设立负责人，公证机构负责人通常指公证处主任、副主任。公证处主任、副主任应当在具有 3 年以上执业经历的公证员中推选产生，报所在地的司法行政机关核准，并逐级报省、自治区、直辖市司法行政机关备案。公证处主任是公证机构的法定代表人。主任、副主任承办公证业务，在公证书上应签署为公证员。公证处根据业务需要，还可配备其他辅助人员，这些人员通常包括会计、打字员、翻译、文书档案管理员等。

第二节 公证机构的执业范围和执业区域

导入案例

2008 年，杨某从王某手中借现金 3 万元，约定借款期限为 1 年，并立借据一张。当时王某没有听从朋友的建议去办理公证手续。借款到期后，杨某没有主动归还，经王某多次催要，杨某仍没有还款的表示。后为防借据遗失，王某特意将借据复印后与原件分开存放。2010 年 3 月，王某家失火，存于家中的借据原件也被烧毁。王某不知道凭借据复印件能否收回欠款，才想起当时朋友的建议，当他到公证处要求办理公证时却遭到了拒绝。

问：王某申请公证，为什么会遭到公证处的拒绝？

教学内容

一、公证机构的执业范围

公证机构的执业范围是指公证机构根据当事人的申请，依据法律规定所能够办理的公证事项和其他相关法律事务。《公证法》第 11 条、第 12 条对公证机构的执业范围分别作出了 11 项专门规定和 5 项授权性规定，归纳起来，公证机构的公证业务可分为关于法律行为方面的公证、关于对具有法律意义事实的公证和关于对具有法律意义文书方面的公证，以及其他公证事务几个方面。

（一）关于法律行为方面的公证

法律行为方面的公证，是指公证机构依法证明当事人有关设立、变更或终止民事权利义务关系的行为的真实性与合法性的活动。

对法律行为的公证，是公证机构办理的最多、最常见的一项公证业务。根据公证实践，法律行为的公证主要是对合同（协议）、委托、遗嘱、继承、遗赠、赠与、财产分割、声明、招标投标、拍卖、收养等方面的公证。其中，合同公证是法律行为公证中最常见的一种。

（二）关于对具有法律意义事实的公证

具有法律意义事实的公证，是指公证机构根据当事人的申请，依照法定程序，对各种与公证当事人有法律上利害关系的客观存在的事实和情况的真实性和合法性进行证明的活动。

根据公证实践，公证机构对具有法律意义事实的公证主要包括公证证明法律事件和公证证明非争议性事实两大类。

1. 证明法律事件。所谓法律事件，是指法律规范所确认的不以人的主观意志为转移的，能够引起法律关系设立、变更、终止的客观事实。法律事件公证，是指国家公证机构根据当事人的申请，依法对法律事件的真实性进行证明的活动。公证机构承办的法律事件公证，主要包括公证证明自然人的生存、死亡、失踪以及灾害性事件、意外事故等。

2. 证明非争议性法律事实。所谓非争议性法律事实，是指某些事实目前无争议，而且并非立即直接引起法律关系的设立、变更、终止，但对当事人的活动具有特定的法律意义的客观事实。如：身份、学历、职业资格、经历、婚姻状况、亲属关系、法人资格等。对非争议性法律事实的公证，是指公证机构根据当事人的申请，依法定程序，对无争议的、客观存在的事实的真实性、合法性进行证明的活动。

（三）关于对具有法律意义文书方面的公证

具有法律意义的文书，包括一切在法律上有效的文件，当然也包括合同、遗嘱等以书面形式表现出来的法律行为。这里所讲的是狭义上的有法律意义的文书，指的是书面法律行为以外的其他具有法律意义的文书。公证机构对具有法律意义的文书的证明，是一种程序上的证明。其主要任务是通过审查，确认有关文书在形式上是否真实，在内容上是否合法，而对文书内容的真实可靠程度并不进行审查。

狭义的具有法律意义文书的公证，是指公证机构根据当事人的申请，通过证明文件上的签名、印鉴属实，或者证明文件的副本、节本、译本、影印本、复印本与原件相符，确认该文书是客观存在的物品，又具有用文字、符号、图案等所表示的符合法律要求的思想内容，来证明该文书确实存在、真实无误、内容合法的活动。

公证机构依法证明的具有法律意义的文书主要有以下几种：

1. 证明文书上的签名、印鉴、日期属实。文书上的签名、印鉴、日期是文书生效的必要条件和重要内容，是文书制作单位和个人对文书内容负责的凭据。对文书上签名、印鉴、日期属实的公证，是公证机构对该文书上的签名、印鉴、日期的真实性、合法性的认定。这类需要公证的文书主要有学历证书、工作证、健康检查证明书、声明书、担保书等，还有进行诉讼或仲裁方面的起诉书、答辩书、证词等。

进行签名、印鉴、属实公证，公证机构应要求当事人持需签名、盖章的法律文书及本人身份证明，亲自在公证员面前，在该文书上签名、盖章。如果当事人事先已在有关文书上签好名、盖好章的，则应在公证员面前确认该签名、印鉴的真实性，并由公证员记录在案。如果有关文书是国家机关、社会团体和企事业单位制作的，公证机构在必要时应向制作文书的单位进行调查、核实。

另外，公证机构还应审查文书的内容是否真实、合法，对于文书本身，只要内容真实、没有违法，一般不作实质性审查。同时还应审查当事人的意思表示是否真实，签名、盖章是否受胁迫、受欺骗。

2. 文书文本相符公证。文书文本相符公证，是指公证机构依法定程序，证明当事人提交的文书的副本、节本、译本、影印本、复印本与原本相符的事实。国家机关、社会团体、企事业单位制作颁发的文书（保密文件除外）或者公民个人出具的具有法律意义的文书，如果当事人不宜使用原件或者当事人为防止原件毁失而不便使用原件的，可以申请公证机构证明原件的副本、节本、译本、影印本或复印本与原本相符。一经公证，这些副本与原本具有同等的法律效力。

公证机构办理文书文本相符公证，要注意审查有关单位或个人是否有权制作该文书。对于文书原本，只要没有违法内容，公证机构一般不作其他实质性审查。另外，我们应注意，公证机构对无原件的复印件和涉及国家机密的文件，不得办理公证证明。

3. 公司章程、法人资格证书、法人资格、专利证书、商标文书等公证。这类公证大多用于开办企业、设立机构、参加投标、从事商业活动、申请专利、实现商标权利等。

（四）有强制执行效力的债权文书的公证

有强制执行效力的债权文书的公证，是指公证机构根据当事人的申请，对于无异议的追偿债款、物品的文书，赋予其强制执行效力的一种特殊的证明活动。依照法律规定，该公证书出具后，即具有强制执行的效力，当债务人拒不履行义务时，债权人可以不经审判程序，直接申请人民法院强制执行。

赋予债权文书具有强制执行效力的公证，是一种特殊的公证活动。根据《公证法》第 37 条和《公证程序规则》第 39 条的规定，其应当符合以下几个条件：

1. 债权债务关系明确，债权人和债务人对债权文书有关给付内容无疑义。

2. 债权文书以给付一定货币、物品或有价证券为内容。

3. 债务人明确承诺愿意接受强制执行。公证机构可依法赋予强制执行效力的债权文书，必须载明债务人作出的不履行义务或不完全履行义务时愿意接受强制执行的承诺。之所以要求债务人在债权文书中作出明确承诺，是因为公证机构本身并没有解决纠纷的权力，公证机构赋予债权文书具有强制执行效力，完全是根据当事人的意愿和要求进行的。这种承诺，要求当事人的意思表示真实、自愿，要求其了解强制执行的法律后果并愿意接受。

根据《公证程序规则》第 55 条的规定，债务人不履行或不完全履行公证机构赋予强制执行效力的债权文书的，公证机构可以根据债权人的申请签发执行证书。签发执行证书是依法赋予债权文书强制执行效力的后续程序，它以存在公证机关依法赋予强制执行效力的债权文书为前提。另外，签发执行证书须以债务人不履行或不完全履行义务为条件，且应债权人一方的申请而进行。结合《民事诉讼法》的相应规定，凭公证机构签发的执行证书，债权人可以直接向有管辖权的人民法院申请强制执行，而不再需要经过诉讼程序。受申请的人民法院应当执行，但公证文书确有错误的，人民法院裁定不予执行，并将裁决文书送达双方当事人和公证机构。

（五）其他授权性公证业务

根据《公证法》第 12 条的规定，公证机构根据公民、法人或其他组织的申请，可以办理下列相关事务：①法律、行政法规规定由公证机构登记的事务；

②提存；③保管遗嘱、遗产或者其他与公证事项有关的财产、物品、文书；④代写与公证事项有关的法律事务文书；⑤提供公证法律咨询。

二、公证机构的执业区域

公证机构的执业区域是指各公证机构之间受理公证业务的地域范围，它是司法行政机关对公证机构之间受理公证业务的地域范围所进行的横向划分。根据《公证法》的规定，由于各公证机构之间无隶属关系，地位平等，因此公证机构受理公证事项不存在上下级之间的纵向分工。划定公证执业区域，一方面可以明确公证机构执业的范围或者说受理公证事项的基本准则，另一方面也可以明确当事人申请办理公证时向哪个地方的公证机构申请。

（一）公证执业区域的划分

根据《公证机构执业管理办法》第 10 条的规定以及当地公证机构设置方案，省、自治区、直辖市司法行政机关以下列区域单位划定公证机构受理公证业务的地域范围：①县、不设区的市、市辖区的辖区；②设区的市、直辖市的辖区或者所辖城区的全部市辖区。各公证机构受理的公证业务必须是本执业区域的公证业务，但受理以后，在办理公证过程中，如果需要超出公证执业区域从事一些公证行为也是允许的。

例如，家住××市 A 区的甲向 A 区公证机构申请证据保全公证，但某些证据在合肥市 B 区，A 区公证机构受理后，可以委派公证机构的工作人员前往 B 区实施证据保全行为，而不受只在 A 区从事证据保全的限制。

（二）公证机构受理公证事项的基本准则

1. 当事人住所地的公证机构受理。住所地是指自然人的户籍所在地、法人或其他组织的主要办事机构所在地。自然人的户籍所在地一般是以其户口簿或者居民身份证上登记的地址为准，法人或者其他组织的主要办事机构所在地一般是以营业执照上登记的地址为准。只要申请人的户籍所在地或者主要办事机构所在地在本公证机构的执业区域内，该公证机构就有权受理当事人的申请。

2. 当事人经常居住地的公证机构受理。经常居住地是指自然人离开住所地后连续居住满 1 年以上的地方，但住院治病的除外。一般来说，自然人的住所地与经常居住地是一致的，但当住所地与经常居住地不一致时，为体现公证便民原则，由经常居住地公证机构受理当事人的申请比较合理。

3. 法律行为地的公证机构受理。法律行为地是指当事人实施法律行为的地点。法律行为从主体上可分为单方法律行为、双方法律行为和共同法律行为。对于单方法律行为，如委托、声明、遗嘱等就由该行为发生地的公证机构受理；对于双方法律行为，如合同，就由合同签订地的公证机构受理；如果一个法律行为的发生地涉及两个或两个以上的有权受理的公证机构的，可以由当事人协商解决公证机构的受理问题。

4. 事实发生地的公证机构受理。法律事实是指由法律规范所规定的能够引起法律关系产生、变更和消灭的事实。法律事实分为两类：一是行为，即以人的意志为转移的法律事实；二是事件，即不以人的意志为转移的法律事件，如出生、死亡、失踪等事件。法律事实一般通过具有法律意义的文书来表示，当事人可以向法律事实发生地的公证机构申请公证。

5. 涉及不动产的，由不动产所在地的公证机构受理。不动产主要是指土地、地上建筑物及其附属物。不动产转让包括不动产所有权和使用权的转让。涉及不动产的公证事项，由不动产所在地的公证机构受理，非不动产所在地的公证机构无权受理不动产公证事项；但涉及不动产的委托、声明、赠与、遗嘱的公证事项，既可以由不动产所在地的公证机构受理，也可以由当事人住所地、经常居住地、行为地或事实发生地的公证机构受理。

6. 当事人协商选择公证机构受理。申办同一公证事项的几个当事人因住所地、经常居住地、行为地或者事实发生地不在同一公证机构执业区域时，就会存在当事人之间决定由谁去申办公证事项或者向哪个公证机构申办公证事项的问题。《公证程序规则》第15条规定："两个以上当事人共同申办同一公证事项的，可以共同到行为地、事实发生地或者其中一名当事人住所地、经常居住地的公证机构申办。"当事人之间可以协商确定共同向一个公证机构提出申请，如果当事人之间协商不成，则公证机构不能受理，也不能由公证机构之间通过协商确定受理的公证机构。

7. 管辖权争议以及处理。《公证程序规则》第16条规定："当事人向两个以上可以受理该公证事项的公证机构提出申请的，由最先受理申请的公证机构办理。"现实中可能有两种情况：一是两个以上当事人分别向两个以上可以受理该公证事项的公证机构提出申请，如多个继承人分别向各自住所地的公证机构提出公证申请；二是一个当事人分别向两个以上可以受理该公证事项的公证机构提出申请。针对这两种情况，《公证程序规则》规定采用最先受理准则。

三、公证机构执业的例外规定

公证机构执业的例外规定，是指在特定场合或特殊情况下，根据国际惯例、国际条约、双边协定以及国内相关法律规定，由公证机构以外的特定机关、组织或者公民代行公证职能。

公证职能原则上由公证机构行使，但在特殊情况下或者在特定地域、场合，由于公证机构无法或不宜行使公证职能，根据国际惯例和相关法律规定，某些非公证机构的其他机关、组织或公民可以行使公证权，出具的证明文书与公证机构的公证文书具有同等法律效力，即具有公证效力。公证机构执业的例外规定有以下几种情形：

（一）使（领）馆公证

国内公证处只受理在我国境内的申请人申办的，或者境外当事人委托国内亲友代办的公证事务，但对于那些散居在世界各国的华侨以及具有中国血统的外籍人申办的公证事务，为方便华侨及外籍华人，维护他们的利益，有些情况下，我国驻外使（领）馆可以行使证明权。《公证法》第45条规定："中华人民共和国驻外使（领）馆可以依照本法的规定或者中华人民共和国缔结或者参加的国际条约的规定，办理公证。"

一般情况下，我国驻外使（领）馆可以根据国际条约或法律规定，根据驻在国的我国公民的要求，办理公证事务。我国驻外使（领）馆办理公证事项的范围一般有证明委托书、遗嘱、继承权、子女出生、财产赠与、财产分割、财产转让以及亲属关系等。

（二）根据国际惯例由特定机关或特定人员出具证明

按照国际惯例，有些事项可由特定机关或特定人员出具证明文书，这些证明文书根据法律规定或国际惯例具有与公证文书同等的法律效力。其主要包括以下几种情形：

1. 商检机构证明。商检机构是指我国国家进出口商品检验局。根据国际惯例，商检机构签发的出口商品检验书和进口商品检验书与公证机构的公证文书具有同等的证明效力。

2. 卫生管理机构证明。国家卫生管理机构证明出具的免疫证书、健康检查证书、出生证明书、死亡证明书等，这些证明文书与公证文书具有同等的证明效力。

3. 商标管辖机构证明。国家知识产权局颁发的商标注册证，与公证文书具有同等的证明效力。

4. 特定情况下有关公职人员的证明。这些证明文书主要见于下列情况：①航行中的船舶、航空器的负责人，对在船舶上、航空器上公民的遗嘱、委托行为等出具的证明书；②在野外的勘探队、考察队队员以及其他在野外工作的组织的负责人，对他们的成员在野外工作期间的遗嘱、委托行为出具的证明书；③剥夺自由场所（如监狱、劳改场所）的负责人，对其所管辖的依法被剥夺自由的人员的遗嘱、委托行为出具的证明书；④部队的政治机关或军官对所属军职人员的遗嘱、委托行为等出具的证明书。

以上这些证明文书，具有同公证机构出具的公证文书同等的法律效力。

导入案例分析

王某遭到拒绝的原因是借据的原件已毁灭，在没有原件的情况下，公证机构无法证明复印件的内容与原件相符，故拒绝其公证申请。

思考题

1. 设立公证机构的条件以及设置模式有哪些？
2. 简述公证机构的业务范围。
3. 简述公证机构受理公证业务的基本准则。

实务训练

基本案情： 王某户籍在上海，但其被公司常年派往北京工作，2年前曾继承了其父母在合肥的房产一套，现在他想委托居住在合肥的妹妹将该房产卖掉，需要申办委托书公证。

问： 哪些公证机构可以受理该案？

分析意见：

根据《公证法》第25条的规定，如仅因委托书内容涉及不动产而让王某必须前往合肥办理委托书公证，既无必要也不方便。因此，王某申办委托书公证可以由合肥（不动产所在地）的公证机构受理，也可以由北京（行为发生地、经常居住地）的公证机构受理，还可以由上海（住所地）的公证机构受理。

第十六章

公证监督管理体制与公证法律责任

学习目标与工作任务

　　了解公证监督管理体制的内容，系统地掌握我国公证法律责任的种类、构成和赔偿制度，能够准确分析公证法律责任的构成要件。

第一节　公证监督管理体制

导入案例

　　2003年××省武胜县妇女谢某担心老公谭某有外遇，两人遂签订了一份《家庭责任分工合同》，这份"合同"约定：女方每年来××市探亲3个月，与男方住在一起，其余时间自谋职业；如果在××市谋职业，应至少住在男方的居住地200米以外等。为了让"合同"有效，两人拿着这份"合同"到××市公证处要求公证。由于"合同"中有严重违反《婚姻法》之处，公证员康某要求他们删除合同中的违法内容，随后出具了公证书。谢、谭两人后来又拿出一份《补充协议》要求公证。由于《补充协议》恢复了原来合同中被删除的大部分违法内容，康某遂拒绝公证。但在当事人的一再请求下，他在《补充协议》上盖了签名章并加盖了公证处的印章。后被媒体曝光，市司法局进行了查处。

　　问：市司法局对公证员康某查处，体现了对公证员的哪一类监督？

教学内容

一、公证监督管理体制的概念

　　公证监督管理体制，是指国家、社会和公证协会等依照有关法律、法规和规章的规定，对公证机构、公证人员及公证活动进行检查、督促、调整、制约等监督和管理的制度规范。

　　根据我国有关法律的规定，公证监督管理目前可以分为行政监督管理、司法监督管理、公证协会的行业监督管理、社会监督管理以及公证机构内部监督管理，这些形成了较为完整的公证法律监督管理体系。

二、行政监督管理

　　行政监督管理是指司法行政机关按照职权和行政规则对公证机构、公证员和公证行为实施的监督和管理。《公证法》第5条明确规定："司法行政部门依照本法规定对公证机构、公证员和公证协会进行监督、指导。"从法律上确认了司法行政机关与公证机构、公证员和公证协会之间的关系，规定了司法行政部门的管理权限和形式，司法行政机关对公证工作的监督、指导主要是对公证机构进行宏观管理。

　　（一）监督管理的范围

　　《公证机构执业管理办法》第24条规定："司法行政机关依法对公证机构的组织建设、队伍建设、执业活动、质量控制、内部管理等情况进行监督。"根据此项规定，我国将司法行政机关对公证行业实施的监督管理分为两级：一级为省、自治区、直辖市司法行政机关，另一级为设区的市和公证机构所在地司法行政机关，两级司法行政机关各有其监督管理的范围。

　　1. 省、自治区、直辖市司法行政机关对公证机构的下列事项实施监督：①公证机构保持法定设立条件的情况；②公证机构执行应当报批或者备案事项的情况；③公证机构和公证员的执业情况；④公证质量的监控情况；⑤法律、法规和司法部规定的其他监督检查事项。

　　2. 设区的市和公证机构所在地司法行政机关对本地公证机构的下列事项实施监督：①组织建设情况；②执业活动情况；③公证质量情况；④公证员执业年度考核情况；⑤档案管理情况；⑥财务制度执行情况；⑦内部管理制度建设情况；⑧司法部和省、自治区、直辖市司法行政机关要求进行监督检查的其他事项。

　　公证机构存在下列情形之一的，所在地司法行政机关应当进行重点监督检查：①被投诉或者举报的；②执业中有不良记录的；③未保持法定设立条件的；④年度考核发现内部管理存在严重问题的。

　　（二）年度考核

　　公证机构由所在地司法行政机关在每年的第一季度进行年度考核。年度考核应当依照《公证法》的要求和《公证机构执业管理办法》第26条规定的监督事项，审查公证机构的年度工作报告，结合日常监督检查掌握的情况，由所在地司法行政机关对公证机构的年度执业和管理情况作出综合评估。考核标准及其等次由司法部制定。年度考核结果应当书面告知公证机构，并报上一级司法行政部门备案。

需要注意的是，司法行政部门履行监督、指导职责时，应当遵守公证机构"依法独立行使公证职能"的规定，即司法行政部门无权干预公证机构及其公证员独立行使办证权，无权撤销公证书，但对公证机构及其公证员执业活动的违法行为有权实施行政处罚。

三、司法监督管理

司法监督管理，是指人民法院、人民检察院依其职权，按照法律规定的程序、范围、条件对公证行为进行的监督。包括人民法院依据《民事诉讼法》规定对发生法律效力的公证文书实施的监督，受理公证赔偿责任的诉讼和与公证有关的行政诉讼和刑事诉讼，以及人民检察院依据《公证法》有关规定对公证员玩忽职守、徇私舞弊和滥用职权出具错证等行为实施的监督。

人民法院对公证文书享有监督权。在民事诉讼过程中，人民法院对于经法定公证程序证明的法律行为、法律事实和文书，一般不予审查，直接作为定案依据。但是，人民法院如果发现有相反的证据足以推翻公证证明的，则不能将公证文书作为认定事实的证据，从而排除公证文书的证据效力。人民法院审理的有关公证的行政诉讼，既是对公证员和司法行政机关合法权益的一种司法保护，也是对公证员违法、违纪行为和司法行政机关违法实施行政行为的一种法律监督。人民法院通过行政审判活动，依法确认公证员的职务行为或司法行政机关的行政行为是否符合相关的法律规定，以判决形式予以确认，并具有强制执行力，以此实现人民法院对公证管理行为的司法监督。人民检察院对公证的监督主要是通过对公证人员的职务犯罪进行刑事追究来实现，检察机关发现公证人员有玩忽职守、徇私舞弊和滥用职权等行为时，应依法进行立案调查，如构成犯罪，则依据《刑事诉讼法》的程序追究其刑事责任；如不构成犯罪，应予以撤案，移送相应的司法行政机关处理，司法行政机关应予受理，并将处理结果通报给检察机关。

四、公证协会的行业监督管理

公证活动不同于其他行政管理活动，其具有很强的专业性，如果将对公证员职业道德和执业纪律等的管理和监督权赋予司法行政机关，则容易导致因司法行政机关专业知识的欠缺而难以作出公正的评价。这就要依靠另一管理体制，即行业管理或行业自律来完成。

《公证法》第4条规定："全国设立中国公证协会，省、自治区、直辖市设立地方公证协会。中国公证协会和地方公证协会是社会团体法人。中国公证协会章程由会员代表大会制定，报国务院司法行政部门备案。公证协会是公证业的自律性组织，依据章程开展活动，对公证机构、公证员的执业活动进行监督。"这一规定第一次明确了公证协会的法律地位，为进一步建立和完善行业自律与行政管理相结合的管理体制奠定了法律基础。

公证协会，是指依法登记成立的，具有社会团体法人资格的公证行业自律性组织。

根据《公证法》的规定，全国设立中国公证协会，省、自治区、直辖市设立地方公证协会。中国公证协会是全国公证业的行业管理组织，负责对全国范围内的公证机构、公证员的执业活动进行监督，省级公证协会是省级行政区域内公证业的行业管理组织，负责对本行政区域内的公证机构、公证员的执业活动进行监督。中国公证协会与省级公证协会之间没有隶属关系，但对省级公证协会的工作有权进行监督和指导。

中国公证协会成立于 1990 年 3 月，会址在北京，是由公证机构、公证人员、地方公证协会及其他与公证事业有关的专业人员、机构组成的全国性公证行业自律组织，是非营利性的社会团体法人。截至 2017 年底，全国共有公证机构 2965 家，公证员 13 218 人。

根据 2019 年 2 月 14 日中国公证网公布的《中国公证协会章程》（注：本章程经 2017 年 2 月 21 日第八次会员代表大会修订通过，自民政部核准之日起生效）第 3 条的规定，中国公证协会宗旨是：坚持中国共产党的领导，团结和带领会员高举中国特色社会主义伟大旗帜，以邓小平理论、"三个代表"重要思想、科学发展观为指导，深入贯彻落实习近平总书记系列重要讲话精神和治国理政新理念新思想新战略，忠实履行职责使命，坚决贯彻执行党的基本路线、方针、政策，严格遵守国家宪法和法律，恪守职业道德和执业纪律，始终维护和不断增强公证公信力，加强公证队伍建设和行业自律，维护会员合法权益，促进公证事业改革和发展，为全面建成小康社会，实现中华民族伟大复兴的中国梦提供优质高效的法律服务。

根据《中国公证协会章程》第 15 条的规定，会员代表大会每 4 年举行一次。因特殊情况需提前或延期举行的，须由理事会表决通过，报司法部审查并经民政部批准同意。但延期最长不超过 1 年。

根据《中国公证协会章程》第 6 条的规定，中国公证协会的职责是：①协助司法部管理、指导全国公证工作，依照该章程对公证机构和公证员的执业活动进行监督；②指导地方公证协会工作；③制定行业规范；④维护会员的合法权益，保障会员依法履行职责；⑤依法举办会员福利事业；⑥对会员进行职业道德、执业纪律教育，对会员的违纪行为实施行业处分，协助司法行政机关查处会员的违法行为；⑦负责会员的培训，组织会员开展学术研讨和工作经验交流，根据有关规定对公证机构、公证员实施奖励；⑧组织开展公证行业信息化建设；⑨负责全国公证赔偿基金的使用管理工作，对地方公证协会管理使用的公证赔偿基金进行指导和监督；⑩负责公证宣传工作，主办公证刊物，对外提供公证法律咨询等服务；⑪负责与国外和港、澳、台地区开展有关公证事宜的研讨、交流与合作活动；⑫负责海峡两岸公证书的查证和公证书副本的寄送工作；⑬负责公证专用纸的联系生产、调配，协助司法部作好管理工作；⑭履行法律法规规定的其他职责，完成司法部委托的事务。

五、社会监督管理

社会监督管理是指社会组织和公民个人通过来信来访、举报投诉等方式对公证活动实施监督。为了适应社会主义市场经济发展和健全社会主义法制的需要，不断提高公证服务质量，充分发挥公证的法律保障和法律服务职能，满足社会需要，各地公证机关都建立健全了来信来访制度和群众投诉制度，增加了工作透明度，自觉接受社会监督。

公证活动能否在社会主义市场经济中充分发挥作用，归根结底是看它能否为社会提供及时、有效、高质量的法律服务。公证质量直接影响到公证活动的真实性、合法性这一基石，失去这一基础，公证的根基就会动摇。只有提高公证质量，公证工作才能体现其本来的属性，得到社会的认可，公证事业才能繁荣发展。因此，我们必须把公证活动置于社会公众的监督之下，切实提高公证质量，为社会主义市场经济服务。

六、公证机构内部监督管理

公证机构内部监督管理是指公证机构按照法律、法规、规章和工作制度建立的检查、监督、制约的过程，如办案登记制度、调查取证制度、出证审批制度等。

公证机构内部监督管理制度包括：①办案登记制度。公证员办理的公证事项，无论大小都要登记备查，这既反映了公证员的工作情况，也是完善公证机构的内部监督机制的一项具体内容。②重大疑难公证事项集体讨论制度。对于重大、疑难的公证事项，承办人员不得擅自受理、出证，应提交公证处或处务会议集体讨论决定，这种做法既体现出公证机构对重大、疑难公证事项的谨慎态度，又增加了办案透明度，互相监督，确保办案质量。③请示汇报制度。对于公证处自己不能决定的公证事项，应及时向主管该公证处的司法行政机关请示汇报，积极寻求解决途径。④出证审批制度。公证处主任要严把审批关，杜绝只批不审现象，并应明确办证人、审批人分别承担的责任，切实把出证审批落到实处。⑤公证书的更正与撤销制度。公证书的更正是指公证机构对已经发出的有不当之处的公证书，将其收回进行修改、更正，或另行制发补充性公证书的活动。公证处是国家的司法证明机关，真实、合法是公证机构出具公证书的唯一标准，为切实保证公证书的质量，维护法律的尊严，对于有错误的公证书，必须按照法定程序及时更正或撤销，以维护公证机构的信誉和当事人的合法权益，同时这也是实事求是、有错必纠的作风在公证工作中的具体体现。

导入案例分析

本案中，公证员康某明知该协议不合法，却因感情用事，放弃原则，在《补充协议》上签名并加盖公证处印章，损害了公证的严肃性，所出具的公证书属于错证。市司法局对康某的查处属于司法行政机关对公证员的行政监督管理范畴。

第二节 公证法律责任

导入案例

西安宝马彩票案

2004年3月19日，西安市体育彩票管理中心就2004年3月20日至25日在本市新城区某街发行的6000万元即开型体育彩票，向该市新城区公证处申请"二次"开奖公证，并提供了相关文件材料。公证承办人、国家三级公证员、被告人董某未认真审查该材料，也未查阅索取有关文件规定，未按规定监督审查"二次"抽奖彩民在中奖登记表上填写奖票号码和对中奖奖票进行背书情况（指在奖票背面填注中奖彩民的姓名、身份证号码）。在"二次"抽奖彩民申请公证过程中，又未收集应当由公证申请人提供的证明材料，再次丧失了对中奖登记表、中奖奖票背书情况进行监督审查的机会，导致部分已中奖奖票被彩票发行承包人杨某某和其雇员孙某某抽走，交给他们叫来的"托儿"岳某、刘某某、王某某再次使用，"抽得"三个特A奖（3辆宝马轿车+12万元人民币），导致杨某某等在彩票发行中诈骗得逞，造成恶劣的社会影响。该事件经过社会传媒报道的方式受到监督，最后引起社会各界的关注。经过司法程序，董某最后受到了法律的制裁，以玩忽职守罪被判处有期徒刑。

问：董某是否还应承担民事赔偿责任？

教学内容

一、公证法律责任的概念、特征

（一）公证法律责任的概念

公证法律责任是指公证机构或公证人员对因违反公证法律规范、规章，违反职业道德、执业纪律等行为所造成的危害结果所应当承担的法律责任。公证法律责任包括刑事责任、民事责任和行政责任三类。

（二）公证法律责任的特征

1. 公证法律责任是因违反公证法律规范所规定的义务而产生的法律责任。这是公证法律责任的本质特征。公证的法律义务是指公证法律规范所规定的义务，包括作为和不作为。公证法律责任是以存在上述法律义务为前提的，如果没有上述法律义务，也就没有公证法律责任。如果行为人违反的不是公证法律义务，而是其他法律义务，也不产生公证法律责任。

2. 公证法律责任是由公证机构或公证员承担的责任。根据规定，公证行政法律责任是由公证机构或公证员承担的责任；公证民事法律责任是由公证机构对外承担的赔偿责任，公证机构承担赔偿责任后，可以再向有故意或重大过失的公证员行使追偿权；公证刑事法律责任是由国家司法机关向触犯刑法的公证员追究的刑事责任。

3. 公证法律责任是有限责任。《司法部关于深化公证工作改革的方案》第13条规定："建立完善公证赔偿制度。公证赔偿实行有限责任，以公证处的资产为限，赔偿范围为公证机构及其工作人员在履行公证职务中，因过错给当事人造成的直接经济损失。公证机构赔偿后，可责令有故意或重大过失的公证人员承担部分或全部赔偿费用。自本《方案》实施之日起，公证机构应从每年业务收入中提取3%的份额作为赔偿基金，用于理赔……"这个规定明确了我国公证赔偿实行有限责任原则，赔偿的范围仅限于公证职务行为中因过错给当事人造成的直接经济损失。

二、公证行政法律责任

（一）公证行政法律责任的概念

公证行政法律责任，是指司法行政部门对于公证机构或者公证人员在公证活动中违反法律和有关公证管理的法规、规章规定的行为所给予的行政处分或处罚的法律后果。确立公证行政法律责任，有利于加强对公证员的任职管理和对公证机构的审批管理，规范公证机构和公证员的执业行为，强化执业监督。

（二）承担公证行政法律责任的法定情形

根据《公证法》第41条、第42条的规定，公证机构及其公证员有下列行为之一的，省、自治区、直辖市或者设区的市人民政府司法行政部门可以给予行政处罚：①以诋毁其他公证机构、公证员或者支付回扣、佣金等不正当手段争揽公证业务的。②违反规定的收费标准收取公证费的。③同时在 2 个以上公证机构执业的。④从事有报酬的其他职业的。⑤为本人及近亲属办理公证或者办理与本人及近亲属有利害关系的公证的。⑥私自出具公证书的。⑦为不真实、不合法的事项出具公证书的。⑧侵占、挪用公证费或者侵占、盗用公证专用物品的。⑨毁损、篡改公证文书或者公证档案的。⑩泄露在执业活动中知悉的国家秘密、商业秘密或者个人隐私的。⑪因故意犯罪或者职务过失犯罪受刑事处罚的。⑫依照法律、行政法规的规定，应当给予处罚的其他行为。

（三）具体行政处罚措施

根据《公证法》《公证机构执业管理办法》《公证员执业管理办法》的相关规定，对公证机构及其公证员的具体行政处罚措施主要有：警告、罚款、责令停止执业、停业整顿、没收违法所得和吊销公证员执业证书等。公证机构及其公证员的违法行为和违法情节轻重不同，具体的行政处罚措施也有所不同。公证机构及其公证员有前述 1~5 项行为之一的，由省、自治区、直辖市或者设区的市人民政府司法行政部门给予警告；情节严重的，对公证机构处 1 万元以上 5 万元以下罚款，对公证员处一千元以上五千元以下罚款，并可以给予 3 个月以上 6 个月以下停止执业的处罚；有违法所得的，没收违法所得。公证机构及其公证员有前述 6~10 项行为之一的，由省、自治区、直辖市或者设区的市人民政府司法行政部门对公证机构给予警告，并处 2 万元以上 10 万元以下罚款，并可以给予 1 个月以上 3 个月以下停业整顿的处罚；对公证员给予警告，并处 2 千元以上 1 万元以下罚款，并可以给予 3 个月以上 12 个月以下停止执业的处罚；有违法所得的，没收违法所得；情节严重的，由省、自治区、直辖市人民政府司法行政部门吊销公证员执业证书。符合第 11 项规定情形的，应当吊销公证员执业证书。前述第 12 项规定，属于弹性条款，留待法律、行政法规作出具体规定。

（四）行政处罚的救济

为了防止和纠正违法或者不正当的行政处罚、处分，保护自己的合法权益不受侵犯，公证机构、公证员认为行政处罚措施侵犯其合法权益的，有权向行政机关提出行政复议或者行政诉讼。公证机构、公证员申请行政复议或者行政诉讼不仅是对自己合法权益的救济，也具有监督司法行政机关依法行使职权的作用。因此，《公证员执业管理办法》第 31 条和《公证机构执业管理办法》第 38 条对申请行政复议或者提起行政诉讼的权利作了明确规定。

三、公证民事法律责任

（一）公证民事法律责任的概念

公证民事法律责任，是指因公证机构及其公证员的故意或过失使公证文书发生错误，给当事人、公证事项的利害关系人造成损失时，公证机构依据过错的程度，向当事人、公证事项的利害关系人承担的经济赔偿责任，即公证机构应当承担的民事法律后果，也称为公证机构的民事赔偿责任。

公证民事法律责任是由错证引发的责任。因为错证通常是由于公证人员工作过程中的疏忽大意等原因造成的，其过错在于公证人员本身，或者在于公证人员与当事人双方。公证人员承担的民事责任主要是停止侵害委托人或其他利害关系人的经济利益，并赔偿所造成的损失。履行民事赔偿责任的义务主体是实施侵权公证行为的公证员所隶属的公证处，公证处在赔偿后，有权向有故意或重大过失的公证员追索部分或全部赔偿费用。

（二）公证民事法律责任的构成

1. 必须有公证机构或公证员的过错行为。出具错证如果不是公证员的缘故，而是出于当事人的过错，公证机构就不应当对此承担责任。如果出具错证既有当事人的过错又有公证员的过错，责任应由双方分担。

2. 公证员的职务行为必须侵犯了公民、法人或者其他组织的合法权益。公证员办理公证的职务行为如果没有对他人构成侵权，则不承担民事赔偿责任。

3. 公证员的职务侵权行为必须给相对人造成直接经济损失。这种损失是直接的和已经发生的，间接经济损失或者可能发生的损失不在赔偿范围之列。如"活人的死亡公证"就是公证处不承担间接经济损失的一个事例。

[案例分析]

基本案情： 某区的公证处出具了一份公证书，证明一对老夫妇于 1991 年和 1995 年先后死亡。然而这对老夫妇仍尚在人间，两老拿着身份证和户口簿找到该公证处，公证处的主任称，作出公证的依据是老人已病故的儿子单位出具的一份证明，上面清楚地写明两位老人分别于 1991 年和 1995 年去世。经查证，这份证明是老人的儿媳为了独霸老人儿子留下的遗产而伪造的。

点评： 在本案中，健在的老夫妇应当继承儿子财产中相应的份额，由于公证机构的错证，儿媳独吞了儿子的遗产，但是公证机构出具错误的死亡证明的直接原因是儿媳提供虚假证明，而公证机构及公证人员并没有尽到审查材料真实性的职责。老夫妇的经济损失的直接原因是儿媳的伪证和侵吞财产，而公证机构及公证人员的错证只是一个间接原因。因此，本着直接损失的原则，本案中，公证机构和公证人员不应该对老夫妇的经济损失负法律责任。

4. 公证机构或公证员的过错行为与当事人或利害关系人的损失后果之间必须存在因果关系，而且这种因果关系必须是直接的和必然的。

当事人、公证事项的利害关系人与公证机构因赔偿发生争议的，可以向人民法院提起民事诉讼。

（三）公证赔偿制度

1. 公证赔偿的概念及赔偿范围。公证赔偿，是指公证机构及其公证员在公证活动中违反法律、法规和有关公证规章的规定，对侵犯公民、法人或其他组织的合法权益所造成的直接损失而进行的经济赔偿。

我国的公证赔偿坚持直接损失原则，根据公证活动的特点，公证机构和公证员在违法履行职务行为的过程中有可能给公证当事人或利害关系人造成直接损失的情况有以下几种：

（1）因公证人员的过错而造成出具的公证书为错证或不合法。公证员明知当事人提供的证据不真实或意思表示不真实，不予拒绝而出证的或公证员与当事人有恶意串通情节的或在出证前应当通过调查收集证据却没有收集的等，所进行的公证为错证或不合法公证。

（2）因公证机构不当交付提存标的，给当事人或相关人员造成直接经济损失的。公证机构或公证员挪用提存标的的，应当承担相应的赔偿责任；因公证机构的过错造成提存物毁损灭失的，公证机构负有赔偿责任；公证机构未按法定或当事人约定条件给付提存标的给当事人造成损失的，公证机构负有连带赔偿责任。

（3）公证机构保管下的重要证据或物品损毁或灭失的。如因保管不善，造成提存在公证机构的提存物价值减少或丧失，给当事人或相关人员造成直接损失的情况。

（4）其他严重违反公证程序规定的行为。如无故拒绝公证、违反公证管辖或回避原则出证等损害了当事人合法权益，给其造成直接损失的。

2. 公证赔偿的保障机制。为了保障当事人或有关利害关系人因公证机构的过错所遭受的损失得到赔偿，建立公证赔偿基金制度、办理公证责任保险和要求公证员缴纳执业保险金是许多国家都采取的措施。我国也建立了公证赔偿保障制度，主要体现在如下三个方面：

（1）公证赔偿基金。2000年司法部《关于深化公证工作改革的方案》发布后，我国公证领域开始引入过错民事赔偿责任制度。2002年，司法部发布了《公证赔偿基金管理试行办法》，该办法规定了公证赔偿基金的具体筹集方式、基金的使用和监督管理等。依据该办法，公证赔偿基金用于支付公证责任保险合同规定的保险费，用于支付保险赔偿范围以外的公证责任理赔及赔偿费用。

理赔费用包括法院诉讼费、律师费、公证责任赔偿委员会办案费及其他合理费用。公证机构每年从业务收入中提取3%的份额作为赔偿基金用于理赔。

（2）公证责任保险。为了保障公证当事人或有关利害关系人因公证错误受到的损害得到赔偿，提高公证机构的抗风险能力，保证公证机构有能力承担民事赔偿责任，我国公证行业建立了公证责任保险制度。这种保险是强制性全行业统一保险，是由中国公证协会代表全体公证机构向保险公司投保的，以公证机构为被保险人的公证责任保险，即公证责任保险的投保人是中国公证协会，被保险人是我国的公证处。我国《公证法》第15条规定公证机构应当按照规定参加公证执业责任保险。

（3）公证员执业保证金。2000年发布的《司法部关于贯彻〈关于深化公证工作改革的方案〉的若干意见》中提出了在我国公证领域将逐步建立公证员执业保证金制度。执业保证金主要用于偿付应当由公证员承担的民事赔偿费用和行政处罚罚款等。公证员应当按照规定缴纳执业保证金，未交足的将被暂停执业。公证员缴纳的执业保证金在其任职期间内没有被使用的，或者使用后有剩余的，待公证员离任后予以退还。

四、公证刑事法律责任

公证刑事法律责任，是指公证机构、公证人员在公证活动中，触犯了刑法，构成了犯罪，应当承担的受到刑事制裁的法律后果。刑事责任是公证法律责任中最严厉的一种。

公证员承担刑事法律责任，主观上必须有过错，即有犯罪的故意或过失；客观上必须实施了玩忽职守、徇私舞弊、滥用职权等犯罪行为；行为后果上必须是情节严重，同时还必须触犯《中华人民共和国刑法》中的有关规定，依法必须处以刑罚，否则不能对公证员追究刑事法律责任。根据我国公证司法实践，公证员、公证机构在履行职责过程中，其行为严重违法，可能构成的犯罪主要涉及贪污贿赂和渎职两大类罪。

［案例分析］

基本案情：1998年3月14日，某县某镇黄某、周某，以开办选矿厂需资金周转为由，向该县某信用社申请抵押贷款。经审批，该农村信用社同意他们以价值100多万元的30吨锡锭作抵押，贷款100万元。同年3月23日，借贷双方向该县公证处提出抵押借贷合同公证申请，身为县公证处主任的范某带领工作人员肖某前往某信用社对其进行公证，范和肖仅凭黄、周提供的一份某冶炼厂出具的锡产品分析报告单和存于信用社的30吨矿产品，便确定抵押物属价值100余万元的锡锭，并于当日对抵押借贷合同进行了公证。结果，黄、周两人如愿获得 100 万元贷款。期限从 1998 年 3 月 23 日到 1999 年 12 月 10 日。贷款期满后，某信用社多次向黄、周两人催收无果，决定拍卖他们的抵押物来还贷。1999 年 12 月 15 日，该信用社将抵押物取样送检，结果令他们大吃一惊，经公证处公证的 30 吨价值 100 多万元的"锡锭"，竟是只值 10 万元左右的铅锭。信用社将抵押物拍卖，也只够偿还部分利息，由于黄、周两人已无还款能力，信用社的 100 万元贷款本金至今分文未归。2004 年 9 月 22 日，该县人民检察院以范某犯玩忽职守罪向法院提起公诉。

2004 年 12 月，县人民法院对此案作出判决，检察机关指控的某县公证处主任范某玩忽职守罪成立，依法判处其拘役 6 个月、缓刑 1 年。

点评：上述案例中，公证员范某在办理抵押贷款合同公证时，没有按法定程序操作，未能尽职尽责，将 30 吨铅公证成锡，一字之差，造成信用社发放的 100 万元贷款无法收回，最终以玩忽职守罪承担刑事责任。

五、公证责任保险

公证责任保险是公证机构在进行公证时由于存在过错行为给公证当事人及利害关系人的合法权益造成损害，需要承担民事赔偿责任，在公证执业责任合同规定的范围内，由保险人对公证机构应当承担的民事赔偿金及有关费用给予支付的一种法律制度。

公证责任保险是强制性全行业统一保险，由中国公证协会代表全体公证机构向保险公司投保的，以公证机构为被保险人的公证责任保险。公证保险人所应承担的赔偿责任，一般包括：①人民法院判定或经保险人同意由公证机构与赔偿当事人协商确定的因公证责任引起的赔偿金额；②人民法院收取的诉讼费；③其他诉讼费用，如律师费、调查取证费等；④法律规定或保险合同约定应当由保险人承担的费用。

导入案例分析

依据案件相关事实，对董某以玩忽职守罪追究其刑事责任是符合相关法律规定的。同时，根据《公证法》第 43 条的规定，公证机构及其公证员因过错给当事人、公证事项的利害关系人造成损失的，由公证机构承担相应的赔偿责任；公证机构赔偿后，可以向有故意或重大过失的公证员追偿。本案中，如果利害关系人提出请求，董某所属的公证机构应该对在这次事件中利益受害人的直接损失负民事上的赔偿责任；同时，由于董某在工作中有重大过失，所以，公证处在承担了赔偿责任后，还可以向董某追偿。

思考题

1. 我国对公证的监督管理有哪几种形式？

2. 我国公证赔偿责任的保障机制包括哪些内容？

实务训练

1. **基本案情**：2001年10月，某市某县某湖生态旅游管理区的投资人韦某因为没有钱投资，遂找到该旅游区副主任陈某商量对策。随后两人商定利用集资手段"空手套白狼"。

2002年3月，陈某等人通过虚报注册资金手段，注册成立了名为"某县某湖生态旅游管理区"的民营独资企业，陈某在广州设立了办事处。此后，韦、陈等人在某湖水库的周边地区到处活动，向当地农民征用土地8475亩。2002年3月至2003年5月29日期间，这伙骗子在未经金融部门和该县政府部门批准、尚未获得所征土地合法使用权的情况下，通过某湖管理区驻广州办事处，向投资者允诺"投资水库可返租土地、能收获高额回报"等进行集资诈骗。为了将骗局设计得更加合法化，更具有欺骗性，韦、陈等人找到时任该县司法局公证处主任、公证员李某，要求李某为他们与投资者的合同进行公证。不可思议的是，面对着这些疑点重重的合同，李某真的为两人出具了616份公证书。见到盖着大红印章的由国家出具的公证书，广州等地600多名投资者深信不疑，韦、陈两人为此骗得1500万元。

2004年初，陈某等人的诈骗行径被揭穿，并先后落入法网。2005年1月7日，该市中级人民法院以集资诈骗罪判处陈某死刑，其余骗子分获死缓等。

问：本案中公证员李某应承担什么法律责任？为什么？

分析意见：

李某应承担刑事责任。本案中，李某身为国家工作人员，在任司法局公证处主任、公证员期间，违反法律规定，对工作严重不负责任，不经调查核实合同的真实性、合法性，擅自对手续不齐全、不真实、不合法的合同予以公证，并且收受贿赂，为韦、陈等人非法吸收公众存款提供了便利的条件，间接地给投资者造成了巨大的经济损失和恶劣影响，情节特别严重，构成玩忽职守罪，因而被依法严惩。

2. **基本案情**：李某是B公司总经理，在与C公司洽谈一笔贸易业务时，C公司要求其提供B公司流动资金不低于100万元且公司经营状况良好的证明，而此时B公司实际已没有流动资金，且出现亏损。李某为做成这笔生意以便获得价值百万元的货物后再转手赚钱，遂找到其在A公证处任公证员的好朋友王某，王某在为李某出具公证书时，轻信了李某的介绍，未严格审查材料，就为其出具了法人资信公证，证明B公司流动资金不低于100万元，且公司经营状况良好。C公司依据该公证书与B公司签订了买卖合同，发生了业务往来。但B

公司收到货物并转卖变现后就被法院强制执行归还了拖欠已久的银行贷款，由于资不抵债，B 公司破产，导致 C 公司的货款无法收回。

问：对于 C 公司的损失，A 公证处是否有赔偿责任？请说明理由。

分析意见：

A 公证处有赔偿责任。公证员王某未严格审查当事人递交的公证申请材料就出具公证书，主观上有过错，其出具公证书的行为属于违法行为，造成了公证事项利害关系人 C 公司发生损害这一后果，且公证员王某的过错与利害关系人 C 公司的损害后果有必然联系。因公证员王某错误公证造成 C 公司的损害，所以，应由王某所在的 A 公证处承担赔偿责任。A 公证处在承担赔偿责任后，视情况可以向公证员王某行使追偿权。

第十七章

公证程序

学习目标与工作任务

通过本章的学习，系统掌握公证的程序，重点掌握出证条件，理解终止公证和拒绝公证的具体情形，了解公证期限、公证调解等内容，理解并掌握公证的特别程序规定。

第一节　公证的普通程序

导入案例

刘某（女）与张某于 1979 年 3 月登记结婚，婚后未生育子女，小张系张某与前妻所生。1995 年 6 月 19 日，刘某与张某到公证处做遗嘱公证，遗嘱写明张某去世后，所有财产均归刘某继承。公证处为此出具了公证书。2009 年 2 月 11日，公证处以申请表由刘某填写并签名、违反了公证程序规则为由，撤销了上述公证书。刘某认为，该公证处作为专门的公证机关，应告知其办理公证的相关程序，但公证处并未履行上述义务。现张某已去世，因没有公证遗嘱，法院按法定继承处理了张某的遗产，致刘某产生财产损失。故刘某提起诉讼，请求法院判决公证处赔偿房产损失、其他损失、房产评估费、房租损失费等共计 30余万元。

问：公证处在公证活动中有无违反公证程序？是否应承担赔偿责任？

教学内容

公证程序，是指当事人向公证机构申请办理公证，公证机构受理公证、行使公证证明职能时，必须遵守的操作规范。公证程序可以分为公证的普通程序和公证的特别程序两类。

公证的普通程序包括公证的申请与受理、公证审查、出具公证书三个基本的程序阶段。

一、公证的申请与受理

（一）公证申请

公证申请，是指自然人、法人或其他组织向公证机构提出办理公证请求的行为。公证活动一律由公证当事人的申请而启动，当事人向公证机构提出公证申请，标志着公证活动的开始。也就是说，没有当事人的申请，就没有公证活动。

1. 申请人。向公证机构提出办理公证请求的人，称为申请人。申请人可以是自然人、法人或其他组织，其在公证活动中为公证法律关系主体之一。公民申办公证应由本人亲自提出；法人申办公证，应由法定代表人代表；其他组织申办公证，应由其负责人负责办理。根据法律规定，申请人必须具有以下条件：

（1）申请人必须是具备民事权利能力和行为能力的自然人、法人或其他组织。限制民事行为能力的人申办公证，应当征得其法定代理人同意或由法定代理人代理；无民事行为能力的人申办公证，应当由其法定代理人代理；法人或其他组织申办公证，应由其法定代表人或主要负责人或其委托代理人办理。

（2）申请人必须与公证事项存在法律上的利害关系。这里的利害关系是指申请人对申请公证事项具有法律上的实体权利，并会对申请人的身份关系或财产关系产生法律上的影响。如在遗产公证中继承人是其利害关系人。

申请人申请公证的请求可以由本人向公证机构提出，也可以委托代理人代为申请办理公证。但依法律规定，涉及办理遗嘱、遗赠扶养协议、赠与、认领亲子、收养、解除收养、委托、声明、生存公证以及其他与当事人人身有密切关系的公证事项，不得委托他人代理。

居住在国外或香港、澳门特别行政区和台湾地区的申请人，如委托代理人申办公证事务，其授权委托书应经当地公证机构或我国驻外使、领馆公证，或由司法部门指定的某些特定机构或人员证明。

2. 申请的方式。申请人提出公证申请，应向有管辖权的公证机构提出，并填写公证申请表。公证申请表是一种规范化、表格化的公证申请书。公证申请是公证机构办理公证事项的重要依据，申请人必须认真、如实填写公证申请表。

公证申请表的格式和内容，由司法部统一制定。它一般分为四种：即国内民事公证申请表、国内经济公证申请表、涉外民事公证申请表、涉外经济公证申请表。公证申请表通常包含以下主要内容：

（1）申请人及其代理人的基本情况。具体来说，申请人或其代理人是自然人的，一般包括姓名、性别、出生日期、身份证号码、工作单位或住址以及联系方式等。申请人或其代理人是法人的，一般包括名称、地址、法定代表人或负责人以及联系方式等。

（2）请求公证的事项及公证书的用途。

（3）申请公证的文书的名称。

（4）提交的材料的名称、份数和有关证人的姓名、住址、联系方式。

（5）申请的日期。

（6）其他需要说明的问题。

申请人或代理人原则上应当亲自填写公证申请表并签名或盖章，但如果该申请人因不识字或者身体健康等原因亲自填写有困难的，公证人员也可以代为填写。公证人员代填写完毕后，应当将公证申请表的内容向申请人进行宣读，或者交申请人核对，最后再由其签名或盖章，不能签名或盖章的由本人捺手印。

3. 申请公证应提交的材料。公民、法人或其他组织申请公证，除填写公证申请表外，还应提交相应的材料。

（1）申请人及代理人的身份证明，如居民身份证、军官证、户口簿等。申请人是法人的，应提供法人资格证明及其法定代表人的身份证明。

（2）代理人代为申请的，委托代理人须提交授权委托书；法定代理人应提交代理权证明；其他代理人须提交有代理资格的证明；以上代理人均应提交其身份证明。

（3）需要公证的文书，如合同书、赠与书、毕业证等。

（4）与公证事项有关的财产权利证明，如房产证等。

（5）与公证事项有关的其他材料，如继承权公证中，申请人与被继承人之间关系的证明等。

现以常见的《国内民事公证申请表》说明国内民事公证申请的格式和内容。

国内民事公证申请表

姓名		别名		曾用名		性别	
年 月 日生于			民 族		职 业		
文化程度		婚姻状况		政治面貌		职务	
工作单位		（电话）					
现住址		（邮政编码）					
居民身份证编号							
申请公证内容							

家庭成员及直系亲属	称谓	姓名	年龄	现住址	工作单位及职务

国内外主要社会关系	称谓	姓名	年龄	现住址	工作单位及职务

提供证明材料	1				
	2				
	3				
	4				
	5				
	6				

申请人（签名）：

代笔人（签名）：

年　　月　　日填写

（二）公证受理

公证受理，是指公证机构接受申请人的公证申请，并初步同意给予办理公证的行为。受理是公证处公证行为的开始，申请受理后，申请人即成为公证当事人，当事人与公证处之间形成公证法律关系。

1. 公证处受理公证申请应当符合的条件。

（1）申请人与申请公证的事项有利害关系。

（2）申请公证的当事人、利害关系人之间对申请公证的事项无争议。公证是一种非诉讼活动，公证的目的是证明公证事项的真实性与合法性，而不是解决争议。因此，公证处不能受理有争议事项的公证申请。

（3）申请公证的事项属于公证处的业务范围。公证机构只能在法律、法规赋予的职能范围内行使公证权。对于超过公证机构业务范围的要求，如申请公证的事项属于需要专业技术鉴定、评估的，公证机构不能受理。

（4）申请公证的事项属于该公证处的执业区域，凡是违反执业区域出具的公证书均不发生法律效力。

2. 公证机构受理公证的程序。

（1）制作受理通知单。公证机构受理公证申请后，应及时向申请人发送受理通知单，申请人或代理人应当在回执上签收。

（2）告知当事人。为了使当事人和利害关系人了解公证活动中的实体和程序权利，以维护其合法权益，公证机构受理公证申请后，应当告知当事人申请公证事项的法律意义和可能产生的法律后果，告知其在办理公证过程中享有的权利和承担的义务并告知出具公证书的期限。告知必须采用书面形式，告知的内容、方式和时间应当记录归档。

（3）在公证登记簿上登记。承办公证员应当认真填写公证登记簿，完整地填写登记事项。

（4）建立公证卷宗。公证机构受理公证申请后，承办公证员应着手立卷的准备工作，开始收集有关的证明材料，整理询问笔录和核实有关材料等，建立公证卷宗。

（5）收取公证费用。公证机构受理公证申请后，应当按照规定向当事人收取公证费。公证办结后，经核定的公证费与预收数额不一致的，应当办理退还或补交手续。对于符合法律援助条件的当事人，公证机构应当按照规定减收或者免收公证费。

二、公证的审查

公证审查，是指公证机构受理当事人的公证申请后，在制作公证书之前，在收集有关证据的基础上，对当事人申办的公证事项及提供的证明材料进行审定、核实的活动。公证审查是整个公证程序中最重要、最关键的一环，直接关系到公证的质量。

（一）审查的内容

根据《公证法》第28条的规定，公证处应对当事人的身份、行为能力、申请公证的事项和有关事实的真实性、合法性进行全面的调查核实。公证审查的重点内容如下：

1. 审查当事人的人数、身份、资格和民事行为能力。应核实：必须到场的当事人及人数；当事人是否提交了足以证明其身份的证明材料；代理人的身份，以及是否享有合法的代理权；当事人是否具有相应的民事行为能力。

2. 审查当事人的意思表示和相应权利。主要是审查当事人的意思表示是否真实，有无受胁迫、欺诈或乘人之危、重大误解等情况存在。如有以上情况存在，都不应予以公证。审查当事人是否享有与公证事项相关的权利。

3. 审查公证事项的真实性、合法性，即需要公证的行为、事实或文书的内容是否真实、合法。

4. 审查需要公证的文书内容是否完善，文字是否准确，签名、印鉴是否齐全。

5. 审查当事人提供的证明材料是否真实、充分。这些证明材料一般包括：产权证明、出生、死亡证明、亲属关系证明、订货单等。如果当事人提供的材料有疑问和不充分时，公证处应要求当事人作必要的补充和说明。

（二）审查方法

公证人员承办公证业务时，一般按以下方法进行审查：

1. 询问当事人、公证事项的利害关系人和有关证人。应从中了解与公证事项有关的情况。公证人员询问当事人和证人，应制作询问笔录或者制作谈话记录，笔录或记录应交被询问人核对并签名、盖章或按手印。

2. 调取书证、物证和视听资料。书证是指用文字、图形、符号证明公证对象真实情况的书面材料；物证是指以物质外形、质量、特征、痕迹等品质来证明公证对象真实情况的物品；视听资料是指以音像、电脑储存等信息手段来证明公证事项真实情况的证据。对以上证据要认真审查，判断真伪。

3. 现场勘验。对与公证事项有关的现场，公证人员应当进行勘查、检验，并对有证明意义的事实制作笔录，此是固定、保全证据的重要方法。

4. 鉴定、检验检测、翻译。鉴定是指专门部门和具有专门知识的人员对与公证事项有关的某些专门性问题进行的鉴别和评定的活动，如医学鉴定、笔迹鉴定等；检验检测是指委托专业机构或专业人员对公证事项涉及的物证材料进行检查核验、测试测量等，并作出客观记录的活动；公证活动中的翻译，通常是指外文翻译、少数民族语言的翻译和聋哑人语言、盲文的翻译。

以上四种方法是公证实质审查时常用的方法。根据规定，公证员应当亲自实施审查。对于公证申请事项或证据材料在异地的，本公证机构可以委托异地公证机构代为调查、核实，受委托公证机构收到委托函后，应当在1个月内完成调查、核实。公证机构派员外出调查、核实的，应由2名公证人员共同进行，其中必须有一名公证员。特殊情况下只能由一名公证员调查的，应有一名见证人在场，见证人应在笔录上签名。

三、出证

出证，是指公证处根据审查的结果，对符合出证条件的公证事项，在法定期限内，按照规定程序审批、制作、发送公证书的活动。出证是公证程序的最终环节和结果。根据《公证程序规则》的有关规定，出证包括决定出具公证书、审批公证书、制作公证书和送达公证书四个环节。

（一）决定出具公证书

对于符合出证条件的公证事项，公证处应当决定出具公证书。公证机构对各类公证事项的出证条件都有法律的明确规定。

1. 法律行为公证的出证条件：①当事人具有从事该行为的资格和相应的民事行为能力；②当事人的意思表示真实；③该行为的内容和形式合法，不违反法律、法规、规章或者社会公共利益；④《公证法》规定的其他条件。

2. 有法律意义的事实和文书公证的出证条件：①该事实或文书与公证当事人具有法律上的利害关系；②事实或文书真实无误；③事实或文书的内容和形式合法，不违反法律、法规、规章，不违背社会公德；④《公证法》规定的其他条件。

3. 文书上的签名、印鉴公证和文书文本公证的出证条件：①签名、印鉴应当准确属实。实践中，常在核对当事人的真实身份后，由当事人在公证员面前亲自签名或盖章，或由当事人在公证员面前确认文书上的签名、印鉴属自己所为。②文书文本公证，要求文本（副本、节本、复印本、译本等）与原本在内容上相一致，这类公证也称为认证性公证。

4. 赋予债权文书具有强制执行效力的公证的出证条件：①债权文书以给付一定货币、物品或有价证券为内容；②债权债务关系明确，债权人和债务人对债权文书有关给付内容无疑义；③债权文书中载明债务人不履行义务或不完全履行义务时，债务人愿意接受强制执行的承诺；④《公证法》规定的其他条件。

（二）审批公证书

对于符合出证条件的公证事项，承办公证员应及时草拟公证书，连同公证卷宗报公证处主任、副主任或他们在特定情况下指定的公证员审批。但主办公证员承办的不需要审批的公证事项除外。另外，任何人不得审批自己承办的公证事项。审批人只进行书面审查，不负责调查取证。对于重大复杂的公证事项，应提交公证处处务会讨论后审批。

（三）制作公证书

公证书是具有特殊法律效力的证明文书，公证书应按司法部规定或批准的格式制作。一般情况下，公证书中应包括以下基本内容：

1. 公证书编号。编号采用按年度、公证处代码、公证书类别、公证书编码的方式，如"（2007）沪证房字第 1068 号"。

2. 当事人及其代理人的基本情况。当事人为公民的，应写明其姓名、性别、出生日期、住址、身份证号等。当事人为法人的，应写明法人名称、法定代表人、住所等。有代理人的，应写明代理人的基本情况。

3. 公证证词。这是公证书的核心内容，应写明公证证明事项、范围和内容及所依据的法律、法规。

4. 承办公证员的签名（签名章）、公证处印章和钢印。

5. 出证日期。公证书自出具之日起生效。需要审批的公证事项，以审批人批准日期即为出证日期；不需要审批的公证事项，承办公证员的签发日期为出证日期；现场监督类公证需要现场宣读公证证词的，宣读日期为出证日期。

有关办证规则对公证书的格式有特殊要求的，从其规定。制作公证书应使用中文，公证书制成后，不得涂改和挖补，必须修改的应加盖公证处校对章。

（四）送达公证书

公证书制作完毕后，公证处应将制作好的公证书正本及当事人要求的若干份副本发给当事人。公证处留存公证书原本（签发稿）和一份正本附卷。公证处送达公证书主要用以下方式：①当事人或其代理人到公证处领取；②公证处派人直接送达；③不能采用前两种方法的，可采用邮寄送达；④委托其他公证处代为送达。当事人或其代理人在收到公证书并核对无误后，应在公证书送达回执上签名或盖章，并注明收到的日期、份数和公证书的编号。

对发往域外使用的需要认证的公证书，由公证处代办认证，应在办完领事认证后再行送达。

导入案例分析

本案公证处辩称，其撤销公证书的原因是刘某的行为，公证处在办理公证的过程中并不存在错误。依照规定，张某在办理公证时应当由其本人填写公证申请表，但该申请表却是由刘某填写。该公证书是公证处主动撤销的，并不是因为诉讼案件才撤销的。

法院认为，申请办理公证的当事人应当向公证机构如实说明申请公证事项的有关情况，提供真实、合法、充分的证明材料；提供的证明材料不充分的，公证机构可以要求补充。公证机构办理公证，应当根据不同公证事项的办证规则，分别审查。公证机构及其公证员因过错给当事人、公证事项的利害关系人造成损失的，由公证机构承担相应的赔偿责任。

本案中，公证处仅以张某申请办理遗嘱公证时提交的公证申请表并非由其本人填写为由撤销了张某的公证书。现由刘某填写了国内公证申请表，并如实签名。如上述公证申请表的填写不符合公证规则，公证员完全可以及时制止，并要求由张某本人填写。但公证机构既未能在当时指出此事，事后又依据该申请表出具了公证书，其对公证书此后被撤销一事应承担过错责任。公证处在张某去世后又因程序问题撤销该公证书，在客观上损害了利害关系人刘某的利益，使刘某不能按张某的遗嘱继承全部遗产，而只能按法律继承一半的遗产。最终法院作出公证处应予赔偿的判决。

根据《公证法》的相关规定，办理公证时当事人的义务为有责任如实说明有关情况，提供真实合法充分的证明材料，而公证机构则有责任和义务根据不同公证事项的办证规则审查公证。申请办理公证的当事人在事先不可能也没有必要了解公证的程序和规则，当事人交纳了公证费后，只要提供了真实的材料，如实陈述事项后即有理由相信会取得具有法律效力的公证书。因当事人办理公证全程都要在公证人员的提示下进行，故公证机关应对公证的程序事项承担责任，以保证公证效力。

第二节　公证期限、拒绝公证和终止公证

导入案例

某日，甲乙签订书面买卖合同，由甲将其所有的一辆轿车卖给乙，但尚未交付，也未对交付前该轿车的所有权归属作出约定。次日，甲因为丙的出价高又打算将该轿车卖给丙，遂与丙签订了合同并且到公证机关申请办理公证。公证人员受理了该项申请，在审查过程中发现上述"一物两卖"的情形，于是作出了不予公证的决定，理由是甲违约在先，再办理第二个买卖合同公证易产生矛盾。

问：公证机关能否拒绝甲和丙的公证申请？

教学内容

公证程序除了包括公证的申请与受理、公证审查、出具公证书三个基本程序阶段外，还包括公证期限、拒绝公证和终止公证等程序规则。

一、公证期限

公证期限是指公证机构办理公证事项从受理到出具公证书期间的法定时间限制。公证处应在法定期限内及时办理各类公证事项，依法履行职责。公证期限可分为办证期限和其他公证期限。

（一）办证期限

一般情况下，公证机构应当自受理公证申请之日起15个工作日内向当事人出具公证书。但是，因不可抗力、补充证明材料或者需要核实有关情况的，所

需时间不计算在期限内，并应当及时告知当事人。

需要注意的是，上述期限的计算不是连续进行的，中间的法定休息日、节假日不包括在内。另外，对于因不可抗力事件导致公证机构无法工作的时间、因当事人提交证明材料不齐全而需要补充的时间以及公证机构需要核实有关情况的时间也不计算在上述期限内。

（二）其他公证期限

对现场监督公证而言，公证期限是 7 日。办理招标投标、拍卖和开奖等现场监督公证的，应在现场宣读公证证词后 7 日内将公证书发送给当事人。办理提存公证的，公证机构应当从提存之日起 3 日内出具提存公证书。

二、拒绝公证

拒绝公证，是指在办理公证的过程中，公证机构发现公证事项不真实、不合法，或者当事人有妨害公证活动、不承担法定义务等情形，而拒绝办理公证的行为。

1. 拒绝公证的法定原因。根据《公证法》第 31 条和《公证程序规则》第 48 条的规定，有下列情形之一的，公证机构拒绝公证：

（1）无民事行为能力人或者限制民事行为能力人没有监护人代理申请办理公证的。

（2）当事人与申请公证的事项没有利害关系的。

（3）申请公证的事项属专业技术鉴定、评估事项的。

（4）当事人之间对申请公证的事项有争议的。

（5）当事人虚构、隐瞒事实，或者提供虚假证明材料的。

（6）当事人提供的证明材料不充分或者拒绝补充证明材料的。

（7）申请公证的事项不真实、不合法的。

（8）申请公证的事项违背社会公德的。

（9）当事人拒绝按照规定支付公证费的。

2. 拒绝公证的程序规则。拒绝公证的，由承办公证员出具书面报告，报公证机构负责人审批。拒绝公证决定书应当加盖公证机构公章，发送给当事人或其代理人。同时，公证机构根据拒绝公证的原因和责任，酌情退还部分或全部公证费。

三、终止公证

终止公证是指公证处办理公证过程中，由于出现法定事由，致使公证事项无法继续办理或继续办理已无意义时，而决定停止办理公证。终止公证是结束公证程序的一种特殊方式。

1. 终止公证的法定原因。根据规定，出现下列情况之一时，公证机构应当终止公证：

（1）超过了法定的办证期限。因当事人的原因致使公证机构在6个月内无法办结该公证事项。

（2）公证书生效前当事人撤回申请的。

（3）因当事人死亡（法人终止），不能继续办理，或继续办理已无意义的。

（4）当事人阻挠、妨碍公证机构及承办公证员按规定的程序、期限办理公证的。

（5）其他应当终止的情形。

2. 终止公证的程序规则。在公证过程中出现上述法定情形，公证处终止公证的，必须按照规定的程序进行，由承办公证员写出书面报告，说明终止公证的事实与理由及承办公证员本人的意见，报公证机构负责人审批。终止公证的决定应当书面通知当事人或其代理人。终止公证的，公证机构根据终止的原因及责任，酌情退还部分公证费。

导入案例分析

公证机关不应当拒绝公证。首先，甲乙签订的书面买卖合同并未经过公证，只有经过公证的合同才具备可以对抗第三人的效力；其次，轿车的所有权并未转移，表现在甲乙在合同中并未约定所有权的转移问题，最后，轿车也并未交付。根据《公证法》第2条的规定："公证是公证机构根据自然人、法人或者其他组织的申请，依照法定程序对民事法律行为、有法律意义的事实和文书的真实性、合法性予以证明的活动。"由此可见，在业务范围内，真实、合法、可行的事项，公证机关不应当拒绝公证。

第三节 公证费用和公证档案

一、公证费用

公证费用，是指公证机构在办理公证事务的过程中，按照国家规定的标准，向公证当事人收取的费用。公证机构是向社会提供法律服务和法律保障的法律证明机关，其办理公证事务要付出相应的人力、物力，支出一定费用，公证机构根据法律规定向公证当事人收取一定的公证费是十分必要的。

（一）公证收费的原则

根据《公证法》和司法部颁发的有关公证收费规定，公证收费的原则主要包括：

1. 法定收费原则。即当事人应当按照规定支付公证费，公证机构办理公证事务，应当按照规定的标准、时间和方式收取公证费。

2. 原则性与灵活性相结合的收费标准原则。考虑到我国的实际情况，在坚持司法部所规定的收费标准的同时，允许各省、自治区、直辖市根据当地情况，在上下不超过10%的幅度内，确定本地区实施的具体收费标准，并报国家纪委和司法部备案。

3. 根据公证事项不同，公证服务费实行按件收费和按比例收费原则。

4. 减免收费原则。对于缴纳公证费确有困难的当事人，可以减收或者免收公证费。

5. 过错方负担公证费用原则。在撤销公证书的情况下，谁有过错谁承担公证费。

（二）减免收费和退还收费

根据司法部的有关公证收费规定，有下列情况之一的，公证处应当按照法律援助的规定，减收或免收公证费：

1. 办理与领取抚恤金（或劳工赔偿金）、救济金、劳动保险金等有关的公证事项。

2. 办理赡养、抚养、扶养协议的公证事项。

3. 办理与公益活动有关的公证事项。

4. 列入国家扶贫计划贫困县的申请人申办的公证事项。

5. 申请人确因经济困难而无力负担的。

6. 其他特殊情况需要减免的。

根据规定，当事人申请减免公证费，应当向公证处提出书面申请，公证事项的承办公证员应当及时查明申请减、免公证费的事实是否存在，理由是否充分，并报请公证处主任或者副主任审批。减收或者免收公证费的决定及其幅度和标准，由公证处主任或副主任作出。

在公证过程中，因公证处的过错撤销公证书的，所收公证费用应全部退还当事人；因当事人的过错而撤销公证书的，所收的公证费不予退还；因公证处和当事人双方过错而撤销公证书的，所收的公证费酌定退还；已受理的公证事项，申请人要求撤回的，公证处按规定可以收取手续费，其余收费退还。

二、公证档案

公证档案是指公证机构在公证活动中收集和制作的，具有保存、查找、利用价值的，经整理、立卷、归档的各种文书、物质材料的总称。公证档案的建立对于公证机构来说是一项重要的法定义务，而对于当事人来说，则属于公证制度对其权益进行具体保护的最为根本的依据。

（一）公证卷宗归档的时间和要求

根据规定，公证事项办结、终止或拒绝后，应当在3个月内将全部卷宗整理归档。公证卷宗分为国内民事、国内经济、涉外民事、涉外经济四类，按年度和一卷一证、一卷一号的原则进行归档，同一当事人为同一目的而办理的数项公证，可以合并为一卷归档，跨年度的公证事项在结案年归档。

（二）公证档案的保管期限

公证档案的保管期限分为永久、长期和短期三种。凡是属于长远查考、利用的公证卷宗列为永久保管，如收养公证卷宗、继承权公证卷宗等公证业务档案；凡是在相当长时间内需要查考、利用的公证卷宗列为长期保管，保管期限为60年，如职称、国籍、房屋租赁等公证；而在较短时间内需要查考、利用的公证卷宗列为短期保管，保管期限为20年，如生存、定居等公证。

（三）归档及保管中应注意的事项

1. 对公证事项的讨论意见和有关请示批复等不宜对外公开的材料，应当装订成副卷，与正卷一起保存。

2. 公证档案属于司法业务档案，其中不少的档案均涉及国家秘密和当事人隐私，这样的档案则应当列为密卷保存，必须注意保密，要按规定的程序入档、查阅、保管、检查、修整、移交、销毁。

3. 对于音像资料、计算机软件等特殊的档案材料，要单独保管，定期复制。

4. 销毁公证档案，应当经过鉴定和批准。销毁时，应当制作档案销毁清册，并将公证书留下一份，按年度、类别整理立卷，同批准销毁文件和销毁清册装订在一起，永久保存。

5. 特别保密的业务卷宗必须列为密卷单独保存。如遗嘱，立遗嘱人死亡后才可以列为普通卷保存。

第四节 公证的特别程序

导入案例

李某于1980年结婚，与妻子生有一子，现已成年。1990年，李某与其妻离婚，后来认识王某，并生有一个女儿，但李某与王某并未办理结婚登记。1992年，李某与王某感情破裂，签订了一份协议书，约定王某为未成年女儿的监护人，双方共同承担抚养义务。李某同意给予王某30万元，其中15万元作为女儿未成年期间的全部生活及教育费用，15万元作为女儿成年后的购房费用。

李某患有重大疾病，为防止以后因财产发生纠纷，其前来公证机构申请遗嘱公证。其遗嘱的内容为："一处房产由儿子继承；另一处房产及去世后的银行的剩余存款由其哥哥继承；由于女儿的抚养已通过协议书一次性全部解决，所以不再给女儿任何遗产。"

　　问：公证机构可以对此份遗嘱进行公证并出具公证书吗？

教学内容

　　公证特别程序，是指公证机构在办理某些特殊类别的公证事项时，依照法律规定所适用的程序。它是相对于一般程序而言的公证程序。由于它只适用于法律规定的特定公证事项，在办理公证事务时，依据特别法优于普通法的法律原则，就应当优先适用特别程序，没有特别程序规定的，才适用普通程序。依照法律规定，公证的特别程序适用范围包括招标投标、开奖、拍卖、遗嘱、提存、保全证据、公证调解以及公证复查等公证事项。

　　一、招标投标、拍卖、开奖公证

　　（一）概念

　　1. 招标投标公证。所谓招标投标，是指招标方以公告邀请的方式，将需招标的项目和程序公布于众，自然人、法人或其他组织按招标人的要求进行投标，由招标人从中选出最佳投标，并与之签订合同的活动。获得最佳投标的一方称为中标人。招标投标公证，是指公证机构根据招标方的申请，依法定程序确定招标、投标活动真实、合法的证明活动。招标投标的公证，对于完善招标投标机制、规范招标投标行为、保护招标投标各方的合法权益、促进市场经济的发展有着重要的意义。

　　2. 拍卖公证。所谓拍卖，是指拍卖人按照事先公告的程序，以公开竞争的方式，将拍卖标的物卖给多数购买者中出价最高者的活动。拍卖中，出卖人称为拍卖人，买受人称为竞买人或应买人。拍卖公证，就是指公证机关根据拍卖人的申请，依法定程序证明其拍卖活动的真实性、合法性的证明活动。拍卖公证对于规范拍卖行为、维护拍卖秩序、保护拍卖人和买受人双方的合法权益、完善市场机制、促进市场经济的发展有着重要意义。

　　3. 开奖公证。所谓开奖，是指对设定的奖品、奖金，以摇奖、抽奖、评奖等方式确定中奖人的活动。开奖公证，是指公证机关根据有奖活动主办单位的申请，通过事前审查、现场监督的方法，依法证明面向社会发行彩票或者其他有奖活动的开奖行为真实、合法的活动。开奖公证是国家对于有奖活动实行法律监督的手段，对于保障开奖活动依法进行、维护当事人合法权益有着重要意义。

　　（二）共同特征

　　1. 一般是采取现场公证。基于招标投标、拍卖、开奖活动的特殊性，通常由主办方申请公证机构到现场公证。

2. 是特定人与不特定的多数人进行的活动。申请公证的事项有多方主体参加，但除主办方外，其他参加主体在申请公证的活动开始前处于不特定状态，所以公证申请通常由主办现场活动的一方提出，公证机构在受理阶段也仅是对主办方的资格进行审查。

3. 具有公开性和竞争性。现场活动的主办方必须在活动举办前拟定活动规则，并以适当的方式公开；在活动中均以公开竞争的方式确定中标人、应买人或中奖人。

4. 一次性完成。整个活动是一次性完成的，无法重复进行。

（三）招标投标、拍卖、开奖公证的特别程序

1. 由特定的一方当事人向公证机构申请办理公证。招标投标、拍卖、开奖活动是特定的人与不特定的多数人进行的活动。招标人、拍卖人和开奖主办单位是特定的一方当事人，同时又是活动的主办人；不特定的多数人是另一方，为投标人、应买人、有奖活动的参加者。由特定的一方当事人，即招标人、拍卖人和开奖人向公证处申请办理公证，既便于公证机构了解、掌握招标、拍卖、开奖活动的时间、地点、程序、参加人等情况，也便于监督和审查。

开奖公证申请至迟应当在开奖活动举办 7 日前提出。对不符合规定的申请，公证处应在 3 日内作出不予受理的决定，并通知开奖人。

2. 现场监督。办理前述公证，承办公证人员应亲临现场，对活动的全过程和结果的真实性、合法性进行法律监督。办理招标投标公证、开奖公证，公证处应派 2 名以上公证人员在现场监督。

3. 经审查核实，该公证事项真实、合法的，应当场宣读公证词，并在 7 日内出具公证书并发给当事人。宣读公证词的时间为公证书的生效时间。

4. 在公证活动中，如发现招标投标、拍卖、开奖活动中有违反法律法规、弄虚作假、违反活动规则的行为，应当场责令当事人予以改正，拒不改正的，公证员应当拒绝公证。

二、遗嘱公证

（一）概念

遗嘱是指公民生前按照法定方式处分个人财产或其他事务，在其死亡后生效的法律行为。根据我国《继承法》的规定，遗嘱可以采用自书、代书、录音、口头、公证等五种形式设立。

遗嘱公证，是指公证机构根据当事人的申请，依法证明遗嘱人设立遗嘱行为的真实性、合法性，并出具公证书的活动。遗嘱公证对于预防纠纷、保证遗嘱效力的实现有着重要意义。

（二）公证遗嘱的法律效力

1. 不可任意变更性。一般在有数份遗嘱的情况下，应以遗嘱人最后订立的

遗嘱为准。而对于公证遗嘱，却不能以自书、代书、录音、口头形式予以撤销、变更。立遗嘱人要想变更、撤销公证遗嘱，只能到公证机构办理变更或撤销手续。如果不经过公证证明，自行宣告变更或撤销原公证遗嘱的，其行为不发生法律效力，原订立的公证遗嘱仍有效。

2. 在法定遗嘱形式中，公证遗嘱的效力最高。不管是公民立下自书、代书、录音或口头遗嘱，后又申办公证遗嘱的，还是先订立公证遗嘱，后又订立其他形式的遗嘱的，公证遗嘱由于是公证机构对遗嘱的真实性、合法性的证明，所以效力最高。也就是说，在遗嘱人存有多份遗嘱而且内容相抵触的情况下，若有公证遗嘱，则仅此遗嘱有效，而不论公证遗嘱是否是当事人生前最后所订立的遗嘱。

[案例分析]

基本案情： 张甲和张乙是兄弟，其父为张兵。张甲游手好闲，长期在外流浪，一直未婚，对父母也从不关心；张乙勤俭持家，结婚生子，孝敬父母。2008 年，张甲因犯盗窃罪被判处有期徒刑 5 年。张兵一气之下，宣布与张甲断绝父子关系。2011 年 8 月，张兵在体检中查出患胃癌，且已到晚期。为避免自己死后亲属为遗产闹纠纷，张兵到本市的公证机构办理了遗嘱公证，其全部遗产归其妻及次子张乙继承。2012 年 5 月，由于在劳改期间有立功表现，张甲被提前释放。令张兵意想不到的是，原来不通事理的大儿子经过改造，竟然与从前判若两人，对父母十分孝顺，张兵对以前作出的剥夺大儿子继承权的遗嘱感到十分后悔，便又亲笔写下书面遗嘱，宣布原来所立遗嘱无效。考虑到张甲无子女，老来可能无人照顾，张兵在遗嘱中决定将其遗产的 2/3 留给张甲。立完遗嘱不久，张兵病情恶化，很快就离开人世。

点评： 在此案例中，张兵留下的第一份遗嘱是经过公证的，而第二份遗嘱没有经过公证。因此，第一份遗嘱在效力上高于第二份遗嘱。对于张兵的遗产，应当按第一份遗嘱执行，张甲没有继承张兵遗产的权利。张兵撤销或变更第一份遗嘱，没有以公证的形式进行，所以不具有法律效力，也就是说不能产生撤销或变更第一份公证遗嘱的效力。

（三）遗嘱公证的特别程序

1. 遗嘱人应当亲自申办公证。处理自己的个人财产必须是遗嘱人的真实意思表示，公证人员只有通过与遗嘱人本人直接接触，才能准确了解遗嘱人的真实意愿，判断遗嘱人的精神状态和行为能力。因此，遗嘱人应在公证员面前设立遗嘱，不能委托他人代理。

2. 应由 2 名公证人员共同办理。特殊情况下由一名公证员办理时，应有一名见证人在场，见证人应在遗嘱和笔录上签名。见证人应是具有完全民事行为能力、与公证事项无利害关系的自然人。

3. 遗嘱人申办遗嘱公证的，除填写公证申请表外，应当提交身份证明、遗嘱所涉及财产的所有权证明及其他证明材料。

4. 公证机构受理申请后，应当就遗嘱人的身份以及意思表示是否真实、有无受胁迫或者受欺骗等情况进行审查。审查时，可以询问遗嘱人，但是除见证人、翻译人员外，其他人员一般不得在场。

5. 对于符合下列条件的，公证机构应当出具公证书：①遗嘱人身份属实，具有完全民事行为能力；②遗嘱人意思表示真实；③遗嘱人证明或者保证所处分的财产是其个人财产；④遗嘱内容不违反法律规定和社会公共利益，内容完备，文字表述准确，签名、制作日期齐全；⑤办证程序符合规定。

6. 公证机构必须为当事人保守遗嘱秘密。遗嘱公证的卷宗应当列为密卷单独保存，待遗嘱人死亡后，才能转为普通卷宗保管。

7. 公证遗嘱的撤销、变更必须采用公证形式。其他形式的遗嘱不能变更、撤销公证遗嘱。

三、提存公证

（一）概念

所谓提存，是指债务已届清偿期限，因债权人的原因或者法定原因，致使债务人无法履行给付债之标的物的义务，债务人将该标的物提交给法定的提存机构，由该提存机构转交债权人的法律行为。它是清偿债务的一种特殊方式。从提存之日起，视为债务人履行了给付义务，引起债务清偿的法律后果，债的关系即行终止。

提存公证，是指公证机构根据债务人的申请，依据法律规定的条件和程序，对债务人或担保人为债权人的利益而交付的债之标的物或担保物进行寄托、保管，并在条件成就时交付给债权人的活动。提存公证对于及时保障债务人、债权人的合法权益、减少损失、稳定社会经济秩序有着重要意义。

（二）提存公证的特别程序

1. 提存公证申请，由债务人向债务履行地的公证机构提出，同时应交付提存的标的物。提存的标的物限于物品、货币或有价证券。

2. 公证机构进行审查。经公证机构的审查，对符合下列条件的，公证机构应予以提存：①提存申请人具有民事权利能力和民事行为能力，且意思表示真实；②提存之债真实、合法；③提存标的物符合合同约定或有关法律规定；④存在债务人无法直接履行债务的事实。

3. 公证机构应当验收提存标的物并登记存档。对于不能提交公证处验收的标的物，公证处应当派公证员到现场实际验收。验收时，提存申请人（或其代理人）应当在场，公证员应制作验收笔录。对于难以验收的提存标的物，公证处可予以证据保全，并在公证笔录和公证书中注明。

4. 公证期限。《提存公证规则》第 17 条规定，公证处应当在提存之日起 3 日内出具提存公证书。

5. 公证处在接受提存后，应以通知书或公告的方式通知债权人在确定的期限内领取提存标的物。以清偿为目的的提存或提存人通知有困难的，公证处应自提存之日起 7 日内，以书面形式通知提存领受人；提存领受人下落不明、地址不详的以公告方式通知。公告应自提存之日起 60 日内，刊登在国家或债权人在国内住所地的法制报刊上，并应在 1 个月内在同一报刊上连续刊登 3 次。

6. 公证处负有妥善保管标的物的义务。对于不易保存的或债权人到期不领取的提存物品，公证处可以拍卖，保存其价款。

从提存之日起，超过 20 年无人认领的提存标的物，视为无主财产公证处应当在扣除提存费用后将余额上交国库。

需要说明的是，提存人可以凭人民法院生效的判决、裁定或提存之债已清偿的其他证明领回提存物。

四、保全证据公证

（一）概念

保全证据公证，是指公证机构根据当事人的申请，依法对与申请人的权益有关的可能灭失或者以后难以取得的证据、行为过程等加以收集、固定和保存以保证证据的真实性、合法性和证明力的活动。进行保全证据公证，可以引导当事人依法取证，维护当事人的合法利益。目前，除常见的证人证言、书证、物证、视听资料以及行为过程等证据保全公证之外，还出现了知识产权证据保全、网络证据保全等新内容的保全证据公证，并且越来越多地运用到诉讼中，成为诉讼证据一个重要的组成部分，发挥着越来越重要的作用。

（二）保全证据公证的特别程序

1. 由当事人向公证机构提出证据保全的申请。

2. 公证机构应当派 2 名以上的公证人员共同办理，其中至少一人是公证员，承办公证员应当亲自办理。

3. 公证机构的审查。公证机构在保全证据过程中要严格审查下列内容：①申请保全的证据来源；②保全证据的方式、方法以及被保全证据的取得是否侵害他人的合法权益；③保全的证据是否与当事人有利害关系；④参与保全证据的相关人是否具有相应的资格；等等。

4. 公证员对证据的合法性进行审查，审查合格的予以公证，如果承办公证员发现当事人是采用法律、法规禁止的方式取得证据的，应当不予办理公证。

现举一例以说明保全证据公证的重要性。

[**案例分析**]

基本案情：青年男女张某、李某未婚同居，在女方怀孕 6 个月后，男子张某突然在一次意外事件中死亡。张某遗留有大量遗产，为证明死者是胎儿的亲生父亲，保护胎儿的继承权，防止日后可能产生的纠纷，在死者火化前，李某经征得死者父母的同意，向公证处提出申请，要求提取死者头发，并申请公证保全证据，以做亲子鉴定用途。公证处在收到公证申请后，经审查，认为可以受理，并建议死者父母和李某共同作为申请人，死者父母也同意作为申请人。公证处受理申请后及时派出一名公证员和一名公证处的工作人员随同申请人、鉴定人员前往医院，由医护人员从死者张某头上剪取头发若干，分成 3 份，分别装入 3 个塑料袋，由公证员现场封存。公证员对提取头发的过程进行证明，并将封存的头发交给申请人。同时，公证员依照《继承法》的规定，告知张某父母，在分割遗产时，应当为待进行亲子鉴定的胎儿保留必要的遗产份额。随后，申请人将其中一份张某的头发转交鉴定机构进行鉴定，其余两个装有头发的袋子分别交给李某和死者父母保管。鉴定机构及时出具了鉴定报告。3 个月后，李某顺利产出男婴，经鉴定机构鉴定，证实死者张某确为男婴的生父，张某父母随即从张某的遗产中分给了男婴部分遗产。

点评：未婚同居者所生子女，如确认生父，一般只需当事人向法定鉴定机构申请亲子鉴定即可。但在本案中，由于同居者张某死亡时，胎儿尚未出生，死者的生父身份无法确定，在死者火化后就会面临无法进行鉴定的问题。为此，李某向公证处提出了保全死者头发的公证申请。公证员在受理申请后，要求李某提供证据证实同居关系，李某无法提供有效证据加以证实，因此，公证员要求必须取得死者父母同意，并要求死者父母与李某共同提出公证申请，这就保证公证申请人的资格完全符合法律规定的条件。在提取死者张某头发的过程中，公证员直接在现场进行监督，以证实头发确实是从张某本人头上提取的，并对提取头发的过程进行录像，制作现场工作记录由医护人员、申请人等签字确认，从而锁定了这项证据链中的最关键的一环。

五、公证调解程序

（一）概念

调解是指通过说服教育和劝导协商，在当事人双方互相谅解的基础上解决纠纷的措施，是处理民事、经济、刑事自诉、行政赔偿案件的重要方式之一。调解可以分为诉讼外调解和诉讼内调解，其中诉讼外调解又包括人民调解、行政调解和仲裁调解等。公证机构开展的公证调解属于诉讼外调解的范畴。

公证调解是指公证机构根据当事人的申请，对经过公证的事项在履行过程中发生的纠纷，依照法律和事实，对当事人双方进行说服教育、劝导协调，促使当事人之间和解，消除纠纷的活动。

（二）公证调解的特点

公证调解与诉讼调解和仲裁调解相比，具有以下特点：

1. 公证调解的非强制性。公证调解基于当事人的自愿申请而启动，当事人有权自主决定是否进行调解。公证调解的程序和结果不具有强制性，对于正在进行的公证调解和已经达成协议的公证调解，当事人可以反悔，寻求其他救济途径。

2. 公证调解对象的有限性。一般进入诉讼和仲裁的案件都可以通过调解程序加以解决，但对于公证调解而言，只有纠纷发生前进行过公证的案件，公证机构才可以进行调解，对于没有经过公证的案件一般不予调解。

3. 公证调解的附加性。在诉讼和仲裁制度中，调解是一种与判决裁决程序相并行的纠纷处理程序，是诉讼和仲裁的组成部分。在公证制度中，公证证明是公证机构的主要业务，公证程序一般基于公证证明的结束而终结，公证调解并不必然是公证程序的组成部分。公证调解是公证机构提供的一种附加性法律服务，是公证机构已经履行完毕公证职责的附加活动。对纠纷的调解是基于当事人的信任以及深化公证法律服务的需要。

（三）公证调解的程序

1. 公证调解应当由当事人向出具公证书的公证机构提出申请。当事人申请，可以是双方当事人一起申请，也可以是一方当事人申请后，公证机构征得另一方同意。如果只有一方当事人申请调解，而另一方当事人不同意调解的，公证机构则不能进行调解。

2. 公证调解的案件范围是特定的，只能是经过公证的事项，并且是在履行过程中发生的民事纠纷。

3. 公证调解后，当事人达成新的协议的，根据当事人的申请，公证机构可以公证。公证调解不成的，公证机构应当告知当事人可以向人民法院提起民事诉讼或向仲裁机构申请仲裁。

需要说明的是，公证调解达成协议后，公证机构不能制作调解书，因为公证调解是诉讼外解决争议的方式，不同于人民法院的调解，公证调解结果不具有当然的强制执行效力。调解结果需要以法律形式确认的，公证机构可以告知当事人申请公证，公证机构以公证书的形式加以确认。

六、公证书复查程序

（一）公证书复查程序的概念

公证书复查程序，是指公证当事人或与公证事项有利害关系的人对公证机构出具的公证书有异议时，向该公证机构提出申请，公证机构据此进行审查所适用的程序。公证书复查程序是我国《公证法》新确立的一项程序制度。该程序属于救济程序，即给予当事人、公证事项的利害关系人认为公证书有错误时，要求公证机构进一步审查的机会。该程序是一种公证监督程序，即通过公证当事人、公证事项利害关系人对公证机构的行为依法进行监督，保证公证机构能够对公证书中存在的错误及时加以纠正，从而使公证书真正发挥证明效能，维护当事人、公证事项的利害关系人的合法权益。

（二）公证书复查程序的范围

《公证法》第39条规定："当事人、公证事项的利害关系人认为公证书有错误的，可以向出具该公证书的公证机构提出复查。公证书的内容违法或者与事实不符的，公证机构应当撤销该公证书并予以公告，该公证书自始无效；公证书有其他错误的，公证机构应当予以更正。"根据此条规定，公证书复查程序的范围包括以下两种情形：

1. 公证书内容不真实或违反法律，即公证书证明的内容违反法律、法规规定或者公证书证明的内容与事实不相符。

2. 公证书有其他错误，如文字错误，表达不准确等。

需要注意的是，公证书复查程序适用的前提是公证当事人、与公证事项有利害关系的人认为公证书有错误，而不是对公证书内容存在民事权利义务争议。《公证法》第40条规定："当事人、公证事项的利害关系人对公证书的内容有争议的，可以就该争议向人民法院提起民事诉讼。"如果公证当事人、与公证事项有利害关系的人对公证书内容有争议，公证机构应当告知他们采用和解、调解及民事诉讼的方式解决。

（三）公证书复查的程序

根据《公证程序规则》的规定，公证书复查在程序上有申请、审查、作出处理等内容：

1. 申请。当事人认为公证书有错误的，可以在收到公证书之日起1年内，向出具该公证书的公证机构提出复查。公证事项的利害关系人认为公证书有错误的，可以自知道或者应当知道该项公证之日起1年内向出具该公证书的公证机构提出复查，但能证明自己不知道的除外。提出复查的期限自公证书出具之日起最长不得超过20年。复查申请应当以书面形式提出，载明申请人认为公证书存在的错误及其理由，提出撤销或者更正公证书的具体要求，并提供相关证明材料。

2. 审查。公证机构收到复查申请后，应当指派原承办公证员之外的公证员进行复查，且应当自收到复查申请之日起 30 日内完成复查，作出复查处理决定，发给申请人。需要对公证书作撤销或者更正、补正处理的，应当在作出复查处理决定后 10 日内完成。复查结论及处理意见，应当报公证机构的负责人审批。复查处理决定及处理后的公证书，应当存入原公证案卷。公证机构办理复查，因不可抗力、补充证明材料或者需要核实有关情况的，所需时间不计算在前款规定的期限内，但补充证明材料或者需要核实有关情况的，最长不得超过 6 个月。公证机构进行复查，应当对申请人提出的公证书的错误及其理由进行审查、核实。

3. 处理。公证机构进行审查、核实后，应区别不同情况，按照不同情形予以处理：

（1）公证书的内容合法、正确、办理程序无误的，作出维持公证书的处理决定。

（2）公证书的内容合法、正确，仅证词表述或者格式不当的，应当收回公证书，更正后重新发给当事人；不能收回的，另行出具补正公证书。

（3）公证书的基本内容违法或者与事实不符的，应当作出撤销公证书的处理决定。

（4）公证书的部分内容违法或者与事实不符的，可以出具补正公证书，撤销对违法或者与事实不符部分的证明内容；也可以收回公证书，对违法或者与事实不符的部分进行删除、更正后，重新发给当事人。

（5）公证书的内容合法、正确，但在办理过程中有违反程序规定、缺乏必要手续的情形，应当补办缺漏的程序和手续；无法补办或者严重违反公证程序的，应当撤销公证书。

被撤销的公证书应当收回，并予以公告，该公证书自始无效。公证机构撤销公证书的，应当报地方公证协会备案。

导入案例分析

在此案例中，由于李某的女儿尚未成年且无生活来源，即使李某已与女儿的母亲签订了抚养协议，仍必须在遗嘱中为其女儿保留相应的财产份额，所以，该遗嘱的内容有违背国家法律之处，公证员应拒绝为其公证。

思考题

1. 公证机构受理公证申请的一般程序有何规定？

2. 公证机构拒绝公证和终止公证的条件是什么？

3. 简述提存公证程序和公证复查程序。

实务训练

1. **基本案情：** 当事人王老太在其丈夫李某去世后，拿着有夫妻联名的房产证、股票凭证和 10 万元银行存折到某公证处申请办理遗嘱公证。承办的公证员在审查材料及询问过程中发现，王老太和李某共育有一子，但李某在与王老太结婚前为丧偶，并与前妻生育一女，现王老太将其与丈夫的所有共同财产进行遗嘱公证，公证内容为在王老太死亡后，让其儿子继承所有财产。

问： 本案中王老太申请的遗嘱公证中存在哪些法律问题？

分析意见：

王老太申请的遗嘱公证中存在三个方面的法律问题：一是王老太对财产进行遗嘱公证时，侵犯了丈夫李某的财产共有权，应该将其与丈夫李某的共同财产进行分割，对于属于自己的部分财产及继承其丈夫的部分财产才能进行遗嘱处理；二是侵犯了女儿的继承权，李某去世后，属于李某的财产应在继承人中进行遗产分割，女儿有权继承父亲的部分遗产；三是侵犯了儿子的继承权，父亲去世后，儿子有权继承父亲的部分遗产，属于儿子的部分遗产，王老太是无权进行遗嘱公证的。

2. **基本案情：** 张某与王某签订了一份关于某生产原材料的买卖合同，合同中约定王某于 2005 年 10 月 1 日交货，由张某到王某所在地 S 县提货。然而，张某并没有按照约定准时提货，王某多次联系未果。于是，王某决定将该批合格的原材料提存。

问：（1）根据法律规定，王某办理提存应向何处公证处提出申请？

（2）办理提存公证，公证机构接到提存申请以后，应当主要审查哪些内容？

分析意见：

1. 王某应向债务履行地的 S 县公证机构提出申请。

2. 公证机构应审查下列内容：一是王某的身份是否是合同当事人，是否有履行合同的主体资格；二是提存之债是否真实合法；三是提存标的物与提存之债是否一致；四是债务人王某是否无法直接履行债务。

第十八章

法律行为公证

学习目标与工作任务

掌握各类合同公证需要提交的材料、公证审查的重点；熟悉委托公证、声明公证、收养公证等其他法律行为公证的程序。

导入案例

××县陈某和李某夫妇在两年前购买了一套商品房，当时因为某种原因将该商品房的产权登记在 13 岁的儿子陈某某名下。现因陈某某患有重病，需要大笔医疗费，故陈某和李某想将该商品房卖给他人，但房地产管理部门以陈某某尚未成年，不给办理过户手续，要求先到公证部门办理公证后才给予办理。

公证机构经过审查认为该公证可以办理。按照《中华人民共和国民法通则》第 18 条第 1 款的规定，监护人应当履行监护职责，保护被监护人的人身、财产及其他合法权益，除为被监护人的利益外，不得处理被监护人的财产。因此，要想处理未成年子女的财产，除非是为了未成年子女的利益。本案中，陈某和李某夫妻是为了陈某某的医疗费而出卖该房屋。所以可以办理房屋买卖合同公证，但在合同中应注明出售该房屋是为了未成年人的利益。

问：公证机构在办理该房屋买卖合同公证时，应如何审查合同的真实性和合法性？

教学内容

法律行为公证，是指公证机构根据当事人的申请，依照法定程序，对当事人有关设立、变更或终止民事权利义务关系的行为的真实性与合法性予以证明的活动。民事法律行为公证是公证机构办理的最常见、数量最多的一项公证业务。根据公证实践，民事法律行为公证主要包括合同公证和其他民事法律行为公证两大类。

第一节　合同公证

一、合同公证概述

合同公证，是指公证机构根据法律的规定和当事人的申请，依照法定程序，对当事人之间签订合同行为的真实性与合法性予以证明的活动。合同公证应重点审查的事项包括：①审查合同各方当事人的主体资格，即当事人各方是否具有相应的民事权利能力和民事行为能力。如果当事人委托代理人订立合同的，还应当审查代理人的资格、代理权限以及代理期限等；②审查合同各方当事人的意思表示是否真实、自愿，各方是否就合同的主要条款已经达成合意，是否存在隐瞒、虚假、胁迫、欺诈等情况；③审查合同的内容是否符合国家的有关法律、法规的要求，审查当事人有无恶意串通，假借合同掩盖非法目的，审查当事人对合同的内容是否存在重大误解或显失公平等情况；④审查合同的条款是否完备，内容是否明确，文字表述是否准确无误；⑤审查当事人提供的相关文件、证明材料是否真实、齐全、有效；⑥审查合同的可行性问题；⑦针对各种合同的特点需要审查的其他事项。

二、买卖合同公证

（一）买卖合同公证的概念

买卖合同公证，是指公证机构根据当事人的申请，依法证明当事人之间签订买卖合同的真实性与合法性的活动。

（二）买卖合同公证的程序

1. 申请与受理。当事人向公证机构提出申请，填写公证申请表并提交下列证明材料：

（1）当事人主体资格证明。法人提交营业执照副本及法定代表人资格证明和身份证明；自然人提交身份证明，如居民身份证、户口簿等；有委托代理人的，提交授权委托书和代理人的身份证明。

（2）买卖合同书文本及其附件。

（3）卖方的供货能力及买方的支付能力的有关证明，其中包括出卖人对标的物的所有权证明或其有权处分的证明。

（4）其他有关证明材料，如担保人的身份和资格证明等。

公证机构初步审查后，认为符合受理条件的，应当予以受理，并书面通知申请人；如不符合条件的申请，公证机构作出不予受理的决定，并告知当事人对不受理决定不服的申诉程序。

2. 审查并依法出具公证书。公证机关受理当事人的公证申请后，应重点审

查以下内容：

（1）审查买卖合同双方当事人的主体资格、民事权利能力和行为能力；以及担保人担保能力、代理人的代理权及代理权限范围等。

（2）审查买卖合同的内容是否真实、合法；合同条款是否明确、齐全；等等。

（3）审查买卖合同双方当事人的意思表示是否真实、自愿。

（4）审查买卖合同当事人双方的履约能力。

（5）有关证明文件和材料是否齐全、真实、有效。

公证机构经过认真审查，认为买卖合同当事人有主体资格，双方意思表示真实、一致，合同内容和形式合法、真实，不违背社会公共利益的，应依法出具公证书。

三、赠与合同公证

（一）赠与合同公证的概念

赠与合同公证，是指公证机构根据当事人的申请，依法对赠与人与受赠人之间签订的赠与合同的真实性、合法性予以证明的活动。

（二）赠与合同公证的程序

1. 申请与受理。当事人申办赠与合同公证，应当亲自向有管辖权的公证机构提出申请，填写公证申请表，并提交以下证明材料：

（1）申请人的身份证明。申请人是法人的，应提交法人资格证明及法定代表人身份证明；由法定代理人代为申请的，应提交法定代理人资格及其身份证明。

（2）赠与合同书或赠与书、受赠书。

（3）赠与财产清单和产权证明。

（4）赠与财产是共有财产的，应提交其他共有人同意赠与的意见书；赠与财产是国有财产的，应提交政府主管部门的批准文件；赠与财产是集体财产的，应提交集体组织成员同意赠与的书面意见。

（5）其他有关材料。

公证机构初步审查后，认为符合受理条件的，应当予以受理，并书面通知申请人；如申请不符合条件，公证机构应当作出不予受理的决定，并告知当事人对不受理决定不服的申诉程序。

2. 审查并依法出具公证书。公证机构受理公证申请后，应重点审查以下内容：

（1）审查当事人的主体资格，特别是赠与人的资格和民事行为能力。赠与人是公民的，必须具有完全的民事行为能力，无民事行为能力人的赠与行为，以及限制民事行为能力的人所从事的与自己不相适应的赠与行为，均为无效。赠与人是法人或其他组织的，其对赠与财产的处分行为不得违反本单位章程和财经纪律，否则赠与行为无效。

（2）审查赠与人的赠与行为与受赠人接受赠与的行为是否是其真实意思表示。

（3）审查所赠财产的产权是否为赠与人所有或有权处分的。

（4）赠与合同的内容是否合法，合同条款是否明确、完备。

（5）所提交的材料是否真实、齐全。

经过审查，对于符合条件的赠与合同，公证机构应当依法出具公证书。

四、运输合同公证

（一）运输合同公证的概念

运输合同公证，是指公证机构根据当事人的申请，依法证明当事人之间签订运输合同的真实性与合法性的活动。

（二）运输合同公证的程序

1. 申请与受理。当事人向公证机构提出申请，填写公证申请表并提交下列证明材料：

（1）当事人的身份证件。当事人为法人的，应当提交法人资格证明及其法定代表人的身份证明；当事人为个体工商户的，应当提交营业执照副本及本人的身份证件；当事人为公民的，应当提交公民的身份证件，如居民身份证、户口簿等。

（2）承运人应当提交交通主管部门核发的营运证和工商行政管理部门核发的营业执照，运输货物涉及检疫、商检、海关等监管手续的，托运方应当提交货物准运证。

（3）当事人委托代理人代为申请的，应当提交授权委托书和代理人的身份证明。

（4）货物的品名、规格、数量、价格、包装状况等凭证。

（5）货物的来源证明。

（6）办理保险的货物，应当提交保险凭证。

（7）运输合同文本。

（8）公证机构认为应当提交的其他证明材料。

公证机构初步审查后，认为符合受理条件的，应当予以受理，并书面通知申请人；如申请不符合条件，公证机构应当作出不予受理的决定，并告知当事人对不受理决定不服的申诉程序。

2. 审查并依法出具公证书。公证机关受理当事人的公证申请后，应重点审

查以下内容：

（1）标的物的性质、数量、规格、品种、包装等约定是否清楚。

（2）对于必须依法办理审批、检疫、检验手续的货物运输，如危险品、限制运输品等，托运人与承运人是否办理了必要的审批手续，获得了有关部门的批准并取得准运证。

（3）托运人、承运人、收货人三方之间的权利、义务约定是否明确、具体。

公证机构经过审查，认为符合运输合同条件且合同真实、合法的，应依法出具公证书。

五、建设工程合同公证

（一）建设工程合同公证的概念

建设工程合同公证，是指公证机构根据当事人的申请，依照法定程序，证明发包人与承包人之间签订的建设工程合同的真实性、合法性的活动。

（二）建设工程合同公证的程序

1. 申请与受理。当事人申办建设工程合同公证，应向工程建设项目所在地的公证机构提出申请，填写公证申请表，并提交下列材料：

（1）合同双方当事人的法人资格证明：法人营业执照，承包人的资质证明，法定代表人的资格证明和身份证明，有委托代理人的，还应提交授权委托书和代理人的身份证明。

（2）发包方还应提交有关该建设项目的立项批准书、开工许可证、主管部门核准的建设工程概算，以及规划部门颁发的建设工程用地规划许可证等。

（3）发包方如果是通过招标投标程序选定承包人的，则应提交招标文件、投标文件以及与招标投标有关的其他材料，如果未实行招标的，则应提交建设主管部门出具的本项目不需要招标的批文。

（4）建设工程合同文本。

（5）当事人设定担保的，担保人应以一方公证当事人的身份，提交其主体资格证明和资信证明。

（6）公证机构认为应当提交的其他证明材料。

公证机构初步审查后，认为符合受理条件的，应当予以受理，并书面通知申请人；如申请不符合条件，公证机构应当作出不予受理的决定，并告知当事人对不受理决定不服的申诉程序。

2. 审查并依法出具公证书。公证机关受理当事人的公证申请后，应重点审查以下内容：

（1）合同双方当事人的主体资格。

（2）双方的履约能力。如发包方提交的有关建设项目的法律文件和法律手续是否真实、合法、有效，发包方是否具备该建设工程项目本身及招标文件、合同等要求的技术资质条件。

（3）合同内容是否真实、合法，当事人是否遵守了国家有关法律的强制性规定，这些强制性规定包括承包人不得将其承包的全部建设工程转包给第三人，不得将其承包的全部工程肢解之后以分包的名义转包给第三人，禁止承包人将工程分包给不具备相应资质条件的第三人，禁止分包单位将其承包的工程再分包，建设工程的主体部分必须由承包人完成，工程质量必须符合法律、法规、有关规定和招标文件的要求，禁止承包人垫付工程款项，等等。

（4）签订合同的程序是否符合法定程序，对于依法应当采取招标投标方式确定承包人、施工人、设计人的建设工程合同，必须采取招标投标的方式，否则将因签订合同的程序不合法而不能予以公证。

（5）合同条款是否完备、明确，在建设工程合同中，当事人必须对工程质量、工程期限、工程范围、工程造价、设计文件及预算、技术资料的提供日期、材料和设备、工程验收等内容以合同条款的方式作出明确约定。

公证机构经过审查后，如果认为合同当事人有主体资格和履约能力，合同内容真实、合法，签订合同的程序等不违背国家法律、法规、政策的规定，应依法出具公证书。

六、借款合同公证

（一）借款合同公证的概念

借款合同公证，是指公证机构根据借款合同借、贷双方当事人的申请，依照法定程序，证明借款合同的签订和内容真实、合法的活动。

（二）借款合同公证的程序

1. 申请与受理。当事人申办借款合同公证，在向公证机构提出申请时，应填写公证申请表，并提交下列材料：

（1）当事人的身份证明或法人资格证明，法定代表人的资格和身份证明，代理人代为申请的，应提交授权委托书和代理人的身份证明。

（2）贷款方为金融机构的，提供《经营金融业务许可证》，涉及外汇内容的应当同时提交《经营外汇业务许可证》。

（3）借款合同文书及其附件。

（4）有担保人的，提交有关担保文件，抵押贷款的，提交抵押物清单、所有权或经营管理权证明。

（5）公证机构认为应当提交的其他证明材料。

公证机构初步审查后，认为符合受理公证的法定条件的，应当予以受理，并书面通知申请人；如申请不符合条件，公证机构应当作出不予受理的决定，并告知当事人对不受理决定不服的申诉程序。

2. 审查并依法出具公证书。公证机关受理当事人的公证申请后，应重点审查以下内容：

（1）合同双方当事人的主体资格。

（2）双方当事人的意思表示是否真实。

（3）借款金额、期限、利率、用途是否明确约定，是否符合有关规定。

（4）借款的用途是否违反法律的禁止性规定，借款的额度是否符合法律的规定。

（5）对于约定抵押的借款合同，用于抵押的财产是否符合法律规定。

（6）双方当事人履行合同的能力。

公证机构经过审查，如果认为事实清楚，证明材料齐全，当事人有主体资格，意思表示真实、一致，合同内容真实、合法，应依法出具公证书。

七、租赁合同公证

（一）租赁合同公证的概念

租赁合同公证，是指公证机构根据当事人的申请，依照法定程序，证明出租人与承租人之间签订租赁合同的行为以及租赁合同本身的真实性、合法性的活动。

（二）租赁合同公证的程序

1. 申请与受理。当事人申办租赁合同公证，在向公证机构提出申请时，应填写公证申请表，并提交下列材料：

（1）当事人双方的主体资格证明和身份证明，如当事人为法人的，应提供法人资格证明和法定代表人身份证明；当事人为公民的，应提交公民的身份证、户口簿等身份证明；代理人代为申请的，应提交授权委托书和代理人的身份证明。

（2）出租物的所有权证明及与出租物有关的技术资料，如房屋所有权证、平面图、机器设备的说明书等。

（3）出租物为共有的，还应当提交共有人同意出租的书面意见。

（4）出租方要求提供担保的，承租方应当提交担保书。

（5）财产租赁合同文本。

（6）公证机构认为应当提交的其他证件、文件和材料。

公证机构初步审查后，认为符合受理公证的法定条件的，应当予以受理，并书面通知申请人；如申请不符合条件，公证机构应当作出不予受理的决定，并告知当事人对不受理决定不服的申诉程序。

2. 审查并依法出具公证书。公证机关受理当事人的公证申请后，应重点审

查以下内容：

（1）当事人双方的主体资格。

（2）审查租赁物是否合法，租赁物必须是特定物、非易耗物、法律不禁止流通的物。

（3）租赁物为限制流通物的，是否经过有关主管部门批准。

（4）租赁物为共有物的，审查共有人的意思表示。

（5）特殊主体如机关、事业单位、国有企业作为出租人的，应当提交主管部门的批准文件。

（6）承租人租赁财物的目的与用途是否违反法律的禁止性规定。

公证机构对租赁合同进行全面审查后，如认为真实、合法，符合法定条件的，应依法出具公证书。

八、劳动合同公证

（一）劳动合同公证的概念

劳动合同公证，是指公证机构根据用人单位和劳动者的申请，依照法定程序，证明双方签订劳动合同的真实性、合法性的活动。

（二）劳动合同公证的程序

1. 申请与受理。当事人申办劳动合同公证，在向公证机构提出申请时，应填写公证申请表，并且双方当事人应当分别提交下列材料：

用人单位（聘用方）应当提交的材料：

（1）劳动主管部门批准的招聘计划和招聘指标。

（2）招聘单位的资格证明，代表人或代理人的身份证明，代理人的授权委托书。

（3）招聘简章、招聘条件及与招聘有关的规章制度。

（4）采用公开招标方式招聘干部或企业经营者的，应提交有关招标文件、记录和中标证明等材料。

（5）签订技术培训、人才定向培训协议，要提供与代培单位签订的代培合同。

（6）劳动合同文本。

（7）公证机构认为应当提交的其他材料。

劳动者（受聘方）应当提交的材料：

（1）本人的身份证明与健康证明，如本人未满18周岁，必须提供其法定代理人同意的证明。

（2）所在地人才交流中心、街道、乡镇出具的无工作证明或停薪留职证明或工作单位同意其从事第二职业的证明。

（3）与聘用方要求相一致的学历证明、技术等级证书等。

（4）劳动合同文本。

（5）公证机构认为应当提交的其他材料。

对于符合上述条件的劳动合同公证申请，公证机构应予受理，并进一步审查劳动合同的条款和内容；不符合上述条件的劳动合同公证申请，公证机构应拒绝受理，并作出拒绝受理决定书。

2. 审查并依法出具公证书。公证机关受理当事人的公证申请后，应重点审查以下内容：

（1）劳动合同当事人是否具备法定的主体资格，意思表示是否真实。

（2）劳动合同是否符合劳动报酬法律规定、劳动保护法律规定和社会保险法律制度，如果应聘者为不满 18 周岁的未成年人的，公证机构还须审查是否符合《劳动法》等法律法规关于聘用未成年人的规定。

（3）劳动合同订立的程序是否合法，劳动合同的订立一般包括招工、报名、考核、录用和签订劳动合同五个阶段，公证机构应当逐阶段进行审查，以确保合同的合法性。

（4）劳动合同的条款是否完备，劳动合同的条款一般包括：①用人单位的名称、性质、地址，受聘方的姓名、年龄、文化程度、专业技术等基本情况；②工作任务；③试用期限、聘用期限；④劳动条件；⑤劳动报酬及保险福利待遇；⑥劳动者的权利、义务；⑦劳动纪律、技术培训及安全操作条款；⑧劳动合同终止或解除的条件；⑨违约责任；⑩其他约定条款；等等。

公证机构对劳动合同进行全面审查后，如认为当事人双方具有签订劳动合同的资格和行为能力，双方意思表示真实，劳动合同条款齐全，签订劳动合同的程序合法，应依法出具公证书。

导入案例分析

公证机构在办理这类公证中，应注意如下几个问题：①本案是否属于本公证处管辖。②必须做到父母和产权证登记的未成年人都到场并提供夫妻、子女关系证明，产权证明，为未成年人利益的相关证明材料，如病历等。③在谈话笔录中，要询问父母双方的意见，告知其权利和义务，如该未成年人已满 10 周岁，也应制作谈话笔录，就其父母提供的为未成年人利益的相关证明材料进一步核实。特别重要的是应在笔录中告知当事人，如作虚假陈述、提供虚假材料、骗取公证书的后果及应承担的责任。房屋买卖合同中应写明转移变更登记未成年人名下的房产是"为未成年人的利益"及理由，并承诺承担一切法律责任。④在审查房屋买卖合同时，应当严格审查该父母是否为未成年人的利益而出售商品房，其所提供的证据是否真实、全面、完备。如果有需要，还应实地核实。

第二节　其他法律行为公证

一、委托公证

（一）委托公证的概念

委托书公证，是指公证机构根据委托人的申请，依照法定程序，对委托人的授权委托行为的真实性、合法性予以证明的活动。

委托合同公证，是指公证机构根据当事人的申请，依照法定程序，对委托人与受托人之间签订的委托协议行为的真实性、合法性予以证明的活动。

（二）委托公证的程序

1. 申请与受理。当事人申办委托公证，在向公证机构提出申请时，应填写公证申请表，并提交下列材料：

（1）证明当事人身份的证件。

（2）委托书原件或委托合同书。

（3）委托授权的事实和法律依据，即委托人所授予的权利确系其本人享有，且为法律所允许的有关证明材料。

（4）与委托事项相关的证明材料。

（5）公证机构认为应当提交的其他材料。

公证机构初步审查后，认为符合受理条件的，应当予以受理，并书面通知申请人；如申请不符合条件，公证机构应当作出不予受理的决定，并告知当事人对不受理决定不服的申诉程序。

2. 审查并依法出具公证书。公证机关受理当事人的公证申请后，应重点审查以下内容：

（1）委托人是否具有民事行为能力和民事权利能力。

（2）委托书和委托合同原件内容是否明确、具体，条款是否齐全、完整，委托人的意思表示是否自愿、真实。

（3）委托事项是否符合法律规定和社会公德。

（4）当事人提交与委托事项相关的证明材料是否真实、合法、有效。

公证机构对委托行为进行全面审查后，如认为真实、合法，符合法定条件的，应依法出具公证书。

二、声明公证

（一）声明公证的概念

声明公证，是指公证机构根据声明人的申请，依照法定程序，对声明人声明行为的真实性、合法性予以证明的活动。

（二）声明公证的程序

1. 申请与受理。当事人申办声明公证，在向公证机构提出申请时，应填写公证申请表，并提交下列材料：

（1）声明人为公民的，应提交其身份证件；声明人为法人的，应提交法人资格证明及其法定代表人的资格证明和身份证件。

（2）声明书。

（3）与声明内容有关的证明材料，如当事人主张某项权利的声明，应提交其主张权利所依据的法律文件或事实根据；当事人放弃某项财产权利的声明，应提交其依法享有处分该项财产权的证明；等等。

（4）公证机构认为应当提交的其他材料。

公证机构初步审查后，认为符合受理条件的，应当予以受理，并书面通知申请人；如申请不符合条件，公证机构应当作出不予受理的决定，并告知当事人对不受理决定不服的申诉程序。

2. 审查并依法出具公证书。公证机关受理当事人的公证申请后，应重点审查以下内容：

（1）声明人的身份是否真实无误。

（2）声明人是否具有发表声明的资格，即与声明内容相应的民事权利能力和民事行为能力。

（3）声明的内容是否为声明人真实的意思表示，有无违反法律和社会公共利益。

（4）声明人在声明书上的签名、印鉴及日期是否属实、齐备。

公证机构对声明行为进行全面审查后，如认为真实、合法，符合法定条件的，应依法出具公证书。

三、收养公证

（一）收养公证的概念

收养关系成立公证，是指公证机构根据当事人的申请，依照法定程序，对当事人之间进行的建立收养关系这一法律行为的真实性、合法性予以证明的活动。

收养关系解除公证，是指公证机构根据当事人的申请，依照法定程序，对养父母与养子女之间解除收养关系的法律行为的真实性、合法性予以证明的活动。

（二）收养公证的程序

1. 申请与受理。当事人申办收养关系成立和收养关系解除公证，在向公证机构提出申请时，应填写公证申请表，并提交下列材料：

收养关系成立公证应提交的材料：

（1）收养人、送养人和被收养人的身份证明。

（2）收养人和被收养人的出生证明。

（3）收养人和送养人的婚姻状况证明。

（4）收养人的职业、经济状况和健康状况证明。

（5）收养人和送养人的子女情况证明。

（6）双方的收养协议。

（7）公证机构认为应当提交的其他材料。

收养关系解除公证应提交的材料：

（1）当事人的身份证件，包括户口簿、身份证。

（2）收养关系成立的公证书或其他能够证明收养关系成立的证明材料。

（3）解除收养关系协议书，该协议书应包括：当事人双方同意解除收养关系的意思表示，养子女年满 10 周岁的，应征得其本人同意并在该协议书中写明，当事人双方对既缺乏劳动能力又无生活来源的养父母或未成年养子女的生活安置问题以及养父母在收养期间支出的生活费和教育费的补偿问题都作了约定的相关材料。

（4）公证机构认为应当提交的其他材料。

公证机构初步审查后，认为符合受理公证的法定条件的，应当予以受理，并书面通知申请人；如申请不符合条件，公证机构应当作出不予受理的决定，并告知当事人对不受理决定不服的申诉程序。

2. 审查并依法出具公证书。公证机关受理当事人的公证申请后，应重点审查以下内容：

收养关系成立公证应审查的内容：

（1）当事人各方的身份证明的真实性。

（2）收养人和送养人是否具有民事行为能力。

（3）当事人各方的意思表示是否真实，收养动机、目的和理由是否正当。

（4）收养人的经济状况、健康状况、道德品质和抚养能力。

（5）收养协议的内容是否真实、合法，有关材料是否齐全。

（6）如果被收养人年满 10 周岁，是否征得了其本人同意。

收养关系解除公证应审查的内容：

（1）当事人所提交的证明材料是否真实、有效。

（2）当事人解除收养关系的意思表示是否真实，收养人与有民事行为能力的被收养人中有一方不同意解除的或收养人与无民事行为能力的被收养人的生父母中有一方不同意解除的，不得办理解除收养关系公证。

（3）解除收养关系的原因和理由是否正当、属实。

（4）当事人双方解除收养关系后是否对无独立生活能力的一方生活作出妥善安排。

（5）解除收养关系协议条款是否完备。

公证机构对声明行为进行全面审查后，如认为真实、合法，符合法定条件的，应依法出具公证书。

四、夫妻财产协议公证

（一）夫妻财产协议公证的概念

夫妻财产协议公证，是指公证机构根据当事人的申请，依照法定程序，对夫妻双方就夫妻关系存续期间实行何种财产制和所得财产的分配及产权归属事项达成协议行为的真实性、合法性予以证明的活动。

（二）夫妻财产协议公证的程序

1. 申请与受理。当事人申办夫妻财产协议公证，在向公证机构提出申请时，应填写公证申请表，并提交下列材料：

（1）申请人的身份证明。

（2）夫妻财产协议书，协议书内容包括：当事人的姓名、性别、职业、住址等基本情况，现有夫妻财产（债务）的名称、数量、规格、种类、价值、状况等，现有夫妻财产的归属及今后夫妻关系存续期间所得财产（债务）的归属，夫妻关系存续期间财产的使用、维修、处分的原则以及其他约定。

（3）与协议内容有关的所有权证明、使用权证明材料及双方签署的财产清单。

（4）公证机构认为应当提交的其他材料。

公证机构初步审查后，认为符合受理公证的法定条件，应当予以受理，并书面通知申请人；如申请不符合条件，公证机构应当作出不予受理的决定，并告知当事人对不受理决定不服的申诉程序。

2. 审查并依法出具公证书。公证机关受理当事人的公证申请后，应重点审查以下内容：

（1）当事人的身份和民事行为能力。

（2）当事人的意思表示是否真实。

（3）协议的内容和形式是否真实、合法，是否符合社会公序良俗原则。

（4）协议内容是否完善，文字是否准确，签名、印鉴是否齐全。

（5）夫妻财产协议不得对他人的财产进行约定。

公证机构对声明行为进行全面审查后，如认为真实、合法，符合法定条件的，应依法出具公证书。

思考题

1. 对买卖合同进行公证应审查哪些内容？
2. 对赠与合同、借款合同、劳动合同等进行公证应审查哪些内容？

实务训练

基本案情： 某科技实业有限公司因业务发展需要，聘请王某担任企业的高层管理人员，年薪 10 万元起，王某住在该市的 A 区，2007 年 1 月 8 日双方签订合同以后，为了防止事后双方发生纠纷，双方均打算对聘用合同进行公证。

问：

1. 如果双方均打算申请公证，应向何处公证机构提出申请？
2. 公证机构在为双方办理公证时，应重点审查哪些内容？

分析意见：

1. 根据《公证程序规则》第 15 条的规定，2 个以上当事人共同申办同一公证事项的，可以到共同行为地、事实发生地或者其中一名当事人住所地、经常居住地的公证机构办理。

2. 重点审查：合同双方当事人是否具备主体资格；意思表示是否真实、自愿；合同内容是否真实合法；合同条款是否明确、齐全；双方权利义务是否对等；被招工者是否达到了法律规定的年龄；是否能独立承担民事责任；是否符合招聘工种的身体条件；双方提供的证明材料是否齐备、有效。

第十九章

法律事实和法律文书公证

学习目标与工作任务

掌握出生公证、死亡公证、婚姻状况公证、无违法犯罪记录公证等法律事实公证的程序；了解公司章程、专利文书、文书文本相符和签名、印鉴、日期属实等法律文书公证和公证机构审查的内容以及程序。

导入案例

赵某出生于南京市，大学就读于上海，大学毕业后在上海一家公司工作，目前被公司派往加拿大工作，现因办理移民手续，需要提供出生公证。

问：

1. 赵某应向哪个城市的公证机构申请公证？
2. 赵某应提供哪些证件和材料？

第一节 法律事实公证

教学内容

具有法律意义的事实公证，是指公证机构根据当事人的申请，依照法定程序，对与公证当事人存在着法律上利害关系的客观事实和情况的真实性予以确认并进行证明的活动。公证机构对具有法律意义事实的公证主要包括证明法律事件和证明非争议性事实两大类，其中，法律事件公证具体包括公民出生、死亡、生存和居住以及意外事件和不可抗力事件等公证，非争议性事实公证具体包括婚姻状况公证、亲属关系公证、学历学位公证、经历公证和无违法犯罪记录公证等。

一、出生公证

（一）出生公证的概念

出生公证，是指公证机构根据当事人的申请，依照法定程序，对当事人何时何地出生这一法律事实的真实性予以证明的活动。出生公证用途广泛，主要用于国外定居、求学、继承、结婚、办理出入境签证等方面。因此，出生公证的办理对于当事人有着重大意义。

（二）办理出生公证的程序

1. 申请。当事人申办出生公证，应当向其出生地或住所地公证机构申请，移居境外的当事人，应当向其在境内的最后住所地公证机构申请。当事人应填写公证申请表，并提交下列材料：

（1）申请人的身份证明，如身份证、户口簿，已注销户口的，需提交原住所地公安派出所出具的户籍记载证明。

（2）接生医院签发的出生证或出生地基层组织出具的证明。

（3）代理人代为申请的，应当提交授权委托书和代理人的身份证明。

（4）公证机构要求提交的其他材料。

公证机构经过初审后，认为符合受理条件的，予以受理，对于提交材料不全的，要求当事人补全材料后，再予以受理。

2. 审查并出具公证书。公证机关受理当事人的公证申请后，应重点审查以下内容：

（1）申请人提交的证件和证明材料是否真实、有效，各种证明材料之间是否相互印证、协调一致。

（2）证明材料中关于申请人的姓名、性别、出生日期和出生地点是否真实、准确。

公证机构通过对当事人提交的材料调查核实后，认为所申办的公证事项事实清楚、材料充分，符合法律规定的，可以出具公证书。公证书的内容应包括：申请人的姓名、性别、出生日期、出生地点和生父母的姓名等。

需要注意的是，我国公证机构只受理在我国境内出生的我国自然人和外国人申办的出生公证事项。凡在国外出生的法律事实，我国公证机构不予办理公证。

二、死亡公证

（一）死亡公证的概念

死亡公证，是指公证机构根据当事人的申请，依照法定程序，对发生在我国境内的人员死亡这一法律事实的真实性予以确认和证明的活动。死亡公证主要用于遗产继承、领取抚恤金或福利费等方面。

（二）办理死亡公证的程序

1. 申请。当事人申办死亡公证，应当向死亡事实发生地的公证机构申请，当事人应填写公证申请表并提交下列材料：

（1）申请人的身份证件及与死者关系的证明。

（2）医院或有关单位出具的死亡证明、尸体火化证明。

（3）户籍管理部门出具的注销死者户口的证明。

（4）被宣告死亡的，应提交人民法院制作的宣告公民死亡判决书。

（5）公证机构要求提交的其他材料。

公证机构经过初审后，认为符合受理条件的，予以受理；对于提交材料不全的，要求当事人补全材料后，再予以受理。

2. 审查并出具公证书。公证机构通过对当事人提交的证明材料审查核实后，认为符合出证条件的，应出具死亡公证书。死亡公证书应写明死者的姓名、性别、出生日期、生前住址、死亡日期及地点，必要时还要写明死亡原因。

三、生存和居住公证

（一）生存和居住公证的概念

生存和居住公证，是指公证机构根据当事人的申请，依照法定程序，对当事人现在还活着并居住在某地这一法律事实予以确认和证明的活动。生存和居住公证对于维护我国华侨、归侨、侨眷在域外的正当权利和合法权益，对于保护居住在中国的外国人的合法权益，都发挥着重要作用。

（二）办理生存和居住公证的程序

1. 申请。当事人申办生存和居住公证，应当亲自向其住所地或经常居住地的公证机构申请，不得委托他人代理申请，如果当事人确有特殊原因无法前往公证机构，公证机构可以派员上门办证。当事人应填写公证申请表，并提交下列材料：

（1）本人的身份证明、居民身份证、户口簿、护照及其复印件。

（2）公安机关出具的当事人现居住地址的证明材料。

（3）公证机构要求提交的其他材料。

公证机构经过初审后，认为符合受理条件的，予以受理；对于提交材料不全的，要求当事人补全材料后，再予以受理。

2. 审查并出具公证书。公证机构对当事人提交的证明材料要进行审查核实，对生存事实进行审查，还必须看到当事人本人。公证机构经过审查，认为符合法律规定的出证条件的，依法出具公证书。

四、婚姻状况公证

（一）婚姻状况公证的概念

婚姻状况公证，是指公证机构根据当事人的申请，依照法定程序，对当事人现存的婚姻状况这一法律事实的真实性、合法性予以证明的活动。婚姻状况公证包括已婚、未婚、离婚、丧偶、未再婚公证。婚姻状况公证主要用于当事人申请到国外探亲、定居、谋职、办理结婚手续或取得某些财产权益等事项，同时也可用于在国内从事某些经济和民事活动。

（二）已婚状况公证

1. 已婚状况公证概念。已婚状况公证，是指公证机构依法对申请公证的当事人之间现存的婚姻（夫妻）关系这一法律事实的真实性、合法性予以证明的活动。已婚状况公证分为结婚公证和夫妻关系公证。

2. 已婚状况公证的申请。当事人申办已婚状况公证，应当向其户籍所在地的公证机构提出申请，填写公证申请表，并提交下列证明材料：

（1）当事人的身份证、户口簿，代为申请的，应当提交授权委托书和受托人的身份证。

（2）我国婚姻登记机关为当事人颁发的《结婚证书》，或者为当事人补办的《夫妻关系证明书》。

（3）当事人所在单位根据档案记载出具的该当事人婚姻状况的证明材料。

（4）公证机构认为应当提交的其他材料。

3. 办理已婚状况公证的程序和出证条件。公证机构受理当事人的公证申请后，应依照法定程序重点审查当事人的资格、相应的民事权利能力和行为能力，以及当事人提交的各种证件、证明材料是否真实、合法、有效。经过审查，对于符合下列出证条件的，可根据不同情况，为当事人出具结婚公证书或夫妻关系公证书：

（1）结婚公证的出证条件。公证机构经审查认为当事人提交的《结婚证书》或《夫妻关系证明书》确系我国婚姻登记机关颁发，该证书从形式到内容真实无误、合法有效，即可为当事人出具结婚公证书。结婚公证书的内容包括：夫妻双方的姓名、性别、出生日期及双方结婚的时间、地点、方式并加贴二人的照片。

（2）夫妻关系公证的出证条件。对不具备结婚公证条件，而在现实生活中又确是夫妻关系的，公证机构只能为其出具夫妻关系公证书。夫妻关系公证书的内容和结婚公证书的内容基本相同，只是前者没有结婚时间和地点。由于夫妻关系公证书仅证明婚姻的结果，而无结婚的时间、地点等情况，所以使用中会受到一定的局限，甚至不被一些国家接受。

4. 办理已婚状况公证时应注意的问题：①公证证明的婚姻关系，必须是为我国法律所承认的婚姻关系，包括经合法手续登记的婚姻。对于未履行结婚登记手续的所谓"事实婚姻"的当事人申办公证的，公证机构应教育、动员当事人先办理结婚登记手续，然后再根据他们提交的结婚证书依法办理结婚公证。②当事人申办公证时，如一方当事人已经死亡，不能再补办结婚登记手续的，公证机构可根据有关户籍机关的记载，证明申请公证的当事人曾与死亡人生前存在过夫妻关系。③对于原来存在"事实婚姻"且先有子女，后来"婚姻"又解体的当事人，公证机构不能为其办理结婚公证或夫妻关系公证，只能根据需要，出具其子女的出生证明，即证明该当事人分别为其子女的生父和生母。④对于申请人要求办理"打算结婚声明书""夫妻关系未破裂"公证申请的，公证机构不予受理。⑤公证机构在审查申请人的结婚证时，应注意结婚登记时当事人是否达到了法定婚龄。如登记时尚未达到法定婚龄但申办公证时已达到的，公证机构只应证明其结婚证的复印件与原件相符，不可出具结婚公证书；如申请人在申办结婚公证时也未达到法定婚龄的，公证机构应当不予办理公证。

（三）离婚公证

1. 离婚公证的概念。离婚公证，是指公证机构根据当事人的申请，依法证明当事人的婚姻关系解除这一事实的真实性与合法性的活动。

2. 离婚公证的程序。办理离婚公证，当事人应当向其户籍所在地的公证机构提出申请，填写公证申请表，并提交下列材料：

（1）当事人的身份证件。

（2）婚姻登记机关为当事人出具的离婚证书或解除夫妻关系证明书，或者人民法院作出的准予当事人离婚的生效判决书、调解书。

（3）当事人的档案管理部门出具的对该当事人的婚姻状况证明。

（4）公证机构认为应提交的其他证明材料。

公证机构对当事人提交的证件和证明材料经审查验证后，即可采取证明离婚证书和司法文书影印本与原本内容相符，原本上的签名、印鉴属实的方式予以公证，也可以根据当事人的要求，依法出具离婚公证书。

3. 办理离婚公证应注意的问题。

（1）离婚公证书中关于当事人离婚的时间，应以婚姻登记机关出具的离婚证书的时间或以人民法院出具的准予离婚法律文书生效的日期为准。

（2）我国公民以外国法院作出的离婚判决书为依据申办离婚公证的，我国公证机构不予受理。

（四）未婚公证

1. 未婚公证的概念。未婚公证，是指公证机构根据当事人的申请，依法对当事人从未结过婚这一事实的真实性予以证明的活动。

2. 未婚公证的程序。当事人应先向其户籍所在地的公证机构提出申请，填写公证申请表，并提交下列材料：

（1）当事人的身份证件。

（2）档案管理部门为当事人出具的未曾登记结婚的证明信。

（3）当事人已离境的，应提供出国护照（有效期内）。

（4）公证机构认为应提交的其他材料。

公证机构对当事人提交的证件和证明材料经审查，对当事人已达法定婚龄，但并未结婚的事实予以确认后，即可出具未婚公证书。

3. 办理未婚公证应注意的问题。

（1）对于未达到法定婚龄的当事人申办未婚公证的，公证机构可根据事实为其办理未达到法定婚龄公证书。

（2）对于回国1年以上的出国人员，由于不能取得在国外期间的未婚证明而无法登记结婚的，公证机构可以根据当事人的申请，为其办理未婚保证书公证，而不能直接办理未婚公证。

（五）未再婚公证

1. 未再婚公证的概念。未再婚公证，是指公证机构根据当事人的申请，依法对当事人婚姻关系因离婚或丧偶而终止后未再结婚的事实的真实性予以确认的证明活动。

2. 未再婚公证的程序。当事人应向其户籍所在地的公证机构提出申请，填写公证申请表，并提交下列材料：

（1）当事人的身份证件。

（2）婚姻登记机关出具的离婚证书或解除夫妻关系证明书，或人民法院出具的准予离婚的生效判决书。

（3）公证机构认为应提交的其他材料。

公证机构对当事人提交的证件和证明材料进行审查核实，凡符合出证条件的，应出具未再婚公证书。

3. 办理未再婚公证应注意的问题。

（1）对于回国1年以上的出国人员，由于不能取得在国外期间的婚姻状况证明而无法登记结婚的，公证机构可以根据当事人的申请，为其办理未再婚保证书公证，而不能直接办理未再婚公证书。

（2）我国公民以外国法院作出的离婚判决书为据申办未再婚公证的，我国公证机构不予受理。

五、亲属关系公证

（一）亲属关系公证的概念

亲属关系公证，是指公证机构根据当事人的申请，依照法定程序，证明当事人之间因婚姻、血缘、收养和抚养而产生的彼此间具有法律上的权利义务的亲属关系的真实性、合法性的活动。亲属关系公证主要用于我国公民到国外探亲、定居、留学、继承遗产、领取抚恤金、赔偿金以及当事人回国探亲、定居、继承域外遗产、申请劳工伤亡赔偿、申请减免税收等事项。

（二）办理亲属关系公证的程序

1. 申请。当事人申办亲属关系公证，应当向其住所地的公证机构申请，当事人应填写公证申请表，并提交下列材料：

（1）本人的身份证明。

（2）申请人为外国国籍的，应提交本人的护照、所在国的身份证件及其复印件。

（3）申请人所在单位出具的亲属关系证明信。申请人无工作单位的，由其住所地街道办事处或乡镇人民政府出具亲属关系证明信。

（4）代理人代为申请的，须提交授权委托书和代理人的居民身份证及其复印件。

（5）申请人应提交关系人的身份证、护照、旅行证或其他可以证明关系人身份的证明材料。

（6）公证机构要求提交的其他材料。

2. 审查并出具公证书。当事人提出申请后，公证机构应对其提交的材料进行审查，主要是审查办证目的、证明材料的真实性以及亲属关系产生的真实性、合法性。另外，为了保证公证书的有效性，公证机构应对申请人、关系人的姓名、性别、出生日期进行核对，相互之间的称谓按照我国法律规定或习惯统一称谓。同时，公证机构还应考虑亲属关系公证书使用国的特殊规定和要求，按实际情况出具公证书。

3. 办理亲属关系公证应注意的问题：①审查亲属关系产生的合法性，对要求办理具有"义父、义母""干爹""干儿、干女"等关系的公证申请，公证机构不予受理。②对用于继承的亲属关系公证，无论法定继承人范围内的关系人是否死亡，均应列入公证书中。③亲属关系公证书中一般不宜采用"婚前"或"非婚生"子女的提法，因为不同国家对非婚生子女的权利义务在法律上有不同的规定。④对申请人申请与国外亲属的亲属关系证明的，只要能查清楚他们之间的亲属关系，就可以为其出具亲属关系公证书。

六、学历、学位公证

（一）学历、学位公证的概念

学历、学位公证，是指公证机构根据当事人的申请，依法对被证明人的毕业证书、肄业证书、学位证书以及学习成绩单等证件的真实性、合法性予以证明的活动。学历学位公证主要用于出国留学、进修、谋职、对外提供劳务和技术等。

（二）办理学历、学位公证的程序

1. 申请。当事人申请办理学历、学位公证，由申请人住所地或学校所在地的公证机构受理，如果当事人已移居国外，则应当向出国前在国内最后住所地或学校所在地公证机构申请办理。申请人应填写公证申请表，并提交下列材料：

（1）本人的身份证明。

（2）申请人所在单位出具的办理学历、学位公证的证明信；无工作单位的，由住所地街道办事处或存放档案的人才交流中心出具证明信；在学校学习的，由所在学校出具证明信。

（3）如委托他人办理的，应提交授权委托书和受托人的身份证明。

（4）提交毕业证书、肄业证书、学位证书原件及其复印件，需要附译文的，当事人应当将中文证据和需要提交的译文一并提交。

（5）申请人应提交关系人的身份证、护照、旅游证或其他可以证明关系人身份的证明材料。

（6）公证机构要求提交的其他材料。

2. 审查并出具公证书。公证机构受理当事人的公证申请后，应重点审查当事人的身份、学习的时间及就读学校是否属实，该校颁发的毕业证书、肄业证书、学位证书是否真实、合法、有效，等等。经审查认为符合出证条件的，公证机构应出具公证书。

3. 办理学历、学位公证应注意的问题：①审查当事人提供的毕业证书、肄业证书、学位证书是否为有权颁发证书的学校所颁发，国家是否承认其学历。②审查毕业证书、肄业证书、学位证书的签名、印章是否齐全，证书的内容是否真实、合法。③对于党校毕业和军事学校毕业的学历公证，公证机构不宜直接出具公证书，应当与该学校和有关主管部门联系，经同意后方可出具相应学历证明。④对于已经批准出国求学、就业的当事人申办学历证明，其原就读学校已被撤销的，由批准出境的市、县公证机构向其原就读学校的接管单位进行调查，属实的则按规定办理学历公证书，如无接管单位，当事人档案中又有学历记载的，可由其所在单位的人事组织部门出具书面证明和原校两名同学证明，公证机构据此为其出具公证书。

七、经历公证

（一）经历公证的概念

经历公证，是指公证机构根据当事人的申请，对我国公民在境内的工作经历这一法律事实的真实性予以证明的活动。经历公证主要用于申请办理到外国的入境签证、到国外谋职、提供劳务和技术服务等。

（二）办理经历公证的程序

1. 申请。当事人申请办理经历公证，应向户籍所在地或本单位所在地的公证机构提出申请，申请人应填写公证申请表，并提交下列材料：

（1）本人的身份证明。

（2）所在单位或者上级主管单位出具的工作经历证明。

（3）提交国家主管部门正式颁发的职称证书或评定职称的文件。

（4）如委托他人办理的，应提交授权委托书和受托人的身份证明。

（5）公证机构要求提交的其他材料。

2. 审查并出具公证书。公证机构接受申请后，应当认真审查当事人提交的各种证明材料，必要时可采取查阅当事人的人事档案、询问证人等方式进行调查核实。出具的经历公证书只证明申请人的工作经历，即何年何月在何单位从事何工作、任何职、在何年何月取得何职称、现在单位任何职等。

3. 办理经历公证应注意的问题：①公证书不能写成详细的履历书，不宜写学历，也不宜写技术程度和工资级别。②用语要尊重他人的职业，做到文明用语。③公证书中职称的写法要准确无误，对职称未定的，只能在主管部门出具证明或作出技术鉴定后方可出证，否则，只能出具"从事某种工作"的证明。④对从事家庭服务工作的当事人申办经历公证的，应由其服务的街道办事处出具证明，公证机构核实后，可出具公证证明书。

八、无违法犯罪记录公证

（一）无违法犯罪记录公证的概念

无违法犯罪记录公证，是指公证机构根据当事人的申请，依法对其在中华人民共和国居住期间，无违法犯罪记录这一法律事实予以证明的活动。无违法犯罪记录公证主要用于当事人在国外定居、移民、结婚、收养子女等事项，大多数国家基于自身利益考虑均要求赴该国定居者提供无违法犯罪记录公证书。

（二）办理无违法犯罪记录公证的程序

1. 申请。当事人申请办理无违法犯罪记录公证，应向其住所地的公证机构提出申请，申请人应填写公证申请表，并提交下列材料：

（1）本人的身份证明。已经出境的，应提交护照或有效旅行证件、通行证的复印件，已经注销户籍的，应提交原住所地派出所出具的户籍记载情况的证明。

（2）所在单位或者上级主管单位出具的工作经历证明。

（3）当事人所在工作单位或户籍所在地的公安部门出具的"无违法犯罪记录证明书"或"未受刑事制裁证明书"。

（4）如委托他人办理的，应提交授权委托书和受托人的身份证明。

（5）公证机构要求提交的其他材料。

2. 审查并出具公证书。公证机构接受申请后，应当认真审查当事人提交的各种证明材料的真实性，经审查核实后，为当事人出具无违法犯罪记录公证书。公证书的内容包括：当事人的姓名、性别、出生日期、现在住址；至证明材料截止日期或公证员实施调查的日期止，在中国居住期间无违法犯罪记录；如果当事人已经离境，违法犯罪记录的截止日期是当事人第一次出境时，我国边防检查部门在其护照上加盖印章的时间。

3. 办理无违法犯罪记录公证应注意的问题：①对于未达到法定刑事责任年龄的公证申请人，公证机构一般不出具"无违法犯罪记录公证书"。如果申请人确有需要，公证机构可依法为其出具未达法定刑事责任年龄公证书。②无违法犯罪记录公证书的使用具有较强的时间性。有效期一般是 6 个月，期限届满后，当事人仍未离开的，需重新申办无违法犯罪记录公证。③曾在外国驻华使、领馆工作，享有外交豁免权的外交、领事人员及其家属申办其在享有豁免权期间无违法犯罪记录公证的，公证机构不予受理。

导入案例分析

1. 上海。

2. 申请人的身份证件，接生医院签发的出生证，或申请人住所地居委（村）会出具的证明信。

第二节　法律文书公证

具有法律意义的文书公证，是指公证机构根据当事人的申请，依法证明具有法律意义文书的真实性、合法性；证明文书的各种文本相符；确认文书上的签名、印鉴、作成日期属实的活动。具有法律意义的文书公证，在公证实践中有许多种情况，本节所要阐述的具有法律意义的文书公证主要包括：公司章程公证、专利文书公证、商标文书公证、文书的副本、影印本、抄本、译本与原件相符公证以及确认文书上的签名、印鉴、日期属实公证。

一、公司章程公证

（一）公司章程公证的概念

公司章程公证，是指公证机构根据当事人的申请，依照法定程序，对公司章程的制定及其内容具有真实性与合法性予以证明的活动。

（二）公司章程公证的程序

1. 申请。当事人申请办理公司章程公证，应向本公司住所地的公证机构提出，填写公证申请表，并提交下列证件和证明材料：①申请人的身份证明和身份证件；②公司主体资格证明，如国家主管部门批准公司成立的批件，发起人关于设立公司的协议书，等等；③公司法定代表人的资格证明和身份证件；④公司章程文本。

2. 审查并出具公证书。公证机构办理公司章程公证，应重点审查以下几项内容：

（1）申请人的主体资格是否合法。

（2）公司章程的内容是否符合我国《公司法》的有关规定，条款是否完备、明确。

（3）对已生效的公司章程申办公证，还应审查其提交的文本是否与该公司登记注册的文本完全一致。

（4）对公司章程上的股东签字，应逐一核实。

公证机构经过审查，认为该公证事项符合出证条件的，应出具公司章程公证书。

二、专利文书公证

（一）专利文书公证的概念

专利文书公证，是指公证机构根据当事人的申请，依照法定程序，对专利所有人或申请人的专利、专利权转让或使用许可合同以及向国外申请专利或进行专利权诉讼所用的具有法律意义文书和事实的真实性与合法性予以证明的活动。公证机构办理专利文书公证主要有以下几种形式：证明授权办理专利登记的委托书、专利申请书、专利权证书、专利权转让合同、专利使用许可合同以及申请专利登记、续展或诉讼所需的有关文件等。

（二）专利文书公证的程序

1. 申请。当事人申请办理专利文书公证，应向其住所地的公证机构提出，填写公证申请表，并提交下列证件和证明材料：①本人的身份证明，当事人是法人的，要求提交法人资格证明及其法定代表人的资格与身份证明；②有关专利证书；③委托书、声明书、转让书和相应的合同书等；④当事人向外国人转让专利申请权、专利权的，或是将其在国内完成的发明创造在域外申请专利的，还应提交国务院有关主管部门的批准文件。

2. 审查并出具公证书。公证机构接受申请后，应重点审查当事人的资格和行为能力；专利权是否为申请人所拥有；需要公证的文件是否真实、合法；文件上的签名、印鉴是否属实；提供的材料是否准确、充分；等等。经过审查，公证机构对既真实又合法的公证事项，应依法出具公证书。

三、商标文书公证

（一）商标文书公证的概念

商标文书公证，是指公证机构根据当事人的申请，依照法定程序，对商标所有人的注册商标，以及向国外申请注册商标、进行商标权诉讼所用的具有法律意义的文书和事实的真实性与合法性予以证明的活动。公证机构办理商标文书公证主要有以下几种形式：涉外商标注册代理人的授权委托书公证；商标申请人的营业证书公证；国内商标注册证书公证；涉外商标使用许可合同和涉外商标转让合同公证以及申请商标注册续展所需要的有关文件公证；等等。

（二）商标文书公证的程序

1. 申请。当事人申请办理商标文书公证，应向其住所地的公证机构提出，填写公证申请表，并提交下列证件和证明材料：①法人资格证明及其法定代表人的资格与身份证明，委托他人代办公证的，还应提交代理人的身份证明和授权委托书；②注册商标证书及其所需的外文译本；③商标图案或照片；④其他有关材料。

2. 审查并出具公证书。公证机构受理当事人的公证申请后，应重点审查以下内容：

（1）当事人的资格和行为能力。

（2）当事人提交的各种证明材料是否属实、有效、齐全。

（3）商标权和商标注册证书是否真实、合法，并符合法律规定的有效期限。

（4）商标图样、照片与商标本身是否一致。

（5）注册商标证书的外文译本与中文原本是否相符。

公证机构经过审查，对符合规定条件的注册商标公证事项，应出具公证书。

四、文书文本相符公证

（一）文书文本相符公证的概念

文书文本相符公证，是指公证机构根据当事人的申请，依照法定程序，对当事人提交的具有法律意义的文书副本、影印本、节本、复印本、译本与原本相符的事实予以证明的活动。公证机构办理文书文本相符公证主要有以下几种形式：证明文书的副本与正本相符；证明文书的复印本、影印本与原本相符；证明文书的节本与原本相应部分的内容相符；证明用不同民族的文字或不同国家的文字写成的同一文书内容相符。

（二）文书文本相符公证的程序

公证机构办理文书文本相符公证，首先，要对文书原本的内容和形式的真实性进行审查，特别要注意审查有关机关或人员是否有权制作该文书。对于文书原本，只要没有违法内容，公证机构一般不作其他实质性审查。其次，要将当事人提供的文书副本、复印本、译本等与该文书的原本进行认真核对，确认准确无误的，即可出具公证书。

需要注意的是，公证机构对没有主件的附属文件以及涉及国家机密的文件复制本，不得办理公证证明。

五、签名、印鉴、日期属实公证

（一）签名、印鉴、日期属实公证的概念

签名、印鉴、日期属实公证，是指公证机构根据当事人的申请，依照法定程序，对具有法律意义的文书上有关签字人的签名和制作单位所盖印章以及出具日期的真实性与合法性予以证明的活动。

（二）签名、印鉴、日期属实公证的程序

当事人申办签名、印鉴、日期属实公证，应持需签名的法律文书及本人的身份证明，亲自到公证机构，在公证员面前，在该文书上签名、盖章。如果当事人事先已在有关文书上签好名、盖好章的，则应在公证员面前确认该签名、印鉴、日期的真实性。

公证机构办理签名、印鉴、日期属实公证，审查的重点在于文书上的签名、印鉴是否是当事人所为，以及该行为是否是其真实意思表示，有无受威胁、受欺骗的情况。如果有关文件是国家机关、社会团体、企事业单位制作的，公证机构还应向颁发文件的单位调查核实签名、印鉴、日期的真实情况，以免发生差错。可见，签名、印鉴、日期属实公证程序的特点，就是公证机构只对文书上的签名、印鉴、日期是否真实负责，而对于文书本身，只要没有违法内容，一般不作实质性审查，也不负任何法律责任。经过审查，认为符合条件的，公证机构即可出具公证书。

思考题

1. 出生、死亡公证，公证机构审查时应注意哪些问题？
2. 已婚、未婚、离婚公证，公证机构审查时应注意哪些问题？
3. 无违法犯罪记录公证，公证机构审查时应注意哪些问题？

实务训练

1. **基本案情：**丁某出生于南京，大学毕业后在无锡工作了 2 年，户口在无锡，后从无锡移居美国多年，目前欲在美国与他人结婚，需要提供未婚公证文件。

问：

1. 丁某是否可以委托国内亲友代为办理该公证？
2. 丁某应该向哪里的公证机构申请办理该公证？

3. 丁某应提供哪些证明材料？

分析意见：

1. 可以委托国内亲友代为办理该公证。

2. 向无锡市公证处申请办理该公证。

3. 丁某应提供的材料包括：丁某的身份证件；我国档案管理部门为丁某出具的婚姻状况证明材料；丁某的出国护照。

2. **基本案情：** 陈某与陈女士是兄妹关系，2002年4月中旬，陈女士听说其去世父母遗留的房屋即将拆迁，为了拆迁安置补偿，她找到了哥哥陈某，要求与他一同去办理房屋产权的析产变更，没想到却遭到了哥哥的拒绝。同年4月25日，陈女士到同区房产管理局了解情况，结果发现哥哥陈某未经她同意，已于2000年3月将房屋的产权变更登记为自己所有。变更的依据是陈女士已"死亡"，而证明其死亡的依据是一张由当时的某县级公证处1995年9月8日出具的《继承权公证书》。但是，陈女士并未死亡，而且于2001年已结婚并生有一女。

问：

1. 本案公证机关在办理死亡公证时，出现错误的原因是什么？

2. 如何推翻该公证？陈女士应当如何维护自己的权利？

分析意见：

1. 死亡公证，是公证机构对某人死亡的法律事实予以确认的活动。为确保死亡公证的真实性与严肃性，当事人申请办理死亡公证应当出具医院或有关单位的死亡证明、尸体火化证明、户籍管理部门出具的注销户口证明以及本人的身份证明、与死者的关系证明。本案公证处对当事人应当出具的证明并未作严格的审查，这是死亡公证错误的根本原因。

2. 陈女士如果想推翻公证，既可以向公证处的同级司法行政机关提起复议，也可以向人民法院起诉，只要陈女士出庭或提供自己的生存证明，就足以推翻原先死亡公证的证明力。

第二十章

涉外公证

学习目标与工作任务

了解涉外公证的特征、作用；掌握涉外公证机构和公证员的特别条件和涉外公证书的认证程序。

教学内容

第一节　涉外公证概述

一、涉外公证的概念

涉外公证，是指我国公证机构办理的，在公证的当事人、证明对象或公证书使用地等因素中至少含有一个涉外因素的公证证明活动。涉外公证中的涉外因素有以下三种，只要具备其中一种即为涉外公证：

1. 申请公证的当事人中有外国人（包括外国自然人和法人）、无国籍人。公证申请人可以一方也可以双方是外国人。

2. 公证证明的对象，即申请人需要证明的法律行为、有法律意义的事实和文书发生在国外或在国外作成。

3. 公证书的使用地在国外。即公证文书是当事人需要在国外从事民事、经济活动时使用。实践中，涉及港、澳、台地区的公证活动，参照涉外公证的有关规定办理。

二、涉外公证的特征

涉外公证除具有国内公证的一般特征外，还具有以下特征：

1. 办理涉外公证业务时，在适用法律方面既要符合我国法律的有关规定，又要遵守国际条约和国际惯例，同时还要考虑到公证书使用国的有关具体规定。

2. 涉外公证的当事人多数是准备出国或已经出国的我国自然人或有对外经

济、技术、文化往来事务的国家机关、企事业单位和社会团体以及居住在我国的外国人或旅居国外的华侨。

3. 涉外公证书通常需要发往域外使用，并在域外发生法律效力，即涉外公证书在域外具有与在本国内相同的法律证明力。由于公证书是司法证明文书，各国公证机构在制作公证书方面具有相同的标准和准则，因此，这种具有可靠性、通用性的涉外公证书，在域外具有现实的法律效力。

4. 发往域外使用的部分涉外公证书具有一定的使用时效，即涉外公证书制发副本有期限的限定。不同的使用国家对部分涉外公证书证明的对象有不同的期限规定和要求。如无违法犯罪记录公证书，自出具之日起超过 2 个月或 6 个月，使用国即不再采证。

5. 涉外公证书除由国内具有办理涉外公证业务资格的公证机构出具外，还有相当一部分是由我国驻外使、领馆出具的。我国公民发生在国内的事实和行为原则上应向其国内户籍所在地的涉外公证机构申办公证。我国驻外使、领馆可以受理驻在国内我国公民的公证申请。

6. 办理涉外公证业务的公证机构已经省、自治区、直辖市厅（局）批准并报司法部备案；公证员具有办理涉外公证业务的资格，并且其签名章连同所在公证机构印章均已在司法部、外交部备案。

7. 涉外公证书通常要根据使用国或公证当事人的要求，附相应的外文译本，并依照相关规定或约定办理外交认证手续。

8. 涉外公证书需要使用专门的公证用纸制作。

三、涉外公证的用途

涉外公证是保障和促进我国与世界各国民间交往和贸易往来的不可缺少的重要法律手段之一。随着我国经济社会的不断发展以及与各国民间和经济的交往不断增加，公证当事人申办涉外公证的用途也十分广泛，根据公证的实践，涉外公证主要用于以下几个方面：

1. 用于获得出境和入境手续。出国人员办理出国手续，有关部门要审查相关事项，如果这些事项国家规定必须办理公证，公民必须提交有关公证证明；公民出国除依法取得本国核发的出国护照外，还必须获得所去国家的入境签证，需要根据所赴国的要求，提供必要的我国公证机构的公证证明。

2. 用于民间往来和办理各种民事事宜。公民赴国外探亲、定居或在国外谋职，所赴国一般要求提供出生、结婚、亲属关系、学历、经历、身份等公证书。不同国家有着不同的要求。另外，曾旅居国外的退休归国华侨领取在国外的养老金，需向国外有关机构提交生存公证书；我国公民继承国外亲属的遗产，遗产所在国往往需要提供亲属关系证明、死亡证明、委托律师的委托书证明等公证书等。

3. 用于涉外经济活动。我国公民、法人或其他组织向国外投标、承包工程，提供劳务和技术合作，吸引外资、引进技术设备，进行进出口贸易以及在国外设立办事机构等，根据国家法律规定和国际惯例，往往需要我国公证机构出具的法人资格、资信以及担保等方面的公证书等。

4. 用于域外诉讼或仲裁。我国公民、法人或其他组织在对外经济交往及民事活动中，难免会发生纠纷，有时需要在国外进行诉讼或申请仲裁，往往需要委托外国律师办理。因此，需要提供相应的委托书和有关证据的公证书，才能在域外进行诉讼或仲裁。

涉外公证文书在域外具有与在国内相同的法律证明力。根据《维也纳领事关系公约》以及有关国际条约的规定，一国公证机构出具的公证文书经过使用国外交机构确认或认可后，在该国具有与其本国的公证文书同等的法律效力。

四、涉外公证的分类

根据涉外公证办理业务的范围和性质的不同，一般可分为涉外民事公证和涉外经济公证两大类。涉外民事公证是相对于国内民事公证而言的，是指公证当事人、所证明对象和公证书使用地诸因素中至少有一个或一个以上因素涉及外国的民事公证。涉外民事公证是涉外公证业务中一个重要的组成部分，随着国际交往的不断增多，涉外公证业务也在不断扩展。涉外经济公证是指公证当事人、所证明对象和公证书使用地诸因素中至少有一个因素涉及外国的经济公证。涉外经济公证按其公证书的使用目的大致可以分为两类：一是我国企业和其他组织到国外从事进出口贸易、设立办事机构、参加投标、承包工程、输出劳务、引进贷款和技术设备等；二是公证机构按照法律、法规的规定对涉外招标、拍卖等法律行为进行公证，对涉外房地产以及贸易等涉外经济类合同进行公证。

第二节 涉外公证程序的特别规定

一、涉外公证机构及涉外公证员

（一）涉外公证机构

有权办理涉外公证业务的机构有两种：一是公证处；二是我国驻外大使馆、领事馆。

1. 公证处。涉外公证是公证业务中一个重要的组成部分，公证处只要具备一定的条件，就可以受理涉外公证事项，出具涉外公证书。这些条件包括：①有一名以上具备涉外公证员资格的公证员；②有专职或兼职的外语翻译；

③有较好的办公条件和设备。

具备以上条件的公证处，经省、自治区、直辖市司法厅（局）审查批准，报司法部备案后，即可办理涉外公证业务。

2. 我国驻外大使馆、领事馆。公证职能通常由公证处行使，但在某些特殊情况下或特定地域，我国公证机构无法或不适宜出具公证文书。根据法律规定或国际条约，我国驻外使、领馆可以办理驻在国的我国公民申请的公证事务，由这些驻外使、领馆行使国家公证职能。

（二）涉外公证员

涉外公证员是指已经取得涉外公证员资格并且履行了有关审批、备案程序的公证员。涉外公证员除具备公证员的条件以外，还应具备以下条件：①全国涉外公证业务考试合格；②熟悉涉外法律；③涉外公证员还应经所在的省、自治区、直辖市司法厅（局）批准，报司法部、外交部备案后方可开始从事涉外公证业务。

二、涉外公证的申请和公证管辖

根据法律规定，不论一般公证事项，还是涉外公证事项，都应由当事人向公证处申请或委托代理人申请。但是，与当事人有密切人身关系的公证事项不得委托他人代理，如遗嘱公证、遗赠扶养协议公证、赠与、认领亲子、收养、委托、声明、生存公证等。居住在国外的当事人如委托代理人向国内的公证机构申请公证的，必须出具委托书，并且委托书应当经过当地公证处或我国驻该国使、领馆公证；在既无公证制度，又无我国使、领馆的国家和地区，或虽有公证制度，但未与我国正式建交，我国尚未承认其公证书效力的国家和地区，则由司法部专门指定的机构或人员证明。

我国公证机构所公证的对象只限于在国内发生的法律行为、事实及在国内制作的法律文书。发生在外国的法律行为、法律事实、文书，当事人应向外国的公证机构申请公证。如果所在国的法律允许，也可以向我国驻该国的使、领馆申请公证，但这种情况只占少数。

三、涉外公证文书的法律适用

出具涉外公证文书与一般公证文书不同的是，在既可以适用我国法律法规，又可以在我国法律规定与公证文书使用国法律规定不一致的情况下，根据具体情况考虑适用外国的法律规定。但前提是外国的法律规定与我国法律的基本原则和社会风俗不冲突，适用外国法律有利于保护我国公民的利益。

四、涉外公证文书使用的文字

我国公证机构出具涉外公证文书，应当使用中文制作，同时还应当附有外文译文。对于附何种外文译文，因使用国的要求不同而有所不同。

另外，根据规定，公证员不能在公证书的译文上签名。

五、对涉外公证文书的认证

对涉外公证文书的认证，是指外交、领事机构在公证文书上证明公证机构的签名和印鉴属实，或证明前一认证机构认证的签名和印鉴属实的行为，也可称为领事认证。根据国际惯例，涉外公证文书一般需要经过认证后才能使用，但国与国之间依双边协议互免认证或文书使用国不要求认证的除外。《公证程序规则》第 47 条规定："公证书需要办理领事认证的，根据有关规定或者当事人的委托，公证机构可以代为办理公证书认证，所需费用由当事人支付。"

涉外公证文书的认证的程序是：首先，由我国外交部领事司或者外国驻华领事馆所在地的省、自治区、直辖市人民政府外事办公室认证，证明我国公证机构和公证员的签名和印鉴属实。其次，再由公证文书使用国国家驻华大使馆、领事馆认证，证明公证文书上我国外事部门的认证印章属实。反之，外国公证机构或公证人制作的需要在我国使用的公证文书，一般也需要经过该国外事机关和我国驻该国使、领馆认证。

对于那些未与我国建立外交关系，但需发往这些国家使用的公证文书，一般先经我国外交部领事司认证，然后再转请与该国有外交关系的第三国驻华使领馆认证，再发往该国使用。

六、涉外公证文书使用的专用水印纸及专用印泥

专用水印纸，是我国专门生产的供公证机构制作涉外公证文书使用的有水印标记的特种纸张。公证专用纸为 16 开白纸，水印标记由华表图案和"中华人民共和国公证专用"文字组成。这是为了防止不法分子伪造、变造公证书，维护我们国家和公证机构的声誉。

除专用水印纸外，涉外公证文书上的签章还必须使用专用印泥。公证专用印泥每套两盒，红、蓝二色，加盖公证员签名章用蓝色，加盖公证处印鉴用红色。

七、涉外公证书查证制度

涉外公证书查证，是指公证书的使用人对公证文书的真实性和合法性所进行的审查，其中合法性审查的依据属于出证国和证书使用地国双方的法律、法规及其规定等。涉外公证书的审查制度具有以下特点：

1. 查证的主体是公证书的接收机构。与认证的主体不同，后者往往是外交、领事机构或者其他经授权的机构。

2. 查证的对象是公证书的真实性与合法性。与认证对象不同的是，后者为公证书上公证机构及相应机关或接受机关的最后一个签字或盖章。

3. 查证的目的是公证书的真实性。与认证的目的不同，认证是为了保证公

证书的权威性与严肃性。

思考题

1. 什么是涉外公证? 有权办理涉外公证的机构应具备哪些条件?
2. 涉外公证员应具备什么条件?

实务训练

基本案情: 华裔 A 国人张山病逝后在上海留有一处房产。张山生前未立遗嘱,也没有配偶和子女,父母和兄弟姐妹也早已死亡。根据 A 国法律规定,张山的侄女张梅(中国公民)对该房产享有继承权。张梅向我国的公证机构申请继承权公证。

问:

1. 接受该公证申请的公证处应当具备什么条件?
2. 如果公证处予以公证,假如 A 国为美国,关于公证文书的文字使用有哪些具体要求?

分析意见:

1. 接受该公证申请的公证处除了具备公证机构设立的一般条件外,还应具备的条件:有一名以上具备涉外公证员资格的公证员;有专职或兼职的外语翻译;有较好的办公条件和设备。
2. 该涉外公证文书应当使用中文制作,同时还应当附有美国文字即英文译文。

参考书目

1. 宣善德主编：《律师、公证与仲裁制度》，中国政法大学出版社 2008 年版。

2. 江伟主编：《律师、公证与仲裁制度》，高等教育出版社 1997 年版。

3. 田平安主编：《律师、公证与仲裁教程》，法律出版社 2002 年版。

4. 石茂生主编：《律师法学》，郑州大学出版社 2004 年版。

5. 陈宜、王进喜主编：《律师公证制度与实务》，中国政法大学出版社 2008 年版。

6. 陈卫东主编：《中国律师学》，中国人民大学出版社 2006 年版。

7. 李正华、牛余凤主编：《律师与公证实务》，武汉大学出版社 2009 年版。

8. 王进喜主编：《律师与公证制度》，中国人民大学出版社 2013 年版。

9. 马宏俊主编：《公证法学》，北京大学出版社 2013 年版。

10. 李春霖主编：《公证与基层法律服务实务》，北京大学出版社 2002 年版。

11. 陈光中、李春霖主编：《公证与律师制度》，北京大学出版社 2006 年版。

12. 刘金华、俞兆平：《公证与律师制度》，厦门大学出版社 2007 年版。

13. 谭秋桂主编：《民事活动中怎样办理公证》，中国检察出版社 2004 年版。

14. 马宏俊主编：《公证与律师制度》，北京大学出版社 2010 年版。